일본사강의

일본사강의

구태훈

책을 내면서

　필자가 매학기 강의를 시작할 때 수강자들에게 하는 말이 있다. "저자가 강의할 때 책 내용과 순서에 따라 강의할 수도 있겠지만, 나는 그렇게 하지 않을 것입니다. 책 속에 있는 내용은 저자의 머릿속에 있는 것의 일부분에 지나지 않습니다. 책에 써진 내용도 중요하지만, 내 머릿속에 있는 지식과 테크닉도 중요합니다. 강의에 들어오기 전에 반드시 책을 읽기 바랍니다. 그러면 나는 책에 없는 내용도 포함해 강의를 진행할 것입니다. 여러분은 강의 시간에 나와 눈을 맞추며 내 머릿속에 있는 지식은 물론 내가 역사를 분석하고, 해석하고, 감상하는 방법과 테크닉을 배우기 바랍니다. 여러분의 지식과 내 강의가 결합되었을 때, 비로소 일본사 강의가 완성될 것입니다."

　필자는 수강자들에게 또 묻습니다. "여러분은 왜 일본사를 공부하려고 합니까? 일본사를 어떻게 공부해야 할까요? 나는 여러분에게 제안합니다. 일본사를 제대로 공부하려면 일본인이 생각하고, 경험한 것을 있는 그대로 이해하는 것이 중요합니다. 즉 선입견 없이 이해해야 합니다. 선입견 없이 이해한다는 것은 가치판단을 유보하고 호기심어린 눈으로 배우는 것입니다. 한국인의 관점에서 일본과 일본인을 평가하지 말고, 좋다거나 싫다거나 하는 감정을 드러내지 말고, 일단 있는 그대로 배우는 것이 중요합니다."

　필자는 작년과 올 해 『일본근세사』(재팬리서치21, 2016. 03) 『일본고중세사』(재팬리서치21, 2016. 09) 『일본근대사』(재팬리서치21, 2017. 03) 등 통사를 연이어 출간했다. 그런데 위 세 권의 통사는 내용이 방대해 일반 독자들이 선뜻 접근하기 어렵다는 말을 들었다. 그래서 이번에 일반 독자들을 위해 『일본사강의』라는 책을 출간하게 되었다. 한 권으로 일본 원시시대부터 현대 일본의 역사까지 학습할 수 있도록 구성했다.

　이 책은 일본의 정치에 초점을 맞춰 일본사를 통관한 것이다. 일반 독자들을 위해 가능하면 분량을 줄이고, 정치를 중심으로 내용을 구성했다. 그러나 필자가 일본의 정치를 깊이 이해하는 데 필요하다고 판단한 부분은, 매우 제한적이기는 하지만, 문화와 사회 내용도 포함했다. 예를 들면 (3) 고분시대의 정치와 문화, (7) 나라 시대의 정치와 사회, (10) 불교의 발전, (22) 일본과 서양의 만남 등이 그것이다.

　매장 각 절의 끝부분에 「Point 강의」 난欄을 설정했다. 일본사의 줄거리를 보다 충실하게 보완하거나, 더욱 깊이 공부하고자 하는 독자들에게 도움이 될 것이다. 독자들은 이 난을 통해, 비록 충분하지는 않지만, 앞에서 언급한 "내가 역사를 분석하고, 해석하고, 감상하는 방법과 테크닉"의 일단을 엿볼 수 있을 것이다. 독자들이 '강의' 감각을 살리는 데 조금이나마 도움이 되었으면 더 바랄 것이 없겠다.

2017년 여름

구　태　훈

차례

책을 내면서 ··· 5

제1강 왕의 탄생 ··· 23
    1. 도구의 사용과 토기의 발명 · 23
    2. 벼농사의 시작과 지도자의 출현 · 26
    3. 소국이 형성과 왕의 등장 · 28

제2강 왜 왕권 ··· 32
    1. 왕권의 신장 · 32
    2. 왜의 5왕 · 35
    3. 왜 왕권의 발전 · 37

제3강 고분시대의 정치와 문화 ················· 41
    1. 고분의 출현 · 41
    2. 고분의 발전 · 44
    3. 신앙과 의례 · 48

제4강 소가씨와 쇼토쿠 태자의 정치 ·········· 51
　1. 실권을 장악한 소가씨 · 51
　2. 소가노 우마코와 쇼토쿠 태자의 협력정치 · 53
　3. 불교의 수용 · 55

제5강 율령국가 지향 ······················ 59
　1. 을사의 변 · 59
　2. 다이카 개신 · 61
　3. 개혁정치의 전개와 급변하는 대외정세 · 64

제6강 율령체제 확립 ······················ 67
　1. 진신의 난 · 67
　2. 덴무 천황의 정치 · 70
　3. 지토 천황의 정치 · 73
　4. 율령국가의 통치조직 · 75

제7강 나라 시대의 정치와 사회 ············ 79
　1. 헤이조쿄 천도 · 79
　2. 나라 시대 정치의 추이 · 82
　3. 율령체제 정비 · 85

제8강 대외관계 ·· 87
  1. 한반도 삼국과 일본의 교류 · 87
    1) 백제와 왜의 관계 · 87
    2) 신라와 왜의 관계 · 89
    3) 고구려와 왜의 관계 · 90
  2. 통일신라 · 발해와 일본의 교류 · 92
    1) 신라와 일본의 관계 · 92
    2) 발해와 일본의 관계 · 94
  3. 중국과 일본의 교류 · 95
    1) 수와 왜의 관계 · 95
    2) 당과 일본의 관계 · 98

제9강 헤이안 시대 초기의 정치 ························· 101
  1. 헤이안 천도 · 101
  2. 영토의 확장과 에미시 사회 · 104
  3. 간무 천황의 개혁 · 107
  4. 다이도기의 정치 · 108

제10강 불교의 발전 ·· 111
  1. 국가불교 · 111
  2. 쇼무 천황과 도다이지 대불 · 113
  3. 천태종과 진언종 · 116

제11강 섭관정치와 후지와라씨 ·············· 119
1. 후지와라씨 북가의 대두 · 119
2. 섭관정치의 성립 · 121
3. 섭관정치의 전성 · 122
4. 섭관정치의 구조와 배경 · 124

제12강 지방의 동란과 무사단 ·············· 127
1. 무사단의 형성 · 127
2. 무사단의 활약 · 130
3. 전9년 · 후3년의 전쟁과 미나모토씨 · 133
4. 다이라씨의 동향 · 136

제13강 원정과 다이라씨 정권 ·············· 138
1. 원정의 성립과 전개 · 138
2. 다이라씨의 득세 · 142
3. 다이라씨의 전성 · 144

제14강 가마쿠라 막부 성립 ·············· 151
1. 다이라씨 타도 내란 · 151
2. 다이라씨와 미나모토씨의 세력 다툼 · 154
3. 다이라씨 멸망 · 157
4. 가마쿠라 막부 개설 · 158

제15강 싯켄 정치의 전개 · 162
1. 쇼군 가문 혈통 단절 · 162
2. 호조씨의 권력 독점 · 165
3. 「고세이바이시키모쿠」 제정 · 166
4. 호조씨 독재체제 확립 · 168

제16강 원의 침입과 막정의 동요 · 171
1. 원의 1차 침입 · 171
2. 원의 2차 침입 · 173
3. 고케닌 사회의 동요 · 176
4. 호조씨의 전제정치 · 178

제17강 가마쿠라 막부 멸망과 남북조 내란 · · · · · · · · · · · 180
1. 천황의 쿠데타 · 180
2. 가마쿠라 막부 멸망 · 183
3. 겐무의 신정과 아시카가 다카우지 · 185
4. 남북조 내란 · 189

제18강 무로마치 막부 성립 · 192
1. 무로마치 막부 개설 · 192
2. 무로마치 막부의 조직 · 194
3. 막부 초창기의 분열 · 195

제19강 무로마치 막부의 정치 · 199
1. 간레이 제도의 확립 · 199
2. 남북조 통일 · 201
3. 슈고다이묘의 성장 · 204
4. 쇼군 아시카가 요시미쓰의 정치 · 206

제20강 무로마치 막부의 동요 · 209
1. 막부 정치의 추이 · 209
2. 오닌의 난과 그 영향 · 212
3. 무로마치 막부의 쇠퇴 · 215

제21강 전국시대와 센고쿠다이묘 · 218
1. 군웅의 할거 · 218
2. 센고쿠다이묘의 분국 지배 · 221
3. 센고쿠다이묘의 농촌 지배 · 223

제22강 일본과 서양의 만남 · 229
1. 화승총의 전래 · 229
2. 센고쿠다이묘의 전술·전법 변화 · 231
3. 크리스트교 전래 · 233

제23강 근세의 개막 ································236
1. 오다 노부나가의 정치 · 236
2. 도요토미 히데요시의 정치 · 239
3. 조선침략 · 243

제24강 에도 막부의 성립 ····························247
1. 도쿠가와 이에야스의 쇼군 취임 · 247
2. 도요토미씨 멸망 · 249
3. 지배기구 정비 · 252

제25강 쇼군 권력의 확립 ····························255
1. 쇼군의 권력 · 255
2. 쇼군과 다이묘 · 257
3. 다이묘의 통제 · 260

제26강 크리스트교 금지와 쇄국 ······················262
1. 크리스트교 탄압 · 262
2. 시마바라의 난 · 265
3. 쇄국체제 확립 · 267

제27강 17세기 후반의 정치 ·············· 270
1. 막번권력과 농정 · 270
2. 막번체제 정비 · 272
3. 문치정치 시대 · 275

제28강 18세기 전반의 정치 ·············· 279
1. 유학자의 정치 · 279
2. 권력기반의 동요 · 281
  1) 무사사회의 궁핍 · 281
  2) 농촌의 계급분화 · 284
3. 교호 개혁 · 286

제29강 18세기 후반의 정치 ·············· 289
1. 측근정치 · 289
2. 농민봉기 · 291
3. 간세이 개혁 · 295

제30강 19세기 전반의 정치 ·············· 299
1. 오고쇼 시대의 정치 · 299
2. 대기근 발생과 민중의 봉기 · 302
3. 오시오의 난 · 303
4. 덴포 개혁 · 306

제31강 밖으로부터의 도전 ·········· 309
   1. 러시아의 남하 · 309
   2. 영국의 접근 · 311
   3. 막부의 쇄국정책 고수 · 313

제32강 근대의 태동 ·········· 316
   1. 정치사상의 발달 · 316
   2. 존왕론의 전개 · 318
   3. 웅번의 형성 · 321

제33강 막번체제 붕괴 ·········· 324
   1. 개국 · 324
   2. 정치노선의 대립 · 327
   3. 토막파 형성 · 329

제34강 메이지 정부 수립 ·········· 335
   1. 왕정복고 쿠데타 · 335
   2. 보신전쟁 · 338
   3. 메이지 정부의 시정방침 · 340

제35강 중앙집권체제 확립 ·············· 342

1. 번제의 폐지 · 342
   1) 판적봉환 · 342
   2) 폐번치현 · 343
2. 관제개혁 · 344
3. 병제개혁 · 346
4. 학제개혁 · 347

제36강 정한논쟁과 국가건설 방향 모색 ············ 350

1. 대조선 통교 방침 · 350
2. 정한을 둘러싼 논쟁 · 353
3. 이와쿠라사절단의 구미 순방 · 355

제37강 제국주의 노선 선택 ·············· 359

1. 타이완 침략 · 359
2. 강화도 침략 · 361
3. 영토 확장 · 363

제38강 자유민권운동 ·············· 366

1. 사족의 난과 세이난 전쟁 · 366
2. 자유민권운동의 개시 · 368
3. 국회개설운동 전개 · 370
4. 자유민권운동의 쇠퇴 · 373

제39강 대일본제국 헌법과 천황 ·················· 375
1. 대일본제국 헌법 제정 · 375
2. 대일본제국 헌법의 내용 · 377
3. 황민화 교육 · 379

제40강 일본제국의 대륙침략 ·················· 383
1. 청일전쟁 · 383
2. 일본의 조선 내정간섭 · 386
3. 일본의 군비확장 · 388
4. 러일전쟁 · 390

제41강 한일합병 ·················· 393
1. 한국의 보호국화 · 393
2. 일본의 한국 지배권 확립과 항일투쟁 · 396
3. 조선총독부 설치 · 400

제42강 일본식 정치 모델 형성 ·················· 404
1. 정당내각 성립 · 404
2. 관료제도 확립 · 407
3. 대립하면서 협력하는 정치 · 409

제43강 제1차 세계대전과 일본제국·················413
   1. 대전의 발발과 일본의 참전 · 413
   2. 일본의 산둥반도 침략과 독일령 남양제도 점령 · 415
   3. 전쟁특수 경기 · 417

제44강 정당정치의 발달 ·······················421
   1. 쌀소동 · 421
   2. 하라 내각 성립 · 423
   3. 제2차 호헌운동 · 426

제45강 1920년대 후반의 대중국 전략···············429
   1. 시데하라의 협조외교 · 429
   2. 강경외교와 장쭤린 폭살사건 · 432
   3. 위기에 직면한 협조외교 · 435

제46강 일본의 우경화와 군부의 대두···············438
   1. 우익세력과 청년장교의 동향 · 438
   2. 학문 자유 탄압 · 441
   3. 군부파시즘 확립 · 444

제47강 중국침략 ········· 448
1. 만주국 건국 · 448
2. 중일전쟁 개시 · 451
3. 국가총동원체제 확립 · 453
4. 전쟁의 장기화와 중국 분열공작 · 455

제48강 태평양전쟁 ········· 459
1. 미국의 일본 견제 · 459
2. 태평양전쟁 개시 · 462
3. 연합군의 반격 · 465
4. 일본군의 결사항전 · 467

제49강 연합국군의 점령통치 ········· 475
1. 일본의 무조건 항복 · 475
2. GHQ의 점령정책 · 478
3. 극동국제군사재판 · 482
4. 일본제국 해체 · 484

제50강 민주화 정책 ········· 488
1. 제도의 개혁 · 488
2. 경제구조 개혁 · 490
3. 헌법과 법률 제정 · 493

제51강 고도경제성장 시대 ……………………496
    1. 한국동란과 새로운 일미관계 · 496
    2. 한국동란과 일본경제 · 499
    3. 20년간의 고도경제성장 · 500

제52강 신국가주의 대두와 군사대국 일본 …………504
    1. 1970년대의 정치 · 504
    2. 군사대국화와 신국가주의 대두 · 507
    3. 헤이세이 시대 개막 · 510
    4. 극우파 득세와 자유민주당 · 512

참고문헌 ……………………………………517

색인 …………………………………………526

고대

제1강

왕의 탄생

1. 도구의 사용과 토기의 발명

　제2차 세계대전 전까지 일본 열도에는 구석기 시대가 없었다고 알려져 있었다. 그러나 1949년에 군마현群馬縣 이와주쿠岩宿에 있는 갱신세更新世 후기 지층에서 구석기가 발견되었다. 일본 열도에도 구석기 시대가 존재했다는 것이 확인되었다. 그 후 전국 각지에서 여러 종류의 구석기와 화석화된 인골이 출토되었다. 현재 확인된 구석기 시대 유적은 1,000여 개소에 달한다.
　구석기인 중에는 동굴이나 바위 밑과 같은 곳을 삶의 터전으로 하는 무리도 있었다. 하지만 그런 곳은 습기가 많고 벌레들이 많이 서식하기 때문에 인간이 거주하기에 적합하지 않았다. 그래서 평지보다 약간 높고 전망이 좋은 언덕이나 산기슭에 주거를 마련하는 구석기인이 많았다. 그들은 소집단을 이루어 거주하면서 수렵·채취 생활을 했다.

지금으로부터 약 1만 년 전에 일본 열도에서 토기가 제작되었다. 출토된 토기의 표면에는 새끼줄 문양이 새겨져 있었다. 그래서 그 토기를 조몬繩文 토기라고 하고, 그 시대의 문화를 조몬 문화라고 한다. 조몬 문화는 상당한 시대 차와 지역 차가 있었지만, 기원 전 3세기경에 야요이弥生 문화로 전환하기까지 전국적으로 발달했다.

토기의 발명으로 인류의 생활양식이 크게 변화했다. 토기가 발명되기 전에는 식용으로 할 수 없었던 재료도 끓여서 먹을 수 있게 되었고, 식료를 장기간 보존할 수 있게 되었다. 조몬 시대에 사냥과 어로의 기술이 진보했고, 도구의 종류도 다양해졌다.

식량자원의 확보가 용이해지면서, 조몬 시대 사람들은 점차로 특정한 장소에 정착하게 되었다. 그들은 점차로 먹을 것을 구하기 쉬운 해안이나 강가 또는 숲 주변, 특히 샘물이 솟아나는 지역에 주거지를 마련했다. 주거는 적게는 4~5명, 많게는 10여 명이 생활할 수 있는 공간이었다. 조몬 시대 사람들은 가족 단위로 생활했다.

조몬 시대 사람들은 족장에 의해 통솔되었다. 그들은 협동하면서 일을 했다. 아직 기술 수준이 낮았기 때문에 집단으로 작업하는 것이 효율적이었다. 수확물은 공평하게 분배했을 것으로 여겨진다. 취락은 자급자족을 기본으로 했으나 부족한 물자는 교역을 통해 충당했다. 상당히 먼 거리에 있는 취락과도 교역했다.

조몬 시대에는 매장을 할 때 부장품이 없었다. 시신만 겨우 매장하는 정도였다. 묘지의 크기나 매장 방법이 거의 동일했다. 조몬 시대 주거지 유적에서는 규모가 특별히 크거나 다른 것과 구별되는 것이 발견되지 않았다. 어느 것도 동일한 규모였다. 매장 풍습과 주거 풍습을 연관해 살펴보면, 조몬 시대에는 빈부의 격차가 없었고, 신분의 구별도 없었다는 것을 알 수 있다.

「Point 강의」 - 토기의 발명

토기는 인간이 발명한 가장 뛰어난 발명품 중의 하나였다. 토기의 발명으로 인류의 생활양식이 크게 변화했다. 토기가 발명되면서 식용으로 할 수 없었던 재료도 끓여서 먹을 수 있게 되었고, 식료를 장기간 보존할 수 있게 되었다. 식량자원이 풍부해졌음은 물론 그 질도 높아지게 되었다. 식량을 비축할 수 있는 길이 열리면서 인간사회가 계획적이고 조직적으로 발전할 수 있게 되었다. 조몬 토기는 저온에서 구운 갈색 토기로 그다지 견고하지 않았고 모양도 조악했다. 조몬 토기는 시기와 지역에 따라 모양이나 문양이 달랐다. 토기는 육류, 어패류, 식물류 등 다양한 식품을 조리하고 저장하는 도구로 사용되었다. 초기에는 끝이 뾰족하고 깊은 첨저심발형尖低深鉢形 토기가 발달했다. 문양도 단순했다. 중기 이후에는 항아리형·호리병형이 많이 사용되었다. 용도에 따라 토기의 종류도 많아졌다. 문양도 다양해졌다.

토기는 원시 시대 인류가 사용한 다른 도구와는 성격이 전혀 달랐다. 석기나 골각기와 같이 일정한 형태를 지닌 것을 가공한 결과물이 아니었다. 인간이 모양을 생각하고 흙을 빚어 제작한 것이다. 토기의 표면에 각종 문양을 표현할 수 있었다. 그런 만큼 토기에는 인간의 생각과 문화의 특징이 잘 나타나 있다. 문화가 변천하면서 토기의 모양이나 문양도 다양해졌다. 그래서 토기는 시대를 구분하는 척도가 되기도 한다.

2. 벼농사의 시작과 지도자의 출현

기원 전 3세기경에 조몬 시대에서 야요이 시대로 전환되었다. 야요이 시대는 기원 전 3세기경부터 기원 후 3세기에 이르기까지 계속되었다. 이 시대를 특징짓는 요소로 야요이 토기 생산, 벼농사 확산, 금속기 보급, 계급의 발생 등을 들 수 있다. 주로 한반도에서 건너온 도래인渡來人에 의해 야요이 문화가 꽃을 피웠다.

도래인의 대부분은 한반도 남부에서 현해탄을 건너 규슈九州 북부로 건너왔다. 기원 전 3세기경에 규슈에서 시작된 벼농사는 기원 전 2세기경에 중부 일본 지역에까지 확산되었다. 기원 전후에는 관동關東 지방에서 동북東北 지방 남부까지 보급되었다. 2~3세기에는 동북 지방 북부까지 확산되었다. 3세기경에는 거의 일본 전역에서 농경이 행해지게 되었다.

야요이 시대 전기에는 도끼나 작은 칼과 같은 도구가 한반도에서 전래되었다. 철제 무기나 농구는 주로 한반도에서 수입되었다. 그러나 야요이 시대 중기부터 일본 열도 내에서도 철제 무기나 농구가 제작되었다. 철은 주로 한반도 남부에서 수입한 것을 가공했으나 지금의 시마네 현島根縣 지역에서 생산된 사철을 사용하기도 했다.

야요이 시대 중기 이후에는 청동기가 사용되었다. 그것들의 대부분은 한반도에서 수입되었지만, 일본에서 제작된 것도 있었다. 청동기의 종류로는 동경銅鏡·동검銅劍·동모銅鉾·동과銅戈·동탁銅鐸 등이 있었다. 한반도에서 수입된 청동기는 실용적인 것이었지만, 일본에서 제작된 것은 대부분 비실용적인 것이었다. 일본에서는 특히 동탁이 많이 제작되었다. 그것들은 주로 제기로 사용되었다.

농경의 발달은 일본사회를 크게 변화시켰다. 수렵·채집·어로를 주로 하던 자연경제에서 생산경제로 전환되었다. 농경이 발달하면서 사람들이 농경지에서 가까운 평지나 산기슭에 주거를 마련하고 정착했다. 벼농사는 협동 작업을 필요로 했다. 자연히 취락의 규모가 커졌다.

 농경의 발전은 사회의 변화를 초래했다. 벼농사가 발달하면서 공동체의 지도자가 특권 신분으로 고착되었다. 계급관계도 고정되었다. 생산이 향상되면서 부를 축적한 자가 출현했다. 부가 축적되면서 계급분화가 촉진되었다. 공동체 내부는 물론 취락 상호간에도 빈부의 격차가 발생했다.

 1세기경에는 지역 집단을 통솔하는 지도자가 출현했다. 몇 개의 취락이 참여하는 대규모 공동 작업이 시행되면서 광역단위 공동체를 이끌 수 있는 지도자가 요구되었다. 주술 능력은 지도자가 갖추어야 할 가장 중요한 조건이었다. 지도자는 농경의례를 관장하고, 지역 주민을 통솔하고, 다른 집단과의 교류를 주도하면서 권력을 강화했다. 촌락의 유력한 지도자는 점차로 광역집단의 지배자로 부상했다.

 규슈의 북부를 중심으로 발달한 묘지제도를 살펴보면, 계급이 발생했다는 것을 알 수 있다. 그동안 규슈에서 여러 형태의 무덤이 발굴되었다. 근년의 고고학적 성과에 의하면, 일본 최고의 왕묘로 추정되는 후쿠오카현福岡縣 다카기高木 유적을 비롯한 유적에서 청동제 무기가 발견되었다. 특정한 무덤에서 한반도에서 제작된 동경·동검·동모 등이 출토되었다. 유물은 여러 개의 독무덤 중 한 무덤에서 출토되었다. 그 무덤에는 청동기 이외에도 유리로 만든 구슬을 비롯한 많은 부장품이 매장되어 있었다. 당시 일본 열도에서도 중국·한반도와 교류하면서 풍부한 물자를 소유한 정치권력이 출현했음을 보여주는 것이다.

「Point 강의」 - 왕의 탄생

원시인의 생활은 자연현상에 규제될 수밖에 없었다. 특히 날씨는 농경에 절대적인 영향을 미쳤다. 자연히 경험이 많고 예지력이 있는 자가 공동체의 수장이 되었을 것이다. 수장은 오랜 경험과 뛰어난 관찰력으로 자연현상을 살피면서 공동체의 안전을 도모했을 것이다. 원시시대의 수장은 대개 주술적인 능력을 겸비하고 있었다. 농경사회가 발전하면서 수장의 역할이 더욱 커졌다. 특히 벼농사는 물의 확보가 필수적이었다. 수장은 농경에 필요한 물을 공평하게 분배하고 농사를 감독하는 권력자로 성장했다. 수장은 유리한 입장에서 경작을 할 수 있었고, 상대적으로 많은 부를 축적할 수 있었다. 수장은 점차로 공동체의 특권신분으로 고정되었다. 다른 세계와 교류할 수 있는 기회가 많아지면서 수장의 권력은 더욱 강화되었다. 고급 정보와 선진 기술을 독점할 수 있었다. 특히 대륙과 교류하는 수장은 선진문물을 먼저 접할 수 있었고, 청동제 무기도 손에 넣을 수 있었다. 대외 교섭을 독점한다는 것 자체가 권위로 작용했다. 여러 공동체 수장 중에서 가장 강력한 자가 광대한 지역을 통치하는 왕으로 성장했을 것이다.

3. 소국이 형성과 왕의 등장

중국의 역사 기록에 의하면, 기원전 1세기경부터 일본은 왜倭라고 불렸으며 100여 개의 소국小國으로 나뉘어져 있었다. 소국은 인구 1,000

명~3,000명 규모의 부족연맹체였을 것으로 추정된다. 소국의 수장 중에는 정기적으로 한사군의 하나인 낙랑군樂浪郡에 사신을 파견해 조공하는 자도 있었다.

『후한서後漢書』의 기록에 의하면, 57년에 왜의 나노국奴国 왕이 후한後漢의 수도 낙양洛陽에 사신을 보내 조공했고, 후한의 광무제光武帝는 나노국 왕에게 '한위노국왕漢委奴国王'이라는 금인金印을 하사했다. 나노국은 지금의 규슈 후쿠오카현福岡縣 지역에 있었던 소국이었을 것으로 추정된다. 107년에는 나노국이 아닌 다른 왜의 소국이 160명의 노예를 후한의 안제安帝에게 바치기도 했다.

2세기 후반에는 중국의 후한 왕조가 쇠퇴하면서 주변 세계에 대한 영향력이 약화되었다. 북아시아 세계에서 고구려가 성장했다. 한반도에서도 여러 국가가 세력을 형성하고 있었다. 일본 열도도 변동기를 맞이했다. 유력한 소국의 수장들이 보다 큰 국가를 목표로 항쟁을 되풀이했다. 그중에서 가장 강력한 소국이 주변 지역을 직접·간접으로 지배하는 정치집단으로 성장했다.

마침내 일본 열도에 28개의 소국을 통괄하는 지배자가 출현했다. 야마타이국邪馬台国의 히미코卑弥呼였다. 『삼국지三國志』「왜인전倭人傳」에 의하면, 히미코는 결혼하지 않은 신녀神女였다. 그녀는 궁궐 깊숙한 곳에 은밀하게 기거했다. 그래서 그녀를 본 사람은 드물었다. 오직 한 남자만이 그녀를 대면할 수 있었다. 그 남자는 히미코를 위해 음식을 준비하고, 히미코의 말을 외부에 전달하는 역할을 했다.

히미코는 통치에 직접 관여하지 않았다. 남동생을 통해 간접적으로 통치권을 행사했다. 그는 강력한 군사력을 보유했고, 여러 지역에 산재한 소국에 관리를 파견해 정치를 감독했다. 히미코는 권위를 높이기 위해 중국에 사신을 파견했다. 243년에도 히미코가 중국과 교섭했다는 기록이 있다.

3세기에 들어서면서 일본 열도는 동란의 시기를 맞이했다. 규슈 남쪽의 구노국狗奴國과 야마타이국이 전쟁을 시작했다. 히미코는 전쟁 중에 사망했을 것으로 여겨진다. 그 후 연맹체는 남성이 왕위에 오르도록 했으나 사회가 다시 혼란해졌다. 그래서 히미코와 혈연관계가 있는 이요壹与라는 13세 소녀를 왕으로 세웠다. 그러자 비로소 혼란이 진정되었다고 한다.

『진서晉書』에 의하면, 266년에 이요로 추정되는 왜의 여왕이 진의 왕도인 낙양으로 사신을 보냈다. 이 기록을 마지막으로 약 150여 년간 중국의 역사서에서 왜의 기록이 모습을 감추었다. 야마타이국에 대한 기록도 보이지 않는다.

야마타이국의 위치에 대한 논쟁은 일본 고대사의 가장 중요한 쟁점이었다. 국가의 기원의 문제와 관련되어 있었기 때문이다. 현재 소재지를 둘러싼 논쟁은 규슈의 북쪽으로 보는 설과 교토京都·오사카大阪 일대인 기나이畿内로 보는 설이 대립하고 있다.

야마타이국의 위치에 대해 언급한 최초의 문서는 『니혼쇼키日本書紀』였다. 니혼쇼키에는 야마타이국이 기나이에 있었다고 기록되어 있다. 이에 대해 에도江戸 시대의 국학자 모토오리 노리나가本居宣長는 야마타이국이 규슈에 있었다고 주장했다. 노리나가는 규슈의 구마소熊襲라는 종족의 여왕이 히미코라고 추정했다. 그 후 기나이설과 규슈설이 대립하고 있다. 논쟁은 지금까지 이어지고 있다.

「Point 강의」 - 일본 최초의 여왕 히미코

「왜인전」에 다음과 같은 기록이 있다. "그 나라(야마타이국)는 원래 남자가 왕이었다. 그러나 나라를 통치한 지 70~80년이 지나서 동란이 일어나 오랜 세월 동안 서로 싸웠다. 이윽고 동란이 진정된 후, 각 지역의 실력자들이 여왕을 추대했다. 그 왕의 이름은 히미코였다. (중략) 히미코는 귀도鬼道에 능해 사람들을 현혹했다. 나이는 이미 들었으나 남편이 없었다. 남동생이 보좌해 나라를 다스렸다. 히미코가 왕이 된 다음에 그녀를 본 사람은 드물었다. 천명의 여자 노예가 시중을 들었다. 단지 한 사람, 음식을 준비하고 히미코의 말을 전하는 남자가 있었다. (중략) 히미코가 거주하는 궁전은 망루와 성책을 견고하게 구축하고 언제나 무기를 가진 병사가 지키고 있다." 이 자료를 분석해 보면, 히미코는 여러 부족연맹체가 평화를 정착시키기 위해 공동으로 옹립한 '왕중왕'이었다. 그녀는 영적 능력을 지닌 지배자였다. 그녀가 지닌 신통력은 민중에게는 두려우나 신성한 존재로 비쳐졌을 것이다. 그녀는 친위군을 거느리면서 28개 부족연맹체를 지배하는 정치 감각이 뛰어난 왕이었다. 일찍이 중국과 교통하면서 중국으로부터 왕의 칭호를 받았다. 히미코는 중국이 하사한 동경·견직물 등을 소국의 수장과 부하들에게 분배함으로써 지배자로서의 권위를 유지했을 것이다. 히미코는 군림하나 통치하지 않은 왕이었다. 하지만 빈틈없이 정치를 관장한 지배자였다.

제2강

왜 왕권

1. 왕권의 신장

3세기 말에 진晉이 중국을 통일했다. 이 왕조를 역사상 서진西晉이라고 한다. 서진은 국력을 떨치지 못했다. 4세기 초에는 흉노匈奴를 비롯한 북아시아 세계의 여러 유목민족들이 북중국을 침략해 그곳에 국가를 세웠다. 서진이 멸망하자, 진 황실의 후예인 사마예司馬睿가 강남 지방으로 피란해 동진東晉을 세웠다. 그 후 중국은 300여 년 동안 남북조시대였다. 대륙의 북부에서는 여러 유목민족이 세운 국가가 흥망을 되풀이했고, 남부에서도 여러 국가가 정권을 교대했다.

한반도에서는 4세기에 들어서면서 국가가 형성되었다. 만주滿洲에 근거지를 두었던 고구려가 한반도 북부로 영토를 확장했다. 313년에는 낙랑군을 멸망시키고 동북아시아 지배의 발판을 구축했다. 한반도 남부에서는 마한馬韓 지역에서 백제, 진한辰韓 지역에서 신라, 변한弁韓 지역에서 가야伽倻가 제각기 국가를 형성하고 있었다.

이러한 시기에 일본 열도에서 어떠한 움직임이 있었는지 구체적으로 알 수 없다. 하지만 중국과 한반도의 정치·사회적 변동을 염두에 두고 추정해 보면, 4세기에 들어서면서 왜 왕권이 오사카大阪·나라奈良 지방 일대의 호족들을 복속시키고, 점차로 규슈九州의 북부에서 혼슈本州 중부에 이르는 지역의 호족들과 정치적 연합을 모색했을 것이다. 그런 과정을 거치면서 왜 왕권은 여러 지역의 정권 중에서 가장 유력한 정권의 하나로 성장했을 것이다. 한편, 규슈의 북부, 쓰쿠시筑紫, 게누毛野, 기비吉備, 이즈모出雲 등의 지역에서도 유력한 지역정권이 성장했을 것이다.

왜 왕권을 비롯한 일본 각 지역의 수장들은 한반도의 여러 국가와 교류하면서 철 자원을 확보하고 선진문물을 수입했다. 그런데 4세기 말에 고구려가 남하면서 한반도는 전란의 소용돌이에 빠지게 되었다. 한반도 남부의 세력균형이 깨지게 되었고, 이러한 변화는 일본 열도에도 영향을 미치게 되었다. 이러한 정세 속에서 백제의 요청을 받은 왜 왕권은 백제·가야와 연합해 고구려·신라 동맹세력과 대립했다. 고구려 광개토대왕廣開土大王의 비문에 보이는 한반도 남부 정세와 관련된 기사는 바로 이 시기에 형성된 긴장관계를 보여주는 것이었다. 그런데 광개토대왕 비문에 보이는 "왜가 신묘년 이래로 바다를 건너와서 백제·신라를 쳐서 신민으로 삼았다."는 기록이 임나일본부설任那日本府 說의 근거가 되었다.

「Point 강의」 - 임나일본부설

임나일본부설은 고대 일본이 미마나任那, 즉 가야지역에 일본부日本府라는 통치기관을 두고 그 지역을 지배했다는 학설이다. 지배한 시기는 369년에서 562년까지 약 200년 동안이라고 한다. 그동안 임나일본부설을 비판하는 새로운 가설이 제기되었다. 북한 학계에서는 임나일본부는 일본 열도로 건너간 가야인들이 세운 분국分國을 지배하기 위해 설치한 기관이라는 설을 제기했고, 한국 학계에서는 일본 열도를 대표하는 국가가 가야를 지배한 것이 아니라 백제가 가야를 지배했고, 그 사실이 백제가 멸망한 후 편찬한 『니혼쇼키日本書紀』 집필 과정에서 왜곡되었다고 주장하기도 했다. 일본 학계에서도 왜 왕권이 가야 지역에 파견한 관리라는 설이 제기되기도 했다. 근년에 가야 지역에 대한 발굴조사가 진행되면서, 가야의 자립적이고 독립적인 국가로서의 위상이 부각되었다. 따라서 임나일본부 문제에 가야의 주도적인 입장이 반영되게 되었고, 『니혼쇼키』를 비판적으로 검토하면서 임나일본부가 한반도 남부를 지배했다는 설은 설득력을 잃게 되었다. 그 이유는 다음과 같다. 임나일본부라는 용어가 540년대에 한정되어 있었고, 이른바 일본부 관리의 활동도 6세기 중반에 집중되었고, 또 6세기 중반에 가야를 둘러싼 국제관계가 급박하게 전개되었다는 점에 공통된 인식을 갖게 되었기 때문이다.

2. 왜의 5왕

　중국의 사서인 『진서晉書』・『송서宋書』・『양서梁書』에 의하면, 413년부터 100여 년 동안 찬讚・진珍・제濟・흥興・무武라는 왜의 다섯 왕이 차례로 중국 남조에 조공했다.

　왜국 왕이 중국에 조공한 목적의 하나는 한반도 남부의 백제・신라・가야 등에 대한 정치적 입장을 강화하려는 것이었다. 그리고 동시에 그것을 통해 기비・이즈모・쓰쿠시 등 각지에 세력을 형성하면서 왜 왕권과 대립하던 여러 지역정권에 대해 우월적인 입장을 확립하려는 것이었다.

　왜왕 진은 남조에 조공을 하면서 스스로 '왜・백제・신라・임나任那・진한秦韓・모한慕韓・6국제군사・안동대장군・왜국왕倭百濟新羅任那秦韓慕韓六國諸軍事安東大將軍倭国王'이라고 칭하고, 송宋의 문제文帝에게 그 칭호의 승인을 요청했다. 하지만 송의 문제는 '안동장군・왜국왕安東將軍倭國王'이라는 칭호만 허락했다. 그 후 왜왕 제에 이르러 '왜・신라・임나・가라加羅・진한・모한・6국제군사・안동장군・왜국왕'의 칭호가 허락되었다. 왜는 백제까지 넣어서 '육국제군사'를 자칭했으나 송에서는 그것을 인정하지 않고, 백제 대신에 가라를 끼워 넣어서 왜왕의 '육국제군사'를 승인했다는 점, 그리고 대장군 칭호를 보류하고 장군을 칭했다는 점이 주목된다. 왜왕 무에 이르러 '왜・백제・신라・임나・가라・진한・모한・7국제군사・안동대장군・왜국왕'이라고 칭하며 송의 순제順帝에게 그 승인을 요청했다. 송의 순제는 역시 백제를 제외하고 '왜・신라・임나・가라・진한・모한・6국제군사・안동대장군・왜국왕'이라는 칭호를 수여했다. 백제까지 끼워 넣어 국제적인 위상을 강화하려고 했던 왜왕 무의 시도는 좌절되었다. 하지만 '대장군'의 지위는 확보했다.

왜왕의 외교적인 노력에도 불구하고, 실제적으로 목적했던 바를 달성하지 못했다. 더구나 5세기 한반도 정세는 왜왕의 기대와는 정반대로 전개되었다. 고구려는 427년에 왕도를 환도성에서 평양으로 옮기고, 남하정책을 추진하면서 왜 왕권과 밀접한 관계를 유지하던 백제를 침략했다. 신라도 빠른 속도로 발전했다. 하지만 왜 왕권은 일본 열도 내의 여러 지역정권도 완전히 복속시키지 못하고 있었다.

일본의 역사서에는 왜의 5왕에 관한 기록이 없다. 그래서 고대사 연구자들은 중국 사서에 보이는 다섯 왕과 『니혼쇼키』에 보이는 오키미大王의 계보를 비교하면서 왜의 5왕이 누구인가를 밝히려고 노력했다. 여기에서 오키미는 기나이畿內를 중심으로 하는 지배자 집단의 대표를 의미했다.

왜의 5왕은 왜 왕권의 왕이 아니고, 규슈 북부의 왕이라는 견해도 있다. 그러나 대부분의 연구자들은 왜의 5왕은 왜 왕권의 왕이며, 그중에서도 제·흥·무는 각기 일본의 사료에 보이는 인쿄允恭·안코安康·유랴쿠雄略에 해당한다는 데에 동의하고 있다. 그러나 찬·진에 대해서는 여러 설이 공존하고 있다. 찬은 오진応神이라는 설과 닌토쿠仁德라는 설, 진은 닌토쿠仁德라는 설과 한제이反正라는 설이 대립하고 있다.

「Point 강의」 – 천황 가문은 '만세일계' 혈통인가?

일본인들 중에는 지금도 천황의 가계는 만세일계萬歲一系, 즉 초대 천황 진무神武부터 지금까지 혈통이 단절되지 않고 이어지고 있다고 믿는 사람들이 적지 않다. 그런데 앞에서 살펴본 왜의 5왕 혈통문제만 보더라도 천황 가문이 만세일계의 혈통이라는 것이 허구라는 것을 알 수 있다. 즉, 찬·진, 제·흥·무는 각각 같은 혈통으로 분류할 수 있으나, 진과 제 사이에는 혈통적으로 아무런 연관성이 없다는 설이 유력하다. 이와 같은 설에 동조한다면, 5세기 일본 열도에는 적어도 2개의 오키미大王, 즉 천황 가문이 존재했다는 설이 유력하게 대두된다. 그 설에 따르면 찬과 진이 하나의 오키미 가문이고, 제·흥·무가 또 하나의 오키미 가문이 되는 것이다. 그것은 4세기에 조성된 대형 고분은 한 곳에 모여 있지만, 5세기에 조성된 대형고분은 두 곳 이상의 분포권을 보이고, 특히 오키미 가문의 근거지인 오사카 평원에는 두 지역의 고분군이 거의 같은 시기에 조성되었다는 사실에 의해서도 뒷받침된다. 두 계통의 오키미 가문의 존재가 인정된다면, 적어도 5세기 말 까지는 오키미의 지위는 특정한 가계로 고정되지 않았다는 증거가 된다.

3. 왜 왕권의 발전

한반도 정세가 불안해지자, 한반도에서 일본으로 건너오는 도래인이 증가했다. 그들은 집단을 이루어 바다를 건넜다. 도래인 집단은 대부분 기술을 보유한 씨족이었다. 왜 왕권은 도래인 중에서 특수한 기능을 보유한 기술집단을 적극적으로 수용했다. 왜 왕권은 도래인을 주로 교토·오사카 일대에 거주하게 했다.

이미 6세기 이전에 학술·종교·사상이 한반도에서 전래되었다. 일본에서도 한자가 사용되었다. 533년에 백제가 왜에 오경박사五經博士를 파견했고, 유학儒學·의학醫學·역학曆學 등의 학문도 전수했다. 특히 역학이 전래되면서 일본인은 절기 감각을 몸에 익히게 되었고, 달력을 보면서 농사를 지을 수 있게 되었다.

왜의 5왕 중 하나였던 무왕, 즉 유라쿠雄略 때부터 왜왕은 다른 호족위에 군림하면서 오키미大王라고 칭했다. 오키미는 호족들에게 가바네姓를 부여했다. 왜 왕권은 씨성제도氏姓制度를 마련하고, 호족을 그 제도에 편입시켰다. 그 결과 각 지역을 사실상 지배하던 호족들이 왜 왕권의 통치 조직에 편입되기 시작했다.

특수한 기술을 보유하면서 각 지역에 정착한 분업집단을 베部라고 했고, 거기에 속한 존재를 베노타미部民라고 했다. 왜 왕권은 각 지역의 베노타미를 권력에 봉사하는 조직으로 편성했다. 그들을 농한기에 중앙으로 불러들여서 작업을 시켰고, 그들이 생산하는 제품을 공물로 바치도록 했다.

왜 왕권은 여러 지방에 미야케屯倉라는 직할지를 설치했다. 미야케의 설치로 지방 호족에 대한 지배권이 강화되었다. 그들은 자연스럽게 중앙의 정치질서 속에 편입되었다. 왜 왕권은 복속한 호족을 구니노미야쓰코国造에 임명했다. 구니노미야쓰코는 왕권에 복속해 지방의 통치를 위임받은 자라는 의미였다. 5세기 말부터 왜 왕권의 지배력이 직접 미치는 기나이畿內 지역의 호족을 구니노미야쓰코에 임명했다. 6세기에 들어서면서 왜 왕권의 지방 지배체제가 정비되었다.

6세기에 들어서면서 왜 왕권의 지배력이 지방으로 확대되었지만, 여전히 왜 왕권에 복속하지 않는 호족들도 있었다. 왜 왕권에 맞섰던 지역정권 중에서 가장 강력했던 것은 이와이磐井 정권이었다. 이와이 정권은 규슈의 중·북부 일대를 독자적으로 지배했던 세력이었다. 527년에 이와이 정권과 왜 왕권이 전쟁에 돌입했다. 이와이 정권은 신라의 지원을 배경으로 왜 왕권의 대군을 맞이해 싸웠다. 이 싸움은 다음 해 말까지 계속되었다. 하지만 이와이 정권은 왜 왕권에 패배했다.

 왜 왕권은 이와이 정권을 멸망시키고, 규슈의 북부에 미야케를 설치했다. 그러자 왜 왕권에 맞섰던 호족들이 차례로 복속했다. 왜 왕권은 관동 지방에서 규슈에 이르는 지역의 지배권을 확립했다. 왜 왕권에 복속한 호족들은 구니노미야쓰코에 임명되었다.

「Point 강의」- 왜 왕권의 발전에 기여한 도래인

도래인은 주로 한반도에서 씨족단위로 일본 열도로 건너갔다. 사람이 이동하면 그들이 보유하고 있는 재능과 노하우가 같이 이동한다. 도래인의 대부분은 수준이 높은 기술을 보유하고 있었다. 도래인이 이주하면서 한반도에서 성숙한 선진 기술과 국가 경영 노하우도 일본으로 이전되었다. 왜 왕권은 도래인이 안심하고 정착할 수 있도록 배려하면서, 그들을 전문 기술집단으로 조직화했다. 도래인은 문필·재정 등의 행정 실무, 방직·제련·무기 제조·도자기·토목·건축 등의 생산 부문, 동물 사육 등의 분야에서 뛰어난 기술을 보유하고 있었다. 그들은 대규모 관개사업이나 토목공사에 관여하기도 했고, 광대한 농지를 개간하기도 했다. 왜 왕권은 도래인 중에서도 철과 동을 다루는 기술을 보유한 가라카누치베韓鍛冶部, 양잠과 직물의 기술을 보유한 니시고리베錦織部・기누누이베衣縫部, 도기 제작 기술을 보유한 스에쓰쿠리베陶作部, 마구류馬具類 제작에 종사하는 구라쓰쿠리베鞍作部 등의 기술 집단을 우대했다. 또 학문을 전문으로 하는 집단도 우대했다. 특히 왕인王仁을 조상으로 하는 가와치노후미씨西文氏에게 후히토史라는 가바네姓를 하사하고, 궁중의 기록과 재정의 출납, 징세 사무와 외교 문서를 관장하는 업무에 종사하게 했다. 도래인은 정치・경제・사회・문화 전 분야에 걸쳐서 왜 왕권의 발전에 기여했다.

제3강

고분시대의 정치와 문화

1. 고분의 출현

　4세기 초에는 고분이 축조되기 시작했다. 고분은 야요이 시대의 묘지와는 성격이 달랐다. 특정한 개인을 위한 분묘의 성격을 지닌 대형 구조물이었다. 고분은 야요이 시대의 분묘가 점차로 발전해 조성된 구조물이 아니라 대륙의 영향을 받아서 갑자기 조성되기 시작했다.
　고분의 조성에는 많은 노동력을 필요로 했고, 고도의 토목 기술이 요구되었다. 예를 들어보면, 닌토쿠릉仁德陵이라고 알려진 다이센大山 고분은 면적이 46만 평방미터, 전장이 480미터, 높이가 33미터다. 평지에 조성된 고분의 흙을 운반하는 데 하루 1,000명의 인원을 동원했다고 하면 4년이라는 시간이 걸렸을 것이다.
　근년의 연구에 의하면, 당시 고분을 조성할 때는 일정한 순서와 방식이 있었다. 먼저 고분의 앞부분과 뒷부분의 길이를 정밀하게 설계했다. 그리고 고분 주변의 흙을 파내어 봉분을 조성하고, 흙을 파서 생긴 웅덩이에 물을 대어 해자를 조성했다. 해자의 수면을 기준으로 고분의 형태를 가지런히 했을 것으로 추정된다. 요컨대 고분은 그야말로 권력·재력·기술력의 집합체였던 것이다.

4세기에 접어들면서 기나이畿內 일대와 세토瀨戶 내해의 일부 지역에 전방후원분前方後圓墳이라는 독특한 형태의 고분이 축조되기 시작했다. 이 고분은 마치 열쇠구멍을 연상시키는 일본의 독특한 고분 형태였다. 4~5세기에는 기나이 이외의 지역인 가와치河內·이즈미和泉 지방에도 거대한 고분이 모습을 드러냈다. 고분의 피장자는 왜 왕권의 대왕과 왕족, 그리고 지방의 유력한 호족이었을 것으로 추정된다.

초기 전방후원분 형식을 갖춘 고분 중에서 유명한 것은 나라현奈良縣 덴리시天理市에 있는 고분과 시부타니渋谷에 있는 고분이다. 전자는 전장이 약 237미터, 후원부의 직경이 약 135미터, 높이가 약 23미터, 전방부의 폭이 약 96미터, 높이가 약 12미터이다. 후자는 전장이 약 284미터, 후원부의 직경은 155미터, 높이는 약 23미터이다. 모두 낮은 언덕에 조성되었다. 전자는 스진崇神의 왕릉이고, 후자는 게이코景行의 왕릉으로 추정된다.

거대한 고분의 조성은 정치적으로 중요한 의미를 갖는다. 커다란 봉분과 부속 시설 그리고 각종 부장품이 매장된 고분은 단순한 묘지가 아니었다. 피장자의 권위를 과시하기 위한 정치적 산물이었다. 이러한 관점에서 보았을 때, 5세기에 게누毛野, 기비吉備, 이즈모出雲, 휴가日向 등의 지역에 거대한 규모의 고분이 많이 축조되었다는 점에 주목하지 않을 수 없다. 기비 지역에는 전장이 각각 270미터, 350미터의 대형 전방후원분이 있다. 휴가 지역에는 전장이 219미터인 오사호男狹穗 고분을 위시한 32기의 전방후원분이 있다. 그리고 이즈모 지방에도 거대한 전방후원분이 많다. 이것들은 모두 왜 왕권의 대왕릉과 같은 규모이다. 이와 같은 사실은 왜 왕권에 필적하는 정치세력이 다수 존재했음을 보여주는 것이다.

「Point 강의」 - 스진 왕의 정체

스진은 『고지키古事記』에 미마키스메라미코토御眞木天皇라고 기록되었고, 『니혼쇼키』에는 하쓰쿠니시라스스메라미코토御肇國天皇라고 표기되었다. '하쓰쿠니시라스'란 처음 국가를 열어 통치를 한 왕다운 왕이라는 의미이고, '미마키'는 미마나任那, 즉 한반도 남부의 가야伽倻를 의미한다. 요컨대, 스진 왕은 일본에서 처음 국가를 열어 통치한 가야의 왕으로 불렸던 것이다. 1948년 에가미 나미오江上波夫는 바로 스진에 주목했고, 스진 이후의 왕조를 북방계의 기마민족에 의한 정복왕조라는 학설을 제시했다. 에가미는 스진이 왜 왕권을 창시한 대왕이며 기마민족 최초의 지도자라고 주장했다.

기마민족정복왕조설

에가미 나미오가 주장한 일본의 고대국가 형성과정과 관련한 충격적인 학설이다. 4세기에 한반도 남부에 자리잡고 있던 퉁그스 계통의 북방계 기마민족이 바다를 건너서 규슈의 북부를 침략하고, 휴가日向 인근에 정착하면서 1차적으로 건국을 했다는 것이다. 그들이 스진을 왕으로 하는 세력이었다. 휴가 지역에서 힘을 축적한 기마민족은 4세기에서 5세기에 걸쳐서 규슈에서 오사카 평원으로 진출해 2차로 건국을 했다는 것이다. 기마민족이 규슈에서 동쪽으로 진출할 당시 기마민족의 지도자는 오진応仁 왕이었다. 오진은 5,000명에서 1만 명에 이르는 집단을 이끌고 규슈에서 동쪽으로 진군하면서 여러 지역의 토착민들을 차례로 정복하고 나라奈良에 정착했다. 에가미 학설의 가장 유력한 논거는 전기의 고분과 후기의 고분 사이에는 부장품의 내용면에서 역사 발전의 관점에서 설명되지 않는 점이 너무 많다는 것이었다. 즉 전기의 고분에서 출토된 부장품은 '주술적·상징적·동남아시아적·농경민족적' 특징을 지니고 있는데 반해, 후기의 그것은 '현실적·전투적·북방아시아적·기마민족적' 특징을 지니고 있다는 것이다. 이제까지 기마민족정복왕조설에 대해 많은 비판이 있었고, 현재는 그다지 주목받지 못하는 학설이 되었지만, 에가미 나미오가 지적한 고분 시대의 문제점은 아직까지 해결되지 않은 채로 남아있다. 문제점이 남아 있는 한 에가미 나미오의 기마민족정복설을 거론하지 않을 수 없을 것이다.

2. 고분의 발전

고분 시대는 고분의 형태와 규모, 그리고 석실 구조와 부장품 등의 차이에 따라 그 시기를 구분하는데, 일반적으로 4세기를 전기·5세기를 중기·6세기를 후기로 구분한다. 고분은 4세기에 성립되어 발전했고,

5세기 중기에 집중적으로 조성되었다. 6세기에 들어서면서 고분의 규모가 축소되었다.

고분은 봉분의 형태에 따라서 원분圓墳・방분方墳・전방후원분・전방후방분 등으로 구분되기도 한다. 일본 열도에 현존하는 고분은 약 10~15만기이다. 단독으로 존재하는 것도 있고 고분군을 형성하고 있는 것도 있다.

전기의 고분은 마을과 경작지가 내려다보이는 언덕 위에 조성되었다. 외형은 여러 형태가 있으나 야마토大和 지방에는 특히 전방후원분이 많이 조성되었다. 그것은 보통 능선의 상단 전면에 위치했다. 피장자는 후원부의 상부에 안치되었다. 봉분의 주위를 돌로 에워싸고 원통형으로 만든 하니와埴輪라는 장식물을 세웠다. 하니와는 흙으로 빚은 장식용 제품이었다. 원통형으로 제작한 것이 많았으나, 인물이나 무구, 가옥이나 동물의 형상을 본뜬 하니와를 세우기도 했다. 특히 고분 시대 초기에 제작된 하니와는 그릇과 그릇 받침을 형상화했다. 그것은 죽은 수장의 영혼에 벼농사가 풍년이 들도록 기원하는 집단제사 의례를 반영한 것이었다.

유해를 안치하는 시설은 수혈식竪穴式 석실이나 점토곽으로 되어 있는 경우가 많았다. 관은 통나무를 파내어 마치 배와 같은 형태로 만들었다. 관의 외면에는 점토를 발랐다. 부장품으로 주술적 색채가 짙게 풍기는 동경, 옥으로 만든 귀고리나 팔찌와 같은 장신구, 철제 도검이나 화살촉과 같은 금속제 무기가 많았다. 이 시기의 호족은 정치적인 지배자인 동시에 주술적인 지도자의 성격도 지니고 있었다는 것을 알 수 있다.

5세기에 들어서면서 고분의 규모가 갑자기 거대해졌다. 닌토쿠릉 이외에도 가와치河內에 있는 오진릉応神陵은 전장이 430미터, 이즈미和泉에 있는 리추릉履中陵의 전장은 360미터, 오카야마현岡山縣 비추備中에

제3강 고분시대의 정치와 문화 45

있는 쓰쿠리야마造山의 전장은 350미터이다. 전장이 300미터 이상인 고분은 지금까지 확인된 것만도 7개나 된다. 대형 고분은 평야에 조성된 것이 대부분이다. 고분의 주변에 해자를 조성했다.

중기 고분의 유해도 봉분의 상단에 안치되었다. 중후한 느낌을 주는 석관이 제작되었다. 부장품의 내용이 달라졌다. 갑주와 마구가 선호되었고, 관冠, 금은 장신구, 대량의 철제무기, 호미나 삽과 같은 철제 농구 등이 부장품으로 매장되었다. 이전의 시대와 비교해 보았을 때, 부장품으로 중국이나 한반도에서 전래된 것, 권력을 상징하는 것이나 실용적인 것이 많아졌다. 이 시대의 수장은 주술적인 지도자로서의 이미지를 벗고, 정치·군사 지도자로 변화했음을 알 수 있다. 또 당시에 이미 국력이 충실했고, 지도자는 다른 세계와도 교류했을 것으로 추정된다.

고분의 분구는 5세기 중기를 정점으로 점차로 축소되었다. 또 고분은 평지뿐만 아니라 언덕에도 조성되었다. 횡혈식橫穴式 석실도 등장했다. 매장 방법도 이전에 비해 세련되게 변화했다. 횡혈식 석실은 시신과 부장품이 있는 현실玄室과 외부로 연결되는 통로인 연도羨道로 구성되었다. 입구를 막아놓은 돌을 들어내면 언제라도 추가로 매장할 수 있었다.

석실의 내부에 피장자의 관을 안치하고 그 주위에 부장품을 배치했다. 중요한 부장품으로는 무구와 마구를 비롯해 동경, 금은제 장신구 등이 있었다. 일상생활의 용구가 함께 매장되는 경우가 많았다. 특히 한반도에서 건너온 스에키須惠器라는 매우 얇고 단단한 그릇이 함께 매장되기도 했다. 벽화도 그려졌다. 부장품은 훗날에 다시 묻는 경우도 있었다.

「Point 강의」 - 거대한 고분의 소멸 과정

횡혈식 고분이 유행은 아이러니하게도 일본인의 사생관을 변화시키는 요인이 되었다. 이전의 일본인들은 죽어서도 영혼은 육신을 떠나지 않는다고 생각했다. 그래서 피장자가 생전과 다름없이 생활하기를 기원하면서 부장품을 묻었을 것이다. 권력자일수록 고분의 크기가 거대했고, 순장하는 사람이 많았던 것도, 피장자가 생전에 누렸던 권위와 권력을 과시하기 위한 것이었다. 그러나 시신을 매장한 횡혈식 석실에 다시 들어가 부패하거나 뼈만 앙상한 시신을 목격하게 되면서 사후세계에 대한 인식이 크게 변화했을 것이다. 육신은 이미 영혼을 담을 수 없다는 것을 자각하게 되었을 것이다. 삶과 죽음은 매우 다르다는 것을 자각하게 되면서 죽은 후에는 육신과 영혼이 분리된다고 생각하게 되었을 것이다. 이러한 생각의 변화는 불교적인 사생관을 저항감 없이 수용하게 했으며, 고분의 조성을 중단하는 계기가 되었을 것이다. 실제로 불교가 수용되면서 호족이 거대한 고분을 조성해서 권위와 권력을 과시하던 시대는 종말을 고했다. 고분은 문화의 선진지역인 기나이畿內 지방에서는 7세기, 동부 일본 지역에서는 8세기에 모습을 감추었다. 그 후에 조성된 분묘는 정치적 산물이 아니라 죽은 사람의 매장을 목적으로 조성된 묘지였다. 그런데 사생관이 변했다고 인간의 현시욕이나 과시욕이 없어진 것은 아니었다. 불교가 수용되면서 사원이 새로운 권위와 권력의 상징으로 부각되었다. 권력자들은 새로운 과시욕의 상징이 된 사원 건축에 매달렸다.

3. 신앙과 의례

고대 일본인은 모든 자연현상에 신령이 깃들어 있다고 생각했다. 경작에 필수적인 물이나 태양, 기타 자연현상에 깃든 신령을 특별한 장소에 모셨다. 농경의례도 점차로 천신과 지신에 제사를 드리는 신앙 형태를 띠게 되었다. 외래문화가 수용되고 불교가 전래된 후에도 신령숭배 사상은 일본인의 전통적인 종교로서 일본 사회에 커다란 영향을 미쳤다.

일본인의 전통적인 종교 관념에는 여러 계통의 신앙이 융합되어 있었다. 원시 종교의 타계관에도 신이 있는 곳은 하늘이라는 관념과 함께 바다 저쪽에도 신이 있다는 관념이 융합되어 있었다. 전자는 북아시아 대륙의 타계관이었고, 후자는 남태평양 제도의 미개 종교에 근원을 둔 타계관이었다.

수장 권력이 강화되면서 신들의 위계질서가 재편되었다. 신들의 서열은 기기신화記紀神話, 즉 『고지키古事記』와 『니혼쇼키日本書紀』에 표현된 신화에 반영되었다. 왜 왕권이 지방 호족들을 복속시키는 과정을 거치며 호족들이 받드는 신들의 서열이 보다 구체적으로 정해졌다. 해와 달의 신처럼 만물의 생성 및 창조와 관련된 신들이 최상위에 자리하고, 자연물이나 자연현상 즉 산·강·평야의 신들이 그 다음에 자리했다. 그 밑에 인간의 일상생활과 직접 관련된 불·농업·어업의 신들이 자리했다.

신들 중에서 가장 높은 신 아마테라스오미카미天照大神를 받드는 왜왕은 가장 강력한 제사장이기도 했다. 『고지키』와 『니혼쇼키』에 왜왕은 신과 함께 기거하고, 신에게 신탁神託을 청하고, 꿈에서 신의 계시를 받아 정치적인 결단을 내리기도 하는 존재로 묘사되었다.

호족은 야시로社라는 사당을 세워서 조상신에 제사를 드렸다. 이것을 조령신앙祖靈信仰이라고 한다. 이 시대에 죽은 자를 정식으로 매장하기까지 안치하는 모가리殯라는 의식도 행해졌고 진혼鎭魂 의식도 행해졌다. 사악한 것을 제거하고, 신체나 정신을 청결히 하는 하라이祓나 미소기禊도 행해졌다. 사슴 뼈를 태워서 길흉을 점치는 후토마니太占도 행해졌다. 그 밖에 죄인으로 하여금 뜨거운 물에 손을 넣게 해 진위를 판단하는 구가타치盟神探湯와 같은 주술적인 풍습도 성행했다.

봄에 생산물의 풍요를 기원하는 기넨사이祈年祭, 일종의 추수 감사제라고 할 수 있는 니이나메사이新嘗祭가 농민의 연례행사가 되었다. 훗날 기넨사이와 니이나메사이는 궁중의 정치적인 행사로도 중요한 의미를 갖게 되었다. 농촌에서는 토지신을 받들고 기우제를 지내기고 했다.

「Point 강의」 - 신들의 서열

기기신화에 의하면, 다카마가하라高天原라는 '하늘'은 천황의 조상신이며 태양신인 아마테라스오미카미가 주재했다. 아마테라스오미카미는 자기 자손을 일본 열도에 강림하게 했다. '하늘'에서 강림한 천손이 인간과 혼인하면서 천황의 혈통이 성립되었다. 기기신화는 고대 천황제 국가가 정리한 노골적인 정치 신화인데, 그 배경에 다카마가하라계高天原系, 이즈모계出雲系, 휴가계日向系 등 계통을 달리하는 신화가 있었다. 신화에 의하면, 아마테라스오미카미의 남동생 스사노오노미코토素戔嗚尊가 다카마가하라에서 쫓겨나 나카쓰쿠니中國에 내려와서 나라를 열었는데, 왜 왕권은 스사노오노미코토의 자손인 오쿠니누시大国主가 왜왕의 자손에게 복속한다는 이야기를 만들어 왜 왕권의 일본 지배를 정당화했다. 참고로 스사노오노미코토는 이즈모 신사의 주신으로 모셔진 신이다. 이즈모 계열의 신들이 왜 왕권의 신에 복속했다는 이야기는 원시신도의 신들이 왜 왕권이 받드는 신들의 계보에 흡수되는 과정을 반영하고 있다. 다카마가하라에 사는 아마테라스오미카미를 비롯한 왜 왕권의 신들은 아마쓰카미天神라고 하고, 왜 왕권에 복속한 여러 씨족의 신들은 구니쓰카미国神라고 해 구별했다. 아마쓰카미는 구니쓰카미보다 높은 신으로 자리매김 되었다. 수많은 신들 중에 천황의 조상신 아마테라스오미카미가 일본 최고신의 지위를 차지했다.

제4강

소가씨와 쇼토쿠 태자의 정치

1. 실권을 장악한 소가씨

 소가씨가 정치무대에 등장한 것은 6세기 전반에 소가노 이나메蘇我稻目가 왜 왕권의 중신인 오미大臣로 등용되면서부터였다. 소가씨는 대대로 정부의 재정을 담당하는 가문이었다. 소가씨 휘하에서 하타씨秦氏가 출납을 담당하고, 야마토노후미씨東文氏와 가와치노후미씨西文氏가 장부의 기록을 담당했다. 하타씨와 야마토노후미씨, 그리고 가와치노후미씨는 모두 한반도에서 일본으로 건너온 도래인 계열의 씨족이었다. 소가씨는 도래인 계열의 씨족을 거느리면서 왜 왕권의 행정을 총괄했다.
 소가노 이나메의 증조부인 만지滿智라는 인물은 5세기 후반에 백제에서 활동했던 목만치木滿致와 동일 인물이라는 견해가 있다. 『손피분먀쿠尊卑分脈』라는 계보집에는 소가씨 선조 중에 가라코韓子, 고라이高麗라는 이름을 가진 인물이 등장한다. 이것 또한 소가씨가 도래인 계열의 혈통이라는 증거라고 할 수 있다.

　소가씨가 두각을 나타내자 모노노베씨物部氏가 견제했다. 모노노베씨는 주로 군사와 치안을 담당하는 씨족이었다. 6세기 초에 오무라지大連가 되어 군사력을 장악한 보수적인 성향의 씨족이었다. 소가씨와 모노노베씨의 대립은 불교의 수용을 둘러싸고 더욱 심화되었다.

　6세기 말까지 왜 왕권 내부의 상황은 매우 혼란스러웠다. 한반도 정세를 둘러싸고 호족들이 대립했고, 왜 왕권도 양분되었다. 소가씨가 옹립한 긴메이欽明 정권과 오토모大伴·모노노베物部가 지지하는 안칸安閑·센카宣化 정권이 대립하고 있었다. 혼란한 정세는 6세기 말에 소가씨가 모노노베씨를 멸망시키면서 종식되었다.

　소가씨는 왕실과 외척관계를 맺었다. 소가노 이나메는 자신의 두 딸 기타시히메堅塩媛와 오아네노키미小姉君를 모두 긴메이 왕의 비로 들여보냈다. 그 사이에서 훗날 왕위에 오르는 요메이用明·스슌崇峻·스이코推古가 태어났다. 뿐만 아니라 오아네노키미가 낳은 딸은 요메이의 비가 되었고, 소가노 우마코蘇我馬子의 딸은 스슌의 비가 되는 등 소가씨는 왕실과 2중 3중으로 인척관계를 맺었다. 소가씨는 5대에 걸쳐서 왜 왕권의 외척으로서 권세를 누렸다.

　소가씨의 권세는 왕권을 능가했다. 소가씨가 세력을 떨치게 되면서 소가노 우마코가 추천하는 인물이 아니면 왕위에 오를 수가 없었다. 592년 12월에 여성인 스이코推古가 즉위했다. 스이코도 소가씨의 인척이었기 때문에 왕위에 오를 수 있었다.

「Point 강의」 - 소가씨의 권세

소가씨의 권세를 상징하는 사건이 스슌 왕 암살이었다. 스슌 왕은 587년 요메이 왕의 뒤를 이어 즉위했다. 그런데 요메이 왕이 사망한 직후, 소가노 우마코가 모노노베씨 가문을 멸망시켰다. 그 과정에서 소가노 우마코는 모노노베씨가 즉위시키려고 했던 아나호베穴穗部 왕자를 주살했는데, 그는 스슌 왕의 친형이었다. 소가노 우마코는 모노노베노씨를 멸망시킨 후 스슌 왕을 즉위시켰다. 하지만 스슌 왕은 친형을 무참하게 살해한 외삼촌 소가노 우마코에게 적대감을 품었다. 그것을 눈치 챈 우마코는 592년 도래인 계열의 씨족인 야마토노아야노코마東漢駒를 시켜 백주 대낮에 의식을 집행하는 스슌 왕을 살해했다. 왕까지 살해할 수 있었던 소가씨의 권세에 조정의 중신들도 대적하지 못했다. 이미 스슌 왕이 즉위했을 때 오오미大臣의 지위에 취임한 소가노 우마코는 오무라지大連를 임명하지 못하도록 하고, 자신이 정치전반을 주관하는 체제를 수립했다.

2. 소가노 우마코와 쇼토쿠 태자의 협력정치

스이코가 즉위하자, 593년 정월 실권자 소가노 우마코는 요메이의 아들로 인망을 얻고 있던 우마야도 왕자厩戸王子를 태자로 삼고, 섭정攝政에 취임시켜 정치를 담당하게 했다. 소가노 우마코는 우마야도 태자와 협력하며 아스카飛鳥 조정의 정치를 관장했다. 우마야도 태자는 훗날 소가씨를 멸망시킨 쿠데타 세력들에 의해 쇼토쿠聖德 태자로 추앙되었다.

603년 관위官位 12계가 정해졌다. 관위는 조정에 출사하는 호족과 관리에게 주어지는 위계였다. 관위는 위로부터 덕德, 인仁, 예禮, 신信, 의義, 지智 등 6종을 대소로 나누어 12계로 했다. 그리고 관위에 따라 관의 색깔과 장식을 달리했다.

관위는 대대로 세습되는 씨성氏姓과는 달랐다. 개인의 재능과 공로에 따라서 수여되었으며 승진도 가능했다. 이 제도는 왕권의 강화를 의도한 것이었다. 당시 왜 왕권은 씨족사회를 기반으로 하고 있었다는 점을 염두에 두면, 관위제도가 얼마나 획기적인 제도였는지 알 수 있을 것이다.

604년에는 「헌법 17조」가 제정되었다. 「헌법 17조」의 조문은 오늘날의 헌법과 같이 국가체제의 기본이 되는 법이 아니었다. 주로 관리와 호족을 대상으로 한 정치적·도덕적 훈계의 성격을 지니는 것이었다. 그 내용은 대체적으로 정치의 기본질서를 유교이념에서 구하면서도 그것을 실현하기 위한 마음자세로서 불교의 정신을 강조하고 있었다. 법조문의 근저에 강력한 국가의식이 자리하고 있었다.

역사서가 편찬되었다. 대륙에서 한자가 전래되면서 그때까지 여러 호족 가문에서 구전되던 이야기가 문자로 기록되었다. 6세기 중기에는 왜 왕권의 계보와 궁중에서 전해 내려오던 이야기를 정리한 역사서 『데이키帝紀』와 『규지旧辞』가 성립되었다.

『니혼쇼키』 기록에 의하면, 620년에 소가노 우마코와 쇼토쿠 태자가 『덴노키天皇紀』와 『곳키国記』를 편찬했다. 『덴노키』는 대왕의 사적을 기록한 것이고, 『곳키』는 일반적인 역사서였을 것으로 추정된다. 역사서의 편찬에 관여한 자들은 대부분이 한반도에서 건너온 도래인과 그 후예들이었다.

> **「Point 강의」 – 일본을 대표하는 지식인 쇼토쿠 태자**
>
> 쇼토쿠 태자는 생전에 우마야도 왕자로 불렸다. 우마야도는 마굿간이다. 즉, 쇼토쿠 태자는 마굿간에서 태어났다는 출생설화가 있는 인물이었다. 그가 성인으로 추앙되고 있다는 점으로 미루어 보아, 당시에 이미 예수의 출생설화가 일본에 전해졌을 것으로 추정되는 대목이다. 쇼토쿠 태자는 열 명의 사신이 각기 자기 나라 말로 동시에 발언해도 그 말을 다 알아 들었다고 전해진다. 그래서 그는 도요토미미豊聰耳 왕자라고 불리기도 했다. 하지만, 쇼토쿠 태자는 어디까지나 소가씨의 눈치를 살피지 않으면 안 되는 처지였다. 무소불위의 권력을 행사했던 소가씨와 협력관계를 유지하면서 개혁을 추진하는 일은 결코 쉽지 않았을 것이다. 그런 상황에서, 쇼토쿠 태자는 정치력을 발휘해 관위제를 정하고, 「헌법 17조」를 제정해 왕권을 강화했다. 또 견수사를 파견해 국제 외교무대에 진출했다. 쇼토쿠 태자의 정치력이 돋보이는 장면이다. 또 쇼토쿠 태자는 불교의 정신을 가장 잘 이해했던 인물이었다. 호류지法隆寺를 비롯한 사원을 건립하기도 했다. 호류지는 지금까지 세계 최고의 목조건물이며 일본이 자랑하는 문화재의 보고이기도 하다.

3. 불교의 수용

불교가 일본에 공식적으로 전해진 것은 6세기 중기였다. 『니혼쇼키』에 백제의 성왕聖王이 왜왕 긴메이欽明에게 상표문과 함께 금동제 석가상, 깃발, 불경 등을 전했다는 기록이 있다.

불교가 일본 열도에 전해진 후, 불교의 수용문제를 둘러싸고 조정에서 격렬한 논쟁이 벌어졌다. 국제정세에 밝았던 소가씨는 불교의 수용에 적극적이었다. 이에 대해 전통적인 입장을 고수하던 씨족인 모노노베씨와 나카토미씨中臣氏는 불교 수용에 반대했다. 부처를 숭배하면 토착신들의 노여움을 살 것이라고 주장했다. 왜왕 비다쓰敏達도 불교의 수용을 마땅치 않게 생각하고 있었다.

불교의 수용을 둘러싸고 벌어진 소가노 이나메와 모노노베노 오코시物部尾輿의 대립은 대를 이어가면서 전개되었다. 배불론을 계승한 오코시의 아들 모노노베노 모리야物部守屋는 불교 탄압에 앞장서면서 소가씨를 핍박했다. 점점 강성해지는 소가씨를 견제하기 위한 목적이었다. 소가씨와 모노노베씨의 대립은 587년 모노노베노 모리야가 소가노 우마코의 기습으로 사망하면서 끝났다. 그 후 불교가 공인되었다.

소가노 우마코가 모노노베씨를 기습할 때 불상 앞에서 기도했다. 싸움에서 이기게 해 준다면 사원을 건립하겠다고 발원했다. 소가노 우마코가 정적을 제거하고 정치적인 실권을 장악한 후, 588년 나라奈良에 호코지法興寺 건립을 추진했다. 호코지는 원래 아스카데라飛鳥寺라고 불렸던 사원이었다.

호코지를 건립할 때, 백제에서 주조鑄造 기술자인 노반박사鑪盤博士, 기와 기술자인 와박사瓦博士, 벽화를 그리는 화공, 그리고 목공과 승려 등을 초빙해 공사를 맡겼다. 590년에 공사가 시작되었다. 593년에 탑의 기단에 불사리를 안치했다. 596년에 건물과 탑이 완공되었다. 고구려에서 초빙한 혜자慧慈와 백제에서 초빙한 혜총惠聰이 주지로 임명되었다. 605년에 불상을 주조하기 시작했고, 609년에 본존불이 완성되어 금당에 안치되었다. 20여 년에 걸친 사원 조영 공사가 완공되었다.

왕족으로서 처음으로 불교에 귀의한 인물은 쇼토쿠 태자였다. 소가노 우마코가 호코지를 세운 것과 거의 같은 시기에 쇼토쿠 태자가 호류지 法隆寺를 건립했다. 이 사원 또한 호코지와 마찬가지로 백제의 기술에 의존해 건립되었다. 건축 기법도 주로 한반도에서 숙성된 문화의 영향을 받았다.

호족 중에는 우지데라氏寺를 세우는 자가 많아졌다. 그중에서도 603년 하타노 가와카쓰秦河勝가 왜왕에게서 불상을 하사 받아 건립한 야마시로山城의 고류지広隆寺가 유명하다. 호족들은 다투어 우지데라를 세웠고, 중앙의 귀족들도 사원의 건립에 적극적이었다. 전국 각지에 사원이 세워졌고, 승려의 수도 증가했다. 『니혼쇼키』에 의하면, 624년 당시 46개소 이상의 사원이 있었고, 비구가 816명, 비구니가 569명이었다.

「Point 강의」 - 불교가 공인되게 된 결정적인 사건

고대 일본인들은 국내에서 전통적으로 섬기던 신을 국신國神이라고 했고, 다른 세계에서 전래된 불교를 번신蕃神 또는 불신佛神이라고 했다. 모노노베씨는 다른 세계의 신인 부처를 숭배한다면 일본 열도의 토착신들, 즉 신기神祇의 노여움을 살 것이라고 했다. 때마침 전염병이 돌면서 모노노베씨의 주장이 설득력을 얻게 되었다. 불교의 수용을 둘러싼 논쟁에서 일시적으로 번신이 패배하게 된 것이다. 그런데 불교의 영험함을 증명하게 된 결정적인 사건이 일어났다. 642년 심한 가뭄이 들었다. 일본 각 지역에서 소와 말을 잡아 신

에 제사를 드렸지만 비가 오지 않았다. 그러자 숭불론자 소가노 에미시가 비를 내리도록 하는 불공을 드렸다. 사원에서 대승경전을 독송하게 했다. 사원 남쪽 광장에 보살상과 사천왕상을 안치하고 많은 승려들로 하여금 『대운경大雲經』을 비롯한 불경을 외우게 했다. 부처의 가르침대로 자신의 허물을 뉘우치면서 비가 내리기를 빌도록 했다. 소가노 에미시도 직접 손에 향을 들고 비가 내리기를 빌었다. 그러자 다음날 비가 내리기 시작했다. 고무된 왜왕이 강변에 나아가 사방에 절하고 하늘을 우러러 비를 청하니 곧바로 벼락이 치고 비가 내리기 시작했다. 비는 닷새 동안 내렸다. 이 사건을 계기로 숭불론이 여론의 지지를 얻게 되었다.

불교신앙과 일본인

불교가 수용되고 사원이 증가했지만, 당시 일본인들은 불교 철학의 심오함을 이해하지 못했다. 쇼토쿠 태자를 비롯한 몇몇 사람들을 제외하면 불교는 단지 토속 신앙보다 우월한 능력이 있는 다른 세계의 신으로 인식되었다. 불교를 조상의 명복을 빌고, 병을 치료하고, 재앙을 피하는데 효험이 있는 일종의 주술로 인식했다. 하지만 불교는 전통적인 조상신인 우지가미氏神와는 다른 보편적인 종교였기 때문에 점차로 널리 전파되었다. 불교는 훗날 일본인의 정신생활과 문화 형태를 규정하는데 결정적인 역할을 했다.

제5강

율령국가 지향

1. 을사의 변

618년 중국 대륙에서 수隋가 멸망하고, 당唐이 건국되었다. 한반도의 정치 상황도 급변했다. 『니혼쇼키』에 의하면, 641년에 백제의 의자왕이 반대파를 대대적으로 숙청했다는 소식과 고구려의 연개소문이 영류왕을 살해하고 실권을 장악했다는 소식이 전해졌다. 국제정세의 변화에 위기감을 느낀 호족들 사이에 정치체제를 혁신하려는 움직임이 구체화되었다.

당시 아스카 조정에서는 소가노 우마코의 아들인 소가노 에미시蘇我蝦夷가 국정을 장악하고 있었다. 소가씨와 쇼토쿠 태자의 협력정치 시대가 종언을 고하고, 소가씨 단독정권 시대가 도래했다. 소가노 에미시의 권세는 날로 강성했다.

소가씨의 전횡이 극심해지자 호족들이 반감을 품었다. 정세를 간파한 나카토미노 가마타리中臣鎌足는 나카노오에中大兄 왕자와 함께 소가씨를 제거하고 왕권을 강화할 것을 모의했다. 645년 6월 12일 나카노오에와 나카토미노 가마타리는 궁중에 들어온 소가노 이루카를 암살했다. 정변이 일어나자, 다른 왕족과 호족들은 모두 나카노오에 왕자를 따랐다. 다음 날 소가노 에미시가 자살하자 소가씨는 멸망했다. 이 사건을 을사乙巳의 변이라 한다.

소가씨가 멸망한 후, 고교쿠皇極 왕은 쿠데타 주역인 나카노오에 왕자에게 왕위를 물려주려고 했다. 그러나 나카노오에는 직접 왕위에 오르지 않았다. 그 대신에 고교쿠의 동생인 가루軽 왕자를 왕위에 오르게 하니 그가 고토쿠孝徳 왕이었다.

나카노오에 왕자는 태자가 되어 신정권의 조직을 정비했다. 호족의 대표자 격인 아베노 우치노마로安部内麻呂를 사다이진左大臣, 소가노 이시카와마로蘇我石川麻呂를 우다이진右大臣에 임명했다. 정책의 입안기관으로서 우치쓰오미内臣와 구니노하카세国博士가 설치되었다. 개혁의 추진 주체인 우치쓰오미에는 쿠데타의 주역인 나카토미노 가마타리가 임명되었고, 정치고문에 해당하는 직책인 구니노하카세에는 당에서 유학을 마치고 귀국한 다카무코노 구로마로高向玄理와 승려 민旻이 등용되었다. 연호를 다이카大化라고 개정했다.

「Point 강의」 - 소가씨의 권세

『니혼쇼키』는 소가씨의 권세가 왕실을 능가했음을 상세하게 기록하고 있다. 특히 고교쿠 왕 시대의 기록에 소가씨의 전횡을 알리는 기사가 많이 보인다. 이미 조메이舒明 왕 때부터 관리들은 출근하고 퇴근하는 시간을 엄수하도록 했으나 오오미大臣인 소가노 에미시는 이를 따르지 않았다. 소가노 에미시와 그의 아들 이루카入鹿는 오키미大王만이 누리는 특권인 팔일무八佾舞를 행하고, 그의 저택을 미카도宮門, 그 집안의 남자를 미코王子라고 칭했다. 저택 주변에 방책을 설치하고 무기고를 두었다. 에미시와 이루카의 분묘를 조영하고, 각각 대릉大陵과 소릉小陵이라고 칭했다. 소가씨의 권세는 이미 왜왕을 능가하고 있었다.

2. 다이카 개신

태자가 되어 실권을 장악한 나카노오는 정무집행과 정책입안의 양 기관을 통괄하는 권력의 정점에 서게 되었다. 그는 정치를 일신하기 위해 아스카에서 나니와難波로 천도를 단행하고, 개혁을 추진했다.

『니혼쇼키』에 의하면, 646년 정월에 신정부의 기본 방침인 다이카 개신의 조칙이 공포되었다. 다이카 개신의 조칙은 정치개혁의 가장 중요한 강령이었다. 그 내용을 요약하면 다음과 같다.

첫째, 왕실과 호족의 토지소유권을 부정하고, 모든 토지와 농민을 국가가 장악한다. 즉 이제까지의 나시로名代 · 고시로子代 · 미야케屯倉 · 가키베部曲 · 다도코로田莊 등의 사지사민私地私民을 부정하고, 그것들을 국가가 직접 장악한다.

둘째, 지방의 행정제도를 정비하고 지방관을 임명한다. 전국을 국國 · 군郡 · 리里로 나누고, 각각 고쿠시国司 · 군시郡司 · 리초里長를 둔다. 세키소코関塞 · 우카미斥候 · 사키모리防人 · 에키바驛馬 · 덴마傳馬 등의 군사 · 교통 시설을 설정한다.

셋째, 호적戶籍과 계장計帳을 만들고 반전수수법班田收授法을 실시해 전국의 토지와 인민을 직접 지배한다. 전국의 토지와 인구를 조사해 생산량과 경작자를 국가가 파악한다.

넷째, 통일적인 세제를 확립한다. 조租는 1반反 당 2속束 2파把의 벼로 납부하게 하고, 용庸은 토목공사나 건축공사에 인민들을 동원하고, 조調는 비단이나 기타 특산물로 납부하도록 한다.

이와 같은 조칙은 전통적으로 용인되던 호족의 개별적 지배권을 부정하고, 당의 균전제均田制와 조용조租庸調 제도를 모방해, 공지공민제公地公民制에 기초한 중앙집권적 · 관료제적 지배체제를 확립하겠다는 의지를 담고 있었다.

「Point 강의」 – 다이카 개신 조작설

다이카 개신의 조칙은 종래의 씨성제도에 기초한 호족의 지배권을 부정하고 중앙집권 권력을 확립하는 것을 골간으로 하고 있었다. 하지만 예부터 지방의 호족들이 개별적으로 지배하던 토지와 농민, 특히 미야케屯倉와 베민部民의 지배권을 어느 날 갑자기 왕권이 몰수했다는 것은 상식적으로 납득하기 어렵다. 가공할만한 군사력을 배경으로 하지 않고는 불가능한 일이라고 할 수 있다. 그런데 쿠데타 세력이 폭력수단을 보유했다는 근거가 없다. 다이카 개신 조칙 조작설이 제기된 것은 당연한 일이었다. 더구나 위에 열거한 조칙의 내용은 689년에 시행된 기요미하라령淨御原令이나 701년에 시행된 다이호령大宝令에 그대로 포함된 내용이었다. 일찍이 일본 고대사 연구자 쓰다 소키치津田左右吉가 다이카 개신 조작설을 제기했다. 을사의 변이 일어난 지 수십 년 후에 『니혼쇼키』의 편자가 마치 다이카 개신의 조칙인 것처럼 조작했다는 것이다. 참고로 다이카 개신의 조칙에 대해 현재 3가지 설이 있다. (1) 기본적으로는 다이카 개신 당시에 반포된 조칙이라는 설, (2) 주요 내용은 당시에 반포된 것이나 부분적으로는 훗날 조작이 가해졌다는 설, (3) 조칙은 모두 당시에 반포된 것이 아니고 훗날 『니혼쇼키』를 편찬한 역사가들이 조작했다는 설, 즉 다이카 개신 허구론 등이다.

3. 개혁정치의 전개와 급변하는 대외정세

나카노오에는 정치제도의 개혁을 추진했다. 먼저 관직과 위계제位階制의 정비에 착수했다. 647년에는 7색 13계의 관위제, 649년에는 이를 더욱 발전시켜 19계의 관위제를 두었다. 같은 해에 다카무코노 구로마로와 승려 민에게 명령해 팔성백관八省百官을 두도록 했다.

중앙집권 권력의 확립을 지향했던 신정부는 개혁을 추진하면서 호족들의 반발에 부딪혔다. 신정부는 호족과 대립을 피하기 위해 식봉제食封制를 인정하지 않을 수 없었고, 사원의 영유지도 폐지할 수가 없었다. 공민제도 관철되지 못했다. 베민部民은 폐지했지만, 누히奴婢는 폐지할 수가 없었다.

개신의 조詔에 의하면, 종래의 구니노미야쓰코国造에 대신해 고쿠시·군지郡司가 임명되기로 되어 있었다. 그러나 그 제도도 성과를 거두지 못했다. 또 군지에 임명된 자들도 거의 구니노미야쓰코을 비롯한 지방의 호족이었다. 이런 상황에서 호적과 계장을 통해 전국의 인민을 장악한다는 계획은 그야말로 희망사항이었을 공산이 크다. 『니혼쇼키日本書紀』에는 652년에 호적을 작성했다는 기록이 있다. 하지만 그것을 사실로 인정하기에는 많은 의문점이 있다.

신정권은 궁전을 신축하고, 에미시蝦夷 원정을 감행하는 등 의욕을 보였다. 그러나 조정 수뇌부의 분열과 불화로 정세가 안정되지 못했다. 653년에 나카노오에 태자와 그의 삼촌인 고토쿠孝德 왕의 사이가 벌어지게 되었다. 그 충격으로 654년에 고토쿠 왕이 사망하고 말았다.

고토쿠가 사망하자 나카노오에는 자신의 어머니이며 이전의 왕이었던 고교쿠를 다시 왕위에 오르게 했다. 그녀가 사이메이齊明 왕이었다. 나카노오에는 여전히 태자의 지위를 유지하면서 실권을 장악했다. 나카노오에가 충분히 즉위할 수 있는 실력이 있었음에도 불구하고 즉위

시기를 미루고 있었던 것은 대내외적인 정치 상황이 복잡하게 전개되고 있었기 때문이었다. 대내적으로는 고토쿠의 아들 아리마有間 왕자가 내란을 획책해 체포되어 죽임을 당했다. 대외적으로는 한반도의 사정이 급박하게 전개되었다.

7세기 중기, 한반도에서는 신라가 당과 연합해 고구려를 압박하는 한편, 백제를 멸망의 위기에 몰아넣었다. 신라는 당과 손을 잡고 백제를 공격해 660년에 백제를 멸망시켰다. 백제의 귀족과 호족들은 왜에 원군을 요청했다. 백제의 유신들은 왜에 머물고 있었던 의자왕의 아들인 풍장을 맞아들여 부흥운동을 전개하려고 했다.

백제의 원군 요청에 대해 나카노오에는 원군을 파병하기로 결정했다. 662년에서 663년에 걸쳐서 약 3만2,000명의 대군이 바다를 건너서 백제에 파병되었다. 나카노오에는 지휘부를 규슈로 옮겨서 전쟁을 지휘했다.

백제로 건너간 왜군은 풍장이 이끄는 백제군과 연합해 금강 하구로 추정되는 백촌강白村江에서 당의 수군을 맞아 싸웠으나 대패했다. 그때의 상황은 『구당서舊唐書』「유인궤전」에 다음과 같이 기록되었다. "인궤가 왜병과 백강白江 어귀에서 만났다. 4번 싸워서 이겼다. 그들의 배 400척을 불태우니 화염이 하늘에 가득했고, 바닷물은 모두 붉게 물들었다." 이 싸움에서 패배한 백제는 완전히 멸망했다. 왜국은 한반도에 발을 붙일 수 없게 되었다.

「Point 강의」 - 백촌강 전투 패배 후 왜의 국방대책

백촌강 전투에서 패배한 왜는 당과 신라의 침공에 대비했다. 664년에 쓰시마対馬, 이키壱岐, 쓰쿠시筑紫에 봉수대를 설치하고, 요충지에 산성을 쌓아 방어 태세를 확립했다. 변경수비대인 사키모리防人를 주둔시켰다. 규슈의 하카타만博多湾에서 다자이후大宰府로 진입하는 평지에 미즈키水城를 조성했다. 미즈키는 높이 14미터, 폭 37미터, 길이 1킬로미터 정도의 토성이었다. 665년부터는 서부 일본의 요충지에 산성을 축조했다. 다자이후 북쪽의 오노조大野城와 남쪽의 기이노키基肆城, 오사카 평원으로 들어가는 관문에 해당하는 요충지에 세워진 나가토노키長門城, 도성을 최후로 방어하기 위해 가와치河内와 야마토大和의 경계에 축조한 다카야스조高安城를 비롯해 국방의 요지에 여러 개의 산성을 쌓았다. 다자이후의 장관에 중신인 소가노 아카에蘇我赤兄를 임명해 만약의 사태에 대비했다. 산성은 백제에서 망명한 축성 전문가의 지도하에 축조되었다. 일본에서 산성이 축조된 것은 그때가 처음으로 축조된 산성을 조선식 산성이라 부른다. 비교적 짧은 기간 내에 대규모 산성이 10여 곳에 축조되었다. 조선식 산성은 당시 왜 왕권이 심각한 위기감을 느끼고 있었다는 것을 역설적으로 말해주는 것이다.

제6강

율령체제 확립

1. 진신의 난

668년 정월 나카노오에中大兄 태자가 즉위해 텐지天智 왕이 되었다. 텐지와 정비 사이에는 자식이 없었다. 후비가 4명 있었으나 역시 자식이 없었다. 그러나 궁녀들과의 사이에서는 아들을 얻었다. 그중의 하나가 오토모大友 왕자였다. 텐지 왕은 오토모 왕자를 총애했다.

당시 유력한 왕위 계승자로 텐지의 아우인 오아마大海人 왕자가 있었으나 관료들은 오아마를 싫어했다. 그래서 오토모 왕자를 옹립하려고 하는 분위기가 조성되었다. 조정의 움직임이 자신에게 불리하게 돌아간다는 것을 눈치 챈 오아마는 다른 수단으로 왕위를 찬탈할 야심을 품었다.

671년 12월 텐지가 임종에 즈음해 오아마에게 후사를 부탁했다. 그러나 오아마는 출가하겠다며 요시노吉野로 피신했다. 오아마는 요시노에 은거하면서 쿠데타 계획을 추진했다.

671년 12월에 텐지가 사망하자, 오토모 왕자가 그 뒤를 이어 즉위했다. 오아마 왕자는 672년 6월 돌연히 요시노를 출발해 이가伊賀·이세伊勢 지방을 거쳐서 미노美濃 지방에 있는 자신의 사령私領으로 가서 병력을 결집했다. 그리고 자신을 추종하는 호족들의 군사를 이끌고 남하해 왕도인 오미近江로 쳐들어왔다.

오아마군의 신속한 움직임에 대해 오미 조정 측은 일사분란하게 대응하지 못했다. 서부 일본의 병력을 동원하는 데 시간이 걸렸다. 설상가상으로 서부 일본의 기비吉備·쓰쿠시筑紫의 다자이太宰는 오미 조정의 명령에 따르지 않았다. 동부 일본의 병력은 아예 동원할 수 없었다. 동부 일본으로 통하는 길목은 이미 오아마군이 장악하고 있었기 때문이다.

6월 29일 아스카 지방에서 전투가 시작되었다. 오아마군이 아스카 지방을 제압하고, 가와치河內와 기나이畿內 일대의 요충지를 장악했다. 7월 2일 오미 조정의 장수 하타노 야쿠니羽田矢国가 반란군 편에 붙었다. 오아마 왕자는 하타노를 앞세우고 오미로 진격했다. 7월 7일부터 17일 사이에 오미 일대에서 벌어진 전투에서 정부군이 연전연패했다. 7월 22일 오미의 오쓰궁大津宮이 함락되고, 7월 23일 오토모 왕자가 자살하면서 전쟁은 오아마군의 승리로 끝났다. 오미 조정의 중신들은 체포되어 형벌에 처해졌다. 이것을 진신의 난壬申の乱이라고 한다.

「Point 강의」 – 신라를 위기에서 구한 진신의 난

오토모 왕자가 즉위한 직후, 왜 왕권은 매우 난감한 상황에 직면했다. 당 고종 高宗이 보낸 사신 곽무종郭務悰이 47척의 선박에 약 2,000명의 사절단을 이끌고 내일했다. 곽무종은 당이 신라를 공격할 계획이니 후방에서 지원해달라고 요구했다. 왜 왕권은 마침 국상중이라 대규모 군사행동이 어렵다는 뜻을 전했다. 그러나 당 고종의 국서를 수리한 왜 왕권은 당의 신라 공격에 어떤 식이든 가담하겠다는 뜻을 곽무종에게 전했다. 왜 왕권의 약조를 확인한 곽무종은 672년 5월에 일본을 떠났다. 오미 조정은 즉시 일본 각지의 관리들에게 사신을 보내 인부를 차출하고, 그들에게 무기를 지급하라고 명령했다. 당의 신라 침공을 지원하기 위한 조치였을 것이다. 오아마 왕자는 이것을 기화로 반란을 일으킬 준비를 했다. 672년 6월 22일 측근들에게 다음과 같이 지시했다. 미노국美濃國에 병력을 결집시킬 것, 동부 일본 지역의 병력을 징발할 것, 오미와 미노를 잇는 관문인 후와不破를 봉쇄할 것. 그리고 오아마는 6월 24일 요시노를 떠나 동쪽으로 향하면서 "오미 조정은 죄도 없는 자신을 공격하기 위해 왕릉을 조성한다는 명복으로 병력을 징발하고 있다."고 조정을 비난하는 거짓 유언비어를 퍼뜨렸다. 오아마 왕자는 미노국에 본영을 마련하고 오미 조정이 신라 공격을 지원하기 위해 징발한 병사와 무기를 탈취하는 데 성공했다. 오아마 왕자는 오미 조정이 이미 징발한 동부 일본의 정예 병사들을 이끌고 반란을 일으켜 정권을 쟁취했던 것이다. 만약 일본에서 진신의 난이 일어나지 않았다면 신라의 운명은 어떻게 되었을까?

2. 덴무 천황의 정치

진신의 난에서 승리한 오아마가 야마토의 아스카의 기요미하라궁淨御原宮에서 즉위하니 그가 덴무天武였다. 덴무가 즉위하면서 조정의 지배력이 강화되었다. 진신의 난은 덴무를 중심으로 하는 새로운 계급사회를 형성했다. 진신의 난에서 오미 조정의 고위 관료나 덴무에 맞섰던 호족들이 처벌되거나 몰락했다. 그래서 덴무가 중앙집권 정치체제를 구축할 수 있었다.

덴무는 진신의 난에서 자기편에 가담했던 호족들에게 공전功田과 관위를 수여해 불만을 잠재워 놓고, 매우 강력한 전제정치를 시행했다. 유력한 씨족의 정치 개입을 최소한으로 한정했다. 10여 년간의 재위 기간 중에 한 사람의 고관도 두지 않고, 가족들의 보좌만으로 정치를 시행했다. 식봉제도와 가키베民部도 폐지했다.

중앙집권 체제가 확립되면서, 덴무 시대부터는 오키미大王라는 칭호 대신에 스메라미코토天皇라는 칭호를 사용하기 시작했다. 덴무는 자신의 아들들에게 처음으로 친왕親王이라는 칭호를 사용하게 했다. 이 무렵부터 천황을 아라히토가미現人神, 즉 살아 있는 신으로 추앙하는 분위기가 조성되었다.

덴무는 율령을 제정하고, 역사를 편찬하는 작업에 착수했다. 681년 3월 천황의 계보를 중심으로 하는 구전과 신화, 그리고 영웅을 소재로 한 전설을 검토해 기록하게 했다. 이것은 국사편찬사업의 출발점이 되었다. 천황이 긴키近畿 지방의 지배자에서 일본 열도의 지배자가 되기 위해서는 역사를 편찬하는 것이 중요했다.

율령을 편찬하는 것도 당면과제였다. 그런데 율령은 체계적인 성문법이었다. 율령정치는 문자해독이 가능하고, 관리로서 지휘 계통에 복종하며, 천황에 충성하는 관리집단의 존재를 전제로 했다. 그러나 일본에는 아직 그러한 기반이 조성되지 않았다. 그래서 덴무 천황은 673년에 기나이 호족의 출신법을 정했다. 호족의 자제를 일단 도네리舍人라는 일종의 임시관리로 채용한 후에 근무 성적에 따라 관위에 취임하게 했다. 실력이 있는 호족의 자제가 조정의 관리로 임명되었다.

684년에는 야쿠사노 가바네八色の姓를 제정했다. 가바네를 마히토真人·아소미朝臣·스쿠네宿禰·이미키忌村·미치노시道師·오미臣·무라지連·이나기稲置의 8단계로 재편했다. 왕족에게 최고의 지위인 마히토의 지위를 부여하고, 왕실과 관계가 깊은 씨족에게는 아소미를 비롯한 높은 지위의 가바네를 부여했다. 천황과 그 일족을 정점으로 하는 피라미드식 신분질서가 명확해졌다.

「Point 강의」 - 천황 명칭의 사용

언제부터 일본의 오키미大王가 천황天皇이라는 용어를 사용하게 되었는지는 확실하지 않다. 가장 유력한 것은 7세기 말에 국제 외교무대에서 사용되기 시작했을 것이라는 설이다. 천황이라는 글자를 사용하게 된 배경에는 7세기 후기에 일본에 전래된 도교 사상의 영향이 있었다. 중국 고대에서는 '天皇'이 도교의 중요한 신격神格으로 여겨져 천제天帝와 동일시되었다. 덴무조 말기에 도교의 용어인 '天皇'이라는 용어를 사용하게 되었고, 기요미하라령淨御原令에서 공식적으로 '天皇'이라는 칭호가 정해졌을 것으로 추정된다. 중국사 연구가인 미야자키 이치사타宮崎市定는 북아시아 역사세계의 지배자를 의미하는 천왕天王이 '天皇'으로 표기되었을 것이라는 설을 제기하기도 했다. 일본사에서는 미야자키의 제안을 수용하지 않고 있지만, '天皇'을 '텐코'라고 발음하지 않고 '텐노'라고 발음하는 것을 보면, 미야자키의 설이 설득력이 있다고 필자는 생각하고 있다.

일본 국호의 사용

중국의 사서에는 일본을 왜倭로 표기했다. 일본에서는 '倭'를 '야마토'라고 발음했다. 그런데 '왜'는 '키가 작은 사람'을 의미했다. 일본인은 '왜'에 대한 콤플렉스를 갖고 있었다. 그래서인지 7세기 말부터 '야마토'라는 말을 '日本'으로 표기하게 되었다. 한자가 '倭'에서 '日本'으로 바뀌었어도 여전히 '야마토'라고 발음했다. 689년에 제정된 율령인 기요미하라령에도 '日本'이라는 용어가 사용된 것을 보면, 대략 이때부터 공식적으로 '야마토'를 '日本'으로 표기했을 것으로 여겨진다. 8세기 초부터 중국의 역사서에도 '日本'이라는 명칭이 사용되기 시작했다. 『구당서旧唐書』의 「일본전」을 보면, 국명이 왜에서 일본으로 변경되었다는 것을 알 수 있다. 720년에 완성된 『니혼쇼키日本書紀』라는 제목에서도 알 수 있듯이 '日本'이 공식적인 국명으로 사용되었다.

3. 지토 천황의 정치

686년 9월 덴무가 사망했다. 당시 유력한 왕위 계승자는 지토가 낳은 쿠사카베草壁 태자와 그의 이복동생 오쓰大津 왕자가 있었다. 오쓰는 어렸을 때부터 학문과 무예가 뛰어나 그를 흠모하는 자가 많았다. 덴무 천황도 오쓰 왕자를 신임해 683년부터 국정에 참여시켰다. 쿠사카베는 평소 오쓰의 재능과 인품을 시기했다. 덴무가 사망한 직후, 10월 2일 쿠사카베는 모친과 모의해 오쓰를 모반죄로 사형에 처했다.

688년 11월 덴무의 시신이 안장되었다. 장례를 치르면 쿠사카베 태자가 즉위하는 것이 당연했다. 하지만 쿠사카베 태자는 공식석상에 모습을 드러내지 않다가 689년 4월에 사망했다. 그러자 690년 정월에 덴무의 황후가 즉위하니 그녀가 지토 천황持統天皇이었다. 쿠사카베의 아들인 가루輕 왕자는 당시 7세의 어린이였다.

덴무 천황은 즉위하면서 본격적인 도성 건설계획을 세웠다. 즉위한 지 5년 후인 676년에는 건설 지역을 지정했고, 681년에는 지형 조사를 마치는 등 의욕적으로 도성 건설사업을 추진했다. 그러나 덴무는 뜻을 이루지 못하고 사망했다. 지토 천황은 덴무의 유업을 계승해 항구적인 도성 후지와라쿄藤原京를 조영했다. 694년 12월 후지와라쿄로 천도했다.

681년에 제정에 착수했던 기요미하라령淨御原令은 689년부터 시행되었다. 기요미하라령은 일본 최초의 법전이었다. 관료 조직, 민중 지배, 조세제도 등 각 분야에서 율령제도의 기초를 확립한 것이었다. 덴무 천황은 당의 상서성尙書省 6부 제도를 모방해 중앙관제를 개편했지만, 기요미하라령에 의해 처음으로 다이조칸太政官이 설치되었다. 다이조칸 밑에 8성八省이 설치되었다.

기요미하라령의 시행을 위해 일본 최초의 호적 경인년적庚寅年籍이 작성되었다. 경인년적을 작성하면서 호戶의 개념이 도입되었고, 50호를 기본으로 하는 행정단위인 리里가 설정되었다. 물론 호와 리는 세제인 조용조租庸調 부과의 대상이었다. 기요미하라령이 시행되면서 일본도 관제와 세제면에서 율령제의 기본 골격을 갖추게 되었다.

　지토 천황은 쿠사카베의 아들 가루 왕자를 태자로 삼고, 그가 성장할 때까지 기다려 그에게 정권을 물려주었다. 697년 8월 가루 태자가 즉위하니 그가 몬무 천황文武天皇이었다. 지토는 태상천황太上天皇이 되어 몬무 천황을 후견했다. 몬무가 즉위하면서 일본 역사상 처음으로 양위가 이루어졌다.

「Point 강의」 - 후지와라쿄 조영의 역사적 의의

덴무 천황은 생전에 왕궁을 중심으로 시가지의 건물이 정연하게 배치된 중국식 도성을 건설하려고 했다. 물론 덴무 이전에도 도성은 있었다. 7세기 초에도 아스카飛鳥에 왕궁이 세워졌다. 왕족과 중앙 호족은 왕궁 주변에 각각 저택을 지었다. 행정 관청도 왕궁 주변에 배치되었다. 하지만 왕궁은 자연발생적인 마을의 일부였으며 행정조직도 간단했다. 규모가 작다보니 왕궁을 건설하는 일이 그렇게 어렵지 않았다. 그래서 왕궁은 왕이 즉위할 때마다 새로 세워졌다. 재해나 전란이 발생하면 다른 장소로 이전하기도 했다. 왕궁이 이전하면 관청도 이전했다. 도성은 항구적인 시설이 아니었던 것이다. 후지와라쿄는 일본 최초로 조영된 항구적인 도성이었으며 조방제條坊制를 도입한 일본 최초의 계획도시였다. 후지와라쿄는 동서 약 1.6킬로미터, 남북 약 2.4킬로미터였고, 12조 8방으로 구획되었다. 1방의 크기는 약 260여 미터였다. 도성의 중앙에 왕궁이 자리했다. 왕궁은 동서 900여 미터, 남북 900여 미터였다. 왕궁의 외벽을 따라서 폭 5미터, 깊이 1.2미터 정도의 해자가 둘려져 있었다. 왕궁의 내부에는 천황 거주 공간과 관청이 배치되었다. 왕궁을 수도의 중앙에 배치한 것은 『주례周禮』의 기록을 참고했기 때문이다. 후지와라쿄는 당의 장안성 설계도를 참고하지 않았다는 것을 알 수 있다. 왕궁의 남쪽 중앙에서부터 폭 18미터 정도의 주작대로가 남쪽으로 길게 뻗어 있었다. 주작대로를 중심으로 시가지가 조성되었다. 시가지에는 관리의 저택이 지위에 따라 배치되었고, 나머지 지역에는 일반 서민의 주택이 배치되었다. 도성의 외곽에는 규모가 큰 사원이 배치되었다. 도성에 거주하는 인구는 2~3만 명이었을 것으로 추정된다.

4. 율령국가의 통치조직

중앙 행정기관으로는 진기칸神祇官과 다이조칸太政官이 있었다. 진기칸은 국가의 제사를 담당했고, 다이조칸은 일반 행정사무를 담당했다. 다이조칸의 최고 관직은 다이조다이진太政大臣이었다.

다이조다이진 밑에는 사다이진左大臣과 우다이진右大臣을 두고 정무를 감독하게 했다. 이것을 보좌하는 것이 다이나곤大納言이었다. 다이나곤 밑에는 쇼나곤少納言 및 좌·우 벤칸辨官이 있었다. 쇼나곤은 궁중의 사무를 담당했다. 좌 벤칸은 나카쓰카사中務 · 시키부式部 · 지부治部 · 민부民部, 우 벤칸은 효부兵部 · 교부刑部 · 오쿠라大蔵 · 구나이宮内 등의 사무를 총괄했다. 별도의 조직으로는 단조다이彈正台와 에후衛部가 있었다. 지방은 기나이畿内와 시치도七道로 나누었다. 중요한 지역에는 특별한 관청이 설치되었다.

사법권은 특별히 독립되어 있지 않았다. 행정관청이 사법부의 기능을 담당했다. 형벌에는 태笞 · 장杖 · 도徒 · 유流 · 사死의 5형이 있었다. 태형과 장형은 범죄자를 매로 다스리는 형벌이었다. 도형는 범죄자를 일정한 기간 동안 옥에 가두는 형벌이었다. 유형은 유배형이었다. 사형에는 교수형과 참형이 있었다. 관위가 5위 이상인 자에게는 자결할 수 있는 특권이 주어졌다.

신분은 양민良民과 천민賤民으로 대별되었다. 양민이란 자유인으로, 관료와 대부분의 일반 농민, 그리고 왕족 · 관리 · 승려가 여기에 포함되었다. 일반 농민은 공호公戸라고 했다. 관리에게는 특권이 주어졌다. 관위에 따라서 봉록이 지급되었다. 양민 내부에도 신분서열이 있었다. 베민部民의 계보에 속하는 도모베品部 · 잣코雜戸가 천대를 받았다. 천민은 부자유민으로 료코陵戸 · 간코官戸 · 게닌家人 · 구누히公奴婢 · 시누히私奴婢의 5종류가 있었다. 그중에서 노비는 소유자의 재산으로 취급되어 상속 · 매매의 대상이 되었다. 천민과 양민의 결혼은 금지되었다.

조정은 전국의 토지와 농민을 파악했다. 민중은 호적에 등록되었다. 호적을 기본으로, 민중에게 구분전口分田이라는 토지가 지급되었다. 그 대상자가 사망하면 국가가 회수했다. 이러한 법을 반전수수법班田收授法이라고 했다. 이 제도는 당의 균전법均田法을 모방한 것이었다. 반전은 6년에 1번 실시되었다. 호적을 작성할 때 기본이 되는 자료가 계장計帳이었다. 계장은 조세를 징수하기 위한 대장으로 매년 작성되었다.

농민이 6세가 되면 남자에게는 2반反, 여자에게는 그 3분의 2의 구분전이 지급되었다. 관청에 예속된 천민에게는 양민과 동등한 기준으로 구분전이 지급되었다. 민간에 소속된 천민에게는 양민의 3분의 1의 구분전이 지급되었다. 토질이 척박한 경우에는 넓은 면적의 토지가 지급되었다.

국가로부터 구분전을 지급받은 경작자는 국가에 조租·용庸·조調를 납부했다. 잡요雜徭에 동원되거나 다양한 명목의 부담을 졌다. 조租가 토지세라면, 조調와 용庸은 주로 성인 남자에게 부과되는 인두세였다. 농민은 조調로 비단·포목·견사 등을 납부했다. 용은 노역에 종사하는 대신에 2장丈 6척尺의 포목을 납부하는 것이었다. 도로 및 관개시설의 보수 등에 동원되는 것을 잡요라고 했다.

병역은 정정正丁 3인에 대해 1인의 비율로 부과되었다. 징집된 병사는 각지의 군단에 배속되어 일정 기간 동안 훈련을 받았다. 군단은 전국에 걸쳐서 140여 개소가 있었다. 훈련을 마친 병사 중의 일부는 에시衛士가 되었다. 에시는 1년간 교토로 배치되어 궁성과 시내의 주요 시설물을 지키는 임무를 수행했다. 규슈의 다자이후大宰府에 배속되는 병사도 있었다. 그들을 사키모리防人라고 했다. 사키모리는 3년간 국경인 해안선을 방위하는 임무를 수행했다.

「Point 강의」 - 율령국가의 구조와 민중 장악

율령국가는 모든 토지와 농민을 왕의 소유로 하는 왕토사상王土思想을 전제

제6강 율령체제 확립

로 했다. 왕의 소유의 토지는 농민 개개인에게 공평하게 분배하고, 농민이 사망하면 환수했다. 토지를 공평하게 분배한다는 것은 노동력에 따른 차등 지급을 의미했다. 그래서 토지를 분배하기 전에 먼저 농민을 개별적으로 파악해야 했다. 그것이 호적조사 사업이었다. 호적조사는 수많은 관리들이 동원되는 사업이었다. 국가는 6년에 한 번씩 대대적으로 호적을 정리했다. 그동안 사망한 자를 호적에서 지우고, 새로 태어난 자를 호적에 올렸다. 호적에는 호주를 비롯한 구성원의 이름, 호주와의 관계·연령, 질병의 유무, 역役의 부담을 지고 있는지의 여부, 호戶의 등급, 관위가 있는 자는 위계가 기록되었다. 호적을 근거로 민중에게 토지가 지급되었다. 토지를 지급받은 모든 인간은 국가에 토지세인 조租를 납부했다. 호적은 반전수수제 뿐만 아니라, 조세제도와 병역제도의 근간이 되었다. 인간을 연령별로 구분해 파악했다. 21세에서 60세까지의 양민 남자를 정정正丁으로 분류했다. 61세에서 65세까지의 양민 남자, 그리고 질병에 걸린 남자나 가벼운 장애가 있는 남자는 노정老丁 또는 차정次丁으로 분류되었다. 17세에서 20세까지의 양민 남자는 소정少丁으로 분류되었다. 3세 이하의 어린아이는 연아緣兒, 4세에서 16세까지의 남자는 소자小子로 분류되었다. 모든 인간은 정정, 차정, 소정, 소자, 연아 순으로 국가에 토지세 이외의 세금을 내고 노동력을 부담했다. 정정은 3명에 1명의 비율로 병역에 징집되었다. 율령국가의 가장 중요한 일은 민중에게서 각종 조세를 거두어들이고, 토목·건축 공사에 민중을 강제로 동원하고, 20~60세 남자를 병역에 동원하는 것이었다. 관료제도와 사법제도는 토지제도·호적제도·조세제도·병역제도를 가동하기 위해서 필요했다. 특히 사법기관·경찰기관·군사기관은 국가권력의 폭력 장치였다. 감찰기관은 관료들을 감시하기 위한 내부 폭력 장치였다. 민중에게 국가란 무엇이었던가?

제7강

나라 시대의 정치와 사회

1. 헤이조쿄 천도

707년 6월 몬무 천황이 25세의 젊은 나이로 사망했다. 그러자 몬무 천황의 모친이 즉위해 겐메이 천황元明天皇이 되었다. 몬무의 아들 오비토 친왕首親王이 있었으나 즉위하기에는 나이가 너무 어렸기 때문이다. 겐메이 천황은 과감한 정책을 시행했다. 최우선 과제로 추진된 것은 새로운 도성의 건설이었다. 708년에 새로운 왕도를 조영한다는 조칙을 발표했다.

후지와라쿄가 자리했던 아스카 지방은 사방이 산으로 둘러싸여 좁고, 또 남쪽으로 치우쳐 있어서 교통도 불편했다. 게다가 아스카는 호족 세력의 거점이기도 했다. 새로운 정치를 시행하기 어려운 점이 있었다. 때마침 흉작이 계속되고 질병이 유행했기 때문에 조속히 민심을 안정시킬 필요도 있었다. 그래서 넓고 교통이 편리한 야마토大和 북부 지역에 도성을 건설했다.

710년 3월 겐메이 천황은 지금의 나라奈良 지역인 헤이조쿄平城京로 천도했다. 헤이조쿄는 교통이 편리한 지역이었다. 강을 따라 조금만 내려가면 지금의 교토京都와 오사카大阪에 도달할 수 있었다. 헤이조쿄는 훗날 헤이안쿄平安京로 천도할 때까지 약 80년간 도읍이었다.

헤이조쿄는 일본 각지에서 동원된 인부들의 노역으로 조영되었다. 도성은 넓이 약 3미터 높이 약 5미터의 토성으로 둘러쌌다. 이 공사에 동원된 인부는 연인원 100만 명이었을 것으로 추정된다. 하루 1,000명의 인부가 쉬지 않고 일해도 3년이 걸렸을 것이다. 그리고 태극전을 중심으로 배치된 궁전과 100동이 넘는 관청을 짓는데 적어도 1,000개 이상의 기둥과 수십만 개의 목재, 헤아릴 수도 없이 많은 기와가 필요했을 것이다.

궁성이 모습을 드러낼 무렵 야쿠시지藥師寺, 다이안지大安寺, 간고지元興寺 등과 같은 관립사원이 조영되었다. 광대한 관립사원에는 수십 동의 건물이 들어섰다. 왕권의 재정이 지원되는 관립사원의 조영에도 전국에서 동원된 인부들이 투입되었다.

「Point 강의」 - 헤이조쿄의 규모와 인구

헤이조쿄는 당唐의 장안성長安城을 모방해 조성했다. 그 넓이는 동서 약 4킬로미터, 남북 약 5킬로미터로 후지와라쿄의 약 3배였다. 직사각형의 도성은 조방제로 구획된 도시였다. 북쪽 중앙에 왕궁을 두고, 왕궁의 정문에서 남쪽으로 주작대로를 일직선으로 건설했다. 동서로 대로를 내어서 9조條로 나눴다. 폭 85미터의 주작대로를 중심으로 좌경과 우경으로 구분하고, 다시 남북으로 통하는 대로를 내어 각각 4방坊 씩 세분했다. 그리고 대로 사이에 1정町 간격으로 동서남북으로 소로를 내었다. 도시의 모습은 마치 바둑판과 같이 정연하게 구획되었다. 좌경에는 동시東市, 우경에는 서시가 설치되었다. 동시와 서시는 이치쓰카사市司라는 관리를 두어 감독하게 했다. 사방 1킬로미터 넓이의 왕궁에는 천황의 거소와 각종 예식이 거행되는 태극전太極殿을 중심으로 관청이 배치되었다. 시가지에는 귀족이나 관리의 저택이 들어섰다. 도성의 외곽에는 아스카에서 이전한 사원이 배치되었다. 도시는 붉은색 기둥, 흰색 벽, 기와로 지붕을 덮은 건물이 많았다. 헤이조쿄에는 천황과 그의 일족, 천황을 가까이에서 받드는 후궁 약 280명, 관청에서 근무하는 관리 6,000여 명, 요역으로 동원되었거나 왕궁의 경비를 위해 각 지방에서 징발된 자들, 그리고 일반 주민까지 포함해 15만 명 이상의 인구가 밀집되어 있었을 것으로 추정된다. 왕궁에 출입할 수 있는 자는 천황의 일족, 귀족, 천황의 식사를 담당하거나 후궁을 가까이서 받드는 여성 관리, 지방 호족의 딸로 왕궁에서 근무하는 여성 관리, 6위이하의 하급 관리, 관위 없이 왕궁에서 일하는 사람 등을 합해 약 1만 명 정도였을 것으로 추정된다. 5위 이상의 고급 관리는 약 120명이었다.

2. 나라 시대 정치의 추이

후지와라노 가마타리藤原鎌足의 아들인 후지와라노 후히토藤原不比等가 정계에서 두각을 나타냈다. 그러나 720년 후히토가 사망했을 때, 그의 4명의 아들은 아직 정치적으로 성장하지 못하고 있었다. 덴무 천황의 손자 나가야노오長屋王가 정치적인 주도권을 장악했다.

724년 2월 오비토 태자가 즉위해 쇼무 천황聖武天皇이 되었다. 쇼무 천황은 자신이 사랑하는 여성 고묘시光明子를 황후로 책봉하려고 했으나 나가야노오를 비롯한 천황의 일족이 반대했다. 고묘시는 후지와라노 후히토의 딸이었다. 그러자 729년 2월 후지와라씨 형제들이 나가야노오에게 모반의 혐의를 씌워 죽였다. 나가야노오 변은 후지와라씨 형제들이 조작한 사건이었다. 사건 직후, 고묘시는 쇼무 천황의 황후가 되었다.

나가야노오를 제거한 후, 후지와라노 후히토의 네 명의 아들인 후지와라노 무치마로藤原武智麻呂 · 후지와라노 후사사키藤原房前 · 후지와라노 우마카이藤原宇合 · 후지와라노 마로藤原麻呂 등은 각기 남가南家 · 북가北家 · 식가式家 · 경가京家의 시조가 되었고, 그들이 조정의 요직을 독점했다. 그러나 그들은 때마침 유행한 천연두에 감염되어 잇달아 사망했다. 후지와라씨는 좌절을 경험했다.

정치의 주도권은 다시 다치바나노 모로에橘諸兄를 중심으로 하는 반후지와라씨 세력이 장악했다. 다치바나노 모로에는 당에서 귀국한 후 쇼무 천황의 신임을 얻은 기비노 마키비吉備真備, 법상종의 승려인 겐보玄昉 등 지식인층과 손잡고 참신한 정치를 시행하면서 정치적인 입지를 강화했다. 그러자 740년 9월 후지와라노 히로쓰구藤原広嗣가 반란을 일으켰다. 반란은 2개월여 만에 진압되었지만 정계가 크게 동요했다.

후지와라노 히로쓰구의 난이 있은 후, 겐보와 기비노 마키비가 정계에서 퇴출되었고, 다치바나노 모로에도 세력을 상실했다. 그러자 후지와라노 무치마로의 아들인 후지와라노 나카마로藤原仲麻呂가 정치의 일선에 나섰다. 한편, 후자와라노 히로쓰구의 반란에 놀란 쇼무 천황은 헤이조쿄를 버리고 야마시로山背의 구니쿄恭仁京, 세쓰攝津의 나니와쿄難波京, 오미近江의 시가라키쿄紫香樂宮 등으로 빈번하게 옮겨 다녔다. 그 기간이 무려 5년이나 되었다.

　749년 7월 쇼무 천황의 딸이 즉위해 고겐 천황孝謙天皇이 되었다. 그 후 후지와라노 나카마로가 실권을 장악했다. 그는 고겐 천황의 뒤를 이은 준닌 천황淳仁天皇을 옹립하는 데도 결정적인 역할을 했다. 그러나 759년경부터 승려 도쿄道鏡가 고겐 상황의 총애를 입어 정계에 진출하자 나카마로의 입지가 약화되었다. 764년 9월 후지와라노 나카마로가 도쿄를 제거할 목적으로 반란을 일으켰으나 실패했다. 나카마로는 가족과 함께 참살되었다. 후지와라노 나카마로의 난으로 준닌 천황도 폐위되었다.

　764년 10월 고겐 상황이 다시 천황의 지위에 올라 쇼토쿠 천황稱德天皇이 되었다. 그러자 도쿄의 정치적 입지가 강화되었다. 도쿄는 일개 승려 신분으로 다이조다이진太政大臣의 지위에 오르고 법왕法王의 칭호도 얻었다. 도쿄는 천황에 준하는 대우를 받았다. 그러자 도쿄는 천황의 후계자가 되려는 야망을 품기 시작했다. 769년 9월 도쿄에게 천황의 지위를 물려주면 천하가 태평하게 된다는 우사하치만宇佐八幡 신궁의 신탁이 내렸다는 소문이 돌았다. 쇼토쿠 천황은 와케노 기요마로和氣淸麻呂를 보내서 신탁의 사실여부를 확인하도록 했다. 쇼토쿠는 신탁을 빌어서 도쿄에게 양위하려고 했다. 하지만 도쿄의 야망은 와케노 기요마로를 비롯한 관리들의 견제로 좌절되고 말았다.

　770년 8월 쇼토쿠 천황이 사망했다. 후지와라노 모모카와藤原百川·요시쓰구良継 형제가 승려 도쿄를 추방하고, 텐지계天智系의 혈통을 이은 시라카베오白璧王를 태자로 추대했다. 770년 10월 시라카베오가 즉위해 고닌 천황光仁天皇이 되었다.

「Point 강의」 - 신기록을 세운 고묘 황후

고묘시는 어렸을 때부터 미인으로 소문이 났던 여성이었다. 그래서 고묘시光明子로 불렸다고 한다. 쇼무 천황은 어려서부터 고묘시를 연모했다. 쇼무는 성인식을 올리자마자 고묘시와 혼인했다. 그러나 고묘시는 황후가 되지 못했다. 부인의 지위에 머물렀을 뿐이다. 당시 천황의 처첩 지위는 황후, 비, 부인, 빈이라는 4등급의 서열이 있었다. 쇼무 천황은 고묘시를 사랑했지만 천황의 혈통을 잇지 못한 그녀를 황후로 책봉할 수 없었다. 당시 천황 가문에서는 근친혼을 당연시하는 관습이 있었다. 혈통의 순수성을 지키기 위해서였다. 황후의 권위는 천황과 동등했다. 황후는 국정에 직접 관여할 수 있었고, 또 스스로 천황의 지위에 오를 수 있는 자격이 부여되어 있었다. 당시로서는 아무리 명망이 높은 귀족의 딸이라 해도 천황의 혈통을 이은 여성이 아니면 황후의 지위에 오를 수 없는 것이 상식이었다. 율령에도 천황의 혈족만이 황후가 될 수 있도록 규정되어 있었다. 사정이 이런데도 쇼무 천황은 고묘시를 황후로 책봉하려고 시도했다. 그러자 천황의 일족과 귀족들은 율령의 규정을 들어 고묘시의 황후 책봉에 반대했다. 그 선봉에 나가야노오가 있었다. 쇼무 천황과 후지와라씨 일족은 결국 나가야노오를 제거하고 고묘시를 황후로 책봉했다. 고묘시는 천황의 혈통을 잇지 않은 여성으로서 일본 최초로 황후의 지위에 올랐다.

3. 율령체제 정비

　율령체제의 모순은 생각보다 빨리 노정되었다. 반전수수법班田收授法은 원래의 취지대로 시행되기만 하면 민중의 생활을 안정시키고 국가의 재정을 튼튼히 할 수 있는 합리적인 제도였다. 그러나 반전수수법에는 몇 가지 문제점이 있었다. 무엇보다도 그 제도를 시행하기 위한 기초 작업이 매우 번잡했다. 그리고 구분전口分田은 일단 지급하면 일생 경작할 수 있었고, 게다가 선조의 구분전이 그대로 자손에게 지급되는 경우가 많았기 때문에 자연히 사유지와 같이 인식되었다. 사원이나 귀족에게 지급된 토지도 사유화되었다. 토지공유土地公有의 원칙이 점차로 붕괴되었다.

　한편, 농민에 부과되는 세금과 노역, 그리고 여러 가지 부담이 과중했다. 일기가 불순하거나 병충해가 발생하면 농민생활은 더욱 피폐했다. 생활이 어려워지자 농민 중에는 호적을 작성할 때 남자를 여자로 신고해 노역의 부담을 면하려는 자가 나타났다. 경작지를 버리고 도망하는 자들도 있었다. 승려가 되거나 스스로 귀족의 종자가 되는 농민이 증가했다. 승려가 되거나 귀족의 종자가 되면 세역稅役의 부담을 지지 않아도 되었기 때문이다.

　조정이 백만정보개간百万町歩開墾 계획을 발표한 것은 사회 모순이 드러나기 시작한 722년이었다. 이어서 723년에는 삼세일신법三世一身法을 시행해 개간을 장려했다. 삼세일신법은 새로이 관개시설을 해 개간한 자에게는 3대에 걸쳐서, 기존의 관개시설을 이용해 개간한 경우에는 당대에 한해 그 농지의 점유권을 인정하는 것이었다. 하지만 이러한 정책은 기간이 한정되어 있었다. 정해진 기한이 다가오면 토지가 다시 황폐해졌다. 조정은 743년에 간전영세사재법墾田永世私財法을 공포하기에 이르렀다. 이 법은 신분에 따라 개간 면적의 상한선을 설정하고 그

한도 내에서 개간한 토지를 영구히 점유하는 것을 인정하는 것이었다.

이러한 조치는 율령국가의 기초인 공지공민제의 원칙을 조정 스스로 무너뜨린 중대한 정책 변경이었다. 간전영세사재법은 765년에 일시 정지되었으나 772년에 다시 부활되었다. 그 후에는 무제한의 개간이 허용되었다. 그러자 토지를 개간할 수 있는 경제력이 있는 귀족이나 사원, 그리고 지방의 호족들은 노비·부랑민 또는 반전농민班田農民을 동원하고, 그들에게 철제농구를 지급해 대규모 개간을 실시해 넓은 경작지를 점유했다. 그러면서 반전농민을 여러 가지 방식으로 흡수했다. 유력한 농민과 토호도 개간에 힘썼기 때문에 반전제도가 붕괴되기 시작했다.

유력한 귀족이나 대사원은 광대한 사유지를 경영하기 위해서 현지에 관리소와 창고를 설치했다. 이것이 훗날 장원의 기원이 되었다. 이 시기의 장원을 초기장원 또는 자간지계장원自墾地系莊園이라고 했다. 이것은 기진으로 성립된 후반의 장원, 즉 기진지계장원寄進地系莊園과 구별되었다. 초기 장원의 경영은 장원의 소유자가 1년 계약으로 농민에게 토지를 빌려주고 수확의 20퍼센트 정도를 지대로 수취하는 방식이었다.

제8강

대외관계

1. 한반도 삼국과 일본의 교류

1) 백제와 왜의 관계

백제와 왜의 통교를 상징하는 것으로 칠지도七支刀가 있다. 그것은 372년에 백제의 근초고왕近肖古王이 왜왕 오진應神에게 보낸 것이다. 현재 텐리시天理市에 있는 이시가미신궁石上神宮에 보관되어 있다. 칠지도에는 명문이 새겨져 있는 것으로 유명하다. 그 해석을 둘러싸고 하사설과 증여설이 대립하고 있다. 칠지도는 백제와 일본의 교류를 상징하는 것이며, 백제의 수준 높은 제철기술과 상감기술象嵌技術을 보여주는 것이다.

백제와 왜는 상호 의존적인 관계였다. 백제는 왜에 선진문물과 기술을 전해 주고, 그 대신에 왜로부터 경제·군사적인 지원을 받았다. 396년에 고구려의 광개토대왕廣開土大王이 백제를 침략하자, 백제의 아화왕阿華王은 태자인 전지腆支를 왜에 인질로 보내 원군을 요청했다. 그 후에도 백제는 왕족을 일본에 인질로 보냈다. 무령왕武寧王의 아버지인 곤지昆支도 왜에 파견되었다. 무령왕은 왜에서 출생했다. 왜에서 귀국해 왕위에 오른 무령왕 또한 왕자를 왜로 보냈다. 위덕왕威德王의 왕자인 아좌阿佐와 의자왕의 아들인 풍장豊章도 왜에서 성장했다.

풍장이 백제의 부흥을 위해 귀국할 때, 왜는 170여 척의 함대와 3만여 명의 대군을 파견했다. 무기와 군량도 대량으로 지원했다. 왜군은 풍장이 이끄는 백제군과 연합해 금강 하구로 추정되는 백촌강白村江에서 당의 수군을 맞아 싸웠으나 대패했다. 백제가 멸망하자, 포로로 잡히지 않은 백제의 유민들이 일본 열도로 건너갔다.

「Point 강의」 - 칠지도의 명문 내용

태화 4년 5월 16일 병오丙午, 양기가 왕성한 날, 백번이나 벼린 쇠로 칠지도를 만들었다. 온갖 병기를 이길 수 있으니 후왕侯王에게 제공할 만하다. ○○○ 예부터 아직 이런 칼이 없었다. 백제왕의 세자인 기생성음奇生聖音이 왜왕 지旨를 위해 제작했다. 후세에 전하라.

일본으로 건너간 백제 유민

백제가 멸망하자 백제의 유민들이 일본 열도로 건너왔다. 이때 일본으로 건너온 백제의 귀족만 5,000명에 달했다고 전해진다. 『니혼쇼키』에는 일본으로 이주한 백제의 유민을 각 지방으로 이주시켰다는 기록이 보인다. 665년에 백제의 유민 400여 명을 오미近江 지방, 665년에는 2,000여 명을 관동 지방, 669년에는 백제의 고관을 포함한 700여 명을 오미의 가모蒲生 지방으로 각각 이주시켰다는 기록이 있다. 일본 열도로 건너간 백제의 관리들 중에는 왜의 관위를 받고 중앙관계에 진출한 인물도 많았다. 왜 왕권은 665년에 백제의 관위와 왜의 관위를 비교하도록 했는데, 이것은 백제의 관리들을 지위에 따라서 특별히 등용하기 위한 조치였을 것이다. 백제에서보다 더 높은 관직에 취임한 인물도 있었다. 왜 왕권은 백제에서 달솔의 지위에 있던 귀실집사鬼室集斯에게 종5위에 해당하는 관위를 수여했다. 671년에는 좌평 여자신餘自信과 사택소명沙宅紹明에게 종4위의 관위를 수여했다. 이 당시 왜의 관위를 받은 백제인은 50여 명에 달했다.

2) 신라와 왜의 관계

신라와 왜의 관계는 그다지 원만하지 못했다. 그 사실을 보여주는 것이 『삼국사기』에 보이는 박제상朴堤上에 관한 설화다. 402년에 신라는 왜와 화친을 맺으면서 내물왕의 아들 미사흔을 인질로 보냈다. 신라는 백제가 왜가 연합하는 형세를 취하는 것이 두려워서 왜와 화친하려고 했다. 그러나 왜는 신라의 제의를 수용하지 않았다. 오히려 미사흔을 인질로 잡고 신라의 행동을 견제했다. 신라의 눌지왕은 미사흔을 데려오기로 결심했다. 박제상이 그 임무를 맡았다. 박제상은 간계를 써서 미사흔을 구출하고 붙잡혀 죽었다.

중국의 수隋가 3차에 걸쳐서 고구려를 침략하자, 왜와 신라의 외교에 변화의 조짐이 보였다. 당시 왜가 중국으로 사신을 보내려면 한반도의 연안 해안을 따라 북상하는 해상 교통로를 이용하는 것이 가장 안전했다. 그런데 해상 교통로의 중요한 기착지인 낙동강 하류와 한강 유역을 신라가 장악하고 있었다. 신라와 적대하는 것은 국익에 도움이 되지 않았다. 왜는 신라와 다시 가까워졌다.

646년에 왜는 신라에 다카무코노 구로마로高向玄理를 사신으로 파견했는데, 그가 돌아갈 적에 김춘추가 사신으로 왜로 건너가서 외교 활동을 했다. 649년에도 사신이 왕래했다. 657년에 왜는 승려들이 당으로 건너 갈 수 있도록 해달라고 신라에 요청했다. 일본의 승려들은 신라의 배를 타고 당으로 건너갔다. 690년에는 중국에서 유학한 일본 승려가 신라의 배를 타고 귀국했다. 왜인들은 신라가 장악하고 있는 해상 교통로를 이용해 중국과 일본을 왕래했다.

3) 고구려와 왜의 관계

『삼국사기』에는 고구려와 왜의 관계에 대한 기록이 거의 없다. 그러나 일본에서 발견된 고구려식 고분인 적석총이 나가노현長野縣에만 600여 기가 있다. 이러한 사실로 추정해 보았을 때, 일찍부터 고구려

유민들이 일본으로 건너가 정착했을 것으로 추정된다.

　왜는 고구려를 통해서도 불교문화를 수입했다. 고구려의 승려인 혜자慧慈는 595년에 왜로 건너가 20여 년간 머물렀다. 혜자는 쇼토쿠聖德 태자의 스승이 되었다. 602년에는 고구려의 승려 승륭僧隆과 운총雲聰, 610년에는 담징曇徵과 법정法定이 왜로 건너갔다. 특히 담징은 종이와 먹을 만드는 기술을 왜에 전수했고, 호류지法隆寺 금당의 벽화를 그렸다고 전해진다. 624년에는 혜관惠灌이 왜로 건너가서 승정僧正이 되었다.

　고구려는 570년부터 멸망할 때까지 약 100년간 23차례에 걸쳐서 사신을 왜에 파견했다. 『니혼쇼키』에 보이는 기록을 정리해 보면 다음과 같다. 570년에는 왜로 오던 고구려 사신이 풍랑을 만났다. 618년에는 고구려가 사신을 파견해 수隋의 침략을 물리쳤다는 사실을 전했다. 642년에는 고구려 사신이 와서 연개소문의 정변 사실을 전했다. 656년에는 고구려는 81명의 사절단을 왜에 파견했다. 660년에는 100여 명의 사절단이 왜에 파견되었다. 고구려가 멸망한 668년에도 고구려는 왜에 사신을 파견했다.

> 「Point 강의」 - 고구려 승려 혜자
>
> 혜자는 일본의 통치자였던 쇼토쿠 태자의 스승이 되어 불경을 강독했다. 혜자는 정치적으로도 쇼토쿠 태자를 보좌했다. 쇼토쿠 태자는 혜자의 건의를 수용해 견수사遣隋使를 파견했다고 전해진다. 혜자와 쇼토쿠 태자는 서로 공경하는 사이였다. 쇼토쿠 태자는 스승인 혜자를 전적으로 신뢰했다. 혜자는 쇼토쿠 태자를 불교를 숭상하고 민중을 구원한 인물이라고 칭송하면서 공경했다. 혜자는 615년에 귀국했는데, 621년에 쇼토쿠 태자가 사망했다는 소식을 듣고 친히 재를 올렸다고 한다. 혜자는 지금까지 일본에서 성인으로 추앙되는 승려다.

2. 통일신라·발해와 일본의 교류

1) 신라와 일본의 관계

660년경부터 신라는 왜에 사신을 빈번하게 파견했다. 왜도 신라에 우호적인 태도를 취했다. 특히 신라는 당을 한반도에서 몰아내기 위한 전쟁을 하고 있던 시기에 사신을 일본에 자주 파견했다. 674년 신라는 덴무 천황天武天皇의 즉위를 축하하는 사절을 왜에 파견했다. 신라는 676년에 왕자 충원忠元을 파견했고, 이어서 고구려 유민들로 구성된 사신단을 파견했다. 그 후에도 고구려 유민들로 구성된 사신단을 왜에 보냈다. 677년에는 김청평金淸平을 파견해 신라의 정치상황을 왜에 알렸다.

8세기 양국의 사신 왕래 횟수를 보면, 일본에서 신라로 파견된 사절이 17회, 신라에서 일본으로 파견된 사절이 20회였다. 3년에 1회 꼴로 사신이 왕래했다. 양국의 사신단은 단지 외교사절의 역할만 수행했던 것이 아니었다. 물품도 교역했다. 특히 8세기에 들어서면서 교역이 성행했다. 사신단의 규모도 확대되었다. 752년에 일본에 파견된 사신단의 규모는 700여 명이었다. 그들 중에는 다수의 상단이 포함되어 있었다.

일본은 신라에서 선진문물을 수입하려고 했다. 일본의 귀족들은 신라의 특산품을 다투어 구입했다. 도다이지東大寺의 쇼소인正倉院에 소장되어 있는 물품 중에 신라에서 수입된 것이 상당량을 차지하고 있다. 일본의 귀족들이 구입을 희망하는 물품 목록인 「매신라물해買新羅物解」라는 사료를 보면, 신라와 일본의 경제적인 교류는 상상을 초월했다. 목록에는 신라의 공방에서 만든 생활용품·공예품·문방구 등이 많다. 사파리佐波理라고 하는 유기제품, 놋숟가락, 가반加盤이라고 하는 놋그릇, 불교관련 제품 등 그 종류도 다양했다. 현재 쇼소인에는 유기그릇이 436점, 놋숟가락도 345점이 남아있다. 그 밖에도 철제 가위, 가야금의 원형이라고 할 수 있는 신라금·먹·나전칠기·거울 등이 있다. 신라 상인들은 신라에서 생산된 물품뿐만이 아니라, 당을 비롯한 다른 세계에서 생산된 물품도 중계무역을 했다.

730년경부터 신라와 일본 사이에 긴장관계가 조성되었다. 일본이 신라를 조공국으로 취급했기 때문이다. 그 무렵부터 일본은 신라의 사신단을 수도인 나라奈良에서 영접하지 않고 규슈의 다자이후大宰府에서 영접했다. 공식적인 외교관계는 779년을 마지막으로 중단되었다. 하지만 사무역은 계속되었다.

「Point 강의」 - 쇼소인의 보물

도다이지東大寺에 있는 쇼소인은 마루가 땅에서 상당히 높게 위치하도록 설계한 고상식高床式 건물이다. 목재를 모나게 다듬어서 맞추는 방식으로 벽면을 구성해 습기를 방지했다. 쇼소인에는 쇼무 천황의 소장품이 보관되어 있다. 이 보물은 쇼무 천황 사후에 고묘 황후가 도다이지에 기증한 것이었다. 소장품으로는 무기류, 유희구, 악기류, 약재류, 공예품 등 실로 다양하다. 당·신라·발해에서 건너온 것뿐만이 아니라 멀리 인도·페르시아·아라비아·동남아시아 등 세계의 여러 지역에서 건너온 것도 포함되어 있다. 쇼소인의 물품 목록을 조사해 보면, 당에서 생산된 도자기, 아프리카·아라비아에서 산출된 향료, 동남아시아에서 산출된 등황藤黃과 같은 안료나 소방蘇芳과 같은 염료, 아프가니스탄에서만 생산되는 청금석靑金石과 같은 광물, 실크로드 연변의 국가에서 생산된 유리 제품이나 양탄자 등이 포함되어 있다. 그 수량은 정리된 것만도 9,000여 점에 달한다. 이것만으로도 나라 시대 문화를 생생하게 감지할 수 있을 정도이다. 더욱 놀라운 일은 8세기 말에 시작된 쇼소인 보물의 정리 작업이 지금까지 진행되고 있다는 사실이다.

2) 발해와 일본의 관계

일본은 발해와도 외교관계를 맺었다. 발해는 727년에 고인의高仁義·고제덕高齊德 등 24명의 사신을 처음으로 일본에 보냈다. 이들은 폭풍을 만나서 일본 동북부 해안에 표착했다. 사신들의 대부분이 원주민에게 살해되었고, 고제덕 등 8명만이 생존했다. 그들은 728년 정월에 쇼무 천황을 만나서 국서와 예물을 전달했다.

발해 사신들은 같은 해 4월에 일본 천황의 교서를 지참하고 귀국했다. 이들이 귀국할 때, 일본도 히케타노 무시마로引田虫麻呂를 비롯한 사신을 발해에 파견했다. 그 후 발해는 10세기 중기까지 35회에 걸쳐서 일본에 사신을 파견했다.

발해는 당과 신라를 견제하기 위해서도 일본과 교류할 필요가 있었고, 일본도 발해를 가까이 할 필요가 있었다. 실제로 일본의 견당사가 발해를 경유해 당으로 들어가기도 했다. 발해는 안록산의 난이 일어났다는 정보를 일본에 제공하기도 했다. 일본은 발해와의 관계를 소홀히 할 수 없었다.

8세기 후반부터는 정치적인 목적보다는 경제적인 목적을 우선한 교류가 이루어졌다. 발해가 일본과 교역한 특산품으로는 인삼·모피·꿀·사향 등이 있었다. 모피의 종류로는 담비·호랑이·말곰·표범 등의 가죽이 있었다. 일본이 발해와 교역한 상품으로는 명주와 같은 견직물이 주종을 이루었다. 그 밖에 금·기름·안료 등도 수출되었다.

3. 중국과 일본의 교류

1) 수와 왜의 관계

왜가 중국에 사신을 파견했던 배경에는 동아시아 국제질서의 변동이 있었다. 수隋의 중국 통일은 고구려·백제·신라를 비롯한 중국 주변 세계에 커다란 위협이 되었다. 실제로 수의 양제煬帝는 대군을 동원해 고구려를 침략했고, 그러한 정보가 왜에 전달되었다. 6세기 말에서 7세기 초에 걸쳐서 고구려·백제·신라의 사자들과 승려들이 빈번하게 일본을 왕래한 것도 한반도를 둘러싼 긴박한 정치상황을 반영한 것이었다.

왜 왕권은 국제정세에 적극적으로 대처하는 길을 선택했다. 607년에 오노노 이모코小野妹子를 견수사遣隋使로 파견했다. 왜가 수에 보낸 국서에 "해 뜨는 나라의 천자가 해지는 나라의 천자에서 보낸다."라는 내용이 있었다. 왜의 5왕 시대와는 다르게 중국의 황제에 신종하지 않는 형식을 취했다. 국서의 내용은 수의 양제를 격노하게 했다. 하지만 당시는 수가 고구려 침공을 준비하고 있을 때였다. 수는 고구려의 배후인 왜를 자극하지 않으려고 했다. 수는 국서의 내용을 문제 삼지 않았다.

608년에 견수사 일행이 귀국할 때, 수의 양제는 배세청裵世淸을 답례사로 임명해 국서를 지참하게 했다. 왜 왕권은 수의 사절이 돌아갈 때, 오노노 이모코를 다시 견수사로 파견했다. 그때 8명의 유학생과 승려가 수행했다. 유학생 중에는 다카무코노 구로마로高向玄理, 미나부치노 쇼안南淵請安, 승려인 민旻 등 일본 국가 발전에 크게 기여했던 인물들이 포함되어 있었다. 유학생들은 수가 멸망하고 당唐이 성립되는 것을 지켜보면서 십 수 년에서 삼십여 년의 유학 생활을 마치고 귀국했다.

「Point 강의」 – 다이카 개신 정권에 참여한 지식인의 출신 성분

645년 6월 을사의 변으로 후지와라씨가 멸망하고 나카노오에中大兄 왕자가 실권을 장악했다. 나카노오에는 다이카 개신大化改新을 선포하고 중앙집권 체제를 강화하려고 했다. 그때 다이카 개신의 이론가로 3명의 유학생이 등용되었다. 승려 민·다카무코노 구로마로·미나부치노 쇼안이 그들이었다. 나카노오에 왕자는 승려 민과 다카무코노 구로마로를 구니노하카세国博士에 임명했다. 구니노하카세는 개신 정권의 최고 고문이었다. 미나부치노 쇼안은 개신 정권에 참여한 흔적이 없다. 그러나 미나부치노 쇼안은 다이카 개신의 주역인 나카노오에 왕자와 나카토모노 가마타리中臣鎌足에게 유학을 가르친 인물이었다. 개혁 정권 수립과 정책 수립에 지대한 영향을 미쳤을 것임에 틀림없다. 그런데 새로운 정권 수립에 적극적으로 기여한 이들은 어떤 사람들이었을까? 중국에서 24년간 유학하고 귀국한 학문승 민旻은 608년에 파견된 8명의 유학승의 한 명이었다. 사료에는 승려 민이 이마키노아야히토 니치몬新漢人日文라고 기록되어 있다. '이마키'는 '최근에 건너왔다'는 뜻이다. '아야히토漢人'를 가바네姓로 쓰는 씨족, 즉 아야씨漢氏 출신이라는 뜻이다. 아야씨는 한반도에서 건너온 씨족이었다. 그러니까 '이미키노아야히토'는 최근에 한반도에서 건너온 도래인 계열의 씨족이라는 뜻이었다. 요컨대 승려 민은 원래 니치몬日文으로 불렸고, 최근에 한반도에서 건너온 도래인이었던 것이다. 승려 민과 함께 파견된 8명의 유학승은 모두 도래인 계열의 씨족 출신이었다. 그중에서도 '아야히토'가 6명이었다. 아스카 조정은 우선 한반도에서 건너온 도래인 계열의 씨족을 중국에 파견해 선진 지식과 기술을 도입하려고 했던 것이다. 640년에 학문승 미나부치노 쇼안과 유학생 다카무코노

> 구로마로가 신라를 경유해 돌아왔다. 두 사람 모두 승려 민과 함께 '아야히토'를 가바네로 쓰는 인물이었다. 다이카 개신 정부는 유학생 중에서 '이마키노아야히토'만 발탁했다는 점에 주목할 필요가 있다. 이 정권의 성격을 미루어 짐작할 수 있지 않을까?

2) 당과 일본의 관계

중국을 통일한 당唐은 대내적으로는 율령체제를 정비하고, 대외적으로는 지배영역을 확대했다. 당의 수도인 장안長安에는 여러 나라의 사절과 유학생이 모여들었다. 당의 문화가 사절과 유학생을 통해 주변 세계에 전파되었다. 일본도 견당사遺唐使를 파견해 당의 문화를 적극적으로 받아들였다.

일본은 8세기 이후에 거의 20년에 한 번 정도로 견당사를 파견했다. 701년에는 아와타노 마히토粟田真人를 대사大使로 하는 견당사가 파견되었다. 아와타노 마히토가 율령의 편찬에 깊이 관여했던 인물이었다는 점에 주목하면, 그때 파견된 견당사는 다른 때와는 다른 임무를 띠고 있었을 것으로 여겨진다. 『구당서舊唐書』의 「일본전」에 국명을 왜倭에서 일본日本으로 변경한 기록이 보인다.

720년에 파견된 견당사부터 순수한 문화사절단의 성격을 띠었다고 할 수 있다. 견당사가 파견될 때에는 정식으로 1회에 4척의 대형 선박이 이용되었다. 일행은 대사 · 부사副使 · 판관判官 · 녹사錄事 등의 정식

사절 이외에 유학생·유학승을 동반했다. 인원이 적을 때는 100~200명, 많을 때는 500~600명이었다. 당시의 선박은 견고하지 못했고, 또 항해술도 뛰어나지 못했기 때문에 조난을 당하는 경우가 많았다. 견당선이 처음 출발할 때와 같이 동시에 일본으로 돌아오는 것은 매우 드문 일이었다.

처음에는 한반도 연안 해안을 거쳐서 중국의 산동 반도에 이르는 북로를 따라 당으로 들어갔다. 그러나 신라와 관계가 악화된 후에는 유구琉球에서 바다를 횡단하는 남도로南島路를 선택하든가, 오도열도五島列島에서 중국해를 횡단하는 남로를 선택했다. 남로를 따라 여행하면 기일은 단축되었지만 위험했다.

유학생·유학승이 일단 중국에 건너가면, 다음 번 견당사가 파견될 때, 그 배편을 이용해 귀국할 수밖에 없었다. 견당사가 파견되는 시기가 정해져 있는 것은 아니었으나, 8세기 이후에는 대개 20년에 한 번 꼴로 파견되었다. 그렇다면 유학생들의 체류기간도 대개 20년은 되었다고 할 수 있다. 물론 다른 배편을 이용해 단기간에 용무를 마치고 돌아오는 유학생도 있었으나 장기체류가 일반적이었다. 중국에 오래 거주한 유학생·유학승은 그곳의 사정에 정통했고, 그곳의 문물을 몸으로 경험한 장본인들이었다. 그들이 귀국할 때 많은 서적·경전·미술품을 가져와서 일본문화 발전에 기여했다.

10세기는 동아시아 국제질서가 크게 변화했던 시기였다. 동아시아 세계의 중심에 위치했던 당이 쇠퇴하기 시작했다. 이러한 변화를 예감한 것은 스가와라노 미치자네菅原道真였다. 그는 견당사를 이끌고 여러 차례 중국을 왕래한 경험이 있는 인물이었고, 국제정치에 정통한 정치가였다. 그는 894년에 견당사의 폐지를 건의했다. 조정이 견당사를 폐지하면서 중국과의 정식적인 외교관계는 단절되었다. 견당사가 폐지된 지 10여 년 후인 907년에 당이 멸망했다.

「Point 강의」 - 견당사와 일본문화

견당사는 630년에 이누가미노 미타스키犬上御田鍬가 처음으로 파견된 이래, 894년에 스가와라노 미치자네의 건의로 폐지될 때까지 약 260년간 18회에 걸쳐서 파견되었다. 특히 나라 시대에 많이 파견되었다. 견당사와 함께 중국으로 건너간 유학생들은 일본의 정치와 문화의 발전에 크게 기여했다. 많은 물품과 함께 선진 기술도 일본으로 전래되었다. 대륙 문화를 섭취하면서 일본 문화의 내용도 향상되었다. 문화의 담당자인 귀족들이 당의 문화를 나름대로 소화하기 시작하면서 궁중을 중심으로 새로운 문화의 기운이 일어났다. 특히 한시를 짓는 것이 귀족의 교양이 되었다. 견당사가 폐지된 후, 일본의 풍토와 국민성에 부합되는 일본적인 문화가 형성되었다.

제9강

헤이안 시대 초기의 정치

1. 헤이안 천도

고닌 천황光仁天皇의 뒤를 이어 즉위한 간무 천황桓武天皇은 율령체제를 재건하려고 노력했다. 간무의 정치는 헤이조쿄平城京에서 천도하는 것에서 시작되었다. 간무는 먼저 784년에 나가오카長岡로 천도했고, 이어서 794년에는 헤이안平安 천도를 단행했다. 지금의 교토京都인 헤이안에 왕도를 둔 시기부터 가마쿠라 막부鎌倉幕府가 성립되기까지 약 400년간을 헤이안 시대라고 한다.

간무 천황은 784년에 야마시로 지역에 나가오카쿄長岡京를 조영하기 시작했다. 지금의 교토 무코이치시向日市 지역인 나가오카는 수륙 교통이 원활한 지역이었다. 천도를 위한 축성 사업은 급속도로 추진되었다. 784년 6월에 사업이 시작되었는데, 공사가 마무리 되지도 않은 상태에서 그 해 11월에 나가오카로 천도했다. 그러나 785년 9월 오토모씨 大伴氏를 비롯한 구세력이 천도 사업을 총지휘하던 후지와라노 다네쓰구藤原種継를 암살하는 등 불상사가 잇달았다. 수년이 지나도 왕도의 건설이 지지부진했다.

 그러자 다른 곳으로 천도하자는 의견이 대두되었다. 793년 정월 간무는 야마시로山城 지역에서 새로운 장소를 물색했다. 천황이 친히 새로 선정된 지역을 시찰했다. 그리고 곧바로 공사에 착수했다. 공사는 순조롭게 진행되어 궁전의 일부가 완성된 같은 해 10월에 정식으로 천도했다. 그곳이 헤이안쿄平安京였다.

 천도한 뒤에도 왕도 건설사업이 계속 추진되었다. 헤이안쿄는 가모가와賀茂川, 가쓰라가와桂川 등이 유입되는 습지대였다. 그래서 가모가와를 비롯한 하천과 수로를 정비하고, 가모가와의 서쪽에 동서 약 4.4킬로미터, 남북 약 5킬로미터의 왕도를 조영했다.

 헤이안쿄는 당의 장안성의 설계도를 기본으로 하면서 헤이조쿄의 건설 경험을 살려서 일본의 현실에 맞도록 설계되었다. 도시의 중앙 북부에 천황의 거처와 행정부가 있는 왕성이 위치했다. 왕성의 남면 중앙에서 남쪽으로 주작대로가 관통했고, 주작대로를 중심으로 해 좌경左京과 우경右京이 나뉘어져 있었다. 남북으로는 9조条, 동서로는 좌우 각각 4방坊을 두어서 바둑판 모양으로 공간을 구획했다.

 주작대로는 폭이 약 85미터였다. 주작대로의 북쪽에 왕성의 정문인 주작문이 있었고, 남단에는 남대문인 나성문羅城門이 위치했다. 도시의 북단에 위치한 왕성은 동서로 약 1.2킬로미터, 남북으로 약 1.4킬로미터의 광대한 면적을 점유했다. 왕성의 내부에는 천황의 거주 지역과 공무를 집행하는 지역, 관청 등이 배치되어 있었다.

 헤이조쿄는 지금도 교토 시가지이다. 헤이조쿄와는 달리 대규모적인 발굴조사가 불가능하다. 가마쿠라鎌倉 시대에 그려진 그림 등을 참고하면 도시의 규모나 풍경을 미루어 짐작할 수 있다. 하지만 현재로서는 천도 당시의 도시 풍경을 복원하는 것이 불가능하다.

「Point 강의」 – 간무 천황이 천도를 강행했던 결정적인 이유

간무가 천도하려고 했던 이유의 하나로 조정도 두려움을 느낄 정도로 강성해진 사원세력의 존재를 들 수 있다. 나라 시대 말기에는 사원세력이 정치에 개입해 그 폐해가 적지 않았다. 예를 들면, 고겐 천황 孝謙天皇이 승려 도쿄道鏡와 사랑에 빠지면서 국정이 문란해졌던 사건이 있었다. 사랑에 눈이 멀었던 고겐 천황은 도쿄에게 천황의 지위를 물려주려는 계획을 추진하기도 했다. 간무 천황은 그 사건을 가까이에서 지켜봤던 인물이었다. 불교의 폐해는 간무 천황이 천도를 결심하는 요인의 하나가 되었다. 실제로 간무 천황은 헤이조쿄에 있던 사원을 새로 건설하는 수도에 이전하지 못하게 했다. 그러나 천도의 이유가 그것 하나만은 아니었다. 간무 천황의 생모는 백제계 씨족 출신 다카노노 니이가사高野新笠였다. 상식적으로는 간무는 천황과 인연이 먼 존재였다. 그런데 고닌 천황光仁天皇의 정비와 태자가 폐위되면서 간무가 태자의 지위에 올랐고, 이윽고 45세라는 늦은 나이에 즉위하게 되었다. 간무가 즉위하면서 왕통은 덴무계天武系에서 텐지계天智系로 완전히 바뀌게 되었다. 중국 정치사상의 영향을 받았던 간무는 덴무계 혈통과 다른 텐지계 혈통으로 천황의 지위에 올랐다는 것은 사실상 새로운 왕조가 창립된 것이라고 생각했

> 다. 간무는 덴무계를 추종하는 세력을 누르기 위해서도 천도를 결심했던 것이다.

2. 영토의 확장과 에미시 사회

간무 천황의 정치는 헤이안쿄 건설과 동북 지방 개척에 초점이 맞춰져 있었다. 나라 시대 초기까지도 동북 지방은 조정의 지배력이 미치지 못하는 지역이었다. 조정은 8세기 초부터 점차로 동북 지방을 공략하기 시작했다. 먼저 전진 기지를 구축하고, 복속한 원주민을 동북 지방 개척에 앞장세웠다. 그러나 780년에 일어난 이지노 아자마로伊治呰麻呂의 반란이 상징하듯이, 에미시蝦夷로 불리는 원주민들이 끈질기게 대항했다.

간무 천황이 즉위하자, 이지노 아자마로를 토벌하러 출정했던 정동대사征東大使 후지와라노 오구로마로藤原小黑麻呂가 일단 귀환했다. 하지만 그 후에 간무는 3회에 걸쳐서 원정을 감행했다. 원정에는 많은 물자가 필요했고, 수많은 병사들을 보내지 않으면 안 되었다. 전쟁을 하기 위해서는 매번 3년 정도의 준비기간이 필요했다. 원정군을 지원해야 했던 관동 지방 호족들의 부담도 컸다.

789년 3월 첫 번째 원정이 시작되었다. 원정군은 지금의 이와테현岩手縣의 북쪽 근방에까지 진격했으나 에미시를 물리치지 못하고 돌아왔다. 794년 두 번째 원정이 있었다. 그때의 보고서에 의하면, 적 450여

명을 죽이고, 150여 명을 사로잡았으며, 말 85마리를 빼앗고, 에미시의 근거지 75개소를 불태웠다. 하지만 정작 가장 중요한 이사와胆沢 지방은 평정하지 못했다. 그 지역은 에미시 중에서도 가장 강력한 수장의 근거지였다.

800년부터 세 번째 원정을 준비했다. 최후의 공격 목표라고 할 수 있는 이사와 지방 평정은 사카노우에노 다무라마로坂上田村麻呂에게 맡겨지게 되었다. 사카노우에노 다무라마로는 제2차 원정군의 부장군으로 출진한 경력이 있었다. 그는 797년 새로이 세이다이쇼군征夷大将軍에 임명되었고, 801년 2월에 원정길에 올랐다.

사카노우에노 다무라마로는 생각했던 것보다 치열한 전투를 치루지 않고 에미시 지방을 정벌했다. 에미시의 수장이 500여 명의 부하를 거느리고 항복했다. 802년에 에미시의 본거지라고 할 수 있는 이사와 지역에 성을 구축하면서 동북 지방 공략 목적은 일단 달성되었다. 이사와 성은 지금의 이와테현岩手縣 미즈사와시水沢市 교외에 있다.

동북 지역의 공략이 군사적으로는 성공을 거두었다고는 할 수 있다. 하지만 대규모 군사 동원과 헤이안쿄 건설사업은 재정을 압박했다. 2대 사업의 중지를 주장했던 후지와라노 오쓰구藤原緒嗣는 "오늘 날 천하를 고통스럽게 하는 바는 군사軍事와 조작造作이다."라고 갈파했다. '군사'란 동북 지역의 공략 작전이며, '조작'이란 헤이안쿄 건설사업을 말하는 것이었다.

「Point 강의」 – 사카노우에노 다무라마로

일본 무사정권 시대는 가마쿠라 막부鎌倉幕府가 개설되면서 시작되었다. 그 후 무로마치 막부室町幕府 · 에도 막부江戸幕府를 거치면서 약 800년 간 무사정권이 일본을 통치했다. 막부의 최고 권력자는 쇼군將軍이었다. 쇼군의 정식 명칭은 세이다이쇼군이었으나 일반적으로 쇼군으로 불렸다. 쇼군을 우리말로 번역할 때 '장군'으로 번역해서는 안 될 것이다. 쇼군은 일본에서 단 하나밖에 없는 직책으로, 일본을 실질적으로 통치하는 최고 권력자였기 때문이다. 특히 일본에서 무사들의 절대적인 복종을 이끌어내려면, 막부를 열고 쇼군에 취임하지 않으면 안 되었다. 그런 관행은 어디에서 비롯되었을까? 바로 사카노우에노 다무라마로에서 비롯되었다고 할 수 있다. 사카노우에노 다무라마로는 일본에서 세이다이쇼군이라는 직책에 처음 임명된 인물이었다. 797년에 세이다이쇼군에 임명된 사카노우에노 다무라마로는 탁월한 군사지도자였다. 부하들이 충심으로 그를 믿고 따랐다. 804년에 다시 세이다이쇼군에 임명되어 3번 째 원정에 나서 큰 성과를 올렸다. 그 공로로 805년에 산기參議, 806년에 주나곤中納言, 810년에 다이나곤大納言, 807년에 우고노에다이쇼右近衛大将로 승진에 승진을 거듭했다. 그는 811년에 54세의 일기로 사망했다. 그의 분묘는 지금의 교토京都 교외의 구루스노栗栖野에 있다. 사카노우에노 다무라마로를 장사지낼 때 갑주와 도검을 합장했는데, 국가의 큰 일이 있을 때는 반드시 그의 분묘가 흔들렸다고 전해지고 있다. 그가 사망한 후 신격화되었다는 것을 알 수 있다.

3. 간무 천황의 개혁

 헤이안쿄 건설사업과 동북 지방 경영은 조정의 재정을 궁핍하게 했다. 더욱 걱정스러웠던 것은 율령체제의 동요였다. 특히 조租·용庸의 미납이 심각했다. 조정은 재정을 긴축해 운용할 수밖에 없었다. 간무는 구조조정을 감행해 불필요한 관청을 정리하고 관리의 인원을 감축했다. 천황의 일족에 성을 하사해 신적臣籍에 편입시키는 사성제도賜姓制度가 이 시기에 뿌리를 내린 것도 긴축정책과 관련이 있었다.

 정치개혁이 단행되었다. 8세기 중엽부터 문란해진 지방 정치에 대한 감독을 강화했다. 간무는 순찰사巡察使를 파견해 지방의 행정을 감찰했다. 고쿠시国司와 군지郡司에 대한 통제를 강화했다. 고쿠시가 교대를 할 때 가게유시勘解由使라는 감독관을 파견했다. 가게요시는 전관과 신임관 사이에 업무 인수인계가 이상 없는지 감시했다. 지방에 관찰사觀察使를 파견했다. 관찰사는 실적을 올린 지방관을 포상하고 부정을 저지른 자를 처벌했다.

 율령제도에서 반전수수班田收授는 6년에 1번씩 시행되는 것이 원칙이었다. 그러나 제도가 시행되고 얼마 지나지 않아서 반전수수의 시행이 곤란해졌다. 행정을 제대로 집행할 수 있는 능력을 가진 관리가 부족했기 때문이다. 간무는 12년에 1번씩 반전수수를 시행하도록 했다.

 당시 산야수익권山野收益權은 사원이나 귀족이 사실상 독점하고 있었다. 간무는 농민들도 산과 들에서 나무나 퇴비, 그리고 각종 산물을 수취할 수 있도록 했다. 또 고쿠시가 농민을 각종 작업에 동원하던 잡역 기간을 2분의 1로 줄였다. 이 조치로 농민이 잡역에 동원되던 기간이 60일에서 30일로 줄었다. 또 실질적인 고리대금이나 다름없었던 스이코出擧의 이자를 50퍼센트에서 30퍼센트로 경감시켰다.

 군사제도도 개혁했다. 792년에 당시 최전선으로 여겨졌던 무쓰陸

奧·데와出羽·사도佐渡·규슈九州의 북부 등을 제외하고는 군단을 폐지했다. 농민의 군역도 해제했다. 징병제를 폐지한 것이다. 그 대신에 군지郡司를 비롯한 부유한 자, 관직에 있는 자의 자제를 채용해 요역徭役을 면제해 주고 그들에게 군단의 임무를 부여했다. 이것을 곤데이健兒의 제도라고 했다.

4. 다이도기의 정치

간무 천황이 사망한 후, 헤이제이 천황平城天皇이 즉위했다. 이 시대를 당시의 연호를 따서 다이도기大同期라고 한다. 헤이제이 천황은 간무 천황의 유지를 받들어 율령체제의 재건에 힘썼다. 헤이제이는 원래 병약해 천황이 된 지 4년 만에 양위했지만, 그가 재위하는 동안에 적지 않은 정치적인 사건이 발생했다.

간무가 사망한 후, 후지와라씨 식가式家의 후지와라노 나카나리藤原仲成와 구스코藥子가 헤이제이 천황의 신임을 배경으로 권세를 부렸다. 807년 후지와라노 나카나리가 음모를 꾸며서 간무 천황의 아들인 이요 친왕伊予親王 모자를 자살하게 했다. 이요 친왕의 모친은 후지와라씨 남가南家의 여성이었다. 이 사건을 계기로 후지와라씨 남가가 몰락하고 북가가 대두했다.

809년 4월 사가 천황嵯峨天皇이 즉위하면서 후지와라노 나카나리와 구스코가 세력을 상실했다. 그러자 나카나리와 구스코는 다시 권력을 장악하기 위해 헤이제이 상황이 복위 계획을 추진했다. 정보를 입수한 사가 천황은 사카노우에노 다무라마로를 시켜서 상황 복위 음모를 저지했다. 810년 9월에 구스코가 자살하고 나카나리가 참살되었다. 이 사건을 구스코의 변이라고 한다.

　사가 천황은 구스코의 변을 계기로 정무상의 기밀을 유지하기 위해 구로도노토蔵人頭라는 직책을 신설하고, 그 자리에 후지와라노 후유쓰구藤原冬嗣를 임명했다. 그 후 구로도노토에는 천황의 측근이 임명되었다. 구로도노토는 궁중의 문서 보관, 서무 처리, 천황과 다이조칸太政官 사이의 연락을 담당했다. 후지와라노 후유쓰구가 천황의 측근이 되면서 후지와라씨 북가가 흥륭했다. 사가 천황은 왕도의 치안을 유지하기 위해 게비이시検非違使를 두었다.

　구로도노토와 게비이시의 직책은 율령에 규정되어 있지 않은 관직이었다. 이것을 료게노칸令外官이라고 했다. 료게노칸 설치 목적은 율령 체제의 동요를 방지하기 위한 것이었다. 일찍부터 설치되었던 산기参議・주나곤中納言의 직책, 간무 천황 재위 시에 설치된 세이다이쇼군・가게유시勘解由使 등이 직책, 이후에 설치되는 셋쇼摂政・간파쿠関白의 직책 등도 모두 료게노칸에 해당했다.

　민정民政에서도 율령의 원칙을 바꾸어 현실에 부합하는 정책이 시행되었다. 823년 다자이후大宰府 관내에 구분전口分田과 여타 경작지의 6분의 1을 따로 분리해 공영전公営田을 설정했다. 각 마을의 유력자를 공영전의 관리자로 임명했다. 농민에게 식료와 노임을 주어 공영전을 경작했다. 공영전에서 생산되는 수확물은 관청의 수입이 되었다. 이것은 율령제도의 토지제도와 조세제도를 크게 변경한 것이었다. 공영전과 같은 방식으로 관전官田・제사전諸司田 등이 설치되었다.

「Point 강의」 – 격식의 정비

구스코의 변을 사전에 제압한 사가 천황은 반대파를 일소할 수 있었다. 823년 4월 사가 천황은 동생인 준나 천황淳和天皇에게 양위했다. 그 후 사가 상황은 국정에 일체 관여하지 않았다. 준나 천황과 그 뒤를 이은 닌묘 천황仁明天皇은 직접 정치를 관장하면서 치적을 쌓았다. 영토 확장사업도 순조롭게 진행되었다. 문화면에서도 주목할 만한 업적을 남겼다. 율령의 규정은 세밀했지만, 세월이 지나면서 법령의 조문을 수정하지 않을 수 없었고, 또 관청에서 사무를 보려면 구체적인 규정이 필요했다. 그래서 9세기 중엽에 법전이 편찬되고 격식格式이 정비되었다. 율령을 손질한 태정관부太政官符 또는 임시의 조칙詔勅을 격이라 하고, 그 시행세칙을 집성한 것을 식이라 했다. 격식은 그때마다 공포되어 실제 정치를 시행하는 기준으로 삼았는데, 사가 천황은 이전의 격식을 정리해『고닌격식弘仁格式』을 편찬했다. 또『고닌의식弘仁儀式』이 제정되었다. 이 사업은 세와 천황清和天皇의『조간격식貞観格式』, 다이고 천황醍醐天皇의『엔기격식延喜格式』으로 이어졌다. 이것을 삼대격식三代格式이라고 했다. 이것은 율령에 버금가는 중요한 법전으로 인식되었다. 율령의 주석서도 편찬되었다. 조정이 공식적인 해석을 수립할 필요성을 느꼈기 때문이다. 833년에는 요로령養老令의 관찬 주석서인『료노기게令義解』가 성립되었다. 또 9세기 중엽에는 요로령의 사찬 주석서라고 할 수 있는『료노슈게令集解』가 편찬되었다. 이것은 그때까지 행해진 각종 영문令文의 해석을 집대성한 것이었다.

제10강

불교의 발전

1. 국가불교

7세기 후기 덴무 천황天武天皇은 많은 사원을 세웠다. 덴무는 왕도에 다이칸다이지大官大寺, 야쿠시지薬師寺, 가와라지川原寺 등의 관립사원을 건립했다. 특히 야쿠시지는 황후인 지토의 신병을 치료하기 위해 건립한 사원이었다. 덴무는 675년에 전국의 사원에 명해 금강명경金剛明経과 인왕경仁王経을 외우게 했다. 이러한 불경은 호국경전護国経典으로 일컬어졌다.

덴무의 불교 흥륭정책은 실은 왕권의 불교 독점정책이었다. 조정은 불교를 보호하면서 한편으로 승니령僧尼令을 내려서 불교를 통제했다. 조정의 허가 없이 사사로이 승려가 될 수 없게 했다. 승려도 정권을 위해 기도하는 관승官僧으로 한정했고, 사원 이외의 지역에서 종교 활동을 하지 못하게 했다. 민간에 포교하는 것이 사실상 금지되었다.

　천황은 불교의 힘을 빌려 안으로 반역이나 사회혼란을 방지하고 밖으로는 외세의 침입으로부터 국가를 보호하려고 했다. 불교는 여전히 주술적인 색채가 농후한 종교로 인식되었다. 천황과 귀족들은 여전히 질병의 치유나 가족의 구원을 위해 사원을 건축하고, 불상을 조성하고, 불경을 필사하는 일에 매달렸다.

　승려들은 국가의 평안을 위해 각종 불교행사를 주관했다. 참회 법회를 열어 오곡이 풍성한 결실을 맺도록 기원했다. 737년에 흉년이 들고 역병이 돌자 여러 지방에 석가의 불상을 조성하고『대반야경』을 필사하게 했다. 불교의 힘으로 민중들이 평안하게 생업에 종사할 수 있도록 하기 위함이었다.

　천황 가문과 유력한 호족들이 건립한 사원들도 아스카 지역에서 나라로 이전했다. 나라로 이전된 사원들은 국가의 지원을 받으며 발전했다. 그중에서 덴무 천황과 지토 천황의 발원으로 건립된 다이칸다이지와 야쿠시지, 후지와라씨藤原氏가 건립한 고후쿠지興福寺와 간고지元興寺, 간진鑑真이 머물면서 계율을 전한 도쇼다이지唐招提寺, 765년 쇼토쿠 천황의 발원으로 건립된 사이다이지西大寺 등이 도다이지와 함께 나라 지역의 7대 사원이었다.

　관립사원에 소속된 승려는 조정을 위한 법회나 기도를 하면서 불교 교리를 연구했다. 남도6종南都六宗이라는 종파가 형성되었다. 남도6종이란 나라의 사원을 중심으로 형성된 학파를 지칭하는 것으로 삼론종三論宗・성실종成実宗・법상종法相宗・구사종俱舍宗・화엄종華厳宗・율종律宗을 일컬었다. 이것은 교단을 의미하는 훗날의 종파와는 성격이 완전히 다른 것으로 불경 이론 연구를 하는 승려들의 집단이라는 의미로 이해해야 한다.

　남도6종의 형성에 공헌한 인물은 견당사를 따라서 당으로 유학한 학문승, 그리고 당에서 일본으로 건너온 승려와 그 문하생들이었다. 남도 6종 중에서 특히 번성한 것은 법상종과 화엄종이었다. 남도6종의 학문 승 중에는 정치에 관여한 자도 있었다. 그러나 대부분의 승려는 불법의 수호와 교리 연구에 힘썼다. 그중에서 청정한 법도를 지켜나간 도지道慈, 당에서 천신만고 끝에 일본으로 건너와 계율을 전한 당의 승려 간진이 유명했다. 간진은 도다이지에 계단원戒壇院을 세웠고, 도쇼다이지를 건립해 일본의 불교 발전에 크게 기여했다.

2. 쇼무 천황과 도다이지 대불

쇼무 천황은 불교의 공덕으로 사회의 불안을 잠재우고, 연이어서 발생하는 천재지변에서 국가를 보호하려고 했다. 이것은 진호국가鎭護國家 사상이라고 한다. 741년 쇼무 천황은 고쿠분지国分寺 건립 조칙을 내렸다. 각 구니国 마다 비구가 거주하는 사원인 고쿠분지와 비구니가 거주하는 사원인 고쿠분니지国分尼寺를 각각 한 곳씩 세우게 했다.

쇼무 천황은 신라의 승려 심상審祥의 화엄경 강론을 듣고 매우 기뻐하며 도다이지東大寺에 대불을 건립할 계획을 세웠다. 743년에 비로자나불毘盧遮那仏을 조영하기 위한 조칙을 내렸다. 대불의 설계는 백제가 멸망한 후에 일본으로 건너온 도래인의 후손인 구니나카노 기미마로国中公麻呂에게 맡겨졌다.

대불은 당의 낙양洛陽에 있는 용문석굴에 안치된 비로자나불을 모방했다. 쇼무 천황은 대불 조영에 남다른 관심을 보였다. 견당사나 유학승들을 통해 용문석굴 대불에 관한 이야기를 듣기도 하고, 일본 내의 다른 사원에 안치된 비로자나불을 친히 둘러보기도 했다.

비로자나불은 화엄의 근본부처이다. 비로자나는 무한한 빛을 널리 비추다는 뜻이다. 비로자나불은 무한한 수행을 거쳐서 궁극의 깨달음을 얻고 연화장 세계의 주인이 된 부처로 광명 그 자체를 의미하기도 한다. 불상은 연좌 위에 앉아서 오른 손은 시무외인施無畏印을 짓고, 왼손은 여원인与願印을 짓고 있는 모양이다.

쇼무 천황이 도다이지에 대불을 건립하려고 한 것은 도다이지가 일본의 화엄사상을 대표하는 사원이었기 때문이다. 대불의 조영은 국가의 안태를 기원하는 동시에 쇼무 천황이 경도되었던 화엄경의 교의에 따라서 "불교의 가르침이 충만한 세상을 만들고 싶다"는 염원이 담겨 있었다.

대불의 건립사업은 국가의 총력을 기울여 추진되었다. 대불은 여덟 개 부분으로 나누어 제작되었다. 주조하는 데만 3년이라는 세월이 걸렸고, 300톤이 넘는 구리와 주석이 사용되었다. 도금을 위해 60킬로그램에 달하는 금과 수은이 조달되었다. 대불의 주조와 대불전의 건축을 위해 동원된 연인원은 230만 명에 이르렀던 것으로 추정된다. 대불의 높이는 16여 미터였다. 대불은 세계 최대의 목조건축인 대불전에 안치되었다.

752년 4월 대불 개안식이 성대하게 거행되었다. 일본에 불교가 전래된 이래 가장 규모가 큰 행사였다. 이 행사에는 쇼무 상황 내외, 고겐 천황孝謙天皇 그리고 문무백관이 참가했다. 일본 전국에서 수많은 승려들이 집결했다. 멀리 인도의 승려가 초빙되어 개안식을 집전했다.

「Point 강의」 - 승려 교키와 도다이지 대불

나라 시대를 대표하는 고승 교키行基는 백제에서 일본으로 건너온 도래인의 후예였다. 그는 668년에 지금의 이즈미和泉 지방에서 태어났다. 어린 나이에 법상종法相宗에 귀의해 배웠다. 교키가 활동했던 8세기 초반에는 승려가 사원 밖에서 종교 활동을 하는 것이 금지되어 있었다. 승려는 민중에 불법을 설할 수도 없었다. 승려들이 사원 밖에서 수행하는 것도 국가의 허가를 받아야 가능했던 시절이었다. 그런 상황에서 교키는 국가불교의 벽을 뛰어넘어 널리 중생을 구제하겠다는 뜻을 몸소 실천했다. 교키는 먼저 도성 건설에 동원된 민중들을 구제하는 일에 앞장섰다. 제자들을 거느리고 다리를 놓고, 도로를 내고, 저수지를 파는 등 민중을 위해 일했다. 민중은 교키를 따르고 추앙했다. 그러자 조정은 교키를 탄압했다. 민중들을 정치적으로 선동하려는 위험한 인물이라고 생각했기 때문이다. 조정의 탄압에도 교키를 추종하는 사람들이 날이 갈수록 증가했다. 조정도 언제까지나 무력으로 민중들의 종교 활동을 금할 수만은 없는 상황이었다. 730년에는 수천을 헤아리는 민중들이 헤이조쿄平城京 동쪽 산기슭에 모여 종교 집회를 열기에 이르렀다. 조정은 더 이상 교키를 비롯한 승려들이 민중을 접촉하는 것을 금할 수 없게 되었다. 오히려 조정은 도다이지 대불을 건립하려면 교키의 도움이 절실히 필요하다고 판단했다. 그래서 교키를 대승정大僧正으로 임명하고, 대불 건립에 민중이 참여하도록 촉구했다. 교키도 민중들을 이끌고 대불 건립에 협력했다. 교키와 그의 제자, 그리고 교키를 따르는 민중의 보시와 노동력 제공이 없었다면 도다이지 대불의 조영과 대불전의 건립이 불가능했을 것이다. 교키가 대승정에 취임해 국가사업에 헌신하게 되면서, 조정은 승려가 사원을 떠나 사회사업을 하면서 포교하는 행위를 더 이상 탄압할 수 없게 되었다. 조정이 서민의 출가를 허용한 것도 이 무렵이었다.

3. 천태종과 진언종

나라 시대 말기에는 승려가 정치에 개입하면서 불교계가 부패했다. 간무 천황은 승려의 자격을 엄격하게 규제해 부패를 척결하려고 했고, 불교계에서도 새로운 풍조가 일어나 사이초最澄나 구카이空海와 같은 승려가 출현했다.

전교대사伝教大師라고 일컬어지는 사이초는 804년에 당으로 건너가 천태교학天台教学과 선禪 그리고 밀교密教를 조금씩 배우고 다음 해에 귀국해 일본 천태종天台宗을 창시했다 그는 히에이잔比叡山에 엔랴쿠지延曆寺를 세우고 수행했다.

일본 천태종은 중국의 천태선사 지의가 제시한 방법에다가 계戒, 선禪, 밀密의 방법을 더한 것이었다. 사이초는 실유불성悉有仏性, 일체개불성一切皆仏性이라고 주장했다. 사람은 모두 불성을 가지고 있으며 누구라도 깨우칠 수 있다고 했다. 그리고 어떠한 가르침도 결국은 하나라고 하는 일승주의一乘主義의 입장을 취했다.

사이초는 간진이 제시한 250계戒가 너무 엄격하다고 생각했다. 그래서 비교적 엄격하지 않은 대승계大乘戒를 정했다. 그동안 조정은 나라의 도다이지에 계단을 세우고, 간진으로 하여금 수계受戒를 전담하도록 했다. 그 후 지금의 도치기현栃木縣 지역인 시모쓰케下野의 야쿠시지와 규슈의 간세온지観世音寺에도 계단이 설립되었다. 그 후 히에이잔 엔랴쿠지에 대승계단이 설립되었다.

홍법대사弘法大師라고도 하는 구카이는 804년에 당으로 건너가서 밀교를 배우고 806년에 귀국해 일본 진언종眞言宗을 창시했다. 그는 고야산高野山에 곤고부지金剛峰寺를 세우고 밀교를 수행했다.

구카이는 즉신성불即身成仏을 위한 수행방법을 제시했다. 성불하기 위해서는 제시된 방법에 따라 엄격한 수행을 해야 했다. 수행방법은 일반인에게는 비밀로 했다. 그 방법을 수용할 수 있는 자에게만 가르쳐주었다. 특히 구카이는 수행의 실천을 강조했다.

밀교는 법신불인 대일여래大日如來에 의지했다. 법신불은 영원한 법 그 자체, 본래자리, 즉 절대적인 부처를 의미했다. 부처의 실재를 체험하고, 부처와 하나가 되는 것을 가지加持라고 했다. 구카이는 가지기도加持祈禱로 즉신성불 할 수 있다고 가르쳤다. 밀교 의식을 진행할 때는 진언, 즉 다라니陀羅尼를 외웠다. 여러 부처의 형상에 마음을 집중하고, 진언을 외우고, 순서에 따라 의식을 행하면 절대적인 경지와 하나가 될 수 있다고 했다.

「Point 강의」 - 사이초와 구카이의 등장

사이초는 767년 지금의 오쓰시大津市 사카모토坂本에서 독실한 불교신자의 아들로 태어났다. 어렸을 때 이름은 미쓰노 오비토히로노三津首広野였다. 12세 때 집에서 멀지 않은 오미近江의 고쿠분지国分寺로 출가해 19세 때 도다이지 계단원에서 수계를 받았다. 그런데 그 해 여름 사이초는 산속으로 들어가 수행하기 시작했다. 사이초는 법화경을 접했다. 사이초가 수행에 전념할 무렵, 사에키노 아타에마우오佐伯直真魚라는 소년이 나가오카쿄로 상경했다. 훗날 구카이가 되는 소년의 꿈은 대학자가 되는 것이었다. 그런데 어느 날 편력하는 승려를 따라 산으로 들어가 수행하기 시작했다. 구카이는 대일경大日經을 읽고 감격했다. 두 사람은 석가 이후의 교설인 '론論'보다도 석가가 설한 '경經'을 실천하는 길을 발견했던 것이다. 때마침 간무 천황桓武天皇이 견당사의 일행으로 두 사람을 선발했다. 804년 7월 6일 제일 먼저 떠나는 배에 탄 구카이는 견당사절 일행과 함께 당의 수도 장안으로 갔다. 같은 해 9월 1일 떠나는 배에 탄 사이초는 중국의 명주明州에 도착해 꿈에 그리던 천태산天台山으로 갔다. 사이초는 천태산에서 수계를 받고 9개월 반만에 견당사 일행과 함께 귀국했다. 한편, 구카이가 장안에 갔을 때, 때마침 밀교가 유행하고 있었다. 구카이는 밀교를 배우고 806년 8월에 귀국했다. 806년 정월 간무 천황은 2명의 승려로 하여금 사이초를 시봉하도록 했다. 간무 천황이 사망한 후에 귀국한 구카이에게는 835년이 되어서야 조정이 관비를 지급되는 승려로 하여금 구카이를 시봉하도록 조치했다. 이리하여 일본에서 천태종과 진언종이 뿌리를 내리게 되었다. 천태종과 진언종이 떨치면서 일본 불교는 '교리를 연구하는 단계'에서 '수행하는 단계'로 비약하게 되었다. 천태종과 진언종이 성립된 이래, 두 종파는 지금까지 일본 불교의 양대 산맥으로 불리게 되었다.

제11강

섭관정치와 후지와라씨

1. 후지와라씨 북가의 대두

후지와라노 후히토의 아들이 남가南家, 북가北家, 식가式家, 경가京家의 4가로 분리되어 발전했다. 나라 시대 말에는 그중에서 식가가 일시적으로 흥륭했으나 9세기 중기부터 북가 세력이 급격하게 부상했다.

북가는 후지와라노 후유쓰구藤原冬嗣가 사가 천황嵯峨天皇의 신임을 얻으면서 발전의 기틀을 마련했다. 후유쓰구는 구로도노토에 임명된 후 승승장구했다. 후유쓰구는 사다이진左大臣으로 승진했을 뿐만이 아니라 천황과 인척관계를 맺었다. 후유쓰구가 천황의 외조부가 되면서 후지와라씨 북가의 권세가 강성해졌다.

후유쓰구가 사망한 후, 북가의 지위를 확립한 것은 후유쓰구의 아들인 후지와라노 요시후사藤原良房였다. 사가 천황과 준나 천황淳和天皇 2

대에 걸쳐서 실권을 장악했던 후지와라씨는 닌묘 천황仁明天皇 시대에 잠시 외척의 지위를 다치바나씨橘氏에게 빼앗겼다. 하지만 850년에 닌묘 천황이 사망하자, 후지와라노 요시후사는 자신의 누이가 낳은 몬토쿠 천황文德天皇을 옹립하고, 자신의 딸인 묘시明子가 낳은 고레히토 친왕惟仁親王을 태자로 삼았다.

요시후사는 다이나곤大納言과 우다이진右大臣을 거쳐 857년에 다이조다이진太政大臣의 지위에 올랐다. 858년에 몬토쿠 천황이 사망하자, 8살이 된 고레히토 친왕을 세와 천황淸和天皇으로 옹립했다. 요시후사는 어린 천황을 보필한다는 구실로 신하로서는 최초로 셋쇼摂政가 되어 정권을 장악했다.

「Point 강의」 - 후지와라씨 탄생

후지와라씨의 시조는 후지와라노 가마타리藤原鎌足였다. 그는 원래 나카토미노 가마타리中臣鎌足로, 645년 6월 을사乙巳의 변을 주도해 나카노오에中大兄 왕자와 함께 소가씨를 멸망시킨 인물이었다. 실권을 잡은 나카노오에는 가마타리와 함께 다이카大化의 개신을 추진해 왕권을 강화했다. 나카노오에는 가마타리를 전적으로 신뢰했다. 다이카 개신도 사실상 가마타리가 주도했다고 할 수 있었다. 668년 정월 나카노오에가 즉위해 덴지天智 왕을 칭했다. 덴지 왕은 나카토미노 가마타리에게 후지와라노 아손藤原朝臣이라는 가바네姓를 하사했다. 후지와라노 가마타리는 669년에 56세를 일기로 사망했다.

698년 몬무 천황 文武天皇은 후지와라노 가마타리의 아들 후지와라노 후히토藤原不比等가 후지와라씨의 적통을 계승하도록 허락했다. 이때부터 후지와라노 후히토의 자손이 후지와라씨를 칭하게 되었다. 후히토는 다이호 율령 大宝律令을 편찬하고, 헤이조쿄平城京 조영의 총책임자가 되면서 다른 귀족이 넘볼 수 없는 권력기반을 다졌다. 후히토의 4명의 아들이 각각 후지와라씨 남가, 북가, 식가, 경가를 창설하고, 후히토의 딸 고묘시光明子는 쇼무 천황聖武天皇의 황후가 되면서 후지와라씨의 권세가 절정에 달했다. 그 후 후지와라씨는 여러 귀족들을 차례로 제거하면서 승승장구했고, 9세기 중엽이 되면 권력을 거의 독점했다. 9세기 말에는 조정의 권력을 완전히 장악했다.

2. 섭관정치의 성립

세와 천황은 성인이 된 후, 외조부인 후지와라노 요시후사에게 천하의 정무를 관장하라는 조칙을 내렸다. 요시후사는 천황이 성인이 된 후에도 정무를 관장하는 셋쇼의 선례를 남기게 되었다. 그 후 요시후사는 생질인 후지와라노 모토쓰네藤原基経를 양자로 들였다. 요시후사가 사망한 후, 그의 양자 모토쓰네가 정권을 장악했다. 그 무렵 세와 천황이 요제이 천황陽成天皇에게 양위했다. 모토쓰네는 요제이 천황이 즉위한 후, 셋쇼와 다이조다이진의 지위에 올랐다. 그런데 모토쓰네는 갑자기 요제이 천황을 폐위하고 고코 천황光孝天皇을 세웠다. 고코 천황은 자신을 천황이 되게 한 모토쓰네의 은혜에 보답하기 위해 884년 모토쓰네에게 간파쿠關白의 지위를 수여했다. 다음의 우다 천황宇多天皇도 역시 모토쓰네의 힘으로 즉위했다. 그러자 887년에 모토쓰네에게 간파쿠의 지위를 수여하고 모든 정무를 간파쿠가 관장하게 한다는 조칙을 내렸다.

후지와라노 모토쓰네는 의례적인 이유에서 일단 간파쿠의 직을 사퇴했다. 그러자 같은 해 11월에 천황은 다시 조칙을 내렸다. 그런데 조칙 중에 "모쪼록 아형阿衡의 임무로써 경卿의 임무로 하라."는 내용이 있었다. 모토쓰네의 측근인 후지와라노 스케요藤原佐世는 '아형의 임무'라는 것은 실권이 없는 것이라고 진언했다. 그러자 화가 난 모토쓰네는 6개월간이나 출근하지 않았다. 이것이 소위 아형 사건이었다. 모토쓰네가 등청을 거부하자 정무가 완전히 정지되었다. 천황은 할 수 없이 조칙을 기초한 다치바나노 히로미橘広相에게 죄를 묻고, 다시 조칙을 내려서 모토쓰네에게 정무에 복귀할 것을 청했다.

아형 사건은 후지와라노 모토쓰네가 즉위한 지 얼마 안 되는 우다 천황을 위압하기 위한 음모였다. 후지와라씨의 위세가 이미 천황을 압도하고 있었다는 것을 보여주는 사건이었다. 이후 후지와라씨는 천황에 대신해 정무를 관장했다. 셋쇼 정치의 형태가 정비되었다.

3. 섭관정치의 전성

후지와라씨가 셋쇼·간파쿠가 되어 실권을 행사한 10세기 후반부터 원정院政이 개시된 11세기 후반까지의 정치를 일반적으로 섭관정치攝關政治라고 한다. 셋쇼·간파쿠를 배출한 가문은 섭관가라고 불렸다.

셋쇼·간파쿠는 행정 조직의 직무와는 상관없이 그 상위에 위치된 직위였다. 오직 천황의 외척만이 그 지위에 오를 수 있었다. 천황이 연소할 때에는 셋쇼가 되고, 성인이 되어서는 간파쿠가 되는 것이 관례화되었다. 셋쇼는 천황을 대신해 권력을 행사하는 자리였고, 간파쿠는 이미 성인이 된 천황을 보좌해 정치적인 자문을 하는 자리였다.

후지와라씨가 권력을 독점하자, 아무도 후지와라씨의 권세에 대항할 수 없었다. 그런데 이번에는 후지와라씨 북가의 내부에서 셋쇼·간파쿠의 지위를 둘러싸고 내분이 일어났다. 권력투쟁의 최후의 승리자는 후지와라노 미치나가藤原道長였다. 그는 우지노조자氏長者라고 불렸다.

그 후 셋쇼·간파쿠의 지위는 후지와라노 미치나가의 자손이 독점했다. 미치나가는 자신의 딸 4명을 차례로 천황과 태자의 비로 들여보냈다. 그의 장녀인 쇼시彰子는 이치조 천황一条天皇의 비가 되었고, 그 사이에서 낳은 두 명의 아들이 훗날 고이치조 천황後一条天皇과 고스자쿠 천황後朱雀天皇이 되었다. 미치나가의 차녀인 겐시妍子는 산조 천황三条天皇의 비가 되었고, 3녀인 이시威子와 4녀인 기시嬉子는 조카인 고이치조 천황과 고스자쿠 천황의 비가 되었다. 고스자쿠 천황과 기시 사이에서 태어난 아들이 고레이제이 천황後冷泉天皇이었다. 그러니까 연이어서 권좌에 오른 3명의 천황이 미치나가의 외손이었던 것이다.

후지와라노 미치나가의 뒤를 이어 셋쇼의 지위에 오른 후지와라노 요리미치藤原頼通는 3대에 걸친 천황의 치세 약 50여 년간 셋쇼·간파쿠의 지위에 있으면서 권력을 독점했다.

> ## 「Point 강의」 – 천황과 외조부의 관계
>
> 셋쇼·간파쿠의 권위와 권력은 천황의 외조부라는 신분에 주어지는 것이기도 했다. 천황은 대개 어렸을 적에 외가에서 양육되었고, 또 천황이 되어서도 외가의 사저에서 생활하는 경우가 많았다. 이것을 사토다이리里內裏라고 했다. 그러다 보니 자연히 외가의 친족과 돈독한 관계를 유지했다. 천황에게는 어렸을 때부터 의지했던 외조부야말로 가장 신뢰할 수 있는 존재였던 것이다. 외조부의 입장에서도 자신의 외손이야말로 가장 친근한 존재였다. 제도적으로 후궁을 거느릴 수 있었던 천황은 자연히 자손을 많이 두었다. 천황의 자손들은 누구나 차기 천황이 될 수 있는 자격이 있었다. 하지만 실권을 장악한 후지와라씨의 외손이 아니면 천황이 될 수 있는 가능성이 거의 없었다. 새로 천황이 된 자도 실력자인 외조부의 뒷받침으로 즉위할 수 있었다는 것을 잘 알고 있었다. 외조부가 고맙기도 했을 것이다. 천황과 외조부는 상부상조의 관계였던 것이다.

4. 섭관정치의 구조와 배경

셋쇼·간파쿠는 관료조직을 통해 정치를 시행했다. 그래서 관료들이 섭관가에 출입했다. 섭관가의 사적기관인 만도코로政所가 국정의 중심기관이 되었다. 조정은 단순히 의식을 거행하는 장소에 불과하게 되었다.

섭관가는 천황의 대리인으로서 관리의 임면권을 행사했다. 중요한 관직은 후지와라씨 일족이 독점했다. 그러자 후지와라씨에 장원을 기진寄進하는 자들이 급증했다. 후지와라씨는 광대한 장원을 소유하게 되었다. 그것은 후지와라씨의 경제적 기초가 되었다. 섭관가는 한편으로 천황을 정점으로 하는 율령제를 장악했고, 다른 한편으로는 율령제와 상반되는 기진지계장원寄進地系莊園의 본소本所로서 번영을 누렸다. 바로 여기에 섭관정치의 모순이 있었다. 광대한 장원을 소유한 장원영주인 섭관가가 다른 한편으로 장원을 규제해야 하는 관료조직을 통제하고 있었던 것이다. 이러한 모순이 정치를 무기력하게 했고, 지방정치를 혼란스럽게 했다.

「Point 강의」 – 장원의 발달과 기진의 관행

장원이 발달하면서 자신의 경작지를 중앙의 유력한 귀족이나 사원에 기진하는 관행이 성립되었다. 토착 영주가 국가 권력이나 다른 영주의 간섭이나 압력에서 벗어나기 위해서였다. 장원을 기진 받은 유력한 귀족이나 대사원은 명목상의 소유자가 되었다. 장원을 기진한 토착 영주는 쇼칸莊官에 임명되어 장원을 예전과 같이 지배했다. 중소 지주는 대영주의 보호를 받았고, 그 대신에 매년 일정분의 수확량을 대영주에게 납부했다. 10~12세기에 성립한 장원의 대부분은 기진에 의한 것이었다. 이러한 장원을 초기의 자간지계장원自墾地系莊園과 구별해 기진지계장원이라고 한다. 10세기 이후는 기진지계장원이 주류를 이루었다. 중소 귀족과 토착 영주의 입장에서 보았을 때, 명목상의 장원영주로는 최고 권력자가 가장 바람직했다. 섭관정치의 전성기에는 섭관가에 장원의 기진이 집중되었다. 후지와라씨 섭관가나 천황의 일족이 장원영주가 되었을 때, 그 가문을 본소 또는 본가本家라고 했다.

지방정치의 혼란

율령체제의 이완과 함께 매관매직 풍조가 확산되었다. 경제력이 있는 관리나 호족은 궁전의 수리나 사원의 건립비용을 부담하고 관직에 임명되거나 관위를 수여받는 제도가 있었다. 이것을 조고成功라고 했다. 당사자들은 대부분 고쿠시国司를 희망했다. 고쿠시는 농업생산을 직접 장악하면서 손쉽게 재산을 축적할 수 있었기 때문이다. 고쿠시는 일반적으로 조정으로부터 지배지의 조세를 청부맡았다. 조정은 고쿠시에게 지배지의 징세권을 부여하고 일정액의 조세만 납부하도록 했다. 고쿠시는 재임 기간 동안에 가능한 많은 재산을 축적하려고 혈안이 되었다. 임지에 부임한 고쿠시는 모든 수단과 방법을 다 동원해 조세를 징수했다. 그러자 농민들이 저항했다. 농민들이 저항한 가장 중요한 요인은 역시 과다한 조세 부담이었다. 섭관정치 체제가 확립되면서 고쿠시는 섭관가에 대해 과중한 경제적 부담을 지게 되었다. 고쿠시는 관례적인 국가행사에 필요한 경비를 부담하고, 특정 관사의 행사 비용을 상납하고, 임시 행사 경비를 수시로 상납했다. 고쿠시의 부담은 고스란히 농민에게 하향적으로 전가되었다. 그 과정에서 고쿠시와 농민이 충돌했고, 그것이 사회를 혼란스럽게 하는 중요한 요인이 되었다.

제12강

지방의 동란과 무사단

1. 무사단의 형성

헤이안 시대 말기, 농촌에서는 호족 상호간에 격렬한 세력다툼이 진행되었다. 조정은 치안을 유지할 수 있는 힘을 이미 상실했다. 개발 영주들은 자위를 위해 무장했다. 유력한 묘슈名主는 토지와 농민을 보호하기 위해 본인과 일족은 물론 지배하에 있던 농민들도 무장시켰다. 무장한 일족의 구성원을 이에노코家子라고 했고, 핵심 전투원을 로토郎党·게닌家人이라고 했다. 그들의 밑에는 쇼주所從·게닌下人으로 불리는 예속성이 강한 하층 농민들이 있었다. 호족이 무장하자, 고쿠시国司도 무장을 하지 않을 수 없었다. 고쿠시는 무력을 배경으로 조세를 징수했다.

동부 일본에는 귀족이나 사원과 같은 세력이 없었다. 그 대신에 일찍부터 개발 영주들이 일족과 예속민들을 이끌고 광대한 토지를 개간하고, 그곳을 근거지로 세력을 넓혔다. 그래서 농촌의 유력한 토호를 중심으로 규모가 제법 큰 무사단이 형성되었다. 동부 일본의 무사단은 용맹하기로 이름이 나 있었다.

개발 영주가 무사단을 형성하고 상호 연대를 강화하면서 보다 큰 단위의 지도자가 요청되었다. 이러한 시대적 요청으로 중앙 정계에서 지방으로 밀려난 귀족이나 관리가 무장 세력의 수령이 된 사례가 적지 않았다. 이와 같이 지방의 무사들을 장악한 자, 또는 그 가문을 무가의 도료棟梁라고 했다. 그중에서도 귀종貴種이라고 일컬어지던 천황의 혈통을 이은 가문이 특히 공경의 대상이 되었다.

10세기에 들어서면서 장원이 급속도로 확대되었다. 율령제가 사실상 붕괴되었다. 율령제의 붕괴로 천황과 그 일족의 재정이 궁핍해졌다. 조정은 천황의 일족을 신적臣籍에 편입시켜서 새로운 가문을 세웠다. 천황 일족의 재정적 부담을 줄이기 위한 방편이었다. 사성으로 성립된 천황의 혈통을 잇는 가문 중에서 미나모토씨源氏와 다이라씨平氏가 가장 번성했다. 미나모토씨 중에서 가장 먼저 두각을 나타낸 가문이 세와겐지淸和源氏였고, 다이라씨 중에서 가장 먼저 두각을 나타낸 가문이 간무헤이시桓武平氏였다.

무사들은 특히 세와겐지와 간무헤이시를 공경했다. 세와겐지는 세와 천황의 혈통을 잇는 미나모토씨였고, 간무헤이시는 간무 천황의 혈통을 잇는 다이라씨였다. 세와겐지는 세와 천황의 손자인 쓰네모토오經基王를 시조로 했고, 간무헤이시는 간무 천황의 증손인 다카모치오高望王를 시조로 했다. 진수부장군鎭守府將軍에 임명된 쓰네모토오의 아들이 오사카 지방에 정착해 세력을 넓혔고, 다카모치오는 관동 지방에 토착해 세력을 넓혔다.

「Point 강의」 - 무사의 등장

초기의 무사는 주로 귀족을 호위하고, 귀족의 저택을 경비했다. 그래서 무사는 사무라이侍라고 불렸다. 사무라이라는 말은 원래 윗사람을 옆에서 모시는 자, 즉 경호원이라는 의미였다. 사무라이를 쓰와모노兵라고도 했다. 쓰와모노는 한자로 '强者'라고 표기하기도 했다. 쓰와모노는 힘이 센 자 또는 무장한 자라는 뜻이었다. 또한 사무라이는 모노노후もののふ라고도 했다. 모노노후는 전투에 나아가는 '용맹한 자'라는 뜻으로, 한자로 '武士'라고 표기했다. 11세기 중기가 되면, 무사는 전투원으로서의 정체성과 가문의식을 보유하게 되었다. 같은 핏줄을 나눈 자, 또는 같은 공동체에 소속된 자들이 같은 성을 표방하게 되면서 무사 가문이 형성되었다. 무사의 직분은 세습되었다. 그것은 사회조직을 기반으로 한 독특한 문화를 지닌 새로운 계층의 출현을 의미하는 것이었다.

사성제도

천황이 성을 하사하는 것을 사성賜姓이라고 했다. 천황의 일족은 원래 성이 없었다. 그래서 천황의 일족이 신적에 편입된다는 것은 새로운 가문을 설립하는 것을 의미했다. 그때 천황은 새로운 성을 하사하는 형식을 취했다. 사성으로 성립된 가문으로는 미나모토씨와 다이라씨 이외에도 다치바나씨橘氏, 오카씨岡氏, 나가오카씨長岡氏, 히로네씨広根氏 등이 있었다. 사가 천황이 미나모토씨를 사성한 이후 에도 시대까지 천황에게서 성을 받아서 신적에 편입된 미나모토씨는 20여 가문에 이르렀다. 그중에서 가장 유명한 것이 세와겐

> 지 가문이었다. 이에 대해 다이라씨는 4개 가문이 있었다. 그중에서 간무헤이시가 두각을 나타냈다.

2. 무사단의 활약

무사단이 세간의 이목을 끌게 된 계기가 된 것은 10세기 전반에 일어난 다이라노 마사카도平将門의 난과 후지와라노 스미토모藤原純友의 난이었다. 이것은 지방 무사단이 일으킨 최초의 반란이었다. 이 두 번의 난을 당시의 연호를 따서 조헤이承平·텐교天慶의 난이라고 한다.

다이라노 마사카도는 다카모치오의 손자였다. 939년 11월 마사카도는 무사단을 이끌고 히타치常陸의 관아를 습격했다. 12월에는 지금의 이바라키현茨城縣 일대를 점령하고 스스로 신황新皇을 칭했다.

조정은 후지와라노 타다후미藤原忠文를 세이다이쇼군征夷大将軍으로 삼아 다이라노 마사카도 토벌에 나섰다. 그러나 토벌군이 도착하기 전에 다이라노 사다모리平貞盛와 후지와라노 히데사토藤原秀郷가 마사카도군을 격파했다. 마사카도군은 패색이 짙어지자 스스로 괴멸되었다.

939년 12월 후지와라노 스미토모가 다시 반란을 일으켰다. 조정은 병사를 소집하고 오노노 요시후루小野好古에게 토벌을 명령했다. 941년 2월 오노노 요시후루는 스미토모군 내부의 분열을 이용해 반란군을 무찔렀다. 하지만 스미토모는 항복하지 않았다. 오히려 병선을 이끌고 규슈의 다자이후大宰府를 공격했다. 그러자 오노노 요시후루가 육로와 해로에서 협공하는 작전을 구사해 하카타博多에 머물던 스미토모군을 공격해 이겼다.

조헤이·텐교의 난이 일어났을 때 조정은 아무 역할도 하지 못했다. 반란을 진압한 것은 지방의 무사단이었다. 반란의 진압은 무사단의 실력을 전국적으로 과시하는 계기가 되었다. 조정과 귀족도 무사들에 대한 인식을 새롭게 했다. 조정은 무사에게 궁중과 도성의 경비를 담당하게 했다. 무사의 지도자에게 관직을 수여했다.

조헤이·텐교의 난이 일어난 지 90여 년 후, 동북 지방에서 다이라노 타다쓰네平忠常의 난이 일어났다. 타다쓰네는 처음부터 반란을 치밀하게 계획했다. 그 점이 일족간의 사사로운 싸움에서 반란으로 발전했던 다이라노 마사카도의 난과 달랐다. 1028년 6월 다이라노 타다쓰네가 지금의 치바현千葉縣 일대를 점령했다.

반란이 일어났으나 조정은 군사를 동원할 여력이 없었다. 조정은 반란이 일어난 지 3년이 지나서야 무가의 동량 미나모토노 요리노부源賴信에게 반란의 토벌을 명령했다. 요리노부는 용맹하기로 유명했고 병법에도 통달한 무사였다. 요리노부는 아들인 요리요시賴義과 함께 출정 준비를 했다. 그런데 그 소식을 들은 다이라노 타다쓰네가 요리노부에게 항복했다.

항복한 다이라노 타다쓰네는 요리노부에게 명부名簿, 즉 씨명氏名을 적은 명찰을 제출하고, 요시노부의 종자가 될 것을 서약했다고 전해진다. 명부의 제출은 주종관계를 맺는 의식이었다. 무사가 주종관계를 맺을 때 명부를 제출하는 것이 당시의 관행이었다.

요리노부는 타다쓰네를 교토로 압송했다. 그런데 도중에 타다쓰네가 병이 들어 사망했다. 요리노부는 타다쓰네의 수급을 가지고 개선했다. 그 후 타다쓰네의 일족은 요리노부의 게닌家人이 되었다. 타다쓰네의 반란을 진압한 미나모토씨는 관동 지방에서의 무가 동량의 지위를 확보했다.

　당시 동부 일본 지역은 매우 황폐했다. 동부 일본의 묘슈 뿐만이 아니라 민중도 신뢰할 수 있는 동량에 의지해 농촌을 재건하려고 했다. 미나모토노 요리노부는 그 기대에 부응할 만 한 믿음직한 무장이었다. 훗날, 요리노부가 사가미노카미相模守로 부임했을 때, 관동 지방의 무사들이 그에게 보호를 요청했다. 그것을 계기로 관동 지방 무사들은 미나모토씨와 각별한 관계를 맺게 되었다.

「Point 강의」 - 다이라노 마사카도

다이라노 마사카도 세력의 토대는 바로 그의 조부였던 다카모치오高望王에 의해 구축되었다. 다카모치오는 889년경에 지금의 지바현千葉縣 지역인 가즈사노쿠니上総国의 가즈사노스케上総介로 부임했다. 그때부터 다이라씨는 관동지방에 뿌리를 내렸다. 다카모치오의 아들들이 모두 관동 지방에서 커다란 세력을 형성했다. 다카모치오의 자손은 대를 이어 관동 지방에 토착하면서 유력한 호족으로 성장했다. 마사카도는 한때 게비이시檢非違使가 되려고 상경한 적도 있었으나 부친이 사망하자 고향으로 돌아왔다. 마사카도는 부친의 뒤를 이어 가즈사노쿠니 일대를 지배했다. 마사카도의 지배 지역은 그의 백부와 숙부의 지배지역과 인접해 있었는데, 토지의 관리 문제로 자주 충돌이 일어났다. 그러다가 급기야 마사카도가 히타치常陸의 호족 미나모토노 마모루源護를 급습하면서 일족간의 분쟁으로 발전했다. 분쟁은 938년경까지

> 수년에 걸쳐서 지속되었다. 그 무렵, 무사시武蔵와 히타치 일대에서 고쿠시国司와 지방 호족간의 충돌이 잇달았다. 조정에 불만을 품고 있던 세력은 마사카도에게 몸을 의탁했다. 그러자 일족을 상대로 싸워온 마사카토는 생각을 달리했다. 국가권력에 맞서기로 결심하고 난을 일으켰다.

3. 전9년 · 후3년의 전쟁과 미나모토씨

관동 지방과 서부 일본 지역에서 호족이 성장하고 있을 때, 동북 지방인 무쓰陸奥와 데와出羽에서도 무사단이 결집했다. 오우奥羽 지방으로 불리는 이 지역을 실질적으로 지배했던 호족은 에미시蝦夷 민족의 수장이었다. 전9년의 전쟁을 일으킨 아베씨安部氏나 후3년 전쟁에 휩쓸린 기요하라씨清原氏는 모두 에미시 민족의 수장이었다. 에미시 민족은 외국인이나 다름없는 존재였다. 이곳은 정벌에 의해 조정의 지배하에 편입된 지역이었다. 에미시 민족은 조정에 반감을 품고 있었다.

아베씨는 지금의 이와테현岩手縣 일대를 지배하면서 막강한 세력을 형성했다. 고쿠시의 명령에 따르지 않았고, 조세나 요역徭役도 부담하지 않았다. 11세기 중엽에 무쓰노카미陸奥守 후지와라노 나리토藤原登任가 수천의 병사를 이끌고 이곳을 공격했으나 오히려 패퇴했다. 그러자 조정은 미나모토노 요리요시源頼義를 무쓰노카미 겸 진수부장군鎮守府将軍에 임명해 아베씨 정벌에 나섰다. 요리요시는 관동 지방의 무사단을 이끌고 출진했다. 그때 요리요시의 장남인 요시이에義家도 참전했다.

　1051년 요리요시가 무쓰로 진격했다. 그러자 일찍부터 요리요시의 명망을 두려워하던 아베노 요리토키安部頼時가 요리요시에 복종했다. 그래서 요리요시의 임기 5년 동안은 지극히 평온했다. 그러나 임기 최후의 해에 요리요시의 군영이 습격을 당하는 아쿠리가와阿久利川 사건이 발생했다. 요리요시는 범인이 아베노 요리토키의 장남인 사다토貞任라고 지목하고 그를 처벌하려고 했다. 그러자 아베씨 일족들은 싸움을 결의했다. 결국 요리요시와 아베씨 사이에 전투가 벌어졌다.

　1057년 7월 아베씨의 총대장인 요리토키가 도리미노사쿠鳥海柵에서 전사했으나 아베씨 일족은 사다토를 중심으로 단결해 항전했다. 당황한 요리요시는 데와노쿠니出羽国의 에미시 수장인 기요하라씨淸原氏에 지원을 요청했다. 기요하라씨는 1만여 군세를 이끌고 요리요시를 지원했다. 요리요시는 가까스로 승리를 거둘 수 있었다.

　아베씨가 멸망한 후, 동북 지방에서 세력을 떨치게 된 것은 기요하라씨였다. 기요하라씨는 전9년의 전쟁이 끝난 후, 1063년 기요하라노 다케노리淸原武則가 진수부장군에 임명되었고, 아베씨가 지배하던 지역도 손에 넣으면서 세력을 확대했다. 그런데 11세기 후반에 기요하라씨 일족 사이에 내분이 일어났다.

　기요하라씨의 적장자는 기요하라노 사네히라淸原真衡였다. 사네히라는 무쓰와 데와의 광대한 지역을 영유하면서 전성기를 구가했다. 그러나 사네히라의 독재체제를 둘러싸고 일족의 장로인 요시히코노 히데타케吉彦秀武와 대립했다. 1083년 9월 히데타케는 사네히라의 이복 동생인 기요히라淸衡와 이에히라家衡를 충동질해 거병했다.

　그 무렵 전9년의 전쟁 때 부친인 미나모토노 요리요시를 따라서 참전했던 미나모토노 요시이에源義家가 데와노카미出羽守에 임명되었고, 1083년에는 무쓰노카미 겸 진수부장군이 되었다. 요시이에는 기요하라씨 일족 내분에 개입했다. 후3년의 전쟁이 시작되자, 요시이에는 기요하라노 사네히라를 지원했다.

그런데 사네히라가 진중에서 병으로 사망했다. 그러자 기요하라씨 일족의 내분은 기요히라와 이에히라가 대립하는 양상으로 전개되었다. 이번에는 미나모토노 요시이에가 기요히라를 후원했다. 1087년 11월 수세에 몰린 이에히라가 가나자와金沢에서 다케히라武衡와 함께 전사하면서 후3년의 전쟁이 막을 내렸다.

후3년의 전란을 수습한 미나모토노 요시이에는 조정에 은상을 주청했다. 하지만 조정은 후3년의 전쟁은 사사로운 싸움으로 규정해 은상을 내리지 않았다. 그러자 요시이에는 자신의 재산을 부하들에게 나누어 주었다고 전해진다. 이러한 요시이에의 처신이 무사들의 절대적인 복종을 이끌어 냈다. 요시이에의 명망은 점점 높아져 전국의 무사들이 다투어 요시이에에게 장원을 기진했다. 요시이에는 관동 이북의 무사들과 주종관계를 맺었다.

「Point 강의」 - 동량의 조건

무사단은 주종제를 골간으로 한다. 무사는 주군을 선택하는 데 신중했다. 주종관계는 단지 주군과 무사 간의 개인적인 관계가 아니었기 때문이다. 무사가 일단 주종관계를 맺으면, 자신뿐만 아니라 그의 후손들도 대를 이어서 주군 가문에 충성을 해야 했다. 신중하지 않을 수 없는 일이었다. 그렇다면 무사들이 주군 가문을 정할 때 어떤 기준을 적용했을까? 첫째, 주군 가문의 혈통이 귀종貴種이어야 했다. 일본에서 가장 귀한 혈통은 말할 필요도 없이 천황의 혈통이었다. 미나모토씨와 다이라씨가 무가의 동량으로 부상할 수밖에 없었던 것이다. 둘째, 무사는 주군이 전투원으로서 기량器量이 있는 지 살폈다. 전투원으로서의 기량이 없으면 휘하 무사들에게 "나를 따르라."고 외칠 수 없었다. 전투원인 무사에게 전투 능력은 가장 중요한 요소였다. 셋째, 무사는 주군의 도량度量을 살폈다. 부하 가문의 안위를 먼저 생각하는 인품의 소유자가 아니라면 어떻게 영원히 충성을 맹세할 수 있었겠는가? 넷째, 마지막으로 무사는 주군 가문의 실적을 살폈다. 대대로 무사사회의 신망을 얻은 가문이라면 안심하고 자신과 후손의 운명을 그 가문에 의탁할 수 있었기 때문이다.

4. 다이라씨의 동향

다이라노 타다쓰네의 난이 평정된 후, 타다쓰네는 일족에게 미나모토노 요리노부에 신종하라고 당부했다. 하지만 다이라씨 일족 중에는 요리노부에 신종하는 것을 거부한 자들도 있었다. 그들은 관서關西 지방으로 이주했다. 그러자 관동 지방의 다이라씨 권세가 크게 위축되었다.

다이라노 고레히라平維衡도 미나모토노 요리노부에 신종하기를 거부한 인물 중의 하나였다. 그는 지금의 미에현三重縣 지역인 이세伊勢에 정착했다. 고레히라는 후지와라노 미치나가藤原道長·후지와라노 사네스케藤原実資에 접근해 고즈케노스케上野介, 비젠노카미備前守, 하타치노스케常陸介 등을 역임했다.

다이라씨는 이가伊賀 지방까지 세력을 넓혔다. 다이라노 고레히라의 증손인 다이라노 마사모리平正盛는 1097년에 시라카와 법황白河法皇에 접근해 호쿠멘北面의 무사가 되었다. 그 후 미나모토노 요시치카源義親의 반란을 진압하고, 이어서 이요伊予의 해적을 진압하면서 실적을 쌓았다. 시라카와 법황이 사원을 건립하거나 불탑을 조성할 때에도 경제적 지원을 아끼지 않았다. 그러한 공적으로 서부 일본 여러 곳의 고쿠시를 역임할 수 있었다.

마사모리의 아들인 다이라노 타다모리平忠盛는 시라카와 법황과 도바 상황鳥羽上皇을 섬겼다. 1132년에는 대규모 건축 사업에 자금을 지원해 신임을 얻었고, 또 지금의 세토 내해 지방과 시코쿠四国 일대의 해적을 진압하는 공을 세웠다. 일송무역日宋貿易에도 관여해 막대한 재산을 축적했다.

제13강

원정과 다이라씨 정권

1. 원정의 성립과 전개

후지와라노 요리미치藤原賴通는 자신의 딸을 고레이제이 천황後冷泉天皇의 비로 들여보냈으나 외손이 태어나지 않았다. 1068년 4월 고산조後三條天皇이 즉위했다. 그는 후지와라씨의 외손이 아니었다. 고산조 천황은 즉위 당시 이미 35세의 나이로 강건하면서도 매사에 적극적인 성격의 소유자였다. 그는 섭관가攝關家를 배려하지 않았다. 오히려 후지와라씨에 저항감을 갖고 있던 중류 귀족 출신 인물을 측근으로 등용했다. 그리고 셋쇼攝政와 간파쿠關白를 두지 않고 직접 국정 개혁에 착수했다.

고산조 천황은 매관매직의 풍조를 금하고 정치기구의 개혁을 단행했다. 장원의 증가가 국가재정을 압박한다는 것을 확인한 천황은 1069

년에 장원정리령을 내렸다. 장원정리를 위한 관청을 설치하고, 그곳에서 장원영주가 제출한 서류를 심사했다. 1045년 이후에 새로 성립된 장원은 정리했다. 그 전에 성립된 장원이라도 서류가 구비되지 않은 장원이나 기준에 미달하는 장원은 정리했다. 서류가 구비된 장원이라도 고쿠시國司가 행정을 집행하는 데 장애가 된다고 판단되면 정리했다. 장원의 심사에는 섭관가도 예외를 두지 않았다.

후지와라노 요리미치를 비롯한 귀족들이 고산조 천황의 장원정리에 저항했다. 하지만 개혁은 원칙대로 추진되었다. 그 결과 대사원과 섭관가의 장원이 많이 정리되었다. 이와시미즈하치만궁石淸水八幡宮의 장원을 예로 들면, 34개소의 장원 중에서 13개소의 장원이 정리되었다.

1072년에 시라카와 천황白河天皇이 즉위했다. 그는 고산조 천황의 유지를 계승해 섭관가를 견제하면서 혁신적인 정치를 시행했다. 그러다가 1086년에 불시에 연소한 호리카와 천황堀河天皇에게 양위하고 스스로 상황이 되었다. 그리고 자신의 거처에 원정院政 열고 정치를 관장했다. 이것이 원정의 시초가 되었다. 원院이란 본래 상황의 거소를 의미했으나 후에는 상황을 지칭하게 되었다. 원정이란 상황이 천황을 후견하면서 정치의 실권을 장악하는 체제를 말한다. 이러한 체제는 제도적인 것이 아니고 오히려 가부장적인 성격을 내포하고 있었다.

상황의 처소에는 사설기관인 원청院庁이 설치되었다. 원청에서는 원사院司가 행정을 집행했다. 상황의 명령은 원선院宣 또는 원청하문院廳下이라고 일컬어졌다. 그러나 원청이 국정을 운영한 것이 아니었다. 상황이 명령을 내려서 조정의 행정기관을 조종하는 형식을 취했다. 이러한 구조상의 특질 때문에 상황의 측근이 득세했다. 사무에 능통한 실무 관료, 재력이 있는 전직 지방 관료, 승려, 무사 등 개인적으로 상황과 가까운 무리들이 측근을 형성했다. 원정의 인적 기반은 원청의 구성원으로 편성된 중급 귀족층이었다.

시라카와 상황은 무력을 강화했다. 상황 처소의 북쪽에 경비를 담당하는 호쿠멘北面 무사를 두었다. 그들은 주로 기나이畿内 지방 출신 무사들이었다. 처음에는 호쿠멘 무사의 수가 20~30명에 불과했으나 시라카와 상황이 무가의 도료棟梁들과 손을 잡으면서 군사력이 강화되었다.

원정은 시라카와 상황·도바 상황鳥羽上皇·고시라카와 상황後白河上皇 3대 100여 년간 지속되었다. 그중에서도 시라카와 상황의 원정은 43년간이나 지속되었다. 위의 3명의 상황은 처신이 비교적 자유로운 실권자였다. 그래서 종래의 관행에 크게 구애받지 않고 강력한 권력을 행사했다.

원정이 시행되는 기간 동안에도 셋쇼·간파쿠라는 직책은 있었으나 이미 실권이 없는 지위에 불과했다. 섭관가의 세력은 점차로 쇠퇴했다. 이에 비해 상황은 천황의 아버지 또는 조부였을 뿐만이 아니라 상황 자신이 전 천황이었다. 원청에서 내려지는 명령은 천황이 내리는 조칙보다도 권위가 있었다.

「Point 강의」 - 원정이 필요했던 이유

섭관정치가 시행되면서 천황이 정치에서 배제되었고, 천황은 그런 폐해를 누구보다도 잘 알고 있었을 것이다. 그런데 왜 천황이 직접 정치를 주도하지 않았을까? 그것은 천황의 성격과 깊은 관련이 있다. 천황은 태양신인 아마테라스오미카미天照大神의 자손으로 신격을 지니고 있는 존재였다. 즉 인간이 아니었다. 천황의 주된 일은 신의 자손으로서 각종 의례와 연중행사를 주관해야 했고, 많은 금기를 지키지 않으면 안 되었다. 정치를 살피는 일은 그 다음 일이었다. 무엇보다도 천황은 원칙적으로 인간과 직접 대면하는 기회가 매우 한정되어 있었다. 정사에 임할 때에도 발을 드리우고 장막 뒤에 '군림'했을 뿐, 개별적인 정치 사안에 일일이 간섭하지 않았다. 신하와 자유롭게 대면하지 못하는 천황이 정치를 주도할 수 없었다. 천황제가 지닌 이러한 문제점을 극복하고, 보다 강력한 지도력을 발휘하기 위해 탄생한 것이 원정이라는 독특한 정치형태였다. 원정의 기초를 다진 시라카와 천황은 8살이 된 호리카와 천황에게 양위하고 상황이 되었고, 호리카와 천황도 4살이 된 도바 천황에게 양위하고 정치를 주도했다. 천황은 그냥 존재했을 뿐이고, 정치는 '신의 자리에서 인간의 자리'로 내려온 상황이 주도했던 것이다.

천황 · 상황 · 법황

천황과 관련된 용어가 독자의 머리를 혼란스럽게 할 것이다. 앞에서는 분명히 천황이라고 썼는데, 뒤에서는 상황으로 써졌고, 또 같은 사람이 그 뒤에서는 법황法皇이라고 표기되었으니 말이다. 천황이 권좌에서 물러나면 상황으로 일컬어졌다. 이런 관례는 고려나 조선에서도 찾아볼 수 있다. 그런데 법황이라는 개념은 일본사에만 있다. 일본에서는 상황이 출가해 승려의 신분이 되는 경우가 많았다. 그런 경우 법황이라고 칭했다. 법황이 되었다고 실제로 승려가 되었던 것은 아니었다. 법황이 되고 나서도 정치에 관여했다. 형식상으로만 출가했던 것이다.

2. 다이라씨의 득세

다이라노 마사모리·타다모리 부자의 부와 권력을 상속한 인물은 타다모리의 아들 다이라노 기요모리平淸盛였다. 기요모리는 재력과 권력을 배경으로 다이라씨의 권세를 반석 위에 올려놓았다.

당시 중앙 정계에서는 천황의 후계를 둘러싸고 도바 법황과 스토쿠 천황崇德天皇의 대립이 심화되고 있었다. 또 셋쇼·간파쿠의 지위를 둘러싸고, 간파쿠인 후지와라노 타다미치藤原忠通와 사다이진左大臣인 후지와라노 요리나가藤原賴長 형제 사이에도 긴장감이 고조되고 있었다.

도바 법황은 자신이 총애하는 후비가 아들을 낳자 생후 3개월에 태자로 삼았다. 태자가 3살이 되었을 때, 장남인 스토쿠 천황을 물러나게 하고 어린 아들을 즉위시켰다. 그가 고노에 천황近衛天皇이었다. 그런데 고노에 천황은 16세의 나이에 요절하고 말았다. 그러자 도바 법황은 이번에는 네 째 아들을 천황으로 삼았다. 그가 고시라카와 천황後白河天皇이었다. 스토쿠 상황은 철저하게 무시되었다.

1156년 도바 법황이 사망했을 때, 고시라카와 천황은 스토쿠 상황의 조문을 받지 않았다. 이 사건이 발단이 되어 호겐保元의 난이 일어났다. 스토쿠 상황은 후지와라노 요리나가와 결탁해 미나모토노 다메요시源爲義와 그의 8남인 다메토모爲朝 부자, 다이라 타다마사平忠正 등을 자기편으로 끌어들여 거사를 준비했다. 고시라카와 천황은 후지와라노 타다미치와 결탁해 미나모토노 다메요시의 장남인 미나모토노 요시토모源義朝, 다이라노 타다마사의 조카인 다이라노 기요모리平淸盛 등을 자기편으로 끌어들여 전열을 가다듬었다. 고시라카와 천황 측은 야간에 스토쿠 상황의 처소를 급습해 승리를 거두었다. 이 전투에서 미나모토노 요시토모는 친부인 미나모토노 다메요시를 비롯한 많은 일족들을 죽였다. 다이라노 기요모리는 그 삼촌인 다이라노 타다마사를 죽였다. 스토쿠 상황은 유배되었다. 이 사건을 호겐保元의 난이라고 한다.

호겐의 난이 일어난 후, 다이라노 기요모리 세력과 미나모토노 요시토모 세력이 크게 성장했다. 자연히 두 세력 사이에 긴장관계가 조성되었다. 다이라노 기요모리는 천황의 신임을 얻은 후지와라노 미치노리藤原通憲와 손잡고 미나모토노 요시토모를 압박했다. 이에 불만을 품은 요시토모는 천황 측근의 한 사람으로 후지와라노 미치노리와 대립하던 후지와라노 노부요리藤原信頼와 결탁했다. 그러던 중 1159년에 요시토모와 노부요리는 다이라노 기요모리가 여행을 떠난 틈을 노려 난을 일으켰다.

요시토모와 노부요리는 후지와라노 미치노리를 죽이고, 고시라카와 상황과 니조 천황二条天皇을 궁중에 유폐했다. 난이 일어났다는 소식을 들은 다이라노 기요모리가 서둘러 돌아와 고시라카와 상황과 니조 천황을 탈출시키고 미나모토노 요시토모와 후지와라노 노부요리 세력을 공격해 승리했다. 이 전투에서 노부요리가 잡혀 죽고, 요시토모는 도망하다가 주살되었다. 이 사건을 헤이지平治의 난이라고 한다.

「Point 강의」 - 호겐 · 헤이지 난의 역사적 의의

호겐 · 헤이지의 난은 귀족사회 내부의 분쟁이 무사의 실력에 의해 일거에 해결된 사건이었다. 특히 헤이지의 난은 무사 상호간에 대립하면서 정치의 실권이 무사의 손으로 옮겨간 획기적인 사건이었다. 이러한 혼란을 거치면서 다이라노 기요모리의 권력이 더욱 강화되어 무사의 동량 지위를 확립했다.

> 그 후 다이라노 기요모리는 무사로서는 처음으로 공경公卿의 반열에 올라 다이라씨 정권 성립의 발판을 구축했다. 참고로 헤이지의 난 때, 미나모토노 요시토모의 3남인 미나모토노 요리토모源賴朝는 사형을 당하기 직전에 구사일생으로 살아나서 이즈伊豆 지방으로 유배되었다.

3. 다이라씨의 전성

헤이지의 난에서 승리한 다이라노 기요모리는 고시라카와 법황의 신임을 얻었다. 1167년에 다이조다이진太政大臣이 되었고, 그의 아들 다이라노 시게모리平重盛를 비롯한 다이라씨 일족이 고위 관직을 독점했다. 기요모리는 20여 명의 일족을 고쿠시에 임명했고, 전국 500여 곳의 장원을 소유했다.

다이라씨 발전의 기반이 되었던 것은 전국 각지에서 성장하던 무사단이었다. 다이라노 기요모리는 주로 서부 일본의 무사를 휘하에 편성하는데 성공했다. 기요모리는 장원 내에 사사로이 지토地頭를 두고, 그 자리에 자신의 게닌家人을 임명했다.

다이라노 기요모리는 지금의 효고현兵庫縣에 국제항 오와다노토마리大輪田泊를 수축했다. 항구의 전면에 교가시마経島를 축조해 선박이 안전하게 정박하도록 했다. 그리고 지금의 히로시마현廣島縣에 온도노세토音戸の瀬戸라는 운하를 개척했다. 온도노세토 운하의 개척으로 지금의 오사카인 나니와難波에서 서쪽 바다로 직행할 수 있게 되었다. 일송무역日宋貿易이 더욱 원활하게 이루어졌다. 다이라씨가 일송무역을 독점했다.

1171년 다이라노 기요모리는 자신의 차녀인 도쿠코德子를 다카쿠라 천황高倉天皇 비로 들여보냈다. 조정 내에서는 더 이상 기요모리의 위세에 대항할 자가 없게 되었다. 다이라씨 일족의 저택은 교토의 로쿠하라六波羅에 밀집해 있었다. 다이라씨 정권을 로쿠하라 정권이라고도 한다.

다이라씨 정권은 최초의 무가정권이었다. 하지만 정치 형태는 후지와라씨 정권과 다를 바 없었다. 특히 천황과 인척관계를 맺고, 외척의 지위를 배경으로 권력을 행사했던 방식이 후지와라씨 섭관가와 다르지 않았다. 일족 중에 공경公卿이 16명, 고급 관직에 오른 자가 30여 명이었던 것에서도 알 수 있듯이 다이라씨는 점차로 귀족화되었다.

다이라씨 일족이 조정의 관직을 독점하면서, 정치적·경제적 지위가 상대적으로 약화된 귀족과 사원은 다이라씨에 반감을 품게 되었다. 고시라카와 법황도 다이라씨의 전횡을 달갑지 않게 생각하고 있었다. 다이라노 기요모리는 이러한 분위기를 감지하고 상비군을 조직하고 밀정을 풀어서 반대파를 감시했다.

1177년 원院의 측근들이 교토의 시시가타니鹿ヶ谷 산장에 모여서 다이라씨 타도계획을 세웠다. 그러나 음모는 사전에 발각되었다. 음모에 참가했던 자들은 사형에 처해지거나 유배형에 처해졌다. 그때 다이라노 기요모리는 고시라카와 법황도 유배시키려 했지만, 아들인 다이라노 시게모리가 만류해 중지했다. 시시가타니 사건이 일어난 후, 그동안 친밀했던 다이라노 기요모리와 고시라카와 법황의 사이가 벌어졌다.

1179년 다이라노 시게모리가 사망하자, 고시라카와 법황은 그 영지를 몰수했다. 법황의 조치에 분개한 다이라노 기요모리는 수천 명의 군사를 이끌고 상경해 원의 측근이었던 귀족들의 관직을 박탈하고 고시라카와 법황을 궁중에 유폐했다. 그리고 1180년에 지금의 고베시神戸市 지역인 후쿠하라福原로 천도했다. 이 시점에서 다이라씨 정권이 확립되었다. 하지만 다이라씨에 반감을 품는 자들이 늘어났다.

「Point 강의」 – 다이라씨의 정치·경제적 기반

다이라씨는 이세伊勢·이가伊賀 지방을 중심으로 기나이畿内 지역, 특히 세토瀨戸 내해 연안의 무사를 종자從子로 조직했다. 이것이 다이라씨 본래의 무사단이었다. 다이라씨는 규슈 지방의 장원을 늘리고, 그 지역의 무사들과도 주종관계를 맺었다. 세토 내해 일대와 규슈 지방의 무사들은 무역과 불가분의 관계가 있었다. 다이라씨가 그들의 우두머리가 되기 위해서는 상업과 무역을 보호하고 발전시킬 필요가 있었다. 다이라씨가 운하를 개척하고 국제항을 수축한 것도 상업과 무역을 발전시키기 위한 정책의 일환이었다. 일본과 송나라의 관계는 9세기 말부터 공식적으로 두절되었다. 그러나 가라모노唐物, 즉 수입품의 수요가 증가해 밀무역이 성행했다. 다이라노 기요모리는 일송무역에 눈을 돌렸다. 일송무역을 통해 얻은 이익은 다이라씨 정권의 중요한 수입원이었다. 조정이 다이라씨 일족에 부여한 지교국知行国도 다이라씨의 경제적 기반이었다. 다이라씨는 지교국에서 조세와 관물을 수취할 수 있었다. 다이라씨에 부여된 지교국은 1179년에 25개 구니였, 1180년에는 더욱 증가해 30개 구니였다. 조정은 824년에 전국에 66개의 구니를 설정했다. 다이라씨가 보유한 지교국은 일본의 2분의 1에 가까웠던 것이다. 다이라씨는 무력을 배경으로 대사원과 신사, 그리고 토착 영주를 제압하고 지교국을 효과적으로 다스렸다. 다이라씨에게 지교국은 든든한 경제적 기반이었을 뿐만 아니라 정치·군사적 기반이기도 했다는 것을 알 수 있다.

중세

제14강

가마쿠라 막부 성립

1. 다이라씨 타도 내란

다이라씨 정권의 영화도 영원할 수는 없었다. 중앙의 귀족은 물론 지방의 무사도 다이라노 기요모리의 독재정치에 불만을 품었다. 이러한 분위기 속에서 1179년 기요모리는 고시라카와 법황後白河法皇의 원정을 폐지했다. 1180년에는 다카쿠라 천황高倉天皇을 물러나게 하고, 자신의 외손인 안토쿠 천황安德天皇을 세웠다.

1180년 4월 고시라카와 법황의 아들인 모치히토以仁王가 미나모토노 요리마사源賴政를 설득해 다이라씨 타도의 기치를 올렸다. 그러나 그 계획은 사전에 누설되었다. 다이라노 기요모리는 즉시 반격에 나섰다. 미나모토노 요리마사는 다이라군에서 쫓기다가 우지宇治에서 자살했고 모치히토오는 전사했다. 모치히토오의 전사는 전국 각지에 은거하던 미나모토씨에 거병의 실마리를 제공했다.

　같은 해 8월에는 지금의 시즈오카현静岡縣 이즈伊豆에 은거하던 미나모토노 요리토모源頼朝가 다이라씨 타도의 기치를 올렸다. 요리토모는 자신의 처 호조 마사코北条政子의 부친이며 이즈의 호족인 호조 도키마사北条時政의 원조로 거병했다. 9월에는 시나노信濃의 미나모토노 요시나카源義仲가 거병했다. 대사원의 승병들도 이에 봉기하면서 전국적인 내란으로 발전했다.

　미나모토노 요리토모가 봉기한 관동 지방에는 독립심이 강하고 패기에 찬 무사단이 포진하고 있었다. 그들은 오래 전부터 미나모토씨에 대한 충성심을 간직하고 있었다. 요리토모는 관동 지방의 무사단을 광범위하게 포섭해 전력을 강화했다.

　다이라씨를 타도하기 위한 투쟁은 겐페이갓센源平合戰이라고 일컬어졌다. 다이라씨와 미나모토씨가 세력을 다투는 과정으로 인식되었던 것이다. 그러나 그것은 단순히 다이라씨와 미나모토씨의 대결이 아니었다. 물론 시나노에서 미나모토노 요시나카가 거병했고, 가이甲斐에서 미나모토씨 일족인 다케다씨武田氏・야스다씨安田氏 등이 거병하는 등 미나모토씨 일족들이 반란을 주도한 것은 사실이었다. 하지만 다이라씨 타도 투쟁은 오미近江의 가시와기柏木・야마모토山本, 이요伊予의 고노河野, 규슈의 사쓰마 등 전국 각지에서 동시 다발적으로 일어났다.

「Point 강의」 - 미나모토노 요리마사의 봉기

맨 처음 다이라씨 타도의 기치를 올린 것은 미나모토노 요리마사였다. 요리마사는 헤이지의 난 때 미나모토노 요시토모源義朝 편에 서지 않고 다이라노 기요모리를 도왔다. 그 공적으로 조정에서 공경의 반열에 오른 유일한 미나모토씨 일족이었다. 1180년 4월 요리마사는 고시라카와 법황의 아들 모치히토오를 앞세우고 다이라씨 타도 계획을 실행했다. 요리마사는 모치히토오의 이름으로 여러 지역의 무사에게 명령서를 하달했다. 그 내용은 대략 다음과 같았다. "(다이라씨가) 천황의 지위를 찬탈하고, 지금의 천황을 몰아내기 위해 군대를 움직였다. 뜻이 있는 자는 즉시 힘을 합해 다이라씨를 타도하라. 이 명령에 따르지 않는 자에게는 다이라씨 일족과 같은 죄를 묻겠다. 전공을 올린 자는 우선 여러 지역의 사절使節에 임명하고, 추후에 다시 은상을 내리겠다." 이 명령서는 각지의 미나모토씨와 대사원은 물론 다이라씨에 반감을 품고 있던 무사들에게 전해졌다. 요리마사가 봉기하자 온조지園城寺, 고후쿠지興福寺 등과 같은 대사원 세력도 요리마사를 지원했다. 그러나 요리마사가 봉기했다는 정보를 입수한 다이라노 기요모리는 신속하게 움직였다. 5월 26일 다이라군은 우지宇治의 보도인平等院에 머물던 요리마사 일행을 공격했다. 전투에 패배한 요리마사는 자살했고, 나라奈良로 도망하던 모치히토오는 교토의 고묘산光明山에서 참살되었다. 요리마사와 모치히토오의 패배는 전국에서 동시다발로 발생한 다이라씨 타도 봉기의 마중물이 되었다.

2. 다이라씨와 미나모토씨의 세력 다툼

1180년 8월 미나모토노 요리토모는 지금의 가나가와현神奈川縣 지역에 있는 이시바시야마石橋山의 전투에서 대패했다. 요리토모는 일단 하코네산箱根山으로 피신했다가 적의 눈을 피해 바닷길로 지금의 지바현千葉縣 방향으로 도망했다. 요리토모가 첫 전투에서 살아남은 것은 기적에 가까웠다. 그때 관동 지방의 무사들이 달려와서 요리토모 군단에 합류했다. 전열을 가다듬은 요리토모는 2개월이 지나지 않아서 관동 지방을 제압하고, 같은 해 10월에는 가마쿠라鎌倉에 본거지를 마련했다.

다이라노 기요모리는 미나모토군을 토벌하기 위해 손자인 다이라노 고레모리平維盛가 지휘하는 군대를 관동 지방으로 파견했다. 양편의 군대는 후지가와富士川를 사이에 두고 대진했다. 10월 20일 밤 미나모토군이 다이라군의 후방을 기습하려고 군대를 움직였다. 그러자 후지누마富士沼의 물새가 일제히 날아올랐다. 그 소리를 적이 내습하는 것으로 오인한 다이라군은 도망하기에 바빴다. 다이라군은 전투다운 전투도 하지 못하고 스스로 괴멸했다. 총대장 다이라노 고레모리는 불과 몇 명의 부하들만 거느리고 교토京都로 돌아왔다.

미나모토노 요리토모가 승기를 잡았다. 하지만 요리토모는 상경을 서두르지 않았다. 그는 동생인 노리요리範賴와 요시쓰네義経에게 패주하는 다이라군을 추격하게 하고, 자신은 다시 가마쿠라로 돌아와 동부 일본의 무사단을 통제하기 위한 기구를 마련하는 등 권력기반을 공고히 하는 데 전념했다.

후지가와 전투 후, 다이라노 기요모리가 열병으로 병상에 눕게 되었다. 그의 병세는 호전되지 않았고, 결국 1181년 윤2월에 64세의 나이로 사망했다. 기요모리의 뒤를 이은 것은 다이라노 무네모리平宗盛였다. 누구의 눈에도 다이라씨의 쇠퇴가 분명하게 감지되었다. 기요모리 없는 다이라군은 미나모토군에게 연패하면서 급격하게 쇠퇴했다.

1180년 11월 다이라씨는 수도를 다시 후쿠하라福原에서 교토로 옮기고, 기나이畿內를 중심으로 하는 지배체제를 정비했다. 그러나 오미近江 지역에 근거하고 있던 미나모토씨는 물론 엔랴쿠지延曆寺·고후쿠지興福寺·도다이지東大寺 등의 승병도 다이라씨에 적대적이었다. 다이라군은 고후쿠지와 도다이지를 불태우고 미나모토씨의 공격에 대비했다.

1183년에는 미나모토노 요리토모가 도카이도東海道와 도산도東山道 일대의 지배권을 확립했다. 이보다 앞서 기소木曾에서 거병한 미나모토노 요시나카源義仲는 시나노信濃에서 호쿠리쿠로北陸路로 나아가 교토로 진군했다. 1183년 5월 다이라노 고레모리가 이끄는 다이라군이 엣추越中와 가가加賀의 접경 지역인 도나미야마礪波山에서 미나모토노 요시나카군을 맞아 싸웠으나 패배했다.

1183년경에는 미나모토노 요리토모가 도카이도와 도산도를 지배하고, 미나모토노 요시나카가 호쿠리쿠도北陸道와 산인도山陰道를 지배하고, 다이라씨가 산요도山陽道·난카이도南海道·사이카이도西海道를 지배하는 이른바 3자가 정립하는 형국이 되었다.

1183년 7월 미나모토노 요시나카가 다이라씨의 본거지인 교토로 입성하자, 다이라노 무네모리는 안토쿠 천황과 함께 서부 일본으로 달아났다. 안토쿠 천황이 교토를 떠나자, 고시라카와 법황은 고토바 천황後鳥羽天皇을 세웠다. 그 후 1185년 다이라씨가 멸망하고, 안토쿠 천황이 사망할 때까지 서부 일본의 안토쿠 천황과 교토의 고토바 천황이 동시에 재위했다.

한편, 미나모토노 요시나카는 천황의 후계를 둘러싸고 고시라카와 법황과 대립했다. 더구나 군기가 문란한 요시나카군이 약탈을 일삼았다. 요시나카 자신도 귀족들의 반감을 샀다. 고시라카와 법황은 관동 지방에 있는 미나모토노 요리토모에게 교토로 입성할 것을 종용했고, 1183년 10월에는 미나모토노 요리토모에게 도카이도·도산도 연변의 지배권을 부여했다. 이 시점에서 가마쿠라 막부의 권력이 사실상 성립되었다.

미나모토노 요시나카는 조정의 태도에 불만을 품었다. 요시나카는 법황에게 자신을 세이다이쇼군征夷大將軍에 임명하라고 강요했다. 그러나 이미 요시나카를 토벌하라는 고시라카와 법황의 명령을 받은 미나모토노 요리토모가 군대를 보내 요시나카를 공격했다. 1184년 정월 요시나카는 오미近江에서 전사했다. 요시나카의 사망으로 그때까지 다이라씨·요리토모·요시나카가 삼분三分했던 일본 열도는 다이라씨와 미나모토노 요리토모가 양분하는 형국이 되었다.

「Point 강의」 - 미나모토노 요리토모

가마쿠라 막부를 창건한 미나모토노 요리토모는 헤이지의 난에서 다이라노 기요모리에게 패배해 주살된 미나모토노 요시토모源義朝의 3남이었다. 그때 요리토모도 체포되었으나 구사일생으로 목숨을 부지해 이즈伊豆 지방으로 유배되었다. 그는 연애도 잘 했던 것 같다. 호조 마사코의 마음을 단숨에 사로잡았고, 호조씨 집에 드나들게 되었다. 호조 마사코의 부친도 후원을 아끼지 않았다. 20년의 세월이 흐른 1180년, 드디어 미나모토노 요리토모는 미나모토씨 재흥이라는 사명을 어깨에 짊어지고 다이라씨 타도의 선봉에 섰다. 그런데 혈혈단신인 미나모토노 요리토모가 어떻게 대군을 거느릴 수 있었을까? 물론 장인인 호조 도키마사의 절대적인 지원이 있었다. 하지만 미나모토 씨라는 가문의 브랜드 가치가 요리토모를 단숨에 지도자로 만들었다. 일찍이 미나모토노 요리토모의 선조들인 요리노부賴信, 요리요시賴義, 요시이에義家 등이 동부 일본에서 무가의 동량으로서의 지위를 확립했다. 동부 일본의 무사들은 누대에 걸쳐서 미나모토씨와 주종관계를 맺고 있었다. 그들은 할 수 없이 다이라씨의 위세에 복종하고 있었으나, 미나모토노 요리토모가 거병을 하자, 무사단을 거느리고 속속 미나모토씨의 휘하로 모여들었던 것이다.

3. 다이라씨 멸망

미나모토노 요시나카와 미나모토노 요리토모가 서로 싸우는 동안, 규슈로 물러났던 다이라씨가 다시 본거지인 후쿠하라福原로 돌아와 교토 회복의 기회를 엿보고 있었다. 그러나 고시라카와 법황이 미나모토노 요리토모에게 다이라씨를 토벌하라고 명령하자 매우 곤란한 지경에 처했다. 때마침 서부 일본에서는 대기근이 발생했다. 천재지변은 서부 일본에 기반을 둔 다이라씨의 군사력이 약화되는 악조건이 되었다.

1184년 2월 초 다이라씨가 방어진지를 수축하던 후쿠하라의 남쪽 이치노타니一の谷 부근이 미나모토군에 의해 기습공격을 받았다. 혼란에 빠진 다이라군은 다이라노 미치모리通盛 · 타다노리忠度 · 쓰네토시経俊 · 아쓰모리敦盛 등 일족의 여러 장수가 전사하고, 시게히라重衡는 생포되는 타격을 입었다. 처음부터 병선에 머물렀던 무네모리宗盛는 안토쿠 천황을 데리고 야시마屋島로 도망했다.

　미나모토군은 수세에 몰린 다이라군을 압박하기 시작했다. 1185년 2월 중순 미나모토군의 총대장 미나모토노 요시쓰네는 150여 명의 결사대를 이끌고 세쓰摂津의 와타나베渡辺를 출발해 어둠속에서 아와阿波의 가쓰우라勝浦로 건너갔다. 보통 때 같으면 3일 걸리는 뱃길을 폭풍우를 등지고 4시간 만에 야시마屋島로 진군해 다이라군을 후방에서 기습했다. 요시쓰네군이 크게 승리했다. 요시쓰네는 지금의 에히메현愛媛縣 지역의 고노 미치노부河野通信와 구마노熊野의 수군을 자기편으로 끌어들여 전력을 보강했다.

　1185년 3월 24일 미나모토군은 나가토長門의 단노우라壇浦로 몰린 다이라군을 총공격했다. 미나모토군의 총대장 미나모토노 요시쓰네는 이요伊予 · 구마노熊野 · 스오周防의 수군을 거느리고 다이라군을 포위했다. 이에 대해 다이라씨는 규슈의 야마가 히데도오山鹿秀遠의 군대와 마쓰라당松浦党의 수군을 이끌고 결전에 임했다. 처음에는 바깥바다에서 안바다로 흐르는 조류를 탄 다이군이 유리한 형국이었다. 그러나 조류의 방향이 바뀌면서 미나모토군이 유리해졌다. 결국 이 전투에서 다이라씨가 전멸하면서 겐페이갓센이 막을 내렸다. 나이 어린 안토쿠 천황도 다이라씨 일족과 함께 물에 빠져 숨졌다.

4. 가마쿠라 막부 개설

　다이라씨를 멸망시킨 미나모토노 요시쓰네源義経는 가마쿠라로 개선했다. 그러나 가마쿠라로 가는 길목인 고시고에腰越까지 진군했을 때, 미나모토노 요리토모는 요시쓰네의 행군을 저지했다. 요리토모는 동생이자 민중의 영웅으로 부각된 요시쓰네가 점점 위험해지고 있다고 판단했다. 요시쓰네는 형인 요리토모에 서한을 보내서 충성을 서약했으나 요리토모의 마음을 움직이지 못했다. 요시쓰네는 할 수 없이 교토로 철수했다.

한편, 고시라카와 법황은 미나모토노 요리토모의 세력이 강성해지자 불안감을 느꼈다. 그는 요시쓰네를 움직여 요리토모를 제거하려는 계획을 추진했다. 그 사실이 알려지자, 1185년 요리토모는 대군을 이끌고 상경했다. 요리토모는 고시라카와 법황을 협박해 오히려 요시쓰네를 토벌하라는 조칙을 받아냈다. 그리고 전국 각지에 슈고守護와 지토地頭를 임명할 수 있는 권리와 군량미를 징수할 수 있는 권리를 확보했다. 무사에 의한 군사 경찰권과 토지 관리권을 합법적으로 장악한 것이었다. 무가정권 확립을 위한 획기적인 사건이었다.

미나모토노 요리토모는 정권에 위협적인 존재였던 동생 요시쓰네를 체포하는데 주력했다. 당시 요시쓰네는 교토를 벗어나 오슈奧州의 후지와라노 히데히라藤原秀衡에게 몸을 의탁하고 있었다. 히데히라는 그의 아들 야스히라泰衡에게 요시쓰네를 받들어서 결속을 강화하라고 당부했다. 그러나 히데히라가 사망하자, 야스히라는 요시쓰네를 공격했다. 요시쓰네는 자결했다.

1190년 10월 미나모토노 요리토모는 고시라카와 법황에게 전국의 치안경찰권을 위임해 줄 것을 요구해 관철시켰다. 요리토모의 무사단이 국가의 군사력으로 공인되었다. 조정은 요리토모를 곤노다이나곤權大納言・우고노에다이쇼右近衛大将에 임명해 지배층의 일원으로 편입시키려고 했다. 그러나 같은 해 11월 요리토모는 관직을 사퇴하고 가마쿠라로 돌아와 지배기구를 정비했다.

1192년 3월 고시라카와 법황이 사망했다. 그러자 같은 해 7월 미나모토노 요리토모가 세이다이쇼군征夷大将軍에 취임했다. 요리토모가 세이다이쇼군에 취임하면서부터 무가로서 천하의 실권을 장악한 자를 의미하게 되었다. 세이다이쇼군은 일반적으로 쇼군將軍이라고 불렸다. 가마쿠라 막부가 명실상부하게 성립되었다.

1180년 요리토모는 이미 미나모토씨와 주종관계를 맺은 무사를 통솔하기 위한 기관인 사무라이도코로侍所를 설립했다. 막부가 성립되면서 사무라이도코로는 고케닌御家人을 통제하고 군사·경찰의 임무를 담당하는 기관으로 발전했다. 1184년에는 정무 일반을 관장하는 구몬조公文所와 재판과 소송을 담당하는 몬추조問注所가 설립되었다.

가마쿠라 막부 중앙 정치기구는 군사·행정·사법의 3기관만으로 구성된 간단한 것이다. 이 기관은 각기 정무를 분담했지만, 중요한 문제는 3기관의 장관을 포함한 중신들이 합의해 결정하는 방식을 채택했다. 물론 최종적인 결정권은 쇼군에게 있었다.

전국 각지에 슈고를 두었다. 슈고는 관할 지역의 고케닌을 통솔하고, 쇼군의 명령에 따라서 군사권과 경찰권을 장악했다. 평시에는 반역자와 살인자를 단속하고, 전시에는 관할 지역의 무사를 지휘하는 것을 임무로 했다. 슈고는 하나의 구니國에 1명을 두는 것을 원칙으로 했다. 슈고직에는 주로 동부 일본 출신 고케닌이 임명되었다. 그 직위는 세습되었다.

장원이나 공령公領에는 지토를 두었다. 지토도 고케닌 중에서 임명하는 것이 원칙이었다. 원래 장원을 지배하던 고케닌을 그 지역의 지토로 임명하는 경우도 있었고, 전혀 다른 곳의 장원이나 공령의 지토로 임명하는 경우가 있었다. 지토는 장원의 조세를 징수하고, 경작지를 관리하고, 치안을 유지하는 것을 임무로 했다. 지토는 장원영주에게 연공을 납부하는 책임을 맡고 있었지만, 지토의 임명권은 막부에 있었다.

「Point 강의」 - 쇼군과 고케닌

초기 미나모토 요리토모를 주군으로 섬긴 고케닌은 주로 관동 지방의 무사들이었다. 하지만 요리토모 세력이 확대되면서 기나이畿內를 포함한 서부 일본의 무사들도 고케닌 조직에 포함되었다. 요리토모는 각지의 명망 있는 호족들을 고케닌으로 받아들였다. 무용이 출중한 자들도 신분에 구애받지 않고 고케닌으로 발탁했다. 다이라씨에 충성을 바쳤던 무사들도 관대하게 맞아들여 고케닌으로 편성했다. 고케닌의 총수는 1185년 당시 2,096명이었다. 고케닌은 가례형家禮型 종자와 게닌형家人型 종자로 대별할 수 있다. 전자는 상대적으로 독립성이 강했다. 그들은 스스로의 판단으로 쇼군과의 주종관계를 파기할 수 있었다. 그러나 게라이형 종자는 쇼군에 대한 예속성이 강했다. 쇼군과 고케닌은 고온御恩과 호코奉公라는 관계를 맺었다. 고케닌이 충성을 서약하면 쇼군은 그들을 보호할 의무를 졌다. 쇼군은 고케닌의 본령本領을 안도安堵했다. 그것은 고케닌이 조상 때부터 경작하던 영지의 점유권을 승인하는 것이었다. 쇼군이 고케닌에게 새로운 영지를 부여하는 경우도 있었다. 그것을 신은급여新恩給與라고 했다. 쇼군은 무사들이 영지의 지배권을 둘러싸고 소송을 벌이면 고케닌을 보호했다. 그리고 슈고나 지토에 임명하거나 조정의 관위에 취임할 수 있도록 천거했다. 이와 같이 쇼군이 고케닌을 보호하고 그들을 보살피는 것을 고온이라고 했다.

제15강

싯켄 정치의 전개

1. 쇼군 가문 혈통 단절

미나모토노 요리토모는 많은 장원을 소유하고 있었다. 그래서 장원체제를 유지하려고 했다. 전국적으로 슈고守護와 지토地頭를 임명해 실권을 장악하려고 했다. 그러다보니 고쿠시와 슈고, 장원영주와 지토 사이에 분쟁이 끊이지 않았다. 쇼군 요리토모의 양면적인 태도에 대해 고케닌들은 불만을 품고 있었다.

하지만 쇼군 요리토모는 미나모토씨 가문의 적손이며, 가마쿠라 막부를 창립한 장본인이라는 권위가 있었다. 고케닌들은 불만을 노골적으로 표출하지 못했다. 그러나 1199년 정월 쇼군 요리토모가 세상을 떠나고, 그의 아들 미나모토노 요리이에源賴家가 권력을 상속하면서 가마쿠라 막부는 전환기를 맞이했다.

고케닌들은 요리이에에게 심복하지 않았다. 그런 분위기를 이용해 호조 도키마사北条時政와 그 아들 호조 요시토키北条義時가 정치의 주도권을 장악했다. 호조 도키마사는 유력한 고케닌 13인으로 구성된 합의체를 구성해 쇼군을 견제했다. 하지만 2대 쇼군 요리이에는 500정町 이상의 은급지를 몰수하는 정책을 추진해 고케닌들을 견제하려고 했다. 고케닌들이 반발했다.

호조 도키마사는 인망을 잃은 2대 쇼군 요리이에와 그의 장인 히키 요시카즈比企能員를 제거하고 실권을 장악하려고 획책했다. 1203년 8월 도키마사는 쇼군 요리이에를 유폐하고, 히키 요시카즈를 유인해 살해했다. 히키씨와 가까웠던 고케닌들도 제거했다. 다음 해 7월 도키마사는 쇼군 요리이에를 살해했다. 그때 요리이에의 아들 이치만一幡까지 죽였다.

1204년 호조 도키마사가 정치의 일선에서 물러나고, 그 아들 호조 요시토키가 정치를 총괄하는 싯켄執権의 지위에 올랐다. 이때부터 싯켄의 지위는 호조씨 적장자가 상속하게 되었다. 호조 요시토키의 권모술수는 부친 도키마사를 능가했다. 그는 1213년에 사무라이도코로의 장관이며 호조씨의 경쟁자인 와다 요시모리和田義盛 일족을 멸망시켰다. 그리고 스스로 사무라이도코로의 장관도 겸하면서 막정의 실권을 완전히 장악했다. 싯켄의 지위가 확립되었다.

1219년 3대 쇼군 미나모토노 사네토모源実朝가 암살되었다. 3대 쇼군 사네토모는 자손을 두지 못했다. 미나모토씨 쇼군 가문의 혈통이 단절되었다. 그러자 막부는 구조 미치이에九条道家의 2살 난 아들 요리쓰네頼経를 4대 쇼군으로 영입했다. 어린 쇼군에 대신해 초대 쇼군 요리토모의 미망인 호조 마사코北条政子가 정무를 보고, 그녀의 남동생이며 싯켄인 호조 요시토키가 보좌하는 체제를 갖췄다. 마사코는 아마쇼군尼将軍으로 불렸다.

「Point 강의」 – 쇼군 가문의 혈통을 단절시킨 호조씨

미나모토노 요리토모가 사망한 후, 정치의 중심에는 호조 마사코가 있었다. 그녀는 자기의 친아들이며 2대 쇼군인 미나모토노 요리이에를 권좌에서 쫓아내고 살해하는 데 동의했던 인물이었다. 호조씨가 실권을 장악할 수 있었던 것도 바로 그녀가 있었기 때문에 가능했다. 호조씨가 실권을 장악하면서 쇼군의 목숨도 호조씨의 손에 달려 있었다. 3대 쇼군 미나모토노 사네토모는 자신의 외조부인 호조 도키마사에게 죽임을 당하기 직전에 겨우 목숨을 부지했다. 그러나 호조씨의 마수에서 벗어날 수 없었다. 1209년 정월 쓰루오카 하치만궁鶴岡八幡宮에서 의식을 마치고 나오던 3대 쇼군 사네토모가 2대 쇼군 요리이에의 아들 구교公曉에게 암살되었다. 싯켄인 호조 요시토키는 평소에 구교에게 2대 쇼군 요리이에가 횡사한 것은 3대 쇼군의 계략이었다고 말했다. 구교의 복수심을 부채질했던 것이다. 어린 구교는 호조씨의 술책에 놀아나서 스스로 미나모토씨 혈통을 단절시키는 우를 범하고 말았다. 물론 구교도 범행 현장에서 호조씨에게 죽임을 당했다. 모든 것이 호조씨 뜻대로 되었다.

2. 호조씨의 권력 독점

1224년 6월 2대 싯켄 호조 요시토키北条義時가 사망했다. 호조 마사코는 요시토키의 장자 호조 야스토키北条泰時를 3대 싯켄으로 지명했다. 당시 교토에 있던 야스토키가 급거 가마쿠라로 돌아와 싯켄의 지위에 올랐다.

3대 싯켄 야스토키는 호조씨의 도쿠소得宗, 즉 가독의 지위를 일족과 명확히 구별했다. 싯켄의 지위가 동요하는 것을 방지하기 위해 도쿠소 가문에 가레이家令라는 직책을 신설했다. 1225년 6월 가마쿠라 막부 창립 이래 원로로 정치를 안정시키는 데 힘썼던 오에 히로모토大江広元가 사망하고, 1개월 후에는 호조 마사코가 사망했다.

3대 싯켄 호조 야스토키는 고케닌에 의한 집단 지도체제를 수립했다. 고케닌들의 신망과 지지를 이끌어내기 위한 조치였다. 1225년에 막부 최고 의결기관인 효조슈評定衆를 설치했다. 3대 싯켄 야스토키는 관료와 원로 고케닌 11명을 효조슈에 임명하고, 거기에 싯켄과 렌쇼도 참여해 13명이 효조슈를 구성했다. 효조슈에서 정책을 채택하고, 인사를 결정하고, 소송을 판결하는 등 중요한 정무를 처리했다. 효조슈가 설치되면서 만도코로政所와 몬추조問注所는 권한이 축소되었다. 만도코로와 몬추조는 주로 재정이나 재판 사무를 담당하는 기관이 되었다.

효조슈는 싯켄·렌쇼連署에 이어서 세 번째로 높고 중요한 요직이었다. 효조슈는 형식적으로는 행정 실무에 밝은 고케닌들을 선발해 구성한 기관이었다. 하지만 구성원의 대부분이 호조씨 일족이었고, 나머지 고케닌들도 호조씨와 긴밀한 관계를 유지하는 자들이었다. 즉 효조슈는 실제적으로 호조씨 일족의 합의기관이었다. 이 단계에서 호조씨에 의한 싯켄 정치가 완성되었다고 할 수 있다.

> 「Point 강의」 - 가마쿠라 막부 초기의 권력투쟁
>
> 호조씨가 정국을 주도하자, 유력한 고케닌들 간의 대립도 점차 표면화되었다. 미나모토 요리토모의 신임이 두터웠던 가지와라 가게토키梶原景時가 유력한 고케닌들의 배척을 받아 1200년에 멸망했다. 요리토모 이래의 유력한 고케닌이며 2대 쇼군 요리이에의 장인인 히키 요시카즈 일족이 1203년에 멸망했다. 1205년에는 요리토모 이래의 공신인 하타케야마 시게타다畠山重忠와 그의 아들 시게야스重保가 호조 도키마사에게 죽임을 당했다. 도키마사의 권세가 하늘을 찔렀다. 오만해진 도키마사는 자신이 옹립한 3대 쇼군 미나모토 사네토모源実朝를 죽이고 자신의 사위인 히라가 도모마사平賀朝雅를 쇼군으로 삼으려고 획책했다. 하지만 그의 음모는 사전에 발각되어 3대 쇼군은 겨우 목숨을 부지했다. 이 사건은 도키마사가 정치의 일선에서 물러나는 선에서 마무리되었다.

3. 「고세이바이시키모쿠」 제정

1232년에는 일본 최초의 체계적인 무가법이라고 할 수 있는 「고세이바이시키모쿠御成敗式目」가 제정되었다. 「고세이바이시키모쿠」는 고대의 율령과는 성격이 달랐다. 오랜 역사과정을 거치면서 무사사회 내부에서 자연스럽게 형성된 관습과 도덕, 그리고 막부의 판례를 정리한 것이었다.

「고세바이시키모쿠」는 글을 거의 모르는 무사도 이해하기 쉽도록 평범한 문체로 써졌다. 내용도 간단하고 실제적이었다. 호조 야스토키는 법을 제정하게 된 취지를 다음과 같이 설명했다. "도리道理에 입각한 법으로, 신분의 고하를 막론하고 공정한 판결을 내리는 기준으로 삼는다." 이 말에는 「고세바이시키모쿠」가 객관적이고 공정한 기준이 되기를 바라는 제정자의 뜻이 담겨져 있었다.

반포될 당시의 법조문은 51개조로 비교적 간단히 구성되어 있었다. 하지만 점차로 내용이 추가되어 600여 조에 이르는 방대한 분량이 되었다. 그 내용은 고케닌에 대한 행정·민사·형사·소송에 관한 것이었다. 특히 고케닌의 직무에 관한 규정, 토지를 둘러싼 고케닌 상호간의 대립과 관련한 문제, 영지의 상속 문제, 형사 관계, 소송의 수속에 관한 문제, 그리고 신분에 대한 규정 등이 자세하게 기록되었다.

상속법에서 부모의 권리가 절대적이었다. 부모는 이미 자식에게 일단 상속한 영지라도 훗날 그 결정을 번복할 수 있었다. 부모가 상속한 영지를 막부가 승인한 후에도 부모는 그 영지에 대한 상속을 취소하고 다른 자식에게 상속할 수 있었다. 막부 권력이 친권에 간섭할 수 있는 여지는 매우 제한적이었다.

장남뿐만 아니라 차남의 권리도 보호되었다. 분할상속을 원칙으로 했다. 여성이라도 가문을 유지하기 위해서라면 상속권이 인정되었다. 영지를 상속한 여성은 고케닌이 될 수도 있었다. 뿐만이 아니라, 부친이 사망한 후에는 모친이 친권을 행사할 수 있었다. 여성이 양자를 들여서 가독을 상속하게 할 수도 있었다.

새로이 법전이 마련되었다고 해서 조정의 법전인 율령이 부정되고 「고세바이시키모쿠」가 유일한 법전으로 인정된 것은 아니었다. 조정이나 장원영주의 지배 지역에서는 율령이 여전히 효력이 있었다. 「고세바이시키모쿠」는 막부의 세력 범위 내에서만 적용되었다.

4. 호조씨 독재체제 확립

1242년 6월 호조 야스토키가 사망하고, 그의 손자 호조 쓰네토키北條経時가 4대 싯켄에 취임했다. 하지만 4대 싯켄 쓰네토키는 병이 들어 1246년 3월에 싯켄의 지위를 동생인 도키요리時頼에게 물려주고 사망했다. 5대 싯켄 호조 도키요리는 고케닌을 보호하면서 호조씨 권력을 강화하는 정책을 추진했다.

싯켄 도키요리는 고케닌 보호의 일환으로 재판제도를 개혁했다. 1249년 12월에 히키쓰케引付라는 고케닌 소송을 전담하는 기관을 신설했다. 지토와 장원영주의 소송 및 심리도 히키쓰케에서 담당하도록 했다. 히키쓰케를 신설한 것은 재판을 신속하고 공정하게 진행하고, 싯켄 정치에 대한 신뢰를 회복하기 위해서였다.

호조씨는 4대 쇼군 구조 요리쓰네를 압박해 당시 여섯 살 난 요리쓰네의 아들 요리쓰구頼嗣를 5대 쇼군으로 취임시켰다. 그때 4대 쇼군 요리쓰네는 27세의 젊은 나이였다. 1246년 5대 싯켄 호조 도키요리는 4대 쇼군이었던 요리쓰네가 측근과 모의해 쇼군에 복귀하려는 음모를 꾸몄다는 죄목으로 그를 추방하고, 그의 측근이었던 나고에 미쓰토키名越光時도 제거했다.

5대 싯켄 호조 도키요리는 1247년에 유력한 고케닌인 미우라 야스무라三浦泰村 일족을 멸망시켰다. 그 일족 중에 나고에 미쓰토키와 내통한 자가 있었다는 것을 문제 삼았다. 이어서 1252년에는 5대 쇼군 구조 요리쓰구가 호조씨를 배척하려는 음모를 꾸몄다는 죄목으로 쇼군직에서 추방했다. 그때 요리쓰구의 나이는 겨우 13살이었다.

1252년 2월 막부는 교토의 조정에 사신을 보내 천황의 일족을 쇼군으로 맞이하고 싶다는 뜻을 전했다. 조정은 고사가 천황後嵯峨天皇의 아들 무네타카宗尊 친왕을 쇼군으로 추천했다. 같은 해 4월 1일 세이다이쇼군에 임명된 무네타카가 가마쿠라에 도착해 6대 쇼군에 취임했다. 이와 같이 천황의 일족으로 맞아들인 쇼군을 미야쇼군宮將軍이라고 했다. 미야쇼군은 가마쿠라 막부가 멸망할 때까지 4대째 이어졌다.

교토에서 맞아들인 쇼군은 실권이 전혀 없는 허수아비였다. 모든 권력은 싯켄인 호조씨가 장악했다. 막부는 쇼군과 고케닌의 관계를 기본으로 했지만, 미나모토씨 혈통이 단절된 뒤로는 싯켄과 고케닌의 주종관계가 실질적인 막부의 주종관계가 되었다. 초대 쇼군 미나모토노 요리토모와 고케닌 사이의 주종관계가 그대로 호조씨와 고케닌 사이의 주종관계로 전환되었던 것이다.

「Point 강의」 - 최고 재판기관 히키쓰케와 가마쿠라 시대의 재판

가마쿠라 막부에는 정치기구로 사무라이도코로·몬추조·만도코로·효조슈 등이 있었다. 이런 기관들이 어떤 식이든 재판권을 갖고 있었다. 그 관할 범위는 소송 당사자의 신분, 거주지, 소송 대상 등에 의해 구별되었다. 분쟁의 대부분은 토지의 소유권을 둘러싼 다툼이었다. 그러나 1249년에 히키쓰케가 설치되면서 그것이 가장 권위 있는 재판기관이 되었다. 재판은 원고가 소장을 해당 관청에 제출하면서 시작되었다. 관청에서는 소장의 뒷면에 이름을 명기하고, 순서에 따라서 피고에게 답변을 요구하는 문서를 발송했다. 분쟁의 대상이 된 토지는 피고가 그대로 점유하게 했으나 타인에게 양도할 수 없게 되어 있었다. 피고가 답변서를 재판소에 제출하면 소장과 답변서를 검토했다. 소장과 답변서는 3번에 걸쳐서 교부되었고, 그 과정에서 시비是非가 명백하다고 판단될 경우에는 그대로 판결을 내릴 수 있었으나 애매한 경우에는 원고와 피고를 재판정으로 불러서 변론하게 했다. 소환장을 3번 발송해도 출두하지 않을 경우에는 패소했다. 재판 결과는 문서로 작성되어 심의를 거친 다음에 승소한 자에게 전달했다.

제16강

원의 침입과 막정의 동요

1. 원의 1차 침입

 1266년 원의 세조 쿠빌라이는 조공을 권고하는 국서를 일본에 보냈다. 가마쿠라 막부는 이 국서에 대해 민감하게 반응했다. 당시 원은 이미 고려를 지배하고 있었고, 대륙의 남쪽으로 밀려난 송宋을 압박하고 있었다. 이러한 국제정세의 변화를 지켜본 가마쿠라 막부의 위정자는 원이 일본을 침입할 가능성이 있다고 판단했던 것 같다.
 일본은 원의 조공 요구를 거절했다. 막부는 1868년부터 원의 침입에 대비해 규슈를 중심으로 해안의 경비를 강화하기 시작했다. 국경의 방위에 규슈의 고케닌御家人들이 우선적으로 동원되었다. 그러나 막부는 고케닌은 물론 모든 지역의 무사, 장원, 사원 등에도 전쟁비용을 분담시킨다는 방침을 정했다.

1270년 쿠빌라이는 일본 침략을 준비하기 시작했다. 원의 군대를 고려로 보내어 10개소에 분산 배치했다. 침략의 전진기지라고 할 수 있는 고려의 김해에도 군대를 주둔시켰다. 고려의 함선도 집결시켰다. 그리고 고려에 함선을 건조하라고 명령했다. 고려는 기술자를 포함한 부역자 3만5,000명을 동원해 함선 900척을 건조했다. 침략군의 진용도 정비되었다. 원정군은 몽고인을 중심으로 여진인, 한인, 고려인 등으로 편성되었다.

1274년 10월 3일 합포合浦를 출발한 원정군은 10월 5일에 쓰시마 対馬을 공격하고, 10월 14일에 이키壱岐를 비롯한 여러 섬을 공략하고, 10월 19일에 하카타만博多湾에 도착했다. 10월 20일에는 하카타를 비롯한 3곳으로 상륙해 진격을 개시했다. 원정군의 공격으로 일본군은 많은 사상자를 냈다. 저녁때가 되자 수세에 몰린 일본군이 후방으로 후퇴하기 시작했다.

일본군은 전통적인 기마전 전법을 구사했고, 원정군은 간편한 군장을 한 보병전술을 펼쳤다. 일본군을 괴롭혔던 것은 원군의 신병기였다. 특히 일본군을 놀라게 했던 것은 화약을 이용한 무기였다. 원정군의 새로운 전법과 신병기 앞에서 일본 무사들은 전의를 상실했다.

밤이 되자 원정군은 함선으로 철수했다. 그날 밤 폭풍우가 몰아닥쳤다. 다수의 전함이 암벽에 부딪치거나 함선끼리 충돌해 난파했다. 물에 빠져죽는 병사들이 속출했다. 원정군은 큰 피해를 입었다. 원정군은 고려의 합포로 철수했다. 폭풍우로 죽은 병사만 1만3,500여 명이라고 알려졌다.

> ### 「Point 강의」 – 제1차 침략군의 진용
>
> 함선의 노를 젓고 안내하는 인원 1만5,000명 중에서 6,700명이 고려인이었다. 출정하는 군대는 2만5,600명이었다. 원에서 1만5,000명의 정예부대가 도착했고, 이미 고려에 배치되었던 둔전병이 5,000명, 그리고 고려군이 5,600명이었다. 원정군은 일본에 둔전병을 주둔시킬 계획이었다. 각종 농구도 함선에 적재했다. 원의 흔도忻都가 도원수, 홍다구洪茶丘와 유복형劉复亨이 부원수, 고려의 김방경金方慶이 도독사로서 군대를 지휘했다.

2. 원의 2차 침입

일본 침략에 실패한 원은 고려에 주군하는 둔전병을 보강했다. 재차로 일본을 침략할 준비를 했다. 그러면서 일본에 두세충杜世忠을 사자로 보내 항복을 권고했다. 가마쿠라 막부의 싯켄 호조 도키무네北条時宗는 두세충을 처형했다. 그리고 규슈의 무사를 동원해 지휘 체계를 확립하고 연안의 경비를 강화했다.

가마쿠라 막부의 권력은 더욱 강화되었다. 막부는 분고豊後의 슈고守護 오토모 요리야스大友頼泰에게 고케닌이 아닌 무사도 소집해 전투에 참가시킬 것을 명령했다. 그리고 서부 일본에 영지를 보유한 무사에게 현지에서 방어에 전념할 것을 명령했다. 방어지역을 규슈에서 혼슈本州의 서부까지 확대했다. 함선도 징발했다. 원정군이 상륙하기 쉬운 해안

지역에 석축을 쌓아 방어진지를 구축했다.

　원의 침입에 대비하는 과정에서 규슈 일원에 대한 막부의 장악력이 강화되었다. 그때까지 규슈는 헤이안平安 시대부터 반독립적인 기풍을 유지하던 호족들이 많았다. 그래서 막부는 규슈의 슈고에게 강력한 권한을 부여했다. 그리고 동부 일본의 무사를 파견해 규슈의 무사를 제압하는 방침을 취했다. 또 막부는 규슈 지역의 슈고를 대폭 교체했다. 새로 슈고에 임명된 자들은 태반이 호조씨의 일족이나 인척관계에 있는 자들이었다.

　1281년 정월 쿠빌라이는 일본 침략을 위한 동원령을 내렸다. 함선에는 경작에 필요한 도구, 볍씨 등도 다량으로 적재했다. 장기간에 걸쳐서 둔전병을 주둔시키기 위한 전략의 일환이었다. 원정군은 동로군과 강남군으로 나누어 편성되었다. 병력은 제1차 침략 때의 5배에 달했다. 고려의 합포에서 출발한 동로군은 함선 900척에 약 4만의 병력이 탑승했다. 멸망한 송의 수군인 강남군은 함선 3,500척에 약 10만의 병력이 탑승했다. 동로군은 5월 3일에 합포를 출발했다. 동로군과 강남군은 6월 15일에 이키 섬에서 합류하기로 약속했다.

　강남군은 출발이 예정보다 늦어져 6월 하순이 되어서야 일본 근해에 도착했고, 동로군과 연락을 취하면서 7월 하순에 지금의 사가현佐賀縣 지역인 히젠肥前이 건너다보이는 다카시마鷹島에 결집했다. 그리고 본격적인 상륙작전을 준비했다. 그런데 윤 7월 1일 밤에 갑자기 폭풍우가 거세게 일어나기 시작했다. 원정군은 속수무책이었다. 선단은 서로 부딪치면서 난파했다. 하카타만 인근에 배치된 일본군은 다카시마 부근으로 달려가서 파도에 밀려온 침략군을 섬멸했다. 원정군은 전 병력의 70~80퍼센트가 수장되거나 일본군에 살해되었다. 패잔병은 고려의 합포로 퇴각했다.

「Point 강의」 - 제2차 침입에 대비하기 위한 전쟁 준비

1271년 3월부터 방어진지를 쌓기 시작했다. 서쪽으로는 하카타만博多灣에서 동쪽으로는 가시이하마香椎浜에 이르렀다. 방어진지 구축에 필요한 비용은 고케닌뿐만 아니라 장원과 사원 그리고 각 지역의 호족이 분담했다. 그때 쌓은 석축의 높이는 약 2미터, 폭은 하부가 약 3미터, 상부가 1미터에서 1.8미터 정도였다. 석재는 인근의 야산에서 채취했을 것으로 추정된다. 한편, 막부는 규슈 일원에 대한 지배력을 강화했다. 규슈 지역의 슈고를 호조씨 측근으로 대폭 교체했다. 그중에는 싯켄執權인 호조 도키무네의 동생 두 명도 포함되어 있었다. 지금의 구마모토현熊本縣 지역인 히고肥後의 슈고로 임명된 아다치 야스모리安達泰盛는 싯켄인 호조 도키무네의 장인이었다. 지금의 후쿠이현福井縣 지역인 에치젠越前의 슈고로 임명된 기라 미쓰우지吉良満氏, 지금의 도토리현鳥取縣 지역인 호우키伯耆의 슈고로 임명된 아시나 요리쓰라葦名賴連 두 사람은 아타치 야스모리의 측근이었다.

가미카제와 신국사상

원이 일본을 침략한다는 정보가 입수된 후, 조정도 막부도 일본의 승리와 적국의 파멸을 신불神佛에 기원하기 시작했다. 가메야마 상황亀山上皇은 이세신궁伊勢神宮으로 가서 전승을 기원했다. 그는 본인의 목숨을 국난과 바꾸고 싶다고 빌었다. 싯켄인 호조 도키무네는 자신의 피로 경문을 써서 국가의 안태를 기원했다. 임제종의 선승인 소겐祖元은 경문의 한 자 한 귀 한 획까지 모두 신병神兵으로 변해 적에 승리할 수 있도록 해달라고 빌었다. 기도의 열풍은 일본 열도를 뜨겁게 달궜다. 원이 두 번이나 일본을 침입했지만, 일본군이 싸움다운 싸움 한번 하지 않고 폭풍의 위력으로 원정군에게 괴멸적인 타격을 입히고 전쟁에 승리했다는 소식에 접한 일본인은 틀림없이 신불의 가호가 있었다고 믿기 시작했다. 신불에의 신뢰가 점점 깊어졌고, 일본은 신국神國이라는 관념이 형성되기 시작했다. 그리고 두 번이나 적군을 괴멸시킨 폭풍을 가미카제神風라고 불렀다.

3. 고케닌 사회의 동요

원의 침입을 성공적으로 물리치면서 표면적으로는 막부의 권력이 강화된 것처럼 보였다. 하지만 고케닌 제도에 커다란 변화의 조짐이 보였다. 고케닌들은 원의 침입으로 막대한 전비를 부담했다. 군공을 세운 고케닌들은 당연히 그 대가로 은상恩賞을 기대했다. 하지만 막부는 고케닌들의 기대에 부응하지 못했다. 은상을 내리려면 토지가 있어야 하는데, 원과의 전쟁은 외세의 침입을 방어한 전쟁이었기 때문이다. 고케닌들이 궁핍에 시달리면서 막부에 불만을 품게 되었다.

막부는 궁핍한 고케닌들을 구제하기 위해 1297년에 도쿠세이령德政令을 내렸다. 고케닌이 토지를 저당 잡히거나 매매하는 것을 금하는 한편, 고케닌이 지토나 다른 고케닌에게 매각한 토지로 20년이 지나지 않은 토지는 무조건 원래의 주인에게 돌려주도록 하고, 고케닌이 서민에게 매각한 토지는 무조건 원래의 소유주에게 돌려주도록 명령했다.

고케닌의 금전 거래에 관한 소송도 일체 접수하지 않았다. 그러나 이러한 폭력적인 조치로도 고케닌의 궁핍을 근본적으로 해결할 수 없었다. 오히려 도쿠세이령이 내려진 이후, 고케닌은 금전을 융통할 수 없었다. 경제적으로 궁핍한 고케닌은 더욱 곤경에 처했다. 역효과에 당황한 막부는 다음 해에 서둘러 도쿠세이령를 폐지하지 않을 수 없었다.

일본 중세 영주층의 상속은 일반적으로 소료惣領인 장자가 영지를 많이 상속하고, 그 나머지를 차자가 분할해 상속하는 것이 원칙이었다. 그러나 점차로 장자와 차자간의 대립이 심화되면서 차자가 독립하는 경향이 두드러졌다. 게다가 고케닌의 영지가 세분화되면서 막부에 대한 부담능력도 줄었다. 그 또한 고케닌의 궁핍을 촉진시키는 요인이 되었다. 화폐경제의 발달로 지출은 증가했으나 영지가 축소되어 수입이 감소했기 때문이다. 그러자 소료가 영지의 전부를 단독상속하는 사례가 증가했다. 가마쿠라 시대 고케닌 제도의 근간이었던 소료제, 즉 소료를 중심으로 하는 일족의 결합형태가 점차로 변질되었다.

고케닌의 대부분은 궁핍했지만, 한편으로는 궁핍한 고케닌들의 토지를 매입해 세력을 확대하는 고케닌들도 있었다. 고케닌사회에도 계급 분화가 진행되었다. 많은 토지를 집적해 상대적으로 부유해진 고케닌 가문의 장자가 광대한 토지를 단독상속하고, 그 경제력을 바탕으로 더욱 강력한 권력을 행사할 수 있게 되었다. 그들은 일족의 세력을 더욱 강력하게 결집해 유력한 고케닌으로 성장했다. 그들의 대부분은 슈고守護들이었다. 고케닌 제도가 크게 동요하기 시작했다.

4. 호조씨의 전제정치

두 번에 걸친 원의 침입에도 불구하고 일본은 결정적인 타격은 입지 않았다. 하지만 언제 원이 다시 침입할 지 알 수 없었다. 막부는 원의 3차 침입에 대비해 경계태세를 늦추지 않았다. 규슈의 무사들에게 계속해 연안을 경비하게 하는 한편, 전국의 장원과 공령公領에서 고케닌이 아닌 무사도 동원하는 체제를 확립했다. 막부의 지배력이 미치는 범위가 확대되었다.

막부 내부에서는 호조씨 독재 경향이 두드러졌다. 호조씨는 원의 침입 이후 한층 표면화된 국내의 모순, 특히 고케닌층의 불만에 대해 전제정치를 강화함으로써 대응하려고 했다. 원의 침입을 기화로. 싯켄 호조 도키무네는 자신의 저택으로 가신들을 불러서 회의를 열었고, 또 정무를 독단으로 처리했다. 도쿠소得宗를 중심으로 하는 전제정치가 확립되었다.

호조씨 일족이 중앙기관의 요직을 독점했다. 호조 도키무네는 효조슈評定衆와 히키쓰케슈引付衆에 호조씨 일족을 임명했다. 싯켄 정치의 전통인 합의제가 유명무실하게 되었다. 새로 임명된 슈고는 대부분 호조씨 일족이었다. 전국적으로 50퍼센트에 가까운 슈고가 호조씨로 임명되었다. 또한 호조씨는 전국 각지의 주요 도시·항만·장원 등도 직접 지배하에 두었다.

도쿠소 권력은 호조 도키무네의 아들인 호조 사다토키北条貞時 시대에 이르러 더욱 강화되었다. 도쿠소 정치의 인적 기반은 호조씨 도쿠소 가문의 가신인 미우치비토御內人였다. 중요한 직책에 그들이 등용되었다. 원래 미우치비토는 고케닌보다 낮은 신분이었는데, 그들이 권력을 행사하면서 일반 고케닌이 정치에서 소외되었다.

1285년 11월 미우치비토의 대표자인 우치칸레이內管領 다이라노 요리쓰나平賴綱가 아다치 야스모리安達泰盛 일족을 멸망시켰다. 아다치씨는 호조 사다토키를 보좌하며 정치를 담당했던 유력한 고케닌 가문이었다. 이 사건을 계기로 우치칸레이 요리쓰나가 막부의 실권을 장악했다. 우치칸레이의 권력이 비대해지자 호조 사다토키는 위기감을 느꼈다. 1293년 4월 사다토키는 우치칸레이 요리쓰나를 제거했다.

다이라노 요리쓰나가 제거된 후에도 미우치비토의 위세는 날로 강성했다. 도자마 고케닌들의 불만이 점점 고조되었다. 미우치비토에 대한 고케닌들의 불만은 호조씨 도쿠소 가문에 대한 저항감으로 발전했다. 미우치비토를 기반으로 한 도쿠소 전제정치는 확립되었으나 그것은 오히려 막부의 정치체제를 동요시는 결과를 초래했다.

제17강

가마쿠라 막부 멸망과 남북조 내란

1. 천황의 쿠데타

1198년에는 고토바 천황後鳥羽天皇이 3살 된 아들 쓰치미카도 천황土御門天皇에게 양위하고 스스로는 상황이 되어 원정院政을 실시했다. 고토바 상황의 원정이 부활하자 교토의 조정에서는 막부에 대항하려는 기운이 조성되었다.

1210년 11월 고토바 상황은 쓰치미카도 천황을 권좌에서 물러나게 하고, 준토쿠 천황順德天皇을 즉위시켰다. 고토바 상황은 평소에 성품이 온화하고 매사에 소극적이었던 쓰치미카도 천황을 못마땅하게 생각했다. 그래서 성격이 활달한 준토쿠 천황을 즉위시켰던 것이다. 그런데 고토바 상황은 새로운 천황이 즉위할 때 막부에 자문을 구했던 전례를 무시했다.

준토쿠 천황을 중심으로 조정을 통합한 고토바 상황은 막부를 타도하는 작업에 착수했다. 상황은 원에 직속한 병사인 호쿠멘 무사北面武士와 별도로 세이멘 무사西面武士를 조직했다. 교토에 머무는 고케닌과 호조씨의 정치에 반감을 품은 무사들과 대사원의 승병 세력도 상황 편으로 끌어들였다.

1219년에 3대 쇼군 미나모토노 사네토모가 암살되자, 고토바 상황은 막부 토벌계획을 구체화했다. 1221년 5월 고토바 상황은 드디어 호조 요시토키北条義時 타도의 기치를 올렸다. 1221년 4월에는 준토쿠 천황도 주쿄 천황仲恭天皇에게 양위하고 막부 토벌에 가담했다. 고토바 상황은 서부 일본의 무사, 대사원의 승병, 호조씨 세력에 반발하는 동부 일본 무사의 결집을 기대했다. 그러나 고토바 상황 휘하에 결집한 병력은 기대에 미치지 못했다.

이에 비해 가마쿠라 막부의 결속은 강력했다. 호조 마사코가 눈물로 호소한 연설에 고케닌들이 감복했다는 이야기는 유명하다. 고케닌들은 호조씨를 중심으로 단결했다. 내분을 잠재운 호조 요시토키는 자신의 아들인 호조 야스토키北条泰時를 대장으로 하는 19만의 대군을 교토로 보냈다. 싸움은 막부의 승리로 끝났다. 이것을 조큐承久의 난이라고 한다.

조큐의 난으로 고토바 상황·쓰치미카도 상황·준토쿠 상황이 유배되었다. 막부는 천황 측에 가담했던 귀족이나 무사를 처벌했다. 그들이 지배했던 영지 3,000여 개소를 몰수하고, 그곳에 고케닌을 지토로 임명했다. 막부의 지배는 전국적으로 확대되었다. 또 교토에 로쿠하라탄다이六波羅探題를 두어 천황의 동향을 감시하고 교토 인근의 행정과 사법을 총괄하도록 했다.

「Point 강의」 - 조큐의 난과 그 영향

조큐의 난은 비록 막부의 무력에 의해 제압되었지만, 천황이 언제든지 정치세력화 할 수 있다는 것을 여실히 보여준 사건이었다. 더구나 천황은 어디까지나 일본의 군주였다. 아무리 막부가 실권을 장악했어도 신하된 자가 정당한 명분이 없이 군주를 치기 어려운 일이었다. 막부의 2대 싯켄 호조 요시토키가 대군을 교토로 파견하기 직전에 고심하고 또 고심했던 것도 신하된 자가 군주를 상대로 전쟁을 하는 일이 도리에 어긋나는 일이라는 무사들의 평판이 두려웠기 때문이다. 막부 측의 고뇌가 『마스카가미増鏡』에 다음과 같이 기술되어 있다. 정토군 총대장 호조 야스토키가 부친 요시토키에게 물었다. "상황이 몸소 군대의 선두에 서서 싸운다면 어떻게 할까요?" 요시토키가 대답했다. "상황이 스스로 출진한다면, 그때는 무기를 버리고 항복하는 수밖에 없다. 만약 상황이 교토에 머물고, 군대만 파견한다면 싸울 일이다." 막부 측이 조정을 상대로 싸우는 것을 얼마나 두려워했는지 짐작할 수 있는 대목이다. 조큐의 난 후, 막부는 천황이 정치세력화 하는 것을 사전에 방지하기 위한 조치를 취했다. 천황을 감시하는 로쿠하라탄다이를 교토에 둔 것이다. 로쿠하라탄다이는 그 후 싯켄에 버금가는 요직으로 인식되어 호조씨 일족 중에서 가장 촉망받는 자가 임명되었다. 로쿠하라탄다이는 서부 일본의 고케닌을 통솔하면서 행정과 사법을 총괄했다. 막부의 정치력이 더욱 강화되었다.

2. 가마쿠라 막부 멸망

조큐의 난 후, 막부는 교토의 조정을 완전히 통제하고 조정 관료의 임명과 해임은 물론 천황 지위의 승계까지도 막부의 의사에 따라 결정되었다. 막부가 조정의 일에 지나치게 간섭하자 천황과 귀족이 불만을 품게 되었다.

한편, 14세기에 들어서면서 막부의 정치가 동요하였다. 1316년 14대 싯켄에 취임한 호조 다카토키北条高時는 놀기를 좋아하고 정치를 돌보지 않았다. 우치칸레이內管領가 실권을 장악했다. 그러자 고케닌들은 막부에 저항감을 갖게 되었다. 막부는 고케닌에 대한 통솔력을 상실했다. 슈고와 지토도 막부로부터 이반했다. 막부의 지배에 복종하지 않고 사회질서를 파괴하는 지토와 묘슈名主가 증가했다. 세상 사람들은 그들을 아쿠토悪党라고 불렀다.

이런 혼란스러운 틈을 타서 고다이고 천황後醍醐天皇은 두 번이나 막부를 전복하려고 기도했다. 첫 번째 계획은 교토에 있는 로쿠하라탄다이를 공격하는 것이었다. 1324년 9월에 거병하기로 했다. 그러나 그 계획은 사전에 발각되어 실패로 끝났다. 토막 계획에 참여했던 지방의 호족과 측근이 살해되거나 유배되었다. 고다이고 천황은 그 계획을 전혀 몰랐다고 발뺌해 무사했다. 이 사건을 쇼추正中의 변이라고 한다.

쇼추의 변이 일어난 후에도 토막을 위한 준비는 계속되었다. 천황의 아들 모리나가 친왕護良親王이 엔랴쿠지延暦寺의 좌주座主가 되어 사원 세력을 결집했다. 하지만 이번에도 토막 계획은 고다이고 천황 측근의 밀고로 사전에 발각되었다. 막부는 1331년에 주모자를 체포해 처형했다. 고다이고 천황도 체포되어 오키隱岐로 유배되었다. 막부는 고다이고 천황과 혈통이 다른 고곤 천황光嚴天皇을 세웠다. 이 사건을 겐코元弘의 변이라고 한다.

겐코의 변을 계기로 사원 세력과 호조씨의 정치에 반발하는 고케닌들이 각지에서 거병했다. 모리나가 친왕과 구스노키 마사시게楠木正成의 집요한 저항이 계속되었다. 마사시게는 산악지대에 산성을 구축하고 농성하면서 막부군과 대립했다. 모리나가 친왕은 요시노吉野 지방을 중심으로 활동하면서 각지의 무사에게 봉기를 호소했다. 이러한 정세 속에서 1333년 윤2월 고다이고가 유배지에서 탈출했다.

막부는 아시카가 다카우지足利高氏를 교토로 보내어 반란을 진압하려고 했다. 그러나 아시카가 다카우지는 교토 인근에서 고케닌을 이끌고 반기를 들었다. 그는 반란군과 합류해 로쿠하라탄다이를 함락시켰다. 한편, 동부 일본의 유력한 고케닌 닛타 요시사다新田義貞가 주변 지역의 고케닌을 통솔해 가마쿠라를 공격했다. 1333년 5월 가마쿠라 막부가 멸망했다.

「Point 강의」- 천황의 즉위 문제와 고다이고 천황

고다이고 천황은 두 번이나 막부를 전복하려고 기도했다. 천황은 평소에 막부의 정치에 비판적이었으며, 천황 친정을 재건해 태평성대를 이룩해 보겠다고 하는 야망을 품고 있었던 인물이었다. 그러나 천황이 무력으로 막부를 타도하려고 결심했던 직접적인 원인은 천황의 후계 문제를 둘러싼 내분을 일거에 잠재우기 위해서였다. 당시 천황은 지묘인持明院 계통과 다이카쿠지大覺寺 계통이 번갈아가면서 즉위하는 전통이 세워져 있었다. 1246년 고사가

천황後嵯峨天皇은 천황의 지위를 첫째 아들인 고후카쿠사 천황後深草天皇에게 물려주고 원정院政을 실시했다. 그러나 고사가 천황은 1259년에 고후카쿠사 천황을 물러나게 하고 둘째 아들을 천황으로 앉혔다. 그가 가메야마 천황龜山天皇이었다. 고후카쿠사 상황은 교토의 지묘인을 상황의 거소로 정했다. 그래서 고쿠카쿠사 상황의 혈통을 지묘인 계통이라고 했다. 가메야마·천황의 적통인 고우다 천황은 1321년에 사가산嵯峨山의 다이카쿠지를 재건하고 그곳에 거주했다. 그래서 가메야마·고우다 천황의 혈통을 다이카쿠지 계통이라고 했다. 천황의 후사 문제를 둘러싸고 두 계통이 대립했다. 그러자 가마쿠라 막부가 개입해 천황의 지위를 지묘인 계통과 다이카쿠지 계통이 교대로 계승하게 했다. 막부는 한발 더 나아가 태자의 즉위 및 다음 태자의 선정도 지묘인 계통과 다이카쿠지 계통이 협약해 결정한다는 원칙을 세웠다. 협약에 의하면, 다이카쿠지 계통이었던 고다이고 천황의 다음에 천황이 되기로 정해져 있었던 인물은 지묘인 계통의 가즈히토 친왕量仁親王이었다. 하지만 고다이고는 자신의 아들에게 천황의 지위를 물려주고 싶었다. 타고난 야심가였던 고다이고는 자신의 뜻을 관철시키기 위해서는 막부를 타도하고 천황 중심의 정치체제를 재건하는 길 이외에는 다른 방법이 없다고 판단했던 것 같다.

3. 겐무의 신정과 아시카가 다카우지

교토로 돌아온 고다이고 천황은 가마쿠라 막부가 세운 지묘인 계통의 고곤 천황을 폐하고 정치를 개시했다. 고다이고 천황의 목표는 천황이 직접 정치를 담당하는 정치체제로 돌아가는 것이었다. 무가정권이 성립된 이래 정치에서 소외되었던 구게公家, 즉 귀족이 정치의 일선에 나섰다. 고다이고 천황은 조정의 기초를 다지기 위해서 중앙·지방의 정치조직을 개편했다. 이러한 고다이고 천황의 신정을 겐무建武의 중흥이라고 한다.

고다이고 천황은 고곤 천황이 즉위하는 데 협조적이었던 귀족을 몰아냈다. 그리고 최고의 관직으로서 사다이진左大臣을 두었다. 셋쇼攝政와 간파쿠關白는 두지 않았다. 상황이 원정을 개설해 정치의 실권을 장악했던 관행도 폐지했다. 천황 자신이 정치질서의 정점에 위치했다.

고다이고 천황은 귀족과 사원을 중시하는 정책을 추진했다. 호조씨北條氏의 영지를 몰수해 주로 천황의 일족에 분배했다. 사원의 영지를 원래대로 회복하고 고쿠시國司 제도를 부활했다. 가마쿠라 막부가 성립된 이래, 무사를 위정자로 하는 지배방식이 부정되었던 것이다. 신정부 내부에서조차 귀족과 무사의 대립은 피할 수 없는 형국이었다.

신정부는 가마쿠라 막부를 타도하는데 결정적인 역할을 했던 무사의 요망에 제대로 부응하지 못했다. 특히 은상恩賞이 귀족이나 사원에게는 후하게 적용되었으나 정작 무사에게는 그렇지 못했다. 처음에는 신정부에 기대를 했던 무사들도 고다이고 천황의 정치에 불만을 품게 되었다. 궁궐의 재건을 위한 비용을 전국의 지토에게 부담시킨 것도 너무 성급한 조치였다.

아시카가 다카우지는 일등공신이었음에도 불구하고 신정부에 적극적으로 참여하지 않았다. 그는 오로지 세이다이쇼군征夷大将軍에 취임하려고 했다. 그러나 고다이고 천황은 자신의 아들인 모리나가 친왕護良親王을 세이다이쇼군에 임명하고, 아시카가 다카우지를 진수부장군鎭守府将軍에 임명했다. 무사사회의 지도자가 세이다이쇼군에 취임해 정치를 관장하던 전통이 부정되었다.

고다이고 천황의 정치에 실망한 아시카가 다카우지는 반역을 결심했다. 1334년 6월 다카우지는 모리나가 친왕를 강제로 세이다이쇼군의 지위에서 물러나게 한 후 가마쿠라에 유폐했다. 당시 가마쿠라의 군사 책임자는 다카우지의 동생인 아시카가 타다요시足利直義였다. 타다요시는 혼란을 틈타서 모리나가 친왕을 살해했다.

1335년 8월 아시카기 다카우지는 천황의 칙허도 없이 스스로 세이다이쇼군을 칭하며 군대를 이끌고 가마쿠라로 가서 그곳에 주둔했다. 그는 미나모토씨의 혈통을 이었고, 가마쿠라는 미나모토씨가 일본 최초로 무가정권을 수립한 유서 깊은 고장이었다. 다카우지는 천황의 명령을 무시하고, 가마쿠라에 주둔함으로써 조정에 대한 반역의 뜻을 공공연하게 표방했다.

1335년 10월 드디어 아시카가 다카우지는 신정부군의 총사령관 닛타 요시사다를 토벌한다는 명목으로 교토로 진군했다. 신정부는 다카나가 친왕尊良親王을 상장군으로 하고, 닛타 요시사다가 지휘하는 군단을 편성해 다카우지를 토벌하도록 했다. 신정부군은 서전에서 승리했다. 하지만 1336년 5월 다카우지는 규슈의 무사단을 이끌고 다시 교토를 점령했다.

고다이고 천황은 히에이잔比叡山 엔랴쿠지延曆寺로 도망했으나 곧 체포되어 교토의 가잔원花山院에 유폐되었다. 신정은 2년 만에 붕괴되었다. 실권을 장악한 다카우지는 같은 해 8월에 고다이고 천황과 혈통이 다른 지묘인 계통의 고묘 천황光明天皇을 즉위시켰다.

「Point 강의」 – 천황의 즉위와 3종의 신기

아시카가 다카우지는 고묘 천황을 즉위시켰다. 그런데 천황의 정통성을 증명하는 3종의 신기神器는 여전히 고다이고 천황이 보유하고 있었다. 다카우지는 고다이고를 협박해 같은 해 12월 21일 3종의 신기를 고묘 천황에게 양도하도록 했다. 하지만 이때 고다이고가 양도한 신기는 모조품이라고 알려졌다. 『다이헤이키太平記』에 다음과 같이 기록되어 있다. "3종의 신기를 고묘 천황에게 양도하라고 하자, 고다이고 천황은 미리 준비해 두었던 신기를 바꿔치기 해서 내시에게 주었다." 소위 3종의 신기 진위 논란은 훗날 천황의 정통성 문제로 비화되었다. 3종의 신기는 예부터 천황의 지위를 상징하는 증거로서 전해 내려온 3종의 보물이었다. 그것은 야타노카가미八咫鏡라는 거울, 구사나기노쓰루기草薙劍라는 칼, 야사카니노마가타마八坂瓊曲玉라는 구슬이었다. 『니혼쇼키日本書紀』에는 삼종의 신기를 물려받지 않은 천황은 정통성이 없는 천황이라고 기록되어 있다. 고분에서 거울, 칼, 구슬 등이 출토되는 것으로 보아 그것들은 고대 호족 가문에서 보물로 전해졌던 것 같다. 3종의 신기가 천황을 상징하게 된 것은 7세기경이었을 것으로 추정된다. 아시카가 다카우지는 비록 고묘 천황을 즉위시키기는 했으나 고묘가 3종의 신기를 물려받지 않았다면, 당시 일본인들이 고묘를 정통성이 없는 천황이라고 말해도 변명할 여지가 없었을 것이다. 3종의 신기를 가진 자가 천황이었던 것이다.

4. 남북조 내란

1336년 12월 고다이고 천황이 은밀히 교토를 탈출해 요시노吉野로 도망했다. 그는 여전히 자신의 정통성을 주장했다. 교토의 조정과 요시노의 조정이 대립하는 모양이 되었다. 요시노의 조정을 남조, 교토의 조정을 북조라고 했다. 그 후 일본에서는 반세기에 걸친 내란이 지속되었다. 남조와 북조가 대립하고, 사회가 분열되었던 약 60년간의 역사를 남북조 시대라고 한다.

고다이고 천황은 여러 아들을 각지로 파견해 자신이 친정을 수립했을 때 우대했던 무사, 자신과 친분이 있는 사원의 병력, 스스로 남조를 섬기는 무사 등을 병력으로 활용하면서 무로마치 막부와 싸웠다. 고다이고 천황이 가장 믿었던 인물은 호쿠리쿠北陸 지방으로 진출한 닛타 요시사다新田義貞였다. 닛타 요시사다가 호쿠리쿠 지방에서 싸우는 동안 기타바타케 아키이에北畠顕家는 노리나가 친왕義良親王과 함께 동북 지방에서 세력을 넓혔다. 1338년 정월 아키이에는 노리나가 친왕을 앞세우고 가마쿠라를 거쳐 나라奈良·이즈미和泉 지방으로 진출했으나 막부군과 싸우다 전사했다. 같은 해 7월에는 닛타 요시사다가 에치젠越前에서 전사했다. 1339년 8월에는 고다이고 천황이 파란만장한 삶을 마감했다. 고무라카미 천황後村上天皇이 그 뒤를 이었으나 남조 세력은 점점 약화되었다.

노리나가 친왕이 기타바타케 아키이에와 함께 관동 지방으로 진출할 때 고다이고 천황의 측근인 기타바타케 지카후사北畠親房도 동행했다. 지카후사는 한때 관동 지방에 거점을 확보할 계획이었다. 하지만 막부군의 공격으로 오다와라성을 버리고 후퇴했다. 남조 측은 관동 지방의 거점을 상실했다.

기타바타케 지카후사는 요시노로 돌아와 고무라카미 천황을 섬겼다.

기나이에서는 구스노키 마사시게의 아들인 구스노키 마사쓰라楠木正行가 거점을 확보했다. 1347년 8월 마사쓰라는 기이紀伊의 막부군을 공격하면서 기세를 올렸다. 하지만 1348년 정월 마사쓰라는 가와치河內의 전투에서 패배해 자결했다. 마사쓰라의 사망으로 남조는 최후의 무력을 상실했다. 단지 규슈에서 가네나가 친왕懷良親王이 세력을 유지했을 뿐이다. 남조 측의 세력이 크게 위축되었다. 하지만 남북조 내란은 쉽게 끝나지 않았다.

「Point 강의」―남북조 내란이 장기화된 요인

3가지 원인이 있었다. (1) 일본사회가 변동기를 맞이하고 있었기 때문이다. 당시는 무사사회의 혈연적 결합인 소료제総領制가 붕괴되었고, 농촌에서는 소농민이 성장하면서 촌락 질서가 재편되던 시기였다. 무사가 혈연보다도 지연적으로 결합하면서 지방의 무사단이 형성되게 되었다. 그들은 주도권을 장악하기 위해 서로 투쟁했다. 무사들은 상황에 따라서 북조에 복속하기도 하고 남조 세력과 결탁하기도 했다. (2) 정통성 문제 때문이었다. 고다이고 천황은 자신에게 정통성이 있다고 주장했다. 막부가 세운 천황을 인정하지 않았다. 그는 천황을 상징하는 3종의 신기를 갖고 요시노로 피신했는데, 당시 일본인들은 3종의 신기를 정당한 절차에 따라 물려받지 않은 천황은 정통성이 결여되었다고 생각했다. 정통성이 남조에 있었다면, 정통성이 없는 북조를 배경으로 하는 무로마치 막부가 남조를 무력으로 제압하기는 쉽지 않았을 것이다. (3) 막부 내부의 갈등이 심화되었기 때문이다. 막부 내부에서는 가마쿠라 막부식 체제의 재건을 목표로 하는 점진파와 신체제 구축을 주장하는 급진파가 정책면에서 대립하고 있었다. 점진파와 급진파는 각기 상대 편을 경계하기 위해, 그때그때의 상황에 따라서 남조와 내응했기 때문에 내란이 장기화되었다. 또 슈고守護 세력이 서로 투쟁하는 과정에서 같은 친족이라도 한쪽은 남조 편에 서고, 다른 한쪽은 북조 편에 서는 경우도 있었다. 내란은 복잡하게 얽혀져 있었던 상황이었다.

제18강

무로마치 막부 성립

1. 무로마치 막부 개설

고묘 천황光明天皇을 옹립하고 실권을 장악한 아시카가 다카우지足利尊氏는 교토의 치안을 안정시키는 일에 주력했다. 다카우지는 「겐무시키모쿠建武式目」 17개조를 제정했다. 거기에는 새로운 무가정권의 시정방침이 제시되어 있었다. 그런 의미에서 「겐무시키모쿠」의 제정은 다카우지가 실질적으로 막부의 개설을 선언했다는 의미를 갖는 것이었다. 「겐무시키모쿠」는 가마쿠라 막부의 「고세바이시키모쿠」와 같은 법전이 아니라 일종의 지침서였다.

아시카가 다카우지는 「겐무시키모쿠」를 공포했지만 가마쿠라 막부가 제정한 「고세바이시키모쿠」를 폐지한 것은 아니었다. 다카우지는 「고세바이시키모쿠」를 무로마치 막부의 법규로 그대로 계승했다. 무로마치 막부가 새로이 제정하는 법령은 모두 「고세바이시키모쿠」 추가법령의 성격을 지니고 있었다고 해도 과언이 아니었다.

아시카가 다카우지는 심복인 고노 모로나오高師直를 무로마치씨 일족과 무사단의 정무를 총괄하는 최고책임자인 시쓰지執事에 임명했다. 몬추조의 장관에는 「겐무시키모쿠」의 제정에도 참가한 오타 도키쓰라太田時連를 임명했다. 호조씨의 본거지 로쿠하라六波羅에 부교쇼奉行所를 설치하고 군사행정을 담당하게 했다. 1338년 8월 아시카가 다카우지는 북조의 고묘 천황으로부터 세이다이쇼군에 임명되었다. 다카우지는 막부를 개설하고 무가정치를 부활시켰다.

「Point 강의」 - 「겐무시키모쿠」의 주요 내용

제1조에서는 막부의 소재지를 예전과 같이 가마쿠라로 할 것인지 아니면 다른 장소로 할 것인지를 거론했다. 이 문제는 새로 발족하는 아시카가씨 막부의 성격을 결정하는 중요한 문제였다. 하지만 막부의 소재지를 확정하지 않았다. 60여 년에 걸친 남북조 내란이 지속되었기 때문에 가마쿠라로 막부를 옮길 수 있는 상황이 아니었을 것이다. 그 다음에 시정방침에 대해 기술했다. 먼저 검약을 강조했다. 특히 당시 화려한 복장을 하고, 남의 눈을 끄는 장신구를 갖추는 바사라婆娑羅 풍조가 유행했는데, 아시카가 다카우지는 그런 풍조를 엄격하게 단속했다. 무리를 지어서 음주가무하고, 색욕을 탐하고, 도박을 일삼는 무리들을 엄벌했다. 로제키狼藉, 즉 난폭한 행동도 단속했다. 당시

는 전란 중이었으므로 도둑, 강도, 살인 등 강력범죄가 잇달았다. 아시카가 다카우지는 치안을 강화해 서민들의 일상성을 회복하려고 했다. 함부로 빈민의 주거를 빼앗거나 부수지 못하도록 한 것도 서민의 생활을 안정시키기 위한 것이었다. 서민이 주거지를 잃고 부랑하면 사회가 더욱 불안해진다고 판단했을 것이다. 교토의 공지空地를 원래 주인에게 돌려주라는 조문이 주목된다. 당시는 남조와 북조가 전쟁을 하던 때였다. 서민들도 남조 편과 북조 편으로 나뉘어져 대립했다. 그러다보니 한쪽 편이 이기면 다른 쪽 편의 주거지를 몰수해 헐어버렸다. 그래서 교토의 태반이 공지 상태였다. 아시카가 다카우지는 공지를 처음 주인에게 돌려주어 집을 짓도록 했다. 교토 부흥책의 일환이었던 것이다.

2. 무로마치 막부의 조직

무로마치 막부의 기구는 3대 쇼군 아시카가 요시미쓰足利義滿 시대에 정비되어 국가기구로서의 형태를 갖추게 되었다. 막부의 여러 기관은 가마쿠라 막부의 그것을 계승했다. 막부의 최고책임자로서 간레이管領을 두었다. 간레이는 막부체제 유지의 중심적 역할을 수행하는 기관이었다. 간레이는 막부의 쇼군을 보좌하는 역할도 겸했다. 아시카가씨 일족의 슈고인 호소카와씨細川氏·시바씨斯波氏·하타케야마씨畠山氏가 교대로 간레이직에 취임했다. 간레이 밑에 사무라이도코로侍所·만도코로政所·몬추조問注所 및 효조슈評定衆·히키스케引付 등이 있었다.

가마쿠라에는 가마쿠라부鎌倉府를 두었다. 가마쿠라부의 장관은 가마쿠라쿠보鎌倉公方라고 했다. 가마쿠라부는 지금의 야마나시현山梨縣·시즈오카현靜岡縣을 포함한 관동 지방의 10개국을 관할했다. 가마쿠라부는 군사·행정면에서 독립성이 보장된 특별 지역이었다. 그 밖에 오슈탄다이奧州探題·우슈탄다이羽州探題·규슈탄다이九州探題가 설치되었다. 특히 규슈탄다이는 규슈 일원의 무사를 통제하고 외교문제를 담당했다. 그 밖의 지역에는 슈고와 지토를 두었다.

무로마치 막부의 쇼군은 호코슈奉公衆라는 군사조직을 거느렸다. 호코슈는 쇼군에 직속한 군사력으로 아시카가씨 일족의 가신들과 슈고의 일족, 그리고 교토 인근이나 지방의 유력한 무사로 구성되었다. 그들은 교토에 상주하면서 쇼군을 호위하거나 막부의 경비를 담당했다. 호코슈는 전국에 산재한 쇼군의 직할령을 관리하거나 슈고들의 동향을 감시하는 역할을 하기도 했다.

막부의 직할령은 고료쇼御料所라고 했다. 내란을 거치면서 몰수한 토지를 고료쇼로 설정했다. 고료쇼는 전국에 산재했으나 대규모적인 것은 아니었다. 막부는 고료쇼에서 연공을 징수했다. 막부는 필요에 따라 슈고와 지토에게도 경비를 부담시켰다. 하지만 점점 세력이 강성해지는 슈고가 언제나 막부의 요구에 순순히 응한다는 보장이 없었다. 그래서 막부는 민중에게도 과세하는 방침을 정했다.

3. 막부 초창기의 분열

아시카가 다카우지가 쇼군에 취임하면서 명실상부한 막부의 수장이 되었다. 하지만 막부 초창기의 정치는 쇼군 아시카가 다카우지와 그 동생인 아시카가 타다요시足利直義가 권력을 나누어 가진 체제였다. 쇼군 다카우지는 스스로 무사에 대한 군사지휘권과 인사권을 장악해 무사에 대한 주종제적인 지배권을 확립했다. 하지만 쇼군 다카우지의 동생이며 막부 창업 공신인 타다요시에게 행정권과 재판권을 통괄할 수 있는 권한이 주어졌다. 막부의 권력은 일종의 이원집정제 형태를 띠게 되었다.

막부의 정치는 실질적으로 아시카가 타다요시가 관장했다. 타다요시는 가마쿠라 시대의 질서를 유지하려고 했다. 이에 대해 가마쿠라 시대의 질서를 개혁하려는 일파는 쇼군 다카우지의 지배권을 통해 자신들의 이익을 관철하려고 했다. 타다요시를 중심으로 하는 소위 가마쿠라 막부식 체제의 재건을 목표로 하는 점진파와 고노 모로나오를 중심으로 하는 소위 신체제 구축을 주장하는 급진파가 정책면에서 대립했다. 급기야 아시카가 타다요시와 고노 모로나오가 충돌했다.

1349년 윤6월 타다요시는 모로나오를 자택으로 유인해 살해하려고 했으나 실패했다. 그러자 타다요시는 쇼군 다카우지와 상의해 모로나오를 시쓰지의 지위에서 파면하고, 모로나오의 조카 모로요師世를 그 자리에 임명했다. 그러나 8월에 모로나오의 동생 고노 모로야스高師泰가 군대를 이끌고 교토로 진입하면서 정세가 일변했다. 생명의 위협을 느낀 타다요시는 쇼군 다카우지에게 도움을 요청했다. 그러나 쇼군 다카우지는 고노 모로나오와 타협해 타다요시를 정무에서 은퇴시키고, 자신의 아들 아시카가 요시아키라足利義詮로 하여금 타다요시를 대신해 막부의 정무를 관장하도록 했다.

권좌에서 쫓겨난 아시카가 타다요시는 1350년 10월 교토에서 탈출해 가와치河內로 도망했다. 타다요시는 양자인 아시카가 타다후유足利直冬와 손잡고 거병해 아시카가 다카우지·고노 모로나오의 무력과 충돌했다. 두 세력은 기나이를 중심으로 공방을 되풀이했다. 1351년 10

월 쇼군 다카우지와 타다요시는 오미의 고후쿠지興福寺에서 회담했으나 최종적으로 결렬되었다.

타다요시는 관동 지방으로 물러났다. 쇼군 다카우지는 남조 측과 강화를 맺고, 같은 해 11월에 관동 지방으로 진군했다. 1352년 정월 쇼군 다카우지는 가마쿠라로 진격해 타다요시 일파를 제압했다. 2월 26일 타다요시가 급사했다. 쇼군 다카우지・고노 모로나오 일파와 타다요시 일파의 대립으로 격화된 막부의 내분이 일단락되었다. 이 내분을 간노의 요란観応の擾乱이라고 한다.

「Point 강의」 - 무로마치 막부의 이원집정제의 문제점

무로마치 막부 권력의 이원성은 가마쿠라 막부의 지배방식에서 기원했다고 할 수 있다. 가마쿠라 막부 쇼군 지배권의 핵심은 주종제에 근거한 것이었다. 가마쿠라 막부의 권력은 쇼군이 천황으로부터 국가를 수호할 책무와 일본 열도를 다스릴 수 있는 권한을 위임받으면서 성립되었다. 그 후 주종제적 지배권은 어디까지나 막부의 쇼군에 속했고, 통치권적 지배권은 싯켄執權인 호조씨北条氏가 행사하는 체제가 완성되었다. 그래서 가마쿠라 막부를 계승한 무로마치 막부 초창기에는 주종제적 지배권은 쇼군인 다카우지가 장악하고, 통치권적 지배권은 그 동생인 타다요시가 장악하는 이원적 체제가 성립했던 것이다. 실질적으로 타다요시가 무로마치 막부 정치의 중심이었던 것이다. 이러한 권력구조 하에서 정책을 둘러싸고 내부의 의견이 대립되는 경우가 많았다. 쇼군 다카우지와 타다요시의 제도적인 권력 분할은 각기 의존하는 세력을 양산했다. 직접적으로는 사무라이도코로의 장관 임면을 둘러싸고 당파적 대립이 형성되었다. 고노 모로나오를 비롯한 쇼군 아시카가 다카우지의 참모들은 당연히 아시카가 타다요시를 밀어내고 권력을 장악하려고 했다. 아시카가 타다요시의 참모들은 이원집정제를 고수하면서 자기의 이익을 지키려고 했다. 두 세력이 권력을 놓고 언젠가는 충돌할 수 밖에 없는 상황이었던 것이다.

제19강

무로마치 막부의 정치

1. 간레이 제도의 확립

　무로마치 막부의 정치가 안정되면서 내분도 점차로 진정되었다. 1358년 4월 무로마치 막부를 창립한 아시카가 다카우지가 사망하고, 그의 아들인 요시아키라義詮가 2대 쇼군에 취임했다. 2대 쇼군 요시아키라는 남조군의 공격을 격퇴하고 정권을 안정시켰다. 그러나 2대 쇼군 요시아키라는 1367년에 병으로 사망하고, 그의 아들 아시카가 요시미쓰足利義滿가 10살의 나이에 대를 이었다.
　2대 쇼군 요시아키라는 임종에 즈음해 호소카와 요리유키細川賴之에게 간레이管領에 취임해 어린 쇼군을 보필해 달라고 간청했다. 2대 쇼군의 간곡한 요청을 거부하지 못한 요리유키는 막부의 간레이에 취임했고, 그 후 평생을 3대 쇼군 요시미쓰를 보좌하며 무로마치 막부 정치의 안정에 힘썼다.

1367년 12월 호소카와 요리유키는 검약령을 발포해 기강을 바로 잡았다. 5개조로 된 검약령은 사치를 금지하는 내용과 함께 관리와 슈고守護의 청렴을 강조하는 내용도 포함되어 있었다. 1369년에도 비슷한 내용의 검약령이 발포되었는데, 그것은 주로 교토 시중의 장악과 상업을 규제하는 것이 목적이었다. 사원에 대해서도 검약과 규율을 강조했다.

1368년 4월 3대 쇼군 요시미쓰가 성년식을 거행했다. 이때 요리유키가 보호자의 역할을 했고, 호소카와씨 일족도 중요한 역할을 담당했다. 요리유키는 스스로 쇼군의 분신으로서 직무를 대행하고 있다는 책임감을 갖고 있었다. 같은 해 12월 아시카가 요시미쓰가 세이다이쇼군에 임명되었다. 하지만 3대 쇼군 요시미쓰가 정무를 개시하는 것은 1372년 그의 나이 15세가 되었을 때부터였다. 그 전에는 슈고 보임장, 소령 안도장, 재판 허가장 등 막부의 중요 문서에 요리유키가 서명해 발급했다. 적어도 1372년까지 요리유키는 쇼군을 대신해 강력한 권력을 행사했고, 그것은 간레이 지위가 확립되었다는 것을 의미했다.

「Point 강의」 - 무로마치 막부의 성격

무로마치 막부는 슈고의 영국지배를 기반으로 성립된 정치체제였다. 슈고는 쇼군의 권위와 무력을 배경으로 해 영국을 지배하고 있었다. 쇼군 또한 유력한 슈고의 뒷받침이 없이는 정권을 유지할 수가 없었다. 무로마치 막부는 유력한 슈고의 연합정권의 성격을 지닌 정치체제였다고 할 수 있다. 그래서 쇼군과 슈고는 긴장관계에 있으면서도 타협하면서 정치체제를 유지하고 있었다. 이런 정치체제의 특성 때문에 쇼군을 보좌하면서 쇼군과 슈고의 관계를 조정하고 중앙의 행정을 통괄하는 간레이의 역할이 중요시되었다. 특히 간레이는 막부와 슈고다이묘 사이에 문제가 발생했을 경우에 그것을 해결하는 중재자의 역할을 했다.

2. 남북조 통일

호소카와 요리유키는 정치의 안정에 노력하면서 남조와 북조의 통합에도 힘을 기울였다. 요리유키는 남조 온건파의 중심인물이었던 구스노키 마사노리楠木正儀와 긴밀한 연락을 취하면서 평화 협상을 추진했다. 협상 도중인 1368년에 남조의 고무라카미 천황後村上天皇이 사망하고 강경파인 조케이 천황長慶天皇이 즉위했다. 그러자 다음 해에 구스노키 마사노리가 무로마치 막부에 투항했다. 남조의 군사지도자 마사노리의 투항은 남조에 큰 타격을 안겨주었다. 남조 내부에서 분열이 심화되었다.

한편, 무로마치 막부의 정치는 안정기에 접어들었다. 1378년 21세가 된 쇼군 요시미쓰는 새로 지은 무로마치의 저택으로 거처를 옮겼다. 다음 해에는 12년간 쇼군 요시미쓰를 보좌하던 호소카와 요리유키가 퇴진을 했지만, 요리유키가 비난을 감수하고 정치를 주도한 12년 동안 3대 쇼군 요시미쓰는 어느 덧 22세의 건장한 청년으로 성장해 있었다. 쇼군의 권력이 확립되었다.

아시카가 요시미쓰는 압도적인 실력을 배경으로 남조와 평화협상을 시도했다. 그때 요시미쓰가 내건 조건은 다음과 같았다. 첫째, 남조의 고카메야마 천황後龜山天皇은 3종의 신기神器를 교토에 돌려주는 것에 동의하고, 막부가 옹립한 고코마쓰 천황後小松天皇에게 선양禪讓의 형식으로 그것을 수여한다. 둘째, 장래 다이카쿠지大覺寺 계통과 지묘인持明院 계통이 서로 번갈아가며 천황에 즉위한다. 셋째, 전국의 고쿠가령國衙領은 모두 다이가쿠지 계통이 관할한다. 넷째, 전국에 산재한 조코도령長講堂領은 모두 지묘인 계통이 관할한다.

쇼군 요시미쓰가 제시한 4가지 조건을 검토해 보면, 남조와 북조의 주장을 다 포용한 내용이지만, 특히 남조 측의 체면을 존중한 흔적이 역력하다. 제1항에서 고카메야마 천황이 북조의 고코마쓰 천황에게 '양국'의 의식을 거행한다는 것은 남조에게 정통성이 있다는 남조 측의 주장을 인정한 것이었다. 제2항의 양통질립의 원칙은 남북조 시대 이전으로 돌아가자는 것인데, 북조 측에서 보았을 때에는 이미 기정사실화 된 사안을 뒤집는 것으로 불만의 소지가 있는 내용이었다. 그런 만큼 쇼군 요시미쓰가 정치적으로 결단을 내린 사안이라고 할 수 있었다. 경제적인 문제라고 할 수 있는 제3항과 제4항은 남조의 체면을 생각한 형식적인 것에 지나지 않았다. 요컨대 쇼군 요시미쓰가 강화의 조건으로 내건 4개조는 남북조 통일을 실현시키기 위해 북조의 불만을 누르고 남조의 체면을 세우는 모양으로 정리한 것이었다.

남조의 고카메야마 천황은 쇼군 요시미쓰의 제안을 수용했다. 1392년 10월 고카메야마 천황은 요시노에서 교토로 가서 북조의 고코마쓰 천황에게 양위하는 형식으로 남조와 북조는 통합되었다. 하지만 고카메야마 천황이 직접 고코마쓰 천황을 만나지는 않고 3종의 신기만 전달했다. 다이가쿠지에 머물렀던 고카메야마 천황에 대한 북조 측의 시선은 차가왔다. 쇼군 요시미쓰는 1394년 2월이 되서야 고카메야마를 처음으로 대면했다. 그리고 상황의 존호를 허용했다. 고카메야마는 교토의 변두리에서 소리 없이 생활했다. 쇼군 요시미쓰가 강화의 조건으로 내건 약속은 지켜지지 않았다. 강화의 조건조차도 요시미쓰의 교묘한 책략이었던 것이다.

「Point 강의」 - 3대 쇼군의 후견인 호소카와 요리유키

무로마치 막부의 명군으로 칭송되는 3대 쇼군 아시카가 요시미쓰가 10살의 나이에 취임했다. 어린 쇼군이 정치력을 발휘할 수 있었던 것은 호소카와 요리유키라는 신뢰할 수 있는 측근이 있었기 때문이다. 호소카와 요리유키는 아와阿波(지금의 도쿠시마현德島縣)의 슈고 호소카와 요리하루細川賴春의 아들로 태어났다. 그가 24세 때인 1352년에 가독을 상속했다. 그 후 아와 · 사누키讚岐 · 이요伊予 · 빙고備後 · 빗츄備中 등의 지역을 전전하며 슈고를 역임했다. 2대 쇼군 아시카가 요리아키라는 임종에 즈음해 호소카와 요리유키에게 어린 쇼군의 보필을 간청했다. 요리유키는 본거지인 시코쿠四国에서 상경해 일생 어린 쇼군 아시카가 요시미쓰를 충직하게 보필했다. 다음과 같은 일화는 그가 얼마나 쇼군 권력을 강화하기 위해 노심초사 했는지 알 수 있다. 1392년 3월 호소카와 요리유키가 64세로 사망했다. 그의 임종을 지키기 위해

> 쇼군 요시미쓰가 달려왔다. 그때 요리유키가 쇼군 요시미쓰의 손을 잡고 말했다. "야마나 우지키요山名氏淸는 무력을 배경으로 쇼군의 명령에 따르지 않았습니다. 저는 항상 그것을 염려했습니다. 이윽고 그를 멸망시킬 수 있었습니다. 이제 여한이 없습니다." 호소카와 요리유키는 임종에 임박해서도 쇼군을 걱정하고 있었던 것이다.

3. 슈고다이묘의 성장

무로마치 막부 초창기의 정세는 매우 불안했다. 내분에 시달렸을 뿐만 아니라, 남조군의 집요한 공격에 시달렸다. 한때 남조군이 교토를 점령하기도 했다. 아시카가 일족이 교토를 버리고 피난하는 일촉즉발의 상황이 전개되었다. 다카우지는 어쩌면 멸망할 수도 있다는 위기감을 느꼈다. 권력을 지키기 위해서는 슈고들을 자기편으로 끌어들여야 했다.

1352년 7월 아시카가 다카우지는 격전 지역인 오미近江·미노美濃·오와리尾張에 한제이령半濟令을 내렸다. 한제이령은 이세伊勢 등의 5개국으로 확대되었다. 한제이령은 무사가 장원이나 공령公領의 연공의 2분의 1을 군량미로 징수하는 것을 허락하는 것이었다. 원래는 1년으로 한정된 임시조치였다. 하지만 슈고守護는 지속적으로 군량미를 징수했다. 군량미를 관리하고 지급하는 슈고의 권한이 크게 강화되었다.

한제이령은 점차로 제도화되었고, 장원이나 공령의 연공뿐만이 아니라 토지도 2분의 1을 빼앗는 슈고도 있었다. 대상 지역도 확대되어 3대 쇼군 아시카가 요시미쓰 시대에는 전국적으로 시행되기에 이르렀다. 군사력을 보유한 슈고는 영지를 둘러싼 분쟁이나 상속을 둘러싼 분쟁이 발생했을 때 실력을 행사하기도 했다. 슈고는 원래 장원영주가 보유하던 권익을 탈취해 장원을 완전히 지배했다. 슈고는 지배지역 내의 지토와 토착무사인 고쿠진国人을 세력 하에 두게 되었다. 즉 슈고는 단지 토지만 지배하게 된 것이 아니라 토지에 속해 있는 무사와 농민도 지배했다.

슈고는 다양한 방법으로 장원과 공령을 침탈했다. 새로 획득한 지역에는 신임하는 가신을 슈고다이守護代로 파견하고, 장원에도 가신을 파견해 지배했다. 경우에 따라서는 획득한 토지를 이미 가신이 된 고쿠진에게 분배해 그들을 통제하기도 했다. 이렇게 지배지역 전체를 사실상 자신의 영지로 확보한 슈고를 가마쿠라 시대의 슈고와 구별해 슈고다이묘守護大名라고 한다. 슈고다이묘의 권력은 세습되었다. 막부의 쇼군조차도 슈고다이묘의 실력에 압도되어 눈치를 살피지 않을 수 없는 상황이었다. 이와 같이 장원과 공령을 지배하에 두고 가신단을 거느린 독립성향이 강한 슈고다이묘의 지배체제를 슈고영국제守護領国制라고 한다.

슈고다이묘들 중에는 수개국의 슈고시키守護職를 겸하는 경우도 있었다. 예를 들면, 도키씨土岐氏는 미노美濃·오와리·이세伊勢의 슈고시키를 겸임했다. 야마나씨 일족은 산요山陽·산인山陰 지방을 중심으로 11개 구니国의 슈고시키를 차지했다. 이는 일본 전체 66개국의 6분의 1에 해당했다. 강성해진 슈고다이묘들은 막부에 위협적인 존재였다.

4. 쇼군 아시카가 요시미쓰의 정치

3대 쇼군 요시미쓰는 날로 강성해지는 슈고들의 세력을 억제하기 위해 먼저 기나이의 유력한 고쿠진들을 직할군으로 편성해 군사력을 강화했다. 그리고 자신에게 우호적인 슈고들을 효율적으로 관리했다. 그런 다음에 막부에 위협이 된다고 판단된 유력한 슈고를 압박하기 시작했다.

1390년 도키씨土岐氏를 멸망시키는 과정을 살펴보면, 3대 쇼군 요시미쓰의 정치력이 돋보인다. 당시 미노·오와리·이세의 슈고직을 겸임하던 도키씨의 가독은 도키 야스유키土岐康行였다. 도키씨 세력이 강성해 막부를 위협할 정도였다. 요시미쓰는 이간책을 썼다. 요시미쓰는 먼저 도키 야스유키의 동생인 미쓰사다滿貞를 형이 지배하던 오와리의 슈고에 임명했다. 그러자 동생인 미쓰사다는 형인 야스유키에게 맞서려고 했다. 분노한 야스유키는 동생인 미쓰사다를 공격했다. 쇼군 요시미쓰는 미쓰사다를 지원했다. 막부의 원조를 받은 도키 미쓰사다는 야스유키를 패퇴시켰다. 도키 야스유키는 결국 멸망하고 말았다. 멸망한 야스유키는 1391년에 막부가 야마나씨山名氏를 멸망시킬 때, 막부 측에 참가해 출진했다. 그 공적으로 쇼군 요시미쓰는 도키 야스유키를 이세伊勢의 슈고에 임명했다. 한편, 쇼군 요시미쓰는 도키 미쓰사다를 오와리의 슈고직에서 해임시켰다. 비겁했다는 이유였다. 강력한 슈고였던 도키씨는 겨우 가문의 명맥만 유지하게 되었다.

도키씨에 이어서 쇼군 요시미쓰의 탄압 대상이 되었던 것은 야마나씨였다. 쇼군 아시카가 요시미쓰는 1389년 야마나 도키요시山名時義가 사망한 후 야마나씨 일족이 분열하자 야마나 우지키요山名氏淸를 멸망시켰다. 1391년의 일이었다. 이때 호소카와씨·하타케야마씨·오우치씨 등의 군대가 동원되었다. 야마나씨가 지배하던 11개 구니国는 완전히 분할되었다. 야마나씨는 야마나 도키히로山名時熙가 다지마但馬, 야마나 우지유키山名氏幸가 호우키伯耆를 지배하는 데 그쳤다.

야마나씨가 멸망하자, 오우치 요시히로가 가장 강력한 슈고로 부각되었다. 당시 오우치 요시히로는 스오周防·나가토長門·이시미石見·부젠豊前·이즈미和泉·기이紀伊 등 6개 구니의 슈고시키를 겸했다. 그리고 대륙과 무역을 하면서 막대한 부를 축적했다. 오우치씨는 쇼군의 명령도 거절할 정도로 강성했다. 쇼군 요시미쓰는 오우치씨를 제거하기로 결심했다. 1399년 위험을 감지한 오우치 요시히로가 군사행동을 감행했다. 그러자 쇼군 요시미쓰는 오우치 요시히로가 모반을 일으켰다고 선언하고 전국의 슈고에게 동원령을 내렸다. 전투는 11월 말부터 1개월간 지속되었고, 오우치 요시히로가 전사하면서 막을 내렸다. 이 사건을 오에이應永의 난이라고 한다. 이것은 막부의 중앙집권화 의지를 분명히 한 사건이었다. 오에이의 난을 끝으로 막부를 능가하는 슈고의 세력은 모습을 감추었다.

「Point 강의」 - 천황이 되려고 했던 쇼군

쇼군 요시미쓰는 이미 1394년에 쇼군의 지위를 당시 9세인 아들 아시카가 요시모치足利義持에게 물려주고, 자신은 다이조다이진太政大臣의 지위에 올랐다. 요시미쓰는 사실상 천황이 된 것처럼 행동하기도 했다. 쇼코쿠지相国寺에 공양을 올릴 때도 히에이잔比叡山에 오를 때도 천황의 행행行幸과 동등한 격식을 갖추었다. 국가의 평안을 기원하는 기도를 드리기도 했다. 자녀를 닌나지仁和寺·쇼렌인青蓮院·엔유인円融院·다이카쿠지大覚寺 등 천황의 자손만 들어가는 것이 이미 관행이 된 사원의 몬제키門跡로 들여보냈다. 그리고 명의 책봉을 받았다. 당시 많은 비난이 있었음에도 불구하고 스스로 일본 국왕이라는 칭호를 사용했다. 자신이야말로 일본의 주권자라는 의식을 갖고 있었다. 권력을 장악한 아시카가 요시미쓰는 둘째 아들인 아시카가 요시쓰구足利義継를 천황의 자리에 앉히고 자신은 태상천황이 되려는 야망을 품었다. 요시미쓰는 그 준비의 일환으로 1406년에 자신의 부인 히노 야스코日野康子를 준삼후准三后의 지위, 즉 태상태후·황태후·황후에 준하는 지위에 올려놓았다. 1408년에는 고코마쓰 천황을 자신의 저택으로 초청해 연회를 베풀었다. 그때 쇼군 요시미쓰는 천황과 나란히 앉고, 아들인 요시쓰구는 최고의 관직인 간파쿠関白보다 상석에 앉게 했다. 그것은 요시쓰구가 친왕親王, 즉 천황의 아들과 동등한 지위라는 것을 보여준 것이었다. 다음 달에는 요시쓰구를 천황의 궁전으로 들여보내서 겐푸쿠식元服式, 즉 성년식을 거행하게 했다. 모두 친왕의 겐푸쿠 의식과 동등한 격식에 따랐다. 고코마쓰 천황이 아시카가 요시쓰구는 양자로 삼았다는 소문이 돌았다. 일단 양자로 삼고 그 다음에 태자로 삼는 절차를 거치면 천황의 지위에 오를 수 있었다. 그러나 쇼군 요시미쓰의 야망은 달성되지 않았다. 쇼구 요시미쓰가 갑자기 유행병에 걸려서 사망하고 말았던 것이다.

제20강

무로마치 막부의 동요

1. 막부 정치의 추이

1394년 12월 아시카가 요시모치足利義持가 9세의 나이로 무로마치 막부의 4대 쇼군에 취임했다. 1408년에 3대 쇼군이었던 요시미쓰가 사망했을 때, 4대 쇼군 요시모치는 이미 23세의 건장한 청년으로 성장해 있었다. 쇼군 요시모치는 전 쇼군 요시미쓰가 생전에 조정에서 받은 태상천황의 호칭을 반납하고, 일명무역을 중지하는 등 요시미쓰가 추진한 정책을 시정하기도 했다.

1423년 3월 4대 쇼군 요시모치는 16살이 된 그의 아들 아시카가 요시카즈足利義量에게 쇼군의 지위를 물려주었다. 그런데 5대 쇼군 요시카즈는 재위 3년 만인 1425년 2월에 19세의 젊은 나이로 사망하고 말았다. 1429년 3월 아시카가 요시노리足利義教가 6대 쇼군에 취임했다.

아시카가 요시미쓰가 사망한 후, 슈고다이묘 세력이 다시 고개를 들었다. 6대 쇼군 요시노리는 쇼군 권력을 강화하고 슈고다이묘를 억제하는 정책을 추진했다. 그러나 유력한 슈고다이묘들은 6대 쇼군의 명령에 따르지 않았다. 1441년 6월 슈고다이묘 세력이 쇼군 요시노리를 살해했다. 요시노리의 아들로 당시 여덟 살이었던 아시카가 요시카쓰足利義勝가 7대 쇼군에 취임했다. 하지만 그는 2년 만에 사망했다. 그의 뒤를 이어 당시 7살이던 아시카가 요시마사足利義政가 8대 쇼군에 취임했다. 8대 쇼군 요시마사는 성장해서도 정치에는 관심이 없었고, 사치스러운 나날을 보내는 데 여념이 없었다. 하지만 쇼군에게 직언하는 충성스러운 측근이 없었다.

 8대 쇼군 요시마사 시대에 쇼군의 권위가 더욱 실추되었다. 8대 쇼군 요시마사의 측근으로는 애첩인 이마마이리노쓰보네今参の局와 가라스마루 스케도烏丸資任・아리마 모치이에有間持家 등이 있었다. 그들은 쇼군의 측근이라는 점을 이용해 권세를 휘둘렀다. 당시 사람들은 그들을 3마三魔라고 불렀다. 쇼군 요시마사 자신도 토목공사를 일으키고 각종 놀이에 빠져 지냈다. 쇼군의 정실인 히노 도미코日野富子마저도 막부의 정치에 깊이 관여했다. 그녀는 뇌물을 즐겨 받았을 뿐만 아니라 미곡의 거래나 고리대금업에 손을 대었다. 막부의 정치가 극도로 부패했다.

「Point 강의」 - 6대 쇼군 아시카가 요시노리의 정치

6대 쇼군에 취임한 아시카가 요시노리는 여러 명의 후보자 중에서 한 사람을 고르는 추첨방식을 통해 쇼군이 되었다. 그래서 뭇사람들의 조롱거리가 되었다. 슈고다이묘들은 6대 쇼군 요시노리의 명령에 따르려하지 않았다. 가마쿠라쿠보鎌倉公方 아시카가 모치우지足利持氏는 쇼군 요시노리의 권위에 공공연하게 도전했다. 1438년 가마쿠라쿠보 모치우지가 쇼군 요시노리에 반기를 들었다. 난이 일어나자, 쇼군 요시노리는 1439년 2월에 모치우지를 멸망시켰다. 그러자 1440년에 가마쿠라쿠보 모치우지를 도와서 싸웠던 관동 지방의 실력자 유키 우지토모結城氏朝가 모치우지의 두 아들을 앞세우고 막부에 반기를 들었다. 6대 쇼군 요시노리는 1441년 4월 다시 군대를 파견해 유키 우지토모를 죽이고, 아시카가 모토우지의 두 아들도 체포해 죽였다. 이로서 일단 반란은 평정되었다. 하지만 관동 지방의 호족들이 두 파로 분열되어 다투었다. 막부의 지배력이 더욱 약화되었다. 쇼군 요시노리는 전제정치를 더욱 강화면서 슈고다이묘들을 처벌했다. 실추된 막부의 권위를 회복하기 위해서였다. 그러자 유력한 슈고다이묘들이 쇼군 요시노리에게 반감을 품게 되었다. 1441년 6월 쇼군 요시노리가 살해되는 사건이 일어났다. 유력한 슈고다이묘의 한 사람이었던 아카마쓰 미쓰스케赤松滿祐가 쇼군 요시노리를 자신의 저택으로 초대해 암살했던 것이다. 이 사건을 가키쓰嘉吉의 난이라고 한다.

2. 오닌의 난과 그 영향

막부의 정치가 동요하면서, 막부 내부에서는 시바씨斯波氏 · 하타케야마씨畠山氏 · 호소카와씨細川氏 · 야마나씨山名氏 등 유력한 슈고 가문이 대립했다. 마침 쇼군 요시마사의 후계문제가 대두되었고, 시바씨와 하타케야마씨 가문에서도 가독家督의 상속을 둘러싸고 내분이 일어났다. 정국이 매우 불안하게 전개되었다.

쇼군 요시마사는 아들을 두지 못했다. 그래서 1464년에 동생인 아시카가 요시미足利義視를 환속시켜서 후계자로 정하고, 호소카와 가쓰모토細川勝元를 후견인으로 삼았다. 그런데 공교롭게도 그 다음 해에 정실인 히노 도미코가 요시히사義尚를 낳았다. 쇼군 요시마사는 야마나 모치토요山名持豊를 요시히사의 후견인으로 삼고, 요시히사에게 쇼군의 지위를 물려주려고 했다. 그래서 쇼군 후계문제를 둘러싸고 분란이 일어났다.

간레이管領 가문으로 중앙 정치를 주도했던 시바씨 가문과 하타케야마씨 가문에서도 상속을 둘러싼 분쟁이 표면화했다. 쇼군 가문과 시바씨 · 하타케야마씨 내분의 배후에는 호소카와 가쓰모토와 야마나 모치토요가 있었다.

야마나 모치토요는 8대 쇼군 요시마사의 신임이 두터웠다. 모치토요는 먼저 하타케야마씨 내분에 개입했다. 모치토요는 가신들이 추방한 하타케야마 요시나리畠山義就를 보호했다. 그리고 쇼군을 움직여서 가신들이 옹립한 하타케야마 마사나가畠山政長의 저택을 하타케야마 요시나리에게 양도하도록 압력을 가했다. 마사나가는 쇼군의 압력에 저항했다.

야마나 모치토요는 호소카와 가쓰모토를 권력에서 추방하려는 공작을 벌였지만 실패했다. 자신의 음모가 들어날 것을 두려워한 야마나 모치토요는 만약의 사태에 대비하기 시작했다. 하타케야마 마사나가 진영과 요시나리 진영도 전쟁 준비에 혈안이 되어 있었다. 이런 상황에서 야마나 모치토요와 호소카와 가쓰모토가 하타케야마씨 내분에 개입한다면 대란으로 발전할 소지가 농후했다. 두려움을 느낀 쇼군 요시마사는 야마나 모치토요와 호소카와 가쓰모토에게 하타케야마씨 내분에 개입하지 말라고 호소했다.

그런데 1467년 정월 18일 하타케야마 마사나가는 자신의 저택을 불태우고 야외에 진을 쳤다. 이 소식을 들은 요시나리군은 마사나가군을 공격했다. 전투는 오후까지 계속되었고, 사상자가 속출했다. 전투가 요시나리군에게 불리하게 전개되자 야마나 모치토요는 쇼군의 부탁을 어기고 요시나리군을 지원했다. 하타케야마 마사나가군이 패퇴했다. 하지만 호소카와 가쓰모토는 쇼군의 부탁에 따라 싸움에 개입하지 않았다.

하지만 호소카와 가쓰모토는 약속을 어긴 야마나 모치토요를 응징하기 위한 전투를 준비하기 시작했다. 그러자 야마나 모치토요도 병력을 결집했다. 1467년 4월부터 지방에서 병력들이 교토로 모이기 시작했다. 5월에는 피난하는 민중의 행렬이 이어졌다. 기나이畿內 주변 24개국 병력 16만으로 일컬어지는 호소카와군은 무로마치의 쇼군 저택에 진을 쳤고, 20개국 9만으로 일컬어지는 야마나군은 평야에 진을 펼쳤다. 양군의 진지는 교토의 동쪽과 서쪽에 있었다. 그래서 호소카와군을 동군, 야마나군을 서군이라고 불렀다. 천하를 양분하는 전란이 시작되었다. 이것을 오닌應仁의 난이라고 한다. 내란은 11년간이나 지속되었다.

전란이 시작된 지 7년째인 1473년 3월 야마나 모치토요가 사망하고, 이어서 같은 해 5월에 호소카와 가쓰모토가 세상을 떠났다. 1474년 4월 호소카와씨와 야마나씨 사이에 휴전이 성립되었다. 그러자 대립은 하타케야마씨 문제로 국한되게 되었다. 1477년 9월에는 하타케야마 요시나리畠山義就도 갑자기 군사를 이끌고 자신의 영지로 돌아갔다. 교토에 결집한 병력도 속속 고향으로 돌아갔다. 이리하여 오닌의 난은 승자도 패자도 없이 끝나게 되었다.

오닌의 난의 영향으로 쇼군의 권위는 회복하기 어려울 만큼 추락했다. 쇼군의 영향력이 미치는 지역은 교토 일대에 불과했다. 교토가 황폐화되면서 귀족의 생활기반이 완전히 붕괴되었다. 천황의 권위도 실추되었고, 경제생활도 상상할 수 없을 만큼 궁핍해졌다. 고카시와바라 천황後柏原天皇은 22년간이나 즉위하지 못했다. 고나라 천황後奈良天皇의 즉위식도 10년이나 늦춰졌다. 비용을 마련할 수 없었기 때문이다. 남북조 내란으로 커다란 타격을 입은 장원제도는 이 시점에서 거의 붕괴되었다.

「Point 강의」 —가독 상속문제가
전란으로 비화했던 이유

당시 무사사회에서는 단독상속이 정착되었다. 후계자에게 가문의 영지와 재산은 물론 적장자로서의 지휘권도 모두 물려주었다. 가문의 총대장인 소료惣領의 정치적·경제적 지위는 다른 자식들에 비해 절대적이었다. 그래서 소료의 지위를 둘러싸고 일족과 가신단이 대립하는 경우가 많았다. 그리고 막부의 소료 공인을 둘러싸고, 무사들이 각기 막부 내의 실력자와 결탁하는 경우가 많았다. 무가의 상속은 가신들에게도 중요한 문제였다. 누가 후계자가 되느냐에 따라서 가신들의 운명이 좌우되었음은 물론 무사사회의 세력구도에도 영향을 미쳤다. 그래서 가독의 상속문제를 둘러싼 분쟁이 끊이지 않았던 것이다.

3. 무로마치 막부의 쇠퇴

오닌의 난은 무로마치 막부가 붕괴의 길로 접어드는 출발점이 되었다. 막부는 일본사회를 통괄하는 공권력으로서의 역할을 수행하지 못했다. 1487년 10월 막부의 9대 쇼군 아시카가 요시히사足利義尙가 롯카쿠씨六角氏 정벌에 나섰다가 전장에서 사망하면서 쇼군의 권위가 급격하게 쇠퇴했다.

쇼군의 지위는 호소카와씨를 비롯한 간레이管領 가문에 의해 좌지우지되었다. 쇼군 요시히사에게는 후사가 없었기 때문에 후계자 문제가 대두되었다. 우여곡절 끝에 1490년 7월 9대 쇼군 요시히사의 사촌인 아시카가 요시타네足利義稙가 10대 쇼군에 취임했다. 하지만 10대 쇼군 요시타네는 쇼군에 취임한 지 3년도 되지 않아서 호소카와 마사모토細川政元에 의해 추방되었다. 1494년 12월 호소카와 마사모토는 8대 쇼군 요시마사의 양자였던 아시카가 요시즈미足利義澄를 11대 쇼군으로 옹립했다. 그런데 추방된 요시타네는 11대 쇼군 요시즈미를 인정하지 않았다. 요시타네는 서부 일본 지역을 방랑하면서 쇼군의 지위를 회복하기 위한 투쟁을 전개했다. 전 쇼군이 지방의 슈고다이묘에게 머리를 조아리며 도움을 요청했던 것이다.

1508년 4월 오우치 요시오키大內義興가 전 쇼군 요시타네를 앞세우고 교토로 입성했다. 그러자 11대 쇼군 요시즈미는 쇼군의 지위에서 물러나 오미 지역으로 도망했다. 아시카가 요시타네는 오우치 요시오키의 무력을 배경으로 다시 쇼군의 지위에 올랐다. 그러나 쇼군 요시타네는 1521년 3월 호소카와 다카쿠니細川高國의 압박을 견디지 못하고 아와지淡路로 도망했다. 그러자 같은 해 12월 호소카와 다카쿠니는 11대 쇼군 요시즈미의 아들인 아시카가 요시하루足利義晴를 12대 쇼군으로 옹립했다. 그러나 1546년 요시하루 역시 호소카와씨에 의해 추방되고, 그의 아들 아시카가 요시테루足利義輝가 13대 쇼군이 되었다. 13대 쇼군 요시테루는 1565년 5월에 마쓰나가 히사히데松永久秀에게 암살되었다. 막부의 권위가 실추하면서 하극상 풍조가 만연했다.

「Point 강의」 - 하극상의 사회

막부의 존재가 유명무실해지면서 슈고의 영국 지배가 강화되었다. 그러나 영국 내에서도 슈고다이守護代나 각 지역의 토호, 즉 고쿠진國人이 슈고를 몰아내는 경우가 많았다. 슈고다이는 슈고의 다이칸代官이었다. 즉 교토에 거주하는 슈고에 대신해 장원에 파견된 존재였다. 그들은 현지에서 각종 행정권을 행사하면서 실력을 축적했다. 고쿠진도 각 지역에 밀착해 실력을 축적했다. 그들 중에는 실력이 슈고를 능가하는 자도 있었다. 이러한 현지의 지배자들이 정치권력으로 성장하면서 상위의 지배자를 몰아내는 풍조를 하극상이라고 했다. 고쿠진이 하극상의 주역이 된 것은 오닌의 난 이후의 일이었다. 오닌의 난이 장기화된 것도 아랫사람이 윗사람의 명령에 복종하지 않고, 실력으로 신분상승을 꾀하는 하극상의 풍조가 만연했기 때문이다. 오닌의 난이 시작되고, 슈고다이묘들이 교토에서 머물며 전쟁에 여념이 없는 동안에 슈고다이나 고쿠진은 슈고다이묘의 영지를 사유화했다. 장원영주에게 연공을 납부하지 않은 것은 물론이었다. 전국에 산재한 쇼군의 영지도 그 지방의 실력자들이 사유화했기 때문에 세금을 징수할 수 없었다. 쇼군의 명령이 관철되었던 지역은 교토 일대에 불과했다. 오닌의 난이 끝날 무렵에는 쇼군·귀족·사원은 지배지를 거의 상실했다. 하극상 풍조는 16세기 말에 도요토미 히데요시豊臣秀吉가 전국을 통일할 때까지 약 100년 동안 지속되었다. 이 시기는 주로 무력에 의존해 문제를 해결하는 방식이 정당화되었던 시대였다. 전쟁이 끊이지 않았던 시대였다. 일본 열도는 분열되었다. 이러한 시기를 전국시대戦国時代라고 한다.

제21강

전국시대와 센고쿠다이묘

1. 군웅의 할거

전국시대戰國時代에 강력한 무력을 구비하고 영국의 토지와 농민을 일원적으로 지배하는 권력자가 출현했다. 그들은 스스로 쟁취한 영토의 지배를 위해 상위 권력을 반드시 필요로 하지 않았다. 이와 같은 지역적 통일 권력을 센고쿠다이묘戰國大名라고 했다.

센고쿠다이묘는 장원체제를 완전히 부정했다. 센고쿠다이묘가 지배하는 지역을 분국分國이라고 했다. 센고쿠다이묘 중에는 다테씨伊達氏·시마즈씨島津氏·오토모씨大友氏·이마가와씨今川氏·다케다씨武田氏 등과 같이 슈고다이묘에서 성장한 경우도 있었으나, 우에스기씨上杉氏·아사쿠라씨朝倉氏·오다씨織田氏·마쓰다이라씨松平氏·모리씨毛利氏 등과 같이 각 지역의 토호나 슈고다이묘 가신이 주군을 몰아내고 센고쿠다이묘로 성장한 경우가 대부분이었다.

선진지역인 기나이畿內에서는 고쿠진國人들이 항쟁을 되풀이했기 때문에 센고쿠다이묘가 출현하지 못했다. 그러나 후진 지역에서는 유력한 센고쿠다이묘들이 힘을 축적했다. 동북 지방에서는 다테씨伊達氏를 비롯해 아이즈會津의 아시나씨芦名氏, 데와出羽의 모가미씨最上氏, 무쓰陸奧의 난부씨南部氏 등이 할거했다. 16세기에 들어와서 다테 다네무네伊達稙宗가 새로운 영국 지배의 기초를 구축했고, 그 아들 마사무네正宗가 아시나씨를 멸망시키고 세력을 확장했다.

규슈의 북부에서는 류조지씨龍造寺氏 · 아리마씨有馬氏 · 오무라씨大村氏 등이 대두했다. 슈고에서 성장한 오토모씨大友氏는 분고豊後를 중심으로 규슈 북부를 통일했다. 오토모씨와 같은 구세력으로 사쓰마薩摩 · 오스미大隅 지방을 지배하던 시마즈씨島津氏도 여전히 강성했다. 시코쿠四国의 도사土佐에서 조소카베씨長宗我部氏가 성장해 시코쿠를 통일했다.

주고쿠中国 지방에서는 아마코씨尼子氏가 이즈모出雲 · 이와미石見 지역을 지배했다. 아마코씨는 산인山陰에서 아키安芸 · 히고肥後에 걸치는 거대한 영국을 형성했다. 오우치씨大内氏는 스오周防 · 나가토長門 지역을 지배했다. 16세기 중반에 오우치씨가 가신인 스에 하루카타陶晴賢에게 멸망하자, 아키安芸의 고쿠진에서 성장한 모리 모토나리毛利元就가 다시 스에 하루카타를 멸망시키고 스오 · 나가토 지역을 장악했다. 모리 모토나리는 이윽고 아마코씨의 지배 지역도 손에 넣었다.

관동 지방에서는 호조씨北条氏가 대두했다. 본래 이세씨伊勢氏라고 알려져 있으나 신분도 확실하지 않은 호조 소운北条早雲이 이즈伊豆 아시카가씨의 내분을 교묘히 이용해 그 지역을 쟁취했다. 그리고 사가미相模로 진출해 오다와라小田原에 본거지를 두고 강대한 영국을 건설했다.

중부 일본 지역에서는 에치고越後의 우에스기 겐신上杉謙信이 두각을 나타냈다. 그는 가이甲斐를 통일하고 세력을 확대하던 다케다 신겐武田信玄과 대립했다. 남북조 시대 말기 이래 시바씨斯波氏가 지배하던 영토는 아사쿠라씨朝倉氏・이마가와씨今川氏・오다씨織田氏에 의해 분할되었다. 에치젠은 아사쿠라씨, 오와리尾張는 오다씨, 도토우미遠江는 이마가와씨가 차지했다. 16세기에 들어와서 이마가와씨가 슨푸駿府에 근거지를 두고 도토오미와 미카와에 이르는 광대한 영국을 형성했다. 그리고 신원도 확실하지 않은 사이토 도산斎藤道三은 미노美濃의 슈고였던 도키씨土岐氏을 몰아내고 그 지역을 차지했다. 오우미의 아자이씨浅井氏는 주군인 교고쿠씨京極氏의 실권을 빼앗은 후 성장했다.

「Point 강의」 – 센고쿠다이묘

전국시대에도 가문을 존속할 수 있었던 슈고다이묘는 주로 중앙에서 멀리 떨어져 있었던 변방의 몇몇 다이묘 가문에 불과했다. 하극상 운동을 통해 새로이 등장한 센고쿠다이묘는 이런 슈고다이묘와 구별되었다. 센고쿠다이묘는 실질적으로 독립된 국가의 지도자였다. 자신의 영국을 지키기 위해 강력한 군사력을 갖췄다. 강력한 군사력은 튼튼한 경제력을 기반으로 했다. 군사력과 경제력을 기르기 위해서는 정책을 입안하고 추진할 수 있는 능력이 요구되었다. 센고쿠다이묘는 단지 농민을 수취하는 데 힘을 기울이기만 하면 되었던 슈고다이묘와 질적으로 달랐던 것이다. 센고쿠다이묘는 뛰어난 군사 지도자, 치밀하고 인내심 많은 경제 전문가, 그리고 명석한 위정자로서의 재능을 겸비하지 않으면 안 되었다.

2. 센고쿠다이묘의 분국 지배

센고쿠다이묘는 분권적인 봉건제 영주로서의 성격을 강화했다. 그들은 부국강병을 기치로 내걸고 영국의 지배를 강화하는 데 힘썼다. 농업 생산력을 높이기 위해 농민을 통제하고, 실전에서 승리할 수 있는 전투력을 갖춘 가신단을 편성하고, 농민과 가신단을 효율적으로 통제하기 위해 분국법分國法을 제정했다. 이러한 영국 지배체제를 다이묘영국제大名領國制라고 한다.

센고쿠다이묘는 이미 무로마치 막부의 통제에 따르지 않았다. 그들은 독립된 소국가의 지도자였다. 센고쿠다이묘는 장원영주와 토착 영주가 지배하던 토지를 빼앗아 그것을 가신들에게 나누어주는 정책을 추진했다. 분국은 센고쿠다이묘가 독자적으로 지배하는 영역이었다. 센고쿠다이묘는 각 촌락의 무사를 직접 생산에서 분리해 가신단에 편성했다. 센고쿠다이묘는 가신들을 성곽 주변에 거주하도록 했다. 이런 정책을 병농분리兵農分離라고 한다.

가신들은 다이묘의 일족으로 구성된 이치조쿠슈一族衆, 남북조 내란 때부터 가신단에 편입된 후다이譜代·구니슈国衆, 그 후 새로이 가신단에 편성된 도자마外様·신산슈新参衆 등으로 분류되었다. 가신단의 휘하에는 로토郎党·주겐仲間·고모노小者 등이 있었다. 그 밖에 경보병으로 적진의 정찰·방화·매복 등의 임무를 수행했던 아시가루足軽가 있었다.

가신들은 메쓰케目付라는 관리에 의해 통제되었다. 가신 상호간의 사적인 동맹은 금지되었다. 영주가 무사의 가문에 부여한 영지인 지교치知行地는 자유롭게 처분할 수 없었다. 지교치는 원칙적으로 분할상속이 금지되고 장자 단독상속이 장려되었다. 혼인도 주군의 허가를 받아야 했다. 형벌은 가혹했으며 사사로이 다투었을 경우에는 시비를 논하지 않고 양편을 함께 처벌했다. 복수의 근원을 없애기 위해서였다. 이와 같은 처벌 방식을 겐카료세이바이喧嘩両成敗라고 했다. 법을 범한 자는 엄벌에 처해졌다. 개인의 죄를 일족에게도 책임을 묻는 연좌법이 적용되었다.

「Point 강의」 - 센고쿠다이묘가 부하의 혼인에 간섭한 이유

당시 일본인들은 혼인이 곧 가문과 가문간의 결합이라고 생각했다. 그래서 혼인은 연대 또는 동맹을 강화하는 것으로 인식되었다. 만약에 어떤 다이묘의 가신이 적국의 사람과 혼인한다면, 그것이 장차 센고쿠다이묘에게 큰 위협이 될 가능성이 있었다. 가신 상호간의 혼인도 그 세력관계를 면밀하게 검토한 다음에야 허락했다. 유력한 가신들이 혼인으로 동맹을 맺고 주군을 몰아내는 경우도 있었기 때문이다.

전국시대의 기술

전국시대는 치수 기술, 축성 기술, 야금 기술, 직조 기술 등 모든 기술이 비약적으로 발전한 시대였다. 특히 치수와 관개시설을 정비하는 기술이 발달했다. 전란이 격화되면서 깊고 넓은 해자로 둘러싸인 성곽이 건설되었다. 전국시대에 돌로 성벽을 높게 쌓아올리는 아노즈미穴太積라는 축성기술이 발달했다. 1533년에 조선에서 회취법灰吹法이라는 제련기술이 도입되어 금·은의 생산량이 급증했다. 제련기술은 전국의 광산으로 전파되었다. 금광이 개발되면서 갱도를 내는 기술이 발달했다. 암반을 깨거나 뚫고, 갱도에 배수로를 설치하는 기술자는 전쟁터에서 망루를 설치하거나 땅굴을 파고 적진에 침투하는 작전에 투입하기도 했다.

3. 센고쿠다이묘의 농촌 지배

 센고쿠다이묘는 부국강병의 기반이 되는 농업생산력을 향상시키기 위해 노력했다. 농민에게 새로운 경작지를 개발하도록 장려하고, 하천에는 제방을 쌓고, 용수로를 건설하는 등 권농정책과 농촌보호정책을 병행해 추진했다. 특히 다케다 신겐武田信玄은 홍수의 피해를 막고, 경작지를 보호하기 위해 많은 제방을 축조했다. 제방이 축조되면서 용수로가 확보되었다. 용수로가 확보되면서 경작지가 비약적으로 확대되었다.
 다케다씨만 치수사업에 힘쓴 것이 아니었다. 다케다씨와 인접한 이마가와씨의 덴류가와天竜川 치수사업도 유명했다. 1570년대에는 호조씨가 도네가와利根川를 대대적으로 개수했다. 규슈 분고豊後의 오토모 요시치카大友義親는 오이타大分 평야에 30킬로미터에 달하는 용수로를 내어 광대한 경작지를 개발했다. 다른 센고쿠다이묘들도 황무지를 경작지로 개발하기 위해 노력했다. 일본의 경작지는 무로마치 시대 초기에

94만 정보였는데, 전국시대 말기에는 163만 정보에 달했다. 그 증가분의 대부분이 센고쿠다이묘들이 개발한 경작지였다.

센고쿠다이묘의 정책 중에서 특히 주목되는 것은 농민에 대한 직접 지배를 강화했다는 점이다. 센고쿠다이묘는 토착 무사를 가신단에 편입하고, 무사가 마음대로 농민을 지배하지 못하도록 했다. 장원제도를 타파하고, 장원영주가 보유하던 권리를 부정했다. 그리고 영국내의 토지와 농민을 직접 장악하는 체제를 정비했다.

센고쿠다이묘는 복잡한 경작관계를 해소하기 위해 노력했다. 중세 장원체제 하의 농촌에서는 영주·쇼칸莊官·묘슈名主 등이 각각 경작지에 대한 권리를 주장하는 경우가 많았다. 즉 영주와 경작자 사이에 중간 착취계층이 존재했던 것이다. 센고쿠다이묘는 이와 같이 경작지에 중층적으로 존재하던 권리구조를 개혁해 모든 경작지를 일원적으로 지배했다. 농민의 생활이 이전보다 안정되었다. 센고쿠다이묘는 연공을 더 많이 수취할 수 있게 되었다.

센고쿠다이묘는 연공年貢, 즉 조세를 통일하는 정책도 추진했다. 당시 연공의 수취비율은 영주에 따라 천차만별이었다. 심지어 같은 영주라도 지역에 따라 비율이 다른 경우가 보통이었다. 센고쿠다이묘는 경작지를 파악하기 위해 겐치檢地, 즉 토지조사 사업을 실시했다. 경작지에 등급을 매겨 생산량에 따른 연공을 공평하게 부과하려고 노력했다. 생산량의 50퍼센트를 연공으로 거두는 5공5민제五公五民制가 정착했다. 겐치와 함께 인구조사도 병행했다. 토지와 농민을 정확하게 파악하고, 연공을 같은 시기에 빠짐없이 부과할 수 있게 되었다.

「Point 강의」 - 도시의 발달

병농분리가 진행되면서 센고쿠다이묘의 거성 주변에 조카마치城下町가 형성되었다. 조카마치는 무사가 집단으로 거주하는 지역과 상공인들이 거주하는 지역으로 구분되었다. 상공인은 무사가 필요한 군수품이나 생활용품을 제조하거나 공급하는 역할을 했다. 센고쿠다이묘들은 상공인을 조카마치로 불러들이기 위해 노력했다. 도로를 개선하고, 관소를 폐지하고, 각종 규제를 폐지해 상공인들이 자유롭게 영업할 수 있도록 보호했다. 조카마치는 센고쿠다이묘 영국의 정치·경제·문화의 중심지로서 번영했다. 지방의 조카마치는 교토·나라 등 중앙도시와 연결되는 상업의 중심지로 발전했다. 전형적인 조카마치로 유명한 곳은 오우치씨의 야마구치山口, 이마가와씨의 슨푸駿府, 호조씨의 오다와라小田原, 우에스기씨의 가스가야마春日山, 오토모씨의 후나이府内, 시마즈씨의 가고시마鹿兒島 등이었다. 전국시대에는 사원과 신사 주변에도 도시가 발달했다. 이러한 도시를 몬젠마치門前町라고 했다. 사원의 경내에 건물이 들어서고 마을이 조성되기도 했다. 이것을 지나이마치寺內町라고 했다. 수륙교통의 요지에 발달한 항구도시를 미나토마치港町라고 했다. 그곳은 상업과 무역의 중심지였다. 전국 각지에서 시장이 발달하면서 형성된 도시를 이치바마치市場町라고 했다. 교통의 발달과 함께 각지에 숙박시설이 들어서면서 발달한 도시를 슈쿠바마치宿場町라고 했다.

근세

제22강

일본과 서양의 만남

1. 화승총의 전래

　일본인들은 화승총을 뎃포鉄砲라고 했다. 뎃포는 1543년에 포르투갈인에 의해 일본에 전래되었다. 1543년 8월, 명으로 향하던 포르투갈의 화물선이 규슈의 남쪽에 위치한 섬인 다네가시마種子島에 표착했다. 그 때 포르투갈인은 뎃포를 휴대하고 있었다. 당시의 정황이 『뎃포기鉄砲記』에 상세히 기록되어 있다.
　뎃포를 신기하게 여긴 다네가시마의 영주 다네가시마 도키타카種子島時尭는 그것을 발사해 보게 했다. 뎃포는 마치 우뢰와 같은 소리를 내면서 목표물을 명중시켰다. 뎃포의 위력에 놀란 도키타카는 거금을 주고 뎃포 2정을 손에 넣었다. 도키타카는 가신에게 화약 제조법을 익히게 하고, 제철 기술자에게 총기 제조법을 배우게 했다.

뎃포가 전래되었다는 소식을 전해들은 사카이堺의 상인 다치바나야 마타사부로橘屋又三郎가 다네가시마까지 가서 뎃포 제조법을 배웠다. 그를 뎃포마타鉄砲又라고 했다. 그 후 뎃포는 사카이는 물론 기슈紀州의 네고로根來, 오미近江의 구니토모国友, 규슈의 히라도平戸 등에서도 생산되었다.

뎃포가 일본에 전해진지 10여년이 지나면서 대량으로 생산되었다. 1549년에 오다 노부나가織田信長가 500정의 뎃포를 주문했다는 기록이 있다. 같은 해에 전투 중에 무사가 뎃포로 저격당해 사망했다는 기록도 있다. 뎃포가 일본에 전해진지 15년이 지나서는 전쟁터에서 뎃포가 사용되기 시작했다.

「Point 강의」 - 일본인이 처음 본 화승총의 기록

뎃포라고 하면 주로 화약이나 가스의 압력에 의해 탄환을 발사할 수 있는 기능을 가진 개인화기를 말한다. 일본인이 처음 본 개인화기는 화승총이었다. 『뎃포기』에 다음과 같은 기록이 있다. "그들은 손에 한 물건을 들고 있었는데 길이는 2~3척으로 반듯하고 속은 비어 있었다. 그러나 그 밑은 밀폐되어 있고, 그 옆으로는 형상이 괴이한 불이 통하는 구멍이 있었다. 그 물건을 사용할 때에는 그 속에 묘약妙藥을 넣고 또 다시 연환鉛丸을 넣었다. 그리고 멀리 떨어진 곳에 표적을 놓고 조준해 그 구멍으로 불을 발사하면 명중하지 않는 것이 없었다. 발사할 때에는 그 빛은 번개와 같고 그 소리는 천둥과 같았다. 그 소리를 듣는 자는 귀를 막지 않을 수 없었다."

2. 센고쿠다이묘의 전술 · 전법 변화

시마즈島津, 오우치大内, 모리毛利, 이마가와今川, 조소카베長宗我部 등과 같은 다이묘들이 뎃포대를 편성했다. 그러나 처음에는 뎃포가 중요한 공격용 무기로 활용되지 못했다. 뎃포를 전투에 활용하기 위해서는 해결해야 하는 기술적인 문제가 적지 않았다. 특히 뎃포를 공격용 무기로 활용되려면 발사시간을 단축하는 것이 급선무였다.

뎃포의 가능성에 주목했던 것은 오다 노부나가였다. 『신초기信長記』에는 노부나가가 뎃포를 직접 다루는 연습을 했다는 기록이 있다. 1554년 4월 노부나가가 장인 사이토 도산斎藤道三과 회견하기 위해 떠날 때, 노부나가의 친위대가 보유한 뎃포의 수량은 활과 합해 500정이었다는 기록이 있다. 노부나가는 같은 해 정월 이마카와군今川軍이 오와리尾張를 침입한 적이 있었는데, 이때 노부나가는 뎃포대를 교대하면서 사격했다.

노부나가의 뎃포대는 1575년 5월에 지금의 아이치현愛知縣 지역인 미카와三河의 나가시노長篠에서 벌어진 전투에서 위력을 발휘했다. 오다 노부나가군 · 도쿠가와 이에야스군의 연합군과 다케다 가쓰요리武田勝頼의 군단이 격돌한 이 전투에서 오다군의 뎃포대가 다케다군의 기마대를 패퇴시켰다.

나가사노 전투에서 노부나가는 각종 장애물을 설치하고, 사수는 방책 뒤에서 기마대를 조준 사격했다. 기동력이 뛰어나기로 유명한 다케다군의 기마대였지만, 오다군의 뎃포대 공격에 속수무책으로 당할 수밖에 없었다.

나가시노 전투 후, 일본에서는 전통적인 전술과 전법이 크게 변화했다. 전국 다이묘들은 다투어 군제를 개편했다. 전술과 전법이 기마대 중심에서 뎃포대 중심으로 전환했다. 축성 문화도 변화했다. 산성보다는 군사를 신속하게 운용할 수 있는 교통의 요지에 다이묘의 거성이 조성되었다. 다이묘의 거성은 거주지를 겸한 요새였다. 다이묘가 거주하는 성의 중심부가 적의 화기에 노출되지 않도록 설계되었다. 성의 외곽도 새로운 전술과 전법에 대응할 수 있도록 축조되었다.

「Point 강의」- 뎃포대 필승 신화를 만든 오다 노부나가

뎃포가 전투에 활용되기는 했으나 많은 문제점이 있었다. 가장 큰 문제점은 역시 발사 속도였다. 화약을 넣어 다지고, 탄환을 장전하고, 불을 붙여서 발사하려면 상당한 시간이 걸렸다. 아무리 숙달된 사수라도 12~15초가 소요되었다. 1분에 4~5발 발사하면 성공인 셈이다. 유효 살상거리는 약 100미터였다. 전쟁터에서 10초는 기마병이 100미터 이상을 달려올 수 있는 시간이었다. 한 번에 달려오는 적을 명중시키지 못하면, 사수는 자칫 위험에 처할 수도 있었다. 뎃포의 가격이 매우 비싼 것도 문제였다. 실제로 당시에는 비싼 뎃포를 구입하는 것보다 기마대를 보강하는 것이 훨씬 유용하다는 의견이 설득력을 얻고 있었다. 이런 문제점 때문에 다른 다이묘들은 뎃포대 편성에 소극적이었다. 그러나 오다 노부나가는 달랐다. 그는 뎃포의 가능성에 주목하고, 막대한 자금을 투자해 뎃포를 대량 구입했다. 발사 속도 문제는 뎃포대를 3개조로 편성해 교대로 사격하는 방식으로 해결했다. 그리하여 오다군의 뎃포대 필승 신화가 탄생했다.

3. 크리스트교 전래

포르투갈 상인이 규슈를 왕래하면서 크리스트교가 전래되었다. 1549년 예수회 소속 선교사 프란시스코 자비엘Francisco Xavier이 규슈九州의 가고시마鹿兒島에 도착하면서 크리스트교가 일본에 전파되었다. 가고시마의 다이묘 시마즈 다카히사島津貴久는 크리스트교 전교를 허가했다. 그러나 자비엘의 전교가 의외의 성과를 거두자 불교계가 크게 반발했다. 다카히사는 1년도 되지 않아서 크리스트교 전교를 금지하지 않을 수 없었다.

1550년 자비엘은 가고시마를 떠나 히젠肥前의 히라도平戶로 갔다. 그곳에서 잠시 머문 자비엘은 교토로 향했다. 자비엘은 하카타博多·야마구치山口·사카이堺를 거쳐 교토에 도착했다. 그러나 자비엘의 기대는 어긋났다. 당시 교토는 매우 황폐해 있었고, 더구나 천황도 쇼군도 일본 전역을 지배할 권력을 잃은 지 오래였다.

자비엘은 주고쿠中國 지방의 실력자 오우치 요시타카大內義隆를 방문했다. 요시타카는 자비엘에 매우 호의적이었다. 자비엘은 요시타카의 도움으로 야마구치山口에 일본 최초의 교회를 세우고 전도를 시작했다. 야마구치에 교두보를 확보한 자비엘은 다시 분고豊後의 후나이府內로 진출해 오토모 요시시게大友義鎭의 보호를 받으며 전도의 기반을 다졌다. 1551년 10월 자비엘이 일본을 떠날 때까지 확보한 신자 수는 1000여명에 이르렀다.

자비엘이 개시한 전도사업은 다른 선교사들에 의해 계승되었다. 선교사들이 전도사업에 진력한 결과, 히젠肥前의 다이묘 아리마 하루노부有馬晴信를 비롯한 여러 다이묘들이 열렬한 크리스트교 신자가 되었다. 이들을 크리스천다이묘라고 했다.

선교사들 중에서 특히 루이스 프로이스Luis Frois는 교토에 머물며 전교했다. 1560년 프로이스는 무로마치 막부의 13대 쇼군 아시카가 요시테루足利義輝에게 접근해 전교 허가받았다. 1569년에는 오다 노부나가의 전교 허가도 받아냈다. 1576년에는 교토에 교회를 설립했다. 일본인들은 그 교회를 남만사南蠻寺라고 했다.

그 후 크리스트교는 조직을 정비하고, 선교사 양성기관을 세우는 등 발전을 거듭했다. 1585년에는 4명으로 구성된 일본의 소년사절단이 로마를 방문해 교황을 예방하기도 했다. 크리스트교는 매우 짧은 기간에 급성장했다. 그러나 도요토미 히데요시豊臣秀吉 시대에 크리스트교가 금지되었다. 히데요시는 크리스트교의 신자가 늘어나면 봉건질서 기반이 무너질 수도 있다는 위기감을 느꼈던 것 같다.

「Point 강의」 – 선교사와 남만무역

화승총이 전래된 후, 포르투갈 무역선이 매년 규슈의 여러 항구에 닻을 내렸다. 1584년에는 스페인의 무역선도 규슈의 히라도에 입항했다. 그 후 소위 남만무역南蠻貿易이 활발하게 전개되었다. 무역은 히라도를 비롯한 규슈의 여러 항구에서 이루어졌다. 그러나 무역의 중심은 점차로 나가사키長崎로 옮겨지게 되었다. 남만무역은 중계무역 형식으로 이루어졌다. 포르투갈은 명나라의 생사와 견직물을 일본으로 들여오고, 일본으로부터 은銀을 손에 넣어 막대한 이윤을 얻었다. 일본은 은 이외에 도검, 해산물, 칠기 등을 수출했고, 포르투갈은 뎃포, 화약, 납, 철, 약재, 향료 등을 일본으로 들여왔다. 센고쿠다이묘들은 다투어 뎃포와 화약을 확보하려고 혈안이 되었다. 남만무역의 가장 중요한 특징은 무역이 크리스트교 전교와 밀접하게 관련되어 있었다는 점이다. 무역선의 입항지는 선교사의 의향에 의해 결정되었다. 무역의 중심지가 히라도에서 나가사키로 옮겨진 것도 히라도를 지배하던 다이묘가 크리스트교 전도에 호의적이지 않았기 때문이다. 무역선의 내항을 원했던 다이묘들은 크리스트교를 보호하지 않을 수 없었던 것이다

제23강

근세의 개막

1. 오다 노부나가의 정치

　전국시대 후기부터 통일의 기운이 조성되기 시작했다. 센고쿠다이묘 중에서 통일의 선두 주자로 두각을 나타내기 시작한 것은 오와리尾張 지방의 오다 노부나가織田信長였다. 그의 이름이 천하에 알려지게 된 것은 1560년 5월 오케하자마桶狹間 전투에서 승리하면서부터였다.
　노부나가는 당시 일본에서 가장 강력한 다이묘로 알려져 있던 스루가駿河 지방의 다이묘 이마가와 요시모토今川義元의 대군을 오케하자마에서 물리쳤다. 3,000명도 안 되는 오다군이 3만 명이 넘는 이마가와군과 싸워 크게 이겼다. 소수의 병력으로 대군을 격파하면서 노부나가는 일약 유명해졌다.
　오다 노부나가는 이마가와씨의 지배에서 해방되어 미카와三河 지역을 탈환한 도쿠가와 이에야스德川家康와 동맹을 맺어 배후의 우환을 없앤 다음, 서부 일본 지역 공략에 전념했다. 1567년에는 사이토씨斎藤氏가 지배하던 미노美濃 지역을 정복하고 본거지를 기후岐阜로 옮겼다. 1568년에는 오미近江 지역의 롯카쿠씨六角氏를 멸망시키고 교토로 입성했다.

노부나가는 조카마치城下町에 상공업자를 유치하고, 상업을 촉진시키는 정책을 추진해 도시를 번영시켰다. 독점 상인의 특권을 폐지하고, 시장세를 면제하기도 했다. 훗날 도요토미 히데요시豊臣秀吉도 조카마치를 건설하면서 이러한 제도를 계승했다.

노부나가는 교토 지역의 사원과 신사, 그리고 기나이畿内의 여러 도시를 지배하에 두었다. 특히 경제와 기술의 선진 지역이며 국제 항구였던 사카이堺를 장악했다. 노부나가는 천황天皇의 권위를 배경으로 여러 다이묘들을 차례로 굴복시켰다. 경제·정치면에서 유리한 입장에 선 노부나가는 통일 사업에 박차를 가했다.

노부나가는 자신이 옹립한 무로마치 막부室町幕府의 15대 쇼군 아시카가 요시아키足利義昭와 사이가 벌어지자, 1573년에 쇼군 요시아키를 교토에서 추방했다. 그동안 형식적으로나마 명맥을 유지하던 무로마치 막부가 멸망했다. 그 사이에 노부나가가 가장 두려워했던 다이묘 다케다 신겐武田信玄과 우에스기 겐신上杉謙信이 연이어 병사하는 우연도 일어났다.

노부나가의 통일 사업에 끝까지 걸림돌이 되었던 것은 정토진종淨土眞宗 신도들, 즉 잇코잇키一向一揆 세력이었다. 잇코잇키의 지도자인 겐뇨顯如는 지금의 오사카 지역인 이시야마혼간지石山本願寺에서 각지의 신도 조직을 통솔하면서 10여 년간이나 오다군과 싸웠다. 노부나가는 각 지역의 잇코잇키 세력을 제압한 후, 1580년 이시야마혼간지 공격을 개시했다. 노부나가는 천황의 중재로 혼간지 측과 강화를 맺는 형식으로 전쟁을 종결지었다.

  1582년 6월 소수의 병력을 이끌고 서부 일본의 모리씨毛利氏를 공략하던 도요토미 히데요시를 격려하러 가던 노부나가가 도중에 교토의 혼노지本能寺에서 숙박했다. 그날 밤 노부나가의 가신 아케치 미쓰히데明智光秀가 혼노지를 기습했다. 노부나가는 스스로 활을 쏘면서 대항하다가 장렬한 최후를 맞이했다. 노부나가의 큰아들 노부타다信忠도 전투 중 사망했다.

「Point 강의」 -청사에 길이 남을 오케하자마 전투

1560년 5월 19일 오후 1시경 노부나가가 기습공격을 감행했다. 당시 이마가와군은 휴식을 취하고 있었고, 때마침 폭우가 쏟아지면서 경계가 느슨해졌다. 노부나가의 기습으로 이마가와군은 방어선이 순식간에 무너졌고, 노부나가의 가신 모리 신스케毛利新助는 이마가와군의 총대장 요시모토의 목을 베었다. 노부나가의 일방적인 승리였다. 사서는 노부나가가 처음부터 죽을 각오로 무모한 기습을 감행했기 때문에 승리할 수 있었다고 쓰고 있다. 그러나 기습은 소수의 군대로 대군에 맞서기 위한 가장 효율적인 작전이었다. 노부나가는 이마가와군이 국경을 넘어 침입했을 때부터 첩보원이 보내오는 정보를 수시로 점검하면서 작전회의를 거듭했다. 가신들은 적을 효과적으로 방어할 뚜렷한 방책을 제시하지 못했다. 아무리 동원해도 3,000명도 안 되는 군사력으로 대항하기에는 적군의 수가 워낙 많았기 때문이다. 가신들은 농성하는

길 밖에 없다고 진언했다. 하지만 노부나가는 듣기만 할 뿐 아무 대답이 없었다. 오케하자마의 지형은 이마가와군이 오와리로 진격하기 위해서 반드시 지나야 하는 산기슭이었다. 노부나가는 은밀히 적의 대군이 효과적으로 작전을 전개할 수 없는 이 지역에 들어왔을 때 기습한다는 계획을 세웠다. 노부나가의 예상대로 이마가와군은 오케하자마에 진을 쳤다. 더구나 이마가와군은 밤새워 진군해 지쳐있었고, 때마침 폭우가 쏟아지면서 경계가 허술했다. 이마가와군은 노부나가의 기습에 속수무책이었다.

2. 도요토미 히데요시의 정치

도요토미 히데요시의 원래 성명은 기노시타 도키치로木下藤吉郎였다. 그는 1570년부터 무장으로 두각을 나타내면서 다이묘의 반열에 올랐다. 성명도 하시바 히데요시羽柴秀吉라고 바꿨다. 히데요시 38세 때의 일이었다. 히데요시는 1581년의 돗토리성鳥取城 포위작전과 다음 해의 다카마쓰성高松城 포위작전으로 일약 유명해졌다.

다카마쓰성에서 모리군毛利軍과 대치하고 있을 때, 오다 노부나가가 사망했다는 소식을 들은 히데요시는 즉시 강화를 맺고 회군했다. 그리고 교토 서쪽의 야마자키山崎 전투에서 아케치 미쓰히데 군대를 무찔렀다. 1583년에는 상관이었던 시바타 가쓰이에柴田勝家를 오미 지역의 시즈가타케賤ヶ岳 전투에서 물리치고 최고 실력자가 되었다. 히데요시는 오사카성大坂城을 건설하고 전국 통일의 거점으로 삼았다.

히데요시는 정적 도쿠가와 이에야스德川家康를 외교로 복속시키는 수완을 발휘했다. 1585년에는 조소카베 모토치카長宗我部元親를 굴복시켰고, 이어서 모리씨毛利氏와 우에스기씨上杉氏를 굴복시켰다.

1585년 7월 히데요시는 간파쿠関白의 지위에 오르고, 다음 해 12월에는 다이조다이진太政大臣이 되었다. 천황은 히데요시에게 도요토미豊臣라는 성을 하사했다. 이윽고 히데요시는 간파쿠의 지위를 조카인 도요토미 히데쓰구豊臣秀次에게 물려주고, 스스로 다이코太閤라 칭했다.

1587년부터 1590년까지 규슈・관동関東・동북東北 지방의 여러 다이묘들을 차례로 복속시켰다. 히데요시는 먼저 규슈의 시마즈씨島津氏를 공략했다. 시마즈씨는 히데요시가 25만의 병력을 동원해 공격하자 순순히 항복했다. 이어서 관동 지방을 지배하던 호조씨北条氏를 멸망시켰다. 호조씨를 공략하는 중에 동북 지방의 실력자 다테 마사무네伊達政宗가 복속했다. 도요토미 정권에 끝까지 저항했던 잇코잇키一向一揆 세력도 진압되었다. 전국이 통일되었다.

도요토미 히데요시는 오다 노부나가가 실시한 것보다 더욱 철저한 겐치検地, 즉 토지조사 사업을 실시했다. 히데요시의 겐치는 1582년에 시작되어 1598년까지 계속되었다. 중앙에서 관리가 파견되었고, 전국적으로 거의 동일한 기준이 적용되었다. 겐치에 저항하는 자들은 가혹한 처벌을 받았다.

겐치의 목적은 경작지의 면적과 생산량을 파악하는 것이었다. 먼저 경작지의 면적을 측정하고, 그 다음에 생산량을 산출했다. 겐치의 결과 전국의 경작지와 생산량이 산술적으로 파악되었다. 경작자도 함께 파악되었다. 농민의 숫자는 물론, 특정 농민의 성별, 나이, 신체상태 등이 파악되었다. 예를 들면, 어떤 마을은 경작지가 몇 평, 생산량이 몇 석, 경작자가 몇 명, 이런 식으로 세밀하게 파악되어 장부에 기재되었다. 그 결과 도요토미 히데요시는 전국의 경작지・생산량・경작자를 장악할 수 있었다. 이와 같이 철저한 토지조사 사업은 어떤 다이묘도 시도하지 못한 것이었다.

병농분리가 보다 명확한 형태로 드러난 것이 가타나가리刀狩 정책이었다. 가타나가리는 서민이 소지하는 무기를 몰수해 무장해제 시키는 것이었다. 히데요시는 서민이 무기를 소지하면 무장 봉기를 일으키는 원인이 된다고 생각해 가타나가리령을 내렸다.

가타나가리라고 하면 일반적으로 1588년 7월에 시행된 히데요시의 가타나가리령을 가리킨다. 히데요시는 가타나가리를 통해 병농분리를 완성하려고 했다. 농민은 농구를 소지하고 농업에 종사해야 마땅하고, 무기를 손에 들고 싸우는 것은 바람직하지 않다는 점을 강조했다. 이 말은 결국 무기는 본래 전투원인 무사가 독점해야 한다는 말이었다.

「Point 강의」 – 작전개념을 바꾼
도요토미 히데요시

도요토미 히데요시는 돗토리성을 포위하기 훨씬 전부터 적의 군량미를 치밀하게 계산하고 있었다. 이미 수개월 전부터 상인들을 시켜서 그 지역의 미곡을 비싼 값에 매입했다. 그리고 군사들을 시켜서 일부러 그 지역 민중을 가혹하게 다뤄 두려움에 떨게 하라고 명령했다. 한 사람이라도 더 돗토리성으로 들어가서 적의 군량미를 많이 소비하게 하기 위해서였다. 돗토리성을 포위하고 수개월이 지나자 과연 성안에서는 식량이 바닥났다. 말은 물론 사람의 시체를 먹는 처참한 광경이 벌어졌다. 그러자 적이 항복했다. 다카마쓰성 공략에서는 수공 작전을 전개했다. 다카마쓰성 둘레에 제방을 쌓고, 가까이에 있는 하천의 물을 끌어들이는 계획을 세웠다. 2만5,000명의 군사가 밤낮으로 제방공사에 동원되었고, 길이 2.8킬로미터 높이 7미터의 제방이 19일 만에 완성되었다. 제방이 완성되자 장마철에 접어들었고, 비가오자 하천의 물이 불었다. 성은 물에 잠겨 고립되었다. 견디다 못한 적은 히데요시의 강화교섭에 응했다. 돗토리성과 다카마쓰성 공략작전에서 히데요시 군단은 공성작전을 전개하지 않았다. 병사들은 포위작전에 동원되어 보초를 서거나 대규모 토목공사에 동원되었을 뿐이었다. 경제력과 기술력을 배경으로 한 작전 방식이 히데요시에 의해 새롭게 정립되었다. 작전에 상인과 기술자 집단이 대거 동원되었다는 점도 주목된다.

도요토미 히데요시의 정책 추진 의지

1590년 동북 지방에 하달된 히데요시의 명령서 내용을 보면, 정책을 관철시키겠다는 히데요시의 의지가 얼마나 강력했는지 실감할 수 있다. 히데요시는 극약처방을 내리면서까지 겐치를 시행하려고 했다. 히데요시는 다음과 같이 명령했다. "겐치의 의도를 토호나 농민에게 잘 이해시키도록 하라. 만약에 겐치에 반대하는 영주 세력이 있을 경우에는 모두 성으로 몰아넣고 한 사람도 남기지 말고 몰살시켜라. 농민에 대해서도 마찬가지다. 다시 강조하지만 한 마을, 두 마을의 농민들을 모두 몰살시켜도 좋다. 설령 한 지역이 황폐해져도 좋으니 깊은 산 속, 바다는 배가 갈 수 있는 데까지 성의를 다해 겐치를 시행하도록 하라."

3. 조선침략

도요토미 히데요시는 시마즈씨島津氏를 복속시킨 뒤에도 계속 규슈에 머무르면서 침략 전진기지 건설에 착수했다. 히데요시는 우선 규슈의 군사기지화를 염두에 둔 논공행상을 실시했다. 규슈의 다이묘령大名領 내에 군량 보급기지인 구라이리치蔵入地를 설정했다. 구라이리치는 대륙 침략을 염두에 두고 배치되었다. 히데요시는 규슈의 하카타博多를 일본 제일의 국제항으로 개발하겠다고 공약했다. 조선 사정에 정통한 시마이 소시쓰島井宗室·가미야 소탄神谷宗湛 등과 같은 하카타 상인들이 전쟁준비에 앞장섰다.

1591년 9월 동원령이 내려졌다. 침략군으로 편성된 다이묘들에게 군역이 부과되었다. 규슈에 영지를 보유하고 있던 다이묘는 100석당 5명, 그 밖의 다이묘는 100석당 4명을 동원하도록 했다. 선박·역부役夫·수부水夫·병기 등도 각 다이묘나 촌락의 생산량을 기준으로 할당되었다. 상선도 징발되었다. 군용으로 사용할 금화·은화가 주조되었고, 48만 명분의 식량이 준비되었다. 다이묘에 대한 통제도 강화되었고, 신분별·직업별 인구조사를 전국적으로 실시했다. 일단 동원된 병사와 역부는 탈영을 해도 숨어 지낼 곳이 없게 되었다. 전쟁 준비가 완료되었다.

1592년 3월 13일 도요토미 히데요시는 9군단으로 편성된 15만 8,700명의 군대에게 조선을 침략할 것을 명령했다. 고니시 유키나가小西行長가 이끄는 제1군이 선봉이었고, 그 뒤를 이어 가토 기요마사加藤清正가 이끄는 제2군, 구로다 나가마사黒田長政가 이끄는 제3군이 연이어서 조선을 향했다. 구키 요시타카九鬼嘉隆가 창설한 일본 수군이 병력과 물자를 운반했다.

1592년 4월 12일 저녁, 고니시 유키나가가 이끄는 제1군 1만8,000

명을 실은 700척의 병선이 부산 앞바다를 덮었다. 일본군은 다음 날 새벽에 부산진을 점령했다. 일본군은 이어서 동래를 비롯한 경상도 일대를 유린했다. 일본군은 부산에 상륙한 지 19일 만에 고니시 유키나가가 이끄는 제1군이 숭례문을 통해 한성으로 입성했다. 가토 기요마사가 이끄는 제2군은 반나절 늦게 흥인지문을 통해 한성에 입성했다. 제3군은 4일 정도 늦게 입성했다. 승전보는 즉시 일본에 있는 도요토미 히데요시에게 전달되었다. 히데요시는 조선이 곧 멸망할 것이라고 생각했다. 조선을 점령한 후에 명으로 진격할 계획을 세웠다.

그러나 일본군이 평양까지 진격한 후에는 전황이 달라졌다. 조선 각지에서 의병이 봉기했고, 조선군도 반격을 개시했다. 이순신이 이끄는 조선 수군은 5월에 옥포해전, 6월에 사천·당포해전, 7월에 한산도해전, 그리고 9월에 부산해전에서 연전연승했다. 이순신의 활약으로 일본 수군은 서해로 나아가 평양에 주둔한 일본군에 병력과 군량을 보급할 수 없게 되었다. 도요토미 히데요시가 직접 조선으로 건너가려고 했던 계획도 무산되었다.

한편, 일본군의 침략을 한반도에서 저지하기 위해, 이여송이 이끄는 명군이 한반도로 진군했다. 조선군과 명군은 1593년 초에 평양을 탈환하고, 후퇴하는 일본군을 추격했다. 그러나 한성 근교의 벽제관 전투에서 명군이 일본군에 대패하면서 전선은 다시 교착 상태에 빠졌다. 이여송은 애써 싸우려 하지 않았다. 일본군은 추위·질병·기아로 인해 사기가 저하되었다. 현지에서 식량을 조달하기 어려웠고 식량 보급도 원활하지 못했다. 고니시 유키나가와 명의 사신이 서둘러 정전 협정을 맺었다.

1596년 명의 사절이 도요토미 히데요시를 일본 국왕에 봉한다는 칙서와 금인을 갖고 도일했다. 히데요시는 자신의 요구가 관철되지 않았다고 분노했다. 히데요시는 1597년에 재차로 대륙침략을 명했다. 정유재란이 일어났다.

 일본군이 다시 한반도에 상륙했다. 그러나 일본군은 북진하지 못하고 남하해 순천·울산·서생포 등 전라남도·경상남도 일대의 해안에 산성을 쌓고 조선군과 대치했다. 일본군은 조선인을 납치하거나 살육했다. 코를 베고 귀를 베어 소금에 절이거나 식초에 담가서 일본으로 보냈다. 1598년 도요토미 히데요시가 사망하자 일본군은 한반도에서 철수했다. 이순신은 노량해전에서 후퇴하는 적을 맞아 싸우다가 전사했다.

「Point 강의」 – 정유재란과 노예 상인들

정유재란은 '노예사냥' 전쟁이었다. 종군한 승려 게이넨慶念은 1597년 8월 8일의 일기에 다음과 같이 썼다. "오늘도 보았다. 무엇에 쓰려는지 조선인 어린이를 묶어서 끌고 가는 것을. 일본 무사에게 손을 모으고 살려달라고 애원하는 부모를 현장에서 베어 죽이고 어린이를 끌고 가 버렸다." 끌려간 어린이는 나가사키長崎에서 노예로 팔려나갔다. 조선인 노예는 화승총, 비단, 담배 등과 교환되었다. 강항은 『간양록』에 다음과 같이 기록했다. "이곳 무한현에 당도해 보니 잡혀온 조선인이 무려 천여 명을 헤아렸다. 새로 잡혀온 사람들은 밤낮으로 무리지어 거리를 방황하며 울고 있었다. (중략) 길 옆에는 아무렇게나 쌓인 시체가 산을 이루고 있었고 울음소리가 하늘에 사무쳐 마치 파도처럼 출렁거리는 것 같았다." 이탈리아 선교사 카렛티Carletti는 그의 기행문에서 다음과 같이 증언했다. "꼬레아에서 헤아릴 수 없이 많은 수의 남녀노 소가 노예로 잡혀왔다. 그중에는 보기에도 딱할 만큼 가련한 어린이도 있었다. 그들은 모두 한꺼번에 헐값에 매매되고 있었다. 나도 12스큐티를 내고 다섯 명을 샀다. 그들에게 세례를 준 후 인도까지 데리고 가서 자유로운 몸이 되게 놓아 주었다. 그중 한 어린이만은 폴로렌스시로 데리고 갔다. 그는 지금 로마에 살고 있다. 그는 안토니오 꼬레아라는 이름으로 불린다."

제24강

에도 막부의 성립

1. 도쿠가와 이에야스의 쇼군 취임

도요토미 히데요시豊臣秀吉가 사망한 후 도쿠가와 이에야스德川家康가 정권을 장악했다. 이에야스는 천하를 손에 넣겠다는 야심을 품기 시작했다. 때마침 정권 내부에서 이시다 미쓰나리石田三成를 비롯한 문리파와 가토 기요마사를 비롯한 무단파가 대립했다. 도쿠가와 이에야스는 무단파와 손을 잡고 정국을 주도했다.

도쿠가와 이에야스의 야심을 간파한 것은 도요토미 히데요시의 심복이었던 이시다 미쓰나리였다. 그는 이에야스의 세력이 점점 커지자 도요토미씨의 장래를 걱정했다. 그는 도요토미 히데요시에게 은혜를 입은 다이묘들을 결집해 도쿠가와 이에야스 타도의 기치를 올렸다. 1600년 9월 미노美濃의 세키가하라関ヶ原에서 미쓰나리가 이끄는 서군

과 이에야스가 이끄는 동군이 격돌했다. 이에야스가 이끄는 동군이 10만 4,000명, 미쓰나리가 이끄는 서군이 8만 5,000명이었다. 전투는 서군의 대패로 끝났다.

도쿠가와 이에야스는 서군의 주모자였던 이시다 미쓰나리·고니시 유키나가小西行長를 사형에 처했다. 서군에 가담했던 우키다 히데이에宇喜多秀家를 비롯한 88가문의 다이묘를 멸망시키고 영지 632만 석을 몰수했다. 그리고 새로 68가문의 다이묘를 세워서 전국 요소요소에 배치했다. 그들은 도쿠가와씨의 눈과 귀가 되어서 다른 다이묘들을 감시하는 역할을 했다. 도요토미 히데요시의 아들 도요토미 히데요리豊臣秀頼는 오사카 일대에 65만 석 정도의 영지를 보유한 일개 다이묘로 몰락했다.

세키가하라 전투 후, 이에야스는 독자적인 정권 수립을 준비했다. 1603년 이에야스는 후시미성伏見城에서 고요제 천황後陽成天皇으로부터 세이다이쇼군征夷大將軍에 임명되었다. 그리고 에도江戸에 막부幕府를 개설해 전국의 다이묘를 직접 지배하에 두었다. 이후 260여 년간 도쿠가와씨가 일본을 통치했다.

「Point 강의」 - 세키가하라 전투

1600년 6월 도쿠가와 이에야스는 우에스기 가게카쓰上杉景勝를 토벌하기 위해 대군을 이끌고 출진했다. 이에야스는 자신이 출진한 틈을 노려 이시다 미쓰나리가 거병할 것이라는 것을 예상하고 그 이후의 대책까지 마련해 두고 있었다. 과연 이시다 미쓰나리가 연합군을 구성해 거병했다. 이에야스는 회군해 세키가하라에서 대진했다. 이에야스가 이끄는 동군은 결속력이 강했다. 하지만 미쓰나리는 서군을 완전히 통제하지 못했다. 서군에 속한 다이묘들 중에는 도요토미 히데요시의 은혜를 입은 자들이었기 때문에 마지못해 출진한 자들도 있었다. 그들은 세상 사람들이 '은혜를 저버린 의리 없는 자'라고 손가락질하면 얼굴이 서지 않아서 참전은 했으나 누구보다도 도쿠가와 이에야스의 실력을 잘 알고 있었다. 더구나 도쿠가와 이에야스는 진작부터 서군에 속해 있는 다이묘들에게 빈번하게 편지를 보내 회유했다. 고바야카와 히데아키小早川秀秋와 같은 다이묘는 일찍부터 이에야스와 내통하고 있었다. 결정적인 순간에 서군을 뒤에서 공격하기로 되어 있었다. 고바야카와 히데아키는 전투가 한창일 때 서군의 배후를 쳤다. 고바야카와의 배신은 서군이 패배하는 결정적인 요인이 되었다.

2. 도요토미씨 멸망

1605년 도쿠가와 이에야스는 쇼군의 지위를 아들인 도쿠가와 히데타다德川秀忠에게 물려주었다. 그것은 쇼군의 지위는 도쿠가와씨가 세습하는 것이라는 것을 선언한 것이었다. 이에야스는 슨푸駿府에 은거했다. 이에야스가 소위 2두정치의 형태를 취한 것은 정국이 불안했기 때문이다. 그래서 에도의 쇼군 히데타다를 중심으로 하는 집단은 막부의 행정기구를 정비하고, 슨푸의 이에야스를 중심으로 하는 집단은 유력한 다이묘들을 억압하는 역할을 했다.

이에야스는 항상 오사카성에 있는 도요토미 히데요리豊臣秀頼가 불안했다. 히데요리는 철옹성 같은 오사카성에 은거하면서 많은 재산을 보유하고 있었다. 도요토미 히데요시의 은혜를 입은 다이묘들은 여전히 건재했다. 실업한 무사 또한 일단 유사시에 군사력으로 결집할 수 있는 세력이었다. 히데요리는 결코 만만한 상대가 아니었던 것이다.

이에야스는 히데요리에게 교토 호코지方光寺의 대불을 재건하도록 종용했다. 도요토미씨의 재정을 고갈시키기 위한 모략이었다. 호코지의 대불은 도요토미 히데요시가 생전에 건립을 추진했으나 지진으로 붕괴된 후 황폐해 있었다. 효심이 발동한 히데요리는 대불의 재건에 착수했다. 공사는 1608년에 시작해 1614년까지 계속되었다. 그동안 도요토미씨는 재산을 탕진했다. 재정난에 직면한 도요토미씨가 상인들에게 자금을 조달한다는 소문이 돌았다. 그러자 이에야스는 도요토미씨를 멸망시킬 때가 왔다고 판단했다. 공격의 구실을 만들기 위해 소위 종명사건鐘銘事件을 일으켰다.

이에야스는 호코지의 범종에 새겨진 '국가안강國家安康·군신풍락君臣豊樂'이라는 문구를 문제 삼았다. 즉, '국가안강'이라는 문구는 자신의 이름 '家'와 '康'을 의도적으로 떼어 놓은 것이며, 그것은 자신을 위해하려는 음모라고 주장했다. 이에야스가 도요토미씨를 공격할 실마리를 만들기 위해 억지로 트집을 잡은 것이었다.

1614년 10월 이에야스는 드디어 오사카성을 공격했다. 도요토미씨 측에 가담한 다이묘나 실업 무사의 숫자는 생각한 것보다 적었다. 무사들은 대세가 이미 도쿠가와씨로 기울었다는 것을 알고 있었다. 하지만 도요토미 히데요시에게 은혜를 입은 사나다 유키무라眞田幸村·기무라 시게나리木村重成 등과 같은 충성스런 낭인浪人 무사들이 오사카성을 사수했다. 도쿠가와군은 오사카성을 집요하게 공격했지만, 오사카성은 함락되지 않았다. 오사카성을 단시간 내에 함락하기 어렵다는 것을 깨달은 도쿠가와 이에야스는 같은 해 12월에 일단 강화를 맺었다. 이것을 오사카의 겨울 전투라고 한다.

 강화의 조건은 오사카성의 바깥쪽에 있는 해자를 매립하는 것이었다. 그런데 이에야스는 강화의 조건을 무시하고 군사들을 동원해 오사카성의 안쪽에 있는 해자도 매립해 버렸다. 오사카성은 무방비에 가까운 성이 되어 버렸다. 일단 물러난 이에야스는 다음 해인 1615년 4월에 다시 오사카로 쳐들어가 오사카성을 함락시켰다. 도요토미 히데요리와 그의 모친 요도도노淀殿가 자결했다. 이것을 오사카의 여름 전투라고 한다. 숙원을 해결한 도쿠가와 이에야스는 다음 해인 1616년에 사망했다.

「Point 강의」 - 늙은 너구리 도쿠가와 이에야스

도요토미 히데요시는 생전에 여러 차례 도쿠가와 이에야스에게 어린 아들 히데요리를 부탁했다. 몇 번이나 혈판을 찍게 해 충성을 맹세하도록 하기도 했다. 그때마다 이에야스는 눈물을 흘리면서 히데요리를 잘 보필하겠다고 맹세했다. 히데요시와 약속한 대로, 자신의 손녀를 히데요리와 결혼시키기도 했다. 하지만 이에야스는 정권 찬탈의 야심을 한시도 버린 적이 없었다. 그는 속마음을 내비치는 법이 없었다. 일본인들은 음흉한 그에게 '늙은 너구리'라는 별명을 붙여 주었다. 이에야스는 내심 도요토미 히데요리를 두려워하고 있었다. 여론이 도요토미씨를 지지하고 있었다. 비록 세키가하라 전투 이후 세력이 위축되기는 했으나 히데요리는 여전히 부유했다. 무엇보다도 난공불락의 오사카성을 차지하고 있었다. 세간에서는 히데요리가 20살이 되면 천하는 그의 것이 된다는 소문이 돌고 있었다. 이에야스는 이미 70을 바라보고 있었다. 이에야스는 세간의 비난을 감수하고서라도 도요토미씨를 멸망시키기로 작정했다. 그는 터무니없는 이유로 전쟁을 일으켜 기어이 도요토미씨를 멸망시켰다.

3. 지배기구 정비

도쿠가와 이에야스·히데타다 시대의 정치는 측근들을 통해 운영되었다. 측근정치는 나름대로 효율성이 있었지만, 자칫 자의적으로 흐를 수 있는 위험성이 있었다. 또 정권의 안정적인 계승이라는 측면에서도 문제가 있었다.

통치기구는 3대 쇼군 도쿠가와 이에미쓰德川家光 시대에 제도화되었다. 1634년에서 1638년에 걸쳐서 직제가 정비되었다. 먼저 로주老中와 와카토시요리若年寄의 직무규정이 정해졌다. 1635년에는 지샤부교寺社奉行, 간조부교勘定奉行, 에도마치부교江戶町奉行 등의 직제가 제정되었다. 쇼군을 정점으로, 로주, 와카도시요리, 오메쓰케大目付, 메쓰케目付, 3부교奉行라는 직제가 완비되었다.

행정부 최고의 직제로는 다이로大老가 있었으나 그것은 비상시에만 두는 직책이었다. 평상시에는 로주가 정무를 관장했다. 로주는 보통 후다이譜代 다이묘 중에서 선발되었고 정원은 5~6명이었다. 복수의 로주를 둔 것은 집무소에 기거하면서 매월 교대로 근무했기 때문이다. 특히 중요한 정무는 합의해 처리했다. 로주를 보좌하는 와카도시요리는 3~5명이 두어졌다. 와카도시요리 역시 후다이 다이묘 중에서 선발했고, 매월 1명씩 교대로 업무를 담당했다.

행정의 실무를 관장하는 3부교에는 지샤부교·간조부교·에도마치부교가 있었다. 지샤부교는 주로 사원과 신사 관계의 업무를 총괄했다. 간조부교는 주로 쇼군의 직할령인 덴료天領의 통제와 막부의 재정 사무를 담당했다. 에도마치부교는 에도의 행정·치안·재판을 관장했다.

감찰기관으로서는 다이묘의 동태를 감시하는 오메쓰케가 있었고, 하타모토와 고케닌을 감독하는 메쓰케가 있었다. 그 밖에 로주·3부교·오메쓰케·메쓰케로 구성되는 효조쇼評定所라는 최고평결기관이 있었다. 하타모토는 마치부교·간조부교 등의 직책에 취임할 수 있었다.

지방에는 교토에 교토쇼시다이京都所司代, 오사카·슨푸·니조二条에 조다이城代를 두었다. 그리고 주요 도시인 교토·오사카·슨푸·후시미伏見 등에는 마치부교를 두었다. 그 밖의 주요 지역인 나가사키長崎·사카이堺·야마다山田·나라奈良·닛코日光·사도佐渡 등에 온고쿠부교遠国奉行를 두었다. 쇼군의 직할지 덴료에는 다이칸代官을 두어 민정 일반을 관장하게 했다. 다이칸은 3부교의 하나인 간조부교에 의해 통제되었다.

「Point 강의」 – 에도 막부 초기의 측근 정치

이에야스·히데타다 시대에는 이렇다 할 직제가 없었다. 정치는 오고쇼大御所 이에야스와 쇼군 히데타다의 신임을 얻은 측근들을 통해 운영되었다. 이에야스와 히데타다 2대에 걸쳐 봉직한 혼다 마사노부本多正信, 이에야스의 두터운 신임을 배경으로 권세를 누린 혼다 마사즈미本多正純, 막부 재정을 중심으로 다방면에 걸쳐서 활약한 오쿠보 나가야스大久保長安 등이 대표적인 측근이었다. 이에야스의 주위에서 활약했던 측근으로 덴카이天海를 비롯한 승려들, 유학자 하야시 라잔林羅山, 차야 시로지로茶屋四郎次郎, 고토 쇼사부로後藤庄三郎, 하세가와 후지히로長谷川藤広, 스미노쿠라 료이角倉了以 등 교토의 호상들, 이나 타다쓰구伊奈忠次를 비롯한 행정 관료들, 영국인 윌리엄 아담스를 비롯한 외국인 고문 등이 있었다. 이들은 정치·외교 분야에서 활약하던 인재들이었다. 오쿠보 타다치카大久保忠隣, 도이 도시카쓰土井利勝, 사카이 타다요酒井忠世 등은 오고쇼 이에야스와 쇼군 히데타다를 시봉하면서 정치를 담당했던 측근들이었다.

제25강

쇼군 권력의 확립

1. 쇼군의 권력

에도 막부의 쇼군將軍은 일본 열도의 지배자인 동시에 일본 최대의 다이묘라는 성격도 아울러 지니고 있었다. 고쿠다카石高, 즉 생산량이 400만 석에 달하는 직할령 덴료天領가 쇼군의 경제적 기반이었다. 직할령에다 가신들에게 나누어준 영지 약 300만 석을 합하면 쇼군이 직접 또는 간접적으로 지배할 수 있는 영지는 700만 석에 달했다. 17세기 말 일본 전국의 고쿠다카石高는 약 3,000만 석이었다. 전체 생산량의 약 4분의 1을 쇼군이 지배했던 것이다.

당시 일본 최대의 다이묘였던 가가번加賀藩 마에다씨前田氏의 고쿠다카는 102만 석이었다. 그런데 마에다 도시이에前田利家를 개조로 하는 가가번은 막부에 절대적으로 충성했다. 그래서 특별히 광대한 영지의 지배가 허용되었다. 과반수의 다이묘는 5만석 이하였다. 다이묘의 경제력은 쇼군의 그것과 비교될 수 없었다.

쇼군은 에도 · 교토 · 오사카 · 나라奈良 · 나가사키長崎 등 주요 도시를 직접 지배했다. 직할도시에 관리를 파견해 다스렸다. 막부는 특히 나가사키를 지배하면서 대외무역 창구를 독점했다. 도시의 상인이 납부하는 기부금 · 상납금도 막부의 중요한 수입원이었다. 막부는 전국의 유명한 광산도 직접 지배했다. 물론 주조권도 막부가 장악했다.

군사력의 중핵은 쇼군에 직속된 가신단이었다. 그중에서 직접 쇼군을 알현할 수 있는 자격이 있는 무사를 하타모토旗本라고 했다. 1만 석에 가까운 하타모토도 있었으나 100석 정도에 불과한 자도 있었다. 하타모토에게는 영지가 하사되었다. 쇼군을 직접 알현할 수 없는 가신을 고케닌御家人이라고 했다. 그들의 대부분이 봉록을 받았다. 쇼군이 직접 거느리는 가신단의 규모는 흔히 '하타모토 8만기'라고 일컬어졌다.

> 「Point 강의」 –쇼군의 상비군 하타모토 8만기의 실체
>
> 1722년의 자료에 의하면, 하타모토가 5,200여명, 고케닌이 1만7,300여 명, 합계 2만2,500여 명이었다. 쇼군이 동원령을 내리면 무사들은 군역軍役 규정에 의해 부하들을 거느리고 소집에 응했다. 1633년의 군역 규정에는 500석의 하타모토는 13명의 부하, 1천석의 하타모토는 23명의 부하를 각각 거느리고 출진하도록 되어 있었다. 하타모토와 고케닌이 출진할 때 거느리는 부하의 숫

> 자까지 계산하면, 쇼군이 일시에 동원할 수 있는 병력은 6~7만 명 정도였다. '하타모토 8만기'라는 말은 결코 과장이 아니었다는 것을 알 수 있다. 참고로 10만 석의 다이묘가 동원할 수 있는 군사는 약 2,000명이었다.

2. 쇼군과 다이묘

1만석 이상의 영지를 보유한 영주를 다이묘大名라고 했다. 다이묘는 쇼군이 승인한 지역을 지배했고, 규정된 범위 내에서 가신단을 거느렸다. 다이묘는 자신의 영지와 그곳에 사는 민중을 지배하는 독립된 소국가의 지배자였다. 소국가는 번藩이라고 했다. 다이묘의 수는 에도 시대 초기에는 200명 정도였으나 중기 이후에는 250명이 넘었다.

다이묘는 가문의 품격에 따라서 서열이 정해졌다. 천황이 부여하는 관위에 의한 품격, 지배하는 영지와 고쿠다카, 즉 생산량에 의한 품격, 에도성에서 쇼군을 알현할 때 정해진 좌석에 따른 품격, 쇼군과의 친소관계에 따른 품격 등을 근거로 서열이 정해졌다. 그중에서 가장 중요시되었던 것은 신판親藩·후다이譜代·도자마外様라는 쇼군과의 친소관계에 의한 구별법이었다.

신판은 도쿠가와씨 일족의 다이묘였다. 그중에서도 도쿠가와 이에야스의 아들이 분가하면서 성립된 오와리尾張·기이紀伊·미토水戸의 세 가문이 가장 권위가 있었다. 그 가문을 고산케御三家라고 했다. 고산케의 분가는 고카몬御家門이라고 해 특별한 대우를 받았다.

후다이는 1600년 세키가하라 전투 이전부터 도쿠가와씨 가신이었던 가문도 있었고, 그 후에 가신이 된 가문도 있었다. 후다이는 가신이 된 시기에 따라서 또 구별되었다. 후다이의 필두는 히코네彦根의 이이씨 伊井氏로 35만 석이었다. 그 밖에는 5만 석 내외로 비교적 격이 낮았다. 하지만 막부의 중요한 직책에는 후다이 가문 중에서 임명하는 것이 원칙이었다.

도자마는 광대한 영지를 보유했으나 막부의 중요한 직책에 임명되는 경우는 거의 없었다. 도자마 다이묘는 표면적으로는 예우를 받았으나 실제적으로는 막부와 긴장관계를 유지했다. 막부는 도자마 다이묘를 끊임없이 감시했다.

다이묘가 지배하는 영지인 번은 다이묘의 법에 따라 지배되는 독립된 공간이었다. 다이묘가 막부의 법령을 위반하지 않는 한 원칙적으로 막부도 번의 정치에 간섭할 수 없었다. 그러나 다이묘가 막부의 기본 법령이라고 할 수 있는 무가제법도武家諸法度를 위반하면 처벌되었다.

「Point 강의」 – 다이묘와 번

다이묘라는 말은 원래 다이묘타토大名田堵, 또는 다이묘슈大名主를 의미했는데, 1만석 이상의 영지를 보유한 영주를 다이묘라고 칭하게 된 것은 1630년 경부터였다. 번이란 번진藩鎮 또는 번병藩屛이라는 중국 고대의 용어에서 유래한 것이었다. 중국에서 황제에게 영지를 받은 제후가 중앙정권의 번병이라고 일컬어졌던 데에서 유래했다. 하지만 번이라는 말은 막부가 공식적으로 호칭했던 것이 아니었다. 그것은 근세 중기 이후에, 특히 자립 의식이 강한 번에서 사용하기 시작하면서 점차로 일본사회에 위화감 없이 받아들여졌을 것이다. 번이라는 호칭을 공식적으로 사용한 것은 메이지明治 정부였다. 그러나 그것도 1871년 메이지 정부가 페번치현廢藩置縣을 단행하면서 역사 속으로 사라졌다.

무가제법도

1515년 7월 7일 도쿠가와 이에야스는 다이묘들을 후시미성伏見城으로 모이게 했다. 그리고 다이묘들 앞에서 2대 쇼군 도쿠가와 히데타다가 무가제법도를 공포했다. 무가제법도는 도쿠가와 이에야스가 승려인 스덴崇伝에게 기초하게 한 것이었다. 이 법은 오로지 문무궁마文弓馬의 길에 매진할 것, 품행을 방정하게 할 것, 법도를 위반한 자를 숨겨주지 말 것, 반역·살인자는 추방할 것, 다른 지역 출신자를 고용하지 말 것, 거성을 수리할 때는 반드시 신고할 것, 이웃한 다이묘의 심상찮은 동향은 즉시 보고할 것, 사사로운 혼인을 금할 것 등을 내용으로 했다. 그 밖에 다이묘의 참근교대 작법, 검약, 업무 자세 등의 내용도 포함되어 있었다. 이때부터 쇼군이 취임한 후에 무가제법도를 여러 다이묘에게 공시하는 것이 관례가 되었다. 무가제법도는 3대 쇼군 이에미쓰 시대인 1635년에 19조로 늘려서 정비되었다. 그때 참근교대參勤交代를 의무화하고, 규모가 큰 선박의 건조를 금지하는 내용이 추가되었다. 그 후에도 쇼군이 바뀔 때마다 조금씩 내용이 수정되는 경우가 있었으나 근본적인 골격은 그대로 유지되었다.

3. 다이묘의 통제

막부는 다이묘의 배치에 신중을 기했다. 막부가 위치한 에도 인근과 간선도로 연변에는 하타모토와 후다이 다이묘를 배치했고, 변경에는 도자마 다이묘를 배치했다. 막부는 다이묘의 영지를 몰수하거나 재배치할 수 있었다. 다이묘의 영지를 몰수하는 것을 개역改易, 영지의 일부를 몰수해 지배지역을 축소하는 것은 감봉減封, 영지를 재배치하는 것을 전봉轉封이라고 했다.

1515년 7월 무가제법도가 공포되었다. 1635년에는 참근교대參勤交代가 의무화되었다. 참근교대란 다이묘가 격년제로 자신의 영지를 떠나 에도에 와서 생활하는 것을 말한다. 후다이다이묘는 2월·6월·8월에 교대했고, 도자마 다이묘는 4월에 교대했다.

참근교대 제도가 정착하면서 다이묘는 에도에 저택을 마련했다. 다이묘의 처자는 인질로 계속 에도에 거주했다. 다이묘가 처자를 은밀하게 자신의 영지로 데리고 가는 것은 모반으로 간주되었다. 또 다이묘가 에도로 입성할 때 뎃포鉄砲를 반입하는 것도 모반을 획책하는 것으로 간주되어 영지가 몰수되는 처벌을 받았다.

다이묘는 쇼군에 군역軍役을 제공했다. 군역은 고쿠다카石高를 기준으로 동원되는 무사와 봉공인의 수, 군마의 수, 무기의 종류와 수량에 이르기까지 상세하게 정해져 있었다. 다이묘는 항상 규정 이상의 군사와 무기를 확보했다가 쇼군의 명령에 따라 출동했다.

다이묘는 에도성의 경비, 에도 시가의 소방 업무, 조선통신사를 비롯한 외국 사절의 호위 및 접대 등의 경비도 부담했다. 막부 성곽의 축성, 주요 하천의 토목공사도 분담했다. 축성 사업과 대규모 토목공사는 다이묘 재정 삭감책의 일환이었다.

「Point 강의」 – 에도 막부 전기의 무단통치

막부 창립의 공신이라도 무가제법도를 위반하면 예외 없이 처벌되었다. 세키가하라 전투의 일등공신이며 히로시마広島 50만 석을 영유한 후쿠시마 마사노리福島正則, 우쓰노미야宇都宮 15만 석을 영유한 혼다 마사스미本多正純 등이 막부의 허가 없이 성을 수리했다고 해서 개역, 즉 영지가 몰수되었고, 오다와라小田原 6만 석의 다이묘 오쿠보 타다치카大久保忠隣는 막부의 허가 없이 혼인했다는 이유로 개역되었다. 신판인 도쿠가와 타다나가徳川忠長・마쓰다이라 타다나오松平忠直・마쓰다이라 타다테루松平忠輝 등도 무가제법도에 저촉되어 개역되었다. 에도 시대 초기에는 쇼군이 다이묘의 영지를 몰수하는 경우가 많았다. 무단통치가 시행되었던 17세기 전기에 105가문의 다이묘가 개역되었고, 18가문의 다이묘가 감봉되었다.

다이묘와 참근교대

참근교대는 원래 충성을 서약하는 인질제도의 일종으로 도요토미 히데요시가 사망한 후 아사노씨浅野氏와 마에다씨前田氏가 각각 아들과 모친을 에도로 보내어 반역의 의사가 없음을 증명한 것에서 유래했다. 그런 관행이 1635년에 무가제법도가 성립되면서 제도화되었다. 다이묘는 에도에 있는 저택에도 가신들을 상주시켜야 했고, 규정된 규모의 군단을 편성해 에도와 자신의 영지 사이를 정기적으로 왕복했기 때문에 재정적으로 큰 부담이 되었다.

제26강

크리스트교 금지와 쇄국

1. 크리스트교 탄압

　도쿠가와 이에야스는 크리스트교를 묵인했다. 무역을 촉진하기 위해서였다. 그러나 1612년 측근 중에 크리스트교 신자가 여러 명 적발되자 이에야스는 크리스트교 금지를 결심했다. 막부의 직할령에 크리스트교 금지령이 내려졌고 크리스트교 신자가 체포되었다. 이것이 에도막부가 내린 최초의 크리스트교 금지령이었다.
　1614년 정월부터 교토·오사카·사카이堺 등 막부의 주요 직할도시에서 크리스트교 박해가 시작되었다. 선교사들은 체포되어 나가사키로 압송되었다. 막부의 관리들은 체포된 크리스트교 신자들에게 신앙을 버릴 것을 강요했다. 대부분의 신자들이 신앙을 포기했지만, 끝까지 신앙을 포기하지 않은 신자들은 마카오와 마닐라로 추방했다. 크리스트교를 믿는 다이묘로 유명한 다카야마 우콘高山右近, 나이토 조안內藤如安도 가족들과 함께 마닐라로 추방되었다.

　도쿠가와 이에야스가 사망한 후, 2대 쇼군 도쿠가와 히데타다德川秀忠는 크리스트교 탄압을 강화했다. 1616년 8월 다시 크리스트교 금지령을 내렸다. 서양인의 국내 거주 및 영업 행위를 금지하고, 무역도 히라도平戶와 나가사키의 두 항구로 한정했다. 1622년에는 나가사키에서 선교사를 비롯한 크리스트교 신자 55명이 처형되는 대순교가 있었다.

　막부는 외국과 무역을 하는 한 선교사가 잠입할 가능성이 있다고 생각했다. 그래서 영국과 포르투갈의 상선을 경계했다. 실제로 대순교 후에도 선교사의 일본 잠입은 계속되었다. 그러자 1623년 막부는 일본 선박의 동남아시아 도항을 금지했다. 선교사의 일본 잠입을 막기 위한 고육지책이었다.

　3대 쇼군 도쿠가와 이에미쓰는 금교정책을 더욱 강화했다. 크리스트교 신자의 밀고를 장려했다. 다이묘들에게 크리스트교 신자 색출을 엄명했다. 다이묘들은 예수의 초상이나 마리아의 초상이 새겨진 동판을 마련하고, 사람들에게 그것을 밟게 하는 방법으로 크리스트교 신자를 색출했다. 이것을 후미에踏絵라고 했다. 적발된 크리스트교 신자는 강제로 불교로 개종하게 했다.

「Point 강의」 - 크리스트교 탄압 이유

1613년 12월 20일 막부의 외교문서를 담당했던 곤치인스덴金地院崇伝은 도쿠가와 이에야스의 명에 따라 선교사 추방과 관련한 문서를 작성했다. 거기에 다음과 같은 내용이 있다. "크리스트교 도당은 무역을 위해 상선을 일본에 보낼 뿐만 아니라 사악한 법을 퍼뜨려 일본의 정치를 바꾸고 일본을 빼앗으려고 했다. 신자들은 막부의 법령을 위반하며 신도神道를 의심하고 정법을 물리치고, 또 처형된 자들을 예배했다. 이러한 사악한 법은 신불神佛 적이다. 반드시 국가의 재앙이 될 것이기 때문에 엄벌에 처하지 않을 수 없다."

일본 민족의 불교신도화

막부는 모든 일본인을 특정한 사원의 신도로 등록하게 했다. 크리스트교가 일본에 뿌리를 내리지 못하게 하기 위해서였다. 사원에 신도로 등록을 하면, 사원은 그 사람이 신도가 틀림없다는 것을 증명하는 서류를 작성해 막부에 제출했다. 그 서류를 슈몬닌베쓰초宗門人別帳라고 했다. 거기에는 호주는 물론 가족과 봉공인도 함께 기록되어 있었다. 그것은 점차로 호적의 기능을 했다. 또 사원에서는 사원의 신도임을 증명하는 데라우케쇼몬寺請証文이라는 증명서도 발급했다. 데라우케쇼몬은 장거리 여행을 하거나 일자리를 찾아서 도시로 이주할 때 신분증명서 역할을 했다. 사원은 막부 덕택에 노력하지 않고 신도를 확보할 수 있었고, 막부는 사원이 오늘 날의 동사무소 역할을 해주니 행정적으로 비용이 크게 절감되었다.

2. 시마바라의 난

지금의 나가사키현長崎縣 지역인 시마바라島原는 원래 크리스트교를 믿는 다이묘 아리마 하루노부有馬晴信의 영지였다. 농민의 대부분이 크리스트교에 우호적이었다. 신앙을 지키기 위해 농민이 된 무사도 많았다. 시마바라는 막부의 금교정책에 대한 불만이 잠재되어 있던 지역이었다.

분위기가 이런데도 새로이 영주가 된 마쓰쿠라 가쓰이에松倉勝家는 고압적인 자세로 농민을 지배했다. 흉년이 지속되는데도 사정없이 연공年貢을 징수했다. 미곡과 보리는 물론 담배 잎과 가지까지도 연공으로 수취했다. 연공미를 납부할 수 없는 자는 가혹한 처벌을 받았다.

1637년 10월 드디어 농민들의 분노가 폭발했다. 다이칸代官이 농민에게 살해되는 사건이 발생한 것이다. 이 사건을 시작으로 폭동은 인근 지역으로 확산되었다. 다이묘의 병력이 폭동을 진압하기 위해 출동했으나 반란 세력이 강력하게 저항했다.

시마바라와 바다를 사이에 두고, 바로 눈앞에 아마쿠사天草가 있었다. 아마쿠사도 크리스트교를 믿는 다이묘 고니시 유키나가小西行長의 영지였다. 크리스트교 신앙이 뿌리 깊은 지역이었다. 이곳의 농민도 오랜 흉작과 영주의 과도한 착취로 신음하고 있었다. 시마바라에서 반란이 일어나자 아마쿠사 농민이 호응했다.

아마쿠사 농민의 약 4분의 1이 반란에 가담했다. 반란 세력은 도미오카성富岡城을 공격해 다이칸을 살해했다. 이때 에도에서 막부의 지휘관이 파견되어 본격적인 토벌작전에 들어간다는 소식이 전해졌다. 그러자 아마쿠사와 시마바라의 반란 세력이 합류해 시마바라섬 남단의 하라성原城에 집결했다.

처음에 시마바라에서 반란이 일어났다는 보고를 받은 막부는 사태의 심각성을 인식하지 못했다. 겨우 1만여 석의 다이묘 이타쿠라 시게마사板倉重昌를 지휘관으로 파견했다. 나중에 반란 세력이 더욱 결집하고 아마쿠사 농민의 대다수가 가담했다는 보고를 받은 막부는 그제야 사태의 심각성을 인식했다. 그래서 로주老中 마쓰다이라 노부쓰나松平信綱를 지휘관으로 파견했다.

1638년 정월 막부가 파견한 이타쿠라 시게마사가 인근 다이묘의 병력을 동원해 반란 세력을 공격했으나 전사했다. 시게마사가 전사한 직후에 현지에 도착한 마쓰다이라 노부쓰나는 12만4,000여 명의 병력으로 반란 세력을 포위하고 그들의 양식과 탄환이 떨어지기를 기다렸다. 막부군은 이윽고 같은 해 2월 말에 총공격을 감행해 반란을 진압했다.

「Point 강의」 - 하라성의 분위기

1634년 이래 흉작과 다이묘의 과도한 연공 수취로 인내심의 한계에 다다른 농민들 사이에서는 이상한 유언비어가 떠돌았다. 이 세상이 모두 지옥으로 변하고 오로지 크리스트교 신자만이 구원된다는 것이었다. 민심이 동요했다. 이때 농민들은 마스다 진베에益田甚兵衛의 아들 시로도키사다四郎時貞를 마치 구세주처럼 받들었다. 마스다 진베에는 원래 고니시 유키나가의 가신이었다. 그는 고니시 가문이 멸망한 후에 농촌에 정착했다. 농민들은 마스다 진베에 부자를 봉기세력의 지도자로 받들었다. 시로도키사다를 총대장으로 하고, 13인의 실업 무사를 지도자로 하는 3만7,000여 명의 반란 세력이 막부군에

> 맞섰다. 성내에는 십자가를 높이 세우고 성벽에는 십자가와 성상을 그린 깃발이 나부끼고 있었다. 반란 세력이 공격을 할 때에는 단결을 강화하고 막부군에 시위하기 위해 "산타마라아" 또는 "산티에고" 등의 구호를 외쳤다.

3. 쇄국체제 확립

막부는 1633년부터 5회에 걸쳐서 쇄국령을 내렸다. 크리스트교 금지령이 더욱 강화되었다. 크리스트교 신자를 밀고한 자에게 포상금이 지급되었다. 일본인이 해외로 도항하는 것과 해외에 거주하는 일본인이 귀국하는 것을 금지했다. 법을 어긴 자는 사형에 처해졌다. 해외 거주자가 국내에 거주하는 일본인과 연락하는 것도 금지했다. 1636년에 제4차 쇄국령이 내려졌다. 서양인과 일본인 사이에서 태어난 혼혈아와 서양인과 결혼한 일본인 여성이 마카오로 추방되었다.

1937년에 발생한 시마바라의 난은 막부가 쇄국을 결심하는 결정적인 계기가 되었다. 시마바라의 난은 반드시 종교전쟁이었다고 할 수 없는 것이었다. 하지만 막부는 크리스트교 신자들이 선동했다고 단정했다. 그래서 막부는 포르투갈인의 내항을 금지했다.

1641년 히라도의 네덜란드인들은 포르투갈인들이 추방되어 비어 있었던 나가사키의 데지마出島로 이전했다. 일본인은 나가사키부교長崎奉行의 허가 없이는 데지마에 출입할 수 없었다. 네덜란드인들은 일본 무역을 독점하는 대신에 데지마에 연금되어 부자유한 생활을 감수했다.

쇄국체제가 완성되었다.

쇄국체제가 완성 되면서 다른 세계와 교류할 수 있는 권한을 막부가 독점했다. 막부는 나가사키를 통해 네덜란드와 통상했고, 쓰시마번対馬藩을 통해 조선과 교류했다. 정유재란이 끝난 후, 조선에서 사절이 일본으로 파견되었다. 일반적으로 1607년부터 일본에 파견된 사절을 통신사通信使라고 한다. 그 후 조선은 모두 12회에 걸쳐 통신사를 일본에 파견했다.

1636년 조선은 임진왜란 후 처음으로 통신사라는 명칭을 부활시켰다. 일본도 이때부터 통신사가 내일할 때 유학자, 악사, 화가, 서예가, 의사, 마상재馬上才 등 각종 예능인 등의 파견을 요청했다. 1655년 조선은 에도 막부의 4대 쇼군 도쿠가와 이에쓰나德川家綱의 쇼군 취임을 축하하기 위한 목적으로 통신사를 파견했다. 그 후 막부 쇼군이 새로이 취임했을 때, 그것을 축하하기 위해 통신사가 파견되는 것이 관례가 되었다.

「Point 강의」 – 철저하게 통제된 외국인 거류지

네덜란드인은 데지마에 거주했다. 데지마는 육지와 분리된 약 3,900평 정도의 매립지로 그곳에는 네덜란드 상관원의 주택 이외에 창고, 정원, 가축, 사육장 등 40동 정도의 건물이 있었다. 네덜란드 측이 사용하는 건물도 있었고, 일본 측의 관리나 통역관이 사용하는 건물도 있었다. 육지로 연결되는 다리를 통해 왕래했다. 나가사키 교외에 세운 중국인 전용 거주지를 도진야시키 唐人屋敷라고 했다. 그곳은 약 8,000평이었다. 설립 비용은 막부와 중국 상인이 같이 부담했다. 막부는 집세 명목으로 1년에 60관貫을 징수했고, 토지 대여비는 별도로 징수했다. 중국인은 관청에 갈 때, 봄과 가을에 사원에 참배하러 갈 때를 제외하고는 외출이 금지되었다.

제27강

17세기 후반의 정치

1. 막번권력과 농정

17세기 중엽에 발생한 강에이寬永의 대기근을 계기로, 막부는 농촌질서를 안정시키기 위한 정책을 추진했다. 1649년(게이안慶安 2) 2월 막부는 직할령에 32개조의 조례를 내렸다. 게이안의 고후레가키慶安の御触書라고 하는 이 조례는 농민의 일상생활, 농업경영, 농민의 마음자세 등에 대해 훈계한 것이었다.

막부는 농민에게 근면한 생활을 강조했다. 아침에 일찍 일어나서 풀을 베고, 낮에는 경작에 힘쓰고, 저녁에는 밤늦게까지 새끼를 꼬고 가마니를 짜라고 지도했다. 재산을 늘리려면 지출을 줄이고 검소하게 생활해야 한다고 훈계했다. 술을 먹거나 차를 마시지 말고, 가을에 쌀을 많이 먹지 말라고 충고했다. 이렇게 근검절약하면 재산이 늘어나게 되는데, 연공을 납부하고 남은 쌀을 연공을 내지 못하는 가난한 이웃에 고리로 빌려주면 많은 이윤을 얻을 수 있다고 강조했다.

막부는 농민에게 농업경영의 정보를 제공하고 영농기술을 지도했다. 우마를 사육하고 이용하는 방법, 작업장인 마당을 정돈하는 방법, 변소를 짓는 방법 등에 대한 정보를 제공했다. 특히 비료공급원이었던 변소는 햇볕이 잘 드는 남쪽에 될 수 있는 한 넓게 지으라고 지도했다. 그리고 농기구를 손질하는 방법, 종자를 선택하는 방법, 논과 밭을 관리하는 방법, 파종의 요령 등을 자세하게 설명했다.

마을의 지도자에게는 농민들이 품행을 바르게 교도하도록 했다. 특히 근면·절약해 재산을 증식한 농민을 우대하라고 당부했다. 막부는 독신 농민이 부역에 동원되었을 때 경작지가 황폐화하는 것을 방지하는 것도 마을 지도자의 책무라는 점을 강조했다. 농사철에 독신 농민에게 부역이 부과되면, 지도자는 그를 대신해 하인을 거느린 부유한 농민을 징발하라고 명령했다.

농촌에서 젊은 노동력을 동원하는 부역은 농업경영에 치명적이었다. 막부는 강에이 대기근 이래 농민에게 부역을 부과하는 데 신중했다. 실제로 1636년 에도성과 시가지 건설공사 이후, 대규모 건축·토목공사가 중지되었다. 다이묘에게 건축·토목공사를 명령하지 않았고, 부역도 점차로 금전으로 대납하도록 했다.

> 「Point 강의」 - 강에이의 대기근
>
> 강에이寬永 대기근은 1638년 규슈 지방에서 소의 전염병이 유행하면서 시작되었다. 1640년에는 전염병이 일본 전역으로 확산되었다. 전국에서 천재지변이 연속해 발생했다. 1637년 동북 지방의 홍수로 농지 15만 석이 침수되었고, 1642년에는 규슈와 관동 일대에 장기간 호우로 인한 홍수로 농지가 심각한 피해를 입었다. 1641년 교토·오사카 일대, 시코쿠四国, 주고쿠中国 등 서부 일본에는 극심한 가뭄이 들었다. 설상가상으로 병충해가 발생했다. 1640년부터 쓰가루津軽와 아키타秋田 지역 농촌은 냉해로 흉작이 들었다. 전국적인 기근의 영향은 상상을 초월했다. 농민은 초근목피로 연명하고 도시에서는 쌀값이 폭등했다. 전국적으로 아사자가 5~10만에 달했다. 당시 막부의 로주老中였던 사카이 타다카쓰酒井忠勝는 "50년이나 100년에 한번 올까 말까한" 가뭄이라고 말할 정도였다. 막부는 1642년 4월부터 참근교대로 에도에 머물던 다이묘들을 차례로 영지로 돌려보내 가뭄 대책에 전념하도록 조치했다. 가뭄대책 회의에 쇼군이 직접 참가했다. 강에이의 대기근은 막정이 새로운 국면으로 전환하는 계기가 되었다.

2. 막번체제 정비

3대 쇼군 이에미쓰는 막부의 지배체제를 확립했다. 하지만 막부의 강력한 무단정치로 영지가 몰수된 다이묘들이 많았다. 다이묘가 몰락하면, 그 다이묘에 속했던 무사가 순식간에 실업자로 전락했다. 이러한 무사를 로닌牢人이라고 했다. 로닌의 발생은 사회불안 요인이 되었다.

1651년 쇼군 이에미쓰가 사망하고, 11살 난 도쿠가와 이에쓰나德川家綱가 막부의 4대 쇼군에 취임했다. 이에쓰나의 숙부 호시나 마사유키保科正之가 어린 쇼군을 보좌했다. 그런데 어린 이에쓰나가 쇼군에 취임한 직후에 무단정치의 모순이 일시에 드러났다.

가리야번刈谷藩의 다이묘 마쓰다이라 사다마사松平定政가 궁핍한 하타모토의 구제를 주장하면서 영지를 쇼군에게 반환하는 사건이 일어났다. 무사사회가 크게 동요했다. 또 유이 쇼세쓰由井正雪의 난이 일어났다. 그는 막부 정치에 불만을 품은 로닌들을 거느리고 에도·오사카·슨푸駿府에서 일시에 봉기해 막부를 전복하려고 했다. 이 사건은 밀고자가 있어 대규모 봉기로 이어지지 않았으나 막부에 커다란 충격을 안겨주었다.

17세기 중엽 일본사회는 극도로 불안했다. 관동関東 지방에서는 무리를 지어서 약탈을 일삼는 자들이 횡행했다. 에도에서는 '가부키모노'들이 도시 치안을 문란하게 했다. 그들은 막부의 법질서를 무시하는 행동을 했다. 1657년 정월에 발생한 메이레키明暦의 대화재가 에도를 혼란의 도가니로 몰아넣었다. 이 화재로 에도성을 포함해 에도 시가의 55퍼센트 이상이 불탔다. 사망자가 10만이 넘었다.

막부는 정책의 전환을 꾀해 위기에서 벗어나려고 했다. 막부는 로닌의 발생이 다이묘의 영지를 몰수하는 데에서 기인하는 것이라고 판단했다. 그래서 다이묘에 대한 정책을 완화했다. 이전에는 다이묘가 후사가 없이 사망한 경우에는 양자를 세울 수 없도록 하고, 그 영지를 막부가 몰수하는 정책을 취했었다. 막부는 그런 제도를 완화했다. 다이묘의 영지를 이전시키는 전봉轉封도 최소한으로 한정했다. 1664년에는 다이묘가 지배하는 영지를 사실상 상속할 수 있는 근거를 마련했다.

1665년에는 다이묘가 인질을 제출하는 증인제도를 폐지했다. 3대 쇼군 이에미쓰 시대까지도 무사세계의 미풍으로 여겨졌던 순사殉死도 금지했다. 무단통치에서 법령과 제도, 그리고 의례와 교화를 중시하는 문치정치로 전환했다.

「Point 강의」 - 가부키모노

남의 눈길을 끄는 이상한 행장을 하고, 법질서를 어지럽히는 자들을 당시 사람들은 '가부키모노かぶき者'라고 불렀다. 그들은 이상한 머리 모양을 하고, 이상한 복장을 하고, 놀랄 만큼 긴 도검을 휴대하고 있는 것이 보통이었다. 도검의 날밑인 쓰바鍔도 남의 눈길을 끌만치 크고 이상한 모양이었고, 칼집의 색깔도 붉은 색이어서 남의 눈길을 끌었다. 어떤 자들은 흰색 점박이가 현란한 상어 가죽으로 칼집을 만들기도 했다. '가부키모노'들은 무리를 지어 거리를 활보하면서 사투를 일삼았다. 그들은 에도 막부가 제시한 충효忠孝를 축으로 하는 상하질서를 부정하기도 했다. 그들은 도당을 결성하고, 자신들을 해치려는 자가 있으면 그 상대가 설령 친부나 주군이라고 할지라도 반드시 복수를 한다는 규칙을 정하기도 했다. 그들이 아무 거리낌 없이 활동하던 17세기 전기 대도시의 치안은 매우 불안했다. 막부는 '가부키모노'를 철저하게 탄압했다. 하지만 에도의 분위기는 여전히 뒤숭숭했다.

3. 문치정치 시대

1680년 4대 쇼군 이에쓰나가 사망했다. 그에게 자식이 없었다. 그래서 이에쓰나의 동생으로 다테바야시館林 다이묘였던 도쿠가와 쓰나요시德川綱吉가 5대 쇼군에 취임했다. 쇼군 쓰나요시의 정치는 막부의 권위를 확립하는 데 초점이 맞춰져 있었다. 그는 엄정한 자세로 정치에 임했기 때문에 다이묘도 두려워했다.

쇼군 쓰나요시는 신상필벌주의로 일관했다. 그는 무사사회의 무사안일주의와 부패를 척결하기 위해 노력했다. 쇼군 쓰나요시가 처벌한 다이묘 가문은 46가문이었다. 그중에서 신판·후다이 다이묘가 29가문에 달했다. 그리고 부패한 다이칸代官 34명이 처벌되었다. 그는 감사기능을 강화해 관료조직에 긴장감을 불어 넣었다. 조닌町人, 즉 도시 상공인들의 사치 풍조에 대해서도 일벌백계로 다스렸다.

쇼군 쓰나요시의 태도는 추상과 같았다. 그래서 설령 쇼군이 상식에 벗어난 정치를 해도 아무도 직언을 하지 못했다. 1687년에 공포한 쇼루이아와레미령生類憐令은 상식을 벗어난 정치의 대표적인 것이었다. 그것은 모든 생물, 특히 개를 죽여서는 안 된다는 살생금지령이었다. 이 법은 5대 쇼군 쓰나요시가 사망할 때까지 20여 년간 시행되면서 일본인들을 고통스럽게 했다.

1683년에 쇼군 쓰나요시는 무가제법도를 개정했다. 그때까지 무가제법도의 제1조였던 "문무궁마文武弓馬의 길을 오로지 힘써 나갈 것"이라는 내용을 "문무충효에 힘쓰고, 예의를 바르게 할 것"이라고 고쳤다. 하타모토·고케닌을 대상으로 했던 제사법도諸士法度를 폐지하고 무가제법도로 일원화했다. 무가제법도의 개정으로 하타모토는 다이묘에 준하는 의무를 지게 되었다. 또 다이묘는 하타모토와 마찬가지로 쇼군 가문의 가신으로 취급되었다.

쇼군 쓰나요시는 유학을 좋아했을 뿐만이 아니라 유학의 장려에도 힘을 쏟았다. 1690년에는 유시마湯島에 성당聖堂을 세우고 공자를 제사하도록 했다. 주자학자가 등용되었다. 각종 의례도 정비되었다. 쇼군의 태도는 여러 다이묘에게 영향을 미쳤다.

1702년에는 아코번赤穗藩의 무사들이 집단으로 주군인 아사노 나가노리浅野長矩의 원수를 갚은 복수 사건이 일어났다. 46명의 아코번 로닌들은 기라 요시나카吉良義央의 저택을 습격해 그의 목을 베었다. 아코의 무사들은 이미 쇼군 쓰나요시가 처벌한 주군의 복수를 감행함으로써 쇼군의 결정이 부당했음을 우회적으로 주장했다. 이 사건은 막부의 권위를 크게 실추시켰다.

「Point 강의」 – 개의 호적을 작성한 쇼군

5대 쇼군 쓰나요시는 자신에게 자식이 없는 것이 전생에 살생을 많이 한 업보 때문이라는 승려의 말을 믿고 살생을 금지하는 법령을 내렸다. 이것을 쇼루이아와레미령이라고 했다. 이 법령을 공포한 해가 개의 해였기 때문에 특히 개를 보호했다. 개의 호적을 작성하고, 개가 죽었을 경우에는 사망신고를 했다. 실제로 개를 죽여서 유배형이나 사형에 처해진 자도 있었다. 화재가 나서 개가 죽어도 개의 사망 원인에 대해 '설득력'있게 소명해야 했다. 개가 새끼를 낳으면 걱정이 태산이었다. 이웃과 사이도 좋아야 했다. 실수로 개를 죽였는데, 앙심을 품은 이웃이 그 사실을 밀고라도 하면 사형을 당할 수도 있었다. 이 법령의 시행되면서 에도 시중에 떠돌이 개가 급증했다. 에도의 여러 곳에 40여 만 평의 개 수용소를 설치하고 5만 마리에 가까운 개를 수용했다. 농민들에게는 쌀을 함부로 먹지 말라고 하면서 개에게는 한 마리당 하루 3합의 쌀과 마른 생선, 그리고 된장이 배급되었다. 개의 먹이를 조달하기 위해 특별세를 부과하기도 했다.

아코번 무사의 집단 복수 사건

이 사건의 발단은 1701년 3월 14일로 거슬러 올라간다. 아코번의 다이묘 아사노 나가노리가 천황의 칙사를 접대하는 책임을 맡게 되었고, 그날은 에도성에서 행사가 있는 날이었다. 그런데 에도성에서 나가노리가 갑자기 칼을 빼어들고 기라 요시나카를 공격했다. 기라 요시나카는 나가노리를 모욕한 적이 있었는데, 수치심을 느낀 나가노리가 요시나카를 응징했던 것이다. 요시나카는 상처를 입었으나 생명에는 지장이 없었다. 이 사건을 보고받은 5대 쇼군 쓰나요시는 나가노리에게 자결을 명하고, 영지를 몰수하고, 가문을 단절시키는 처벌을 내렸다. 아사노씨는 해체되었고, 아코번 무사들은 졸지에 로닌 신세가 되었다. 아코번 로닌들은 이 사건을 납득할 수 없었다. 아무리 쇼군의 판결이라고 해도 싸움의 상대편인 기라 요시나카에게는 아무런 책임도 묻지 않고 자신의 주군에게만 책임을 물어 자결을 명령한 것을 이해할 수 없었다. 관습법으로 전해 내려오는 겐카료세이바이喧嘩両成敗의 정신에도 위배되는 것이라고 생각했다. 더구나 형의 집행이 너무나도 신속했다. 주군이 없는 아코번의 무사들을 이끌고 있었던 인물은 가로家老인 오이시 요시오大石良雄였다. 그는 신중하게 처신했다. 행동을 조심하면서 아사노 가문을 재건할 수 있는 길을 모색했다. 그러자, 일부 급진파들은 하루 빨리 주군의 원수를 갚자고 주장하면서 오이시의 태도에 불만을 표시했다. 그런데 아사노 가문의 재건은 끝내 물거품이 되었다. 그러자 오이시는 드디어 복수를 결심했다. 최후까지 오이시를 믿고 따랐던 아코번 로닌들은 46명이었다. 그들은 1702년 12월 14일 밤부터 15일 새벽에 걸쳐서 기라 요시나카의 저택을 습격해 기라의 목을 베었다. 목적을 달성한 그들은 주군 아사노 나가노리의 묘소가 있는 센가쿠지泉岳寺까지 행군해 기라의 머리를 주군의 묘소에 바치고 제사를 지냈다. 그리고 막부에 자수했다. 그들은 결국 막부의 명령으로 모두 자결했고, 그들의 유해는 주군이 잠들어 있는 센가쿠지에 안치되었다. 이 사건은 가부키 추신구라忠臣藏로 연극화되어 지금까지 일본인의 심금을 울리고 있다.

제28강

18세기 전반의 정치

1. 유학자의 정치

　1709년 5대 쇼군 도쿠가와 쓰나요시가 사망했다. 쓰나요시도 자식을 두지 못했다. 그래서 쓰나요시의 생질인 도쿠가와 이에노부德川家宣가 6대 쇼군에 취임했다. 쇼군 이에노부는 아라이 하쿠세키新井白石를 등용했다. 그는 6대 쇼군 이에노부와 7대 쇼군 이에쓰구家継 시대에 걸쳐서 정치를 주도했다.
　아라이 하쿠세키는 주로 5대 쇼군 쓰나요시 시대의 정책을 폐지하는데 주력했다. 하쿠세키는 가장 먼저 쇼루이아와레미령을 폐지했다. 이미 적자로 전환한 막부의 재정을 엄격하게 감독했다. 해외무역을 통제했다. 일본의 금·은이 해외로 유출되는 것을 방지하기 위해서였다. 무역선의 수와 무역액을 제한했다. 수입품에 대해서는 대금의 2분의 1을 구리로 지불하도록 했다. 마른 해삼 · 마른 전복 · 상어지느러미와 같은 해산물, 그리고 도자기 · 공예품의 수출을 장려했다.

유학자인 아라이 하쿠세키의 진면목은 제도와 의례를 정비하면서 유감없이 발휘되었다. 막부의 전례典禮와 의식을 전통적인 방식으로 정비했다. 특히 복제와 관위를 비롯한 여러 제도를 정비했다. 하쿠세키의 정책은 막부의 권위를 높이는 데 초점이 맞춰져 있었다.

1711년에는 조선과의 관계를 정비하는 등 국가체제의 정비에도 힘썼다. 그때까지 '대군大君'으로 칭하던 쇼군의 호칭을 '일본국왕'이라고 개칭했다. 쇼군이야말로 일본을 대표하는 권력자라는 것을 명확히 했다. 주자학의 명분론에 따른 조치였다.

쇼군의 측근이 전권을 행사하자, 5대 쇼군 쓰나요시 시대부터 측근정치에 염증을 느끼고 있었던 다이묘들의 불만이 고조되었다. 때마침 6대 쇼군 이에노부는 쇼군에 취임한지 3년여 만에 사망하고, 그의 아들 이에쓰구가 5세의 나이로 7대 쇼군에 취임했다. 그러나 이에쓰구는 3년 만에 사망하고 말았다.

「Point 강의」 - 아라이 하쿠세키와 정치

아라이 하쿠세키는 가정이 빈곤한 로닌의 아들로 태어났다. 하지만 어려운 환경 속에서도 학문에 정진했다. 1686년에 기노시타 준안木下順庵에게 주자학을 배웠다. 1693년 겨울 기노시타 준안의 추천으로 고후번甲府藩의 다이묘 도쿠가와 이에노부의 시강이 되었다. 이에노부는 훗날 에도 막부의 6대 쇼군이 되었다. 이에노부가 쇼군에 취임하자 아라이 하쿠세키가 막부의 정치를 주도했다. 아라이 하쿠세키는 유학과 정치를 조화시키려고 노력했다. 문치주의는 하쿠세키에 의해 현실적인 정치이념으로 정착했다고 할 수 있다. 하지만 그의 경제정책에는 많은 문제점이 있었다. 너무 명분에 치우쳐서 현실을 직시하지 못한 면이 있었다. 특히 1714년에 실시한 화폐의 개주는 금·은이 부족한데도 불구하고 함유량을 높이는 정책을 추진했기 때문에 경제의 혼란을 가중시켰다.

2. 권력기반의 동요

1) 무사사회의 궁핍

18세기에 들어서면서 막번체제幕藩體制가 동요의 조짐을 보이기 시작했다. 무엇보다도 무사계급이 경제적으로 궁핍해졌다. 상품경제가 발달하고 물가가 지속적으로 상승하면서 무사의 생활이 상대적으로 궁핍해졌다. 무사의 대다수는 봉록생활자였는데, 그들의 봉록은 한 번 정해지면 인상되지 않았기 때문이다.

사정은 영지를 보유한 상급 무사도 마찬가지였다. 영지에서 현물로 수취한 연공年貢 수입만으로는 최소한의 경비도 감당하기 어려운 형편이었다. 예비비를 지출할 수 있는 여력이 거의 없었다. 화재나 불의의 사고가 발생했을 경우에는 상인에게서 자금을 융통해서 겨우 위기를 넘겼다. 상급 무사의 생활이 이와 같았다면, 중·하급 무사의 생활이 어떠했는지는 미루어 짐작할 수 있다. 궁핍한 생활을 견디지 못하고 무사 신분을 매매하는 자도 있었다.

막부도 재정난에 시달렸다. 막부의 재정은 이미 17세기 말부터 적자로 전환되었다. 연공의 수취도 한계에 달했다. 막부는 에도·교토·오사카 등 대도시의 상인들에게 헌금을 명했고, 화폐를 개주해 증가한 양을 막부의 수입으로 삼기도 했다. 그럼에도 불구하고 막부에 직속한 무사의 봉록이 가끔씩 연체되는 상황이었다.

여러 다이묘들도 재정난에 봉착해 있었다. 특히 에도에 있는 다이묘 저택의 유지비와 처자식의 생활비가 많이 들었다. 다이묘 재정을 결정적으로 압박한 것은 참근교대參勤交代 제도였다. 다이묘는 연공을 담보로 상인에게서 금전을 차용해 참근교대 경비에 충당했다. 차용금은 해마다 증가했다. 다급해진 다이묘는 가신의 봉록을 삭감하거나 일부분을 차용하는 형식으로 지급을 유예하기도 했다.

「Point 강의」 - 무사의 신분 매매

생활이 어려운 무사는 오늘 날 전당포에 해당하는 시치야質屋에 도검은 물론 투구와 갑옷까지 저당 잡히고 급전을 융통했다. 그러다가 사정이 너무 급박하면 무사 신분을 매매하기도 했다. 무사는 막부나 각 번에 속해 어떤 직분을 수행함으로서 그 신분이 유지되었다. 조선의 경우는 양반의 혈통을 이으면 양반 신분이 되었다. 하지만 일본의 경우는 혈통을 계승했다고 신분이 계승되는 것은 아니었다. 일본에서는 직분과 신분이 일체화되어 있었다. 예를 들어보자. 어떤 무사 집안에 아들이 3명 있다고 하자. 대개 아들 중에서 장남이 아버지의 직분을 상속하면 자연스럽게 무사 신분도 계승하게 된다. 한 집안에서 단 1명만이 무사 신분을 계승하게 되는 점이 조선과 달랐다. 단 신분은 무사 개인에게 부여되는 것이 아니고 그 가문에 부여되는 것이었다. 그래서 차남은 결혼하지 않고 형의 집에서 기숙하는 동안은 무사 신분이 유지되었다. 그러나 분가했을 경우에는 서민 신분으로 전락했다. 단 무사 가문의 양자로 들어가거나 쇼군이나 다이묘가 발탁해 어떤 직분을 부여하면 무사 신분을 유지할 수 있었다. 하여튼 궁핍해진 무사가 그 신분을 매매하는 경우가 적지 않았다. 물론 무사 직분은 물건처럼 매매할 수는 없는 것이었다. 그러나 편법으로 얼마든지 양도할 수 있는 길이 있었다. 양자제도를 이용하는 것이었다. 예를 들면, 무사 '신분'이 되고 싶은 부유한 상인이나 호농이 '신분'을 팔고 싶은 무사의 양자로 들어가는 것이다. 그때 본인이 직접 양자가 되는 수도 있고, 자식을 양자로 들여보내는 수도 있었다. 그런 다음에 무사는 '일신상의 이유로' 무사의 직분에서 사퇴하고, 그 자리에 양자가 취임하면 되었다. 참고로 이토 히로부미伊藤博文 친부는 원래 농민이었다. 쌀 300석을 주고 이토씨를 '구입'해 그 아들을 무사 '신분'으로 만들었다. 그 덕분에 이토 히로부미는 어엿한 무사 행세를 하면서 메이지 유신의 원훈으로 출세할 수 있었던 것이다.

2) 농촌의 계급분화

18세기에 접어들면서 농촌의 계급분화 현상이 두드러졌다. 화폐경제가 침투하면서 농촌의 구조가 변화하기 시작했다. 농민은 비료와 농기구를 구입하고 생활용품을 손에 넣기 위해 더 많은 화폐를 필요로 했다. 대도시 주변의 농촌에서는 상품작물을 재배하고 가내수공업에 종사했다. 그것은 농촌의 자급자족 경제를 붕괴시키고 농업 경영과 토지 소유의 변화를 초래하는 요인이 되었다.

농촌사회가 질적으로 변화하는 과정에서 농민을 더욱 어렵게 만든 것은 과중한 연공年貢의 수취였다. 막부는 재정이 어려우면 연공을 증수하는 손쉬운 방법을 선택했다. 다이칸代官의 근무 평가도 연공 징수율을 기준으로 했다. 다이칸은 갖은 수단을 동원해 연공을 더 많이 수취하려고 힘썼다.

상품작물의 재배가 성행하면서 상인은 농민에게 비료와 농기구를 빌려주고 농사를 짓게 했다. 생산된 상품작물은 지주가 일괄적으로 도매상인에게 넘겼다. 그 과정에서 많은 이익을 남긴 지주는 양조장 경영과 고리대금업을 겸하면서 자본을 축적했다. 또 빈농의 토지를 사들여서 경작지를 넓혔다. 빈농은 부농의 소작인으로 전락하거나 도시로 나아가 상가의 점원이 되었다.

「Point 강의」 – 막번체제와 화폐경제

봉건제는 원칙적으로 영주가 생산수단인 토지를 지배하고, 생산자인 농민에게서 농작물을 조세로 징수해 자급자족 경제를 운영하는 것이었다. 그런데 막번체제幕藩體制는 중세의 순수한 봉건적 분권과는 달랐다. 막부를 세운 도쿠가와씨도 기본적으로 다이묘 권력이었다. 하지만 도쿠가와씨는 전국 토지의 4분의 1을 지배하는 거대한 다이묘였고, 다른 다이묘들의 생사여탈권을 장악한 공권력이었다. 이러한 통일권력의 출현은 경제적으로 중세 말의 분권적 다이묘 권력과는 차원이 달랐다. 전국적인 규모의 교통발전과 상품유통을 전제로 할 때 비로소 가능한 것이었다. 막번체제는 상품경제·화폐경제의 전개 위에 성립할 수 있었던 것이다. 무사계급이 농촌에서 분리되어 조카마치城下町로 결집했던 것은 다이묘의 군사적·정치적 필요성 때문이었다. 조카마치에 결집된 무사단은 소비자 집단이었다. 조카마치 또한 상품경제의 발전을 전제로 하지 않고서는 성립할 수 없었다. 상품경제의 발전을 촉진시킨 것은 고쿠다카石高 제도라는 막번권력의 연공징수 방식이었다. 연공은 원칙적으로 미곡을 현물로 수취했다. 징수한 연공 중에서 막번권력이 가신들의 봉록으로 직접 소비하고 남은 것은 시장에 매각해 화폐로 교환했다. 그 화폐는 막번권력의 재정 지출과 무사계급의 군수품과 생활용품 구입에 충당했다. 이와 같이 막번권력이 방출하는 미곡은 화폐경제·상품경제와 불가분의 관계를 맺고 있었다. 그런데 바로 화폐경제·상품경제가 농촌의 자급자족 경제를 붕괴시키고, 계급분화를 촉진시키는 원인이 되었던 것이다.

3. 교호 개혁

1716년 8월 기슈번紀州藩의 다이묘 도쿠가와 요시무네德川吉宗가 8대 쇼군에 취임했다. 요시무네는 막부를 개설한 도쿠가와 이에야스의 정치를 이상으로 대대적인 개혁을 단행하였다. 이 개혁을 교호 개혁享保改革이라고 한다.

교호 개혁의 당면과제는 막부의 재정을 충실히 하는 일이었다. 요시무네가 8대 쇼군에 취임했을 때 막부의 재정은 이미 바닥이 나 있었다. 하타모토와 고케닌들에게 봉록도 제대로 지급하기 어려운 실정이었다. 1722년 쇼군 요시무네는 다이묘들에게 미곡을 상납하도록 요청했다. 하타모토·고케닌을 구제하기 위한 고육책이었다.

막부의 재정을 근본적으로 재건하려면 농업생산량을 늘리고, 농민으로부터 가능한 많은 연공을 수취하는 방법을 강구할 수밖에 없었다. 막부는 연공 증진책의 일환으로 수확량에 관계없이 일정한 양의 연공을 수취하는 정면법定免法을 시행했다. 수취율도 40퍼센트에서 50퍼센트로 조정했다. 대규모 개간사업도 추진했다.

영주경제는 연공으로 수취한 미곡을 시장에서 화폐로 교환해 생활에 필요한 물자를 구입하는 구조였다. 막부는 무사사회의 안정을 위해 쌀값을 높은 가격으로 유지하려고 노력했다. 쌀값이 하락하면 다이묘와 무사들은 상대적으로 빈곤해졌기 때문이다. 하지만 쌀값이 너무 오르면 도시 빈민들이 폭동을 일으키는 사회 문제로 발전할 우려가 있었다. 도쿠가와 요시무네는 '쌀쇼군'이라고 일컬어질 정도로 쌀값 정책에 부심했다.

18세기 초까지 무사가 관직에 취임하면 그에 상응해 봉록을 인상하고, 그것을 상속하도록 하는 것이 관행이었다. 그러나 쇼군 요시무네는 무사가 관직에 재직하는 기간에 한해 그 직책에 상응하는 가록家祿과 그 무사가 원래 수령하던 가록의 차액만을 지급하는 제도를 시행했다 이것을 다시다카足高 제도라고 했다. 이 제도의 시행으로 막부는 재정적인 부담을 줄이면서 유능한 인재를 발탁할 수 있게 되었다.

오랜 평화시대가 지속되면서 무사는 전투원 기질을 상실했다. 쇼군 요시무네는 무사의 기풍을 회복하려고 했다. 무사에게 무예를 연마하도록 명령했다. 오랫동안 폐지되었던 쇼군將軍의 사냥을 부활한 것도 무사를 훈련시키기 위한 것이었다. 쇼군이 사냥에 나서면 모든 무사들이 출동했다. 쇼군의 사냥은 곧 군사훈련이었던 것이다.

쇼군 요시무네는 실학을 장려했다. 무사와 농민을 궁핍한 생활에서 구제하기 위해서였다. 농사를 연구하기 위해 천문대를 설치하고 직접 별자리를 관측하기도 했다. 고구마·사탕수수·조선인삼·참깨 등과 같은 상품작물의 재배를 장려하기도 했다.

쇼군 요시무네는 법의 정비와 편찬에도 힘을 기울였다. 1742년에는 막부의 법령과 처벌에 관한 선례들을 모아서 「구지가타오사다메가키公事方御定書」라는 법령집을 완성했다. 쇼군 요시무테는 반란과 반역, 주인 살해, 부모 살해 등을 가장 무거운 형벌로 규정하고, 복수, 기리스테고멘切捨御免, 남편이 아내를 제재하는 것 등을 공인했다. 신분질서를 어지럽힌 자는 여전히 엄벌에 처하고, 10냥 이상을 훔친 자는 사형에 처하는 등 형벌은 매우 엄격하게 집행되었다.

「Point 강의」 - 막부를 중흥한 도쿠가와 요시무네

도쿠가와 요시무네는 1684년 고산케御三家의 하나인 기슈번紀州藩 2대 다이묘 도쿠가와 미쓰사다德川光貞의 서자로 태어났다. 그에게는 이복형들이 있었지만, 1705년 5월 기슈번 3대 다이묘가 된 장형이 급사했고, 4개월 후에는 4대 다이묘가 된 둘째 형도 급사했다. 우연이라고 하기에는 너무나 심상찮은 일이었기 때문에 당시에 암살설이 제기되기도 했다. 우여곡절 끝에 요시무네가 기슈번의 5대 다이묘가 되었다. 번주에 취임한 요시무네는 정치적인 수완을 발휘했다. 1716년 쇼군 가문의 혈통이 단절되자 요시무네가 에도 막부의 8대 쇼군으로 취임했다. 그는 솔직하고 체면에 구애받지 않는 인물이었다. 삶의 자세도 귀족적인 생활을 했던 다른 쇼군과는 달랐다. 시가나 음악을 즐기지 않고 생활도 매우 검소했다. 또한 절제심이 대단한 인물이었다. 그는 원래 대단한 애주가였으나 쇼군에 취임한 후에는 주석에서 두 잔 이상의 술을 입에 대지 않았다고 한다.

제29강

18세기 후반의 정치

1. 측근정치

1745년에 9대 쇼군에 취임한 도쿠가와 이에시게德川家重는 본래 병약해 쇼군의 직무를 수행하기 어려운 인물이었다. 그래도 요시무네가 생존해 있을 때는 교호 개혁의 노선이 유지되었다. 그러나 1751년 요시무네가 사망하자, 9대 쇼군 이에시게의 소바요닌側用人 오오카 타다미쓰大岡忠光가 중용되었다. 측근 정치가 부활한 것이다.

1760년 9대 쇼군 이에시게가 은퇴하고, 이에시게의 아들 도쿠가와 이에하루德川家治가 10대 쇼군에 취임했다. 이에하루도 역시 무기력한 쇼군으로 정치에 직접 간여하지 않았다. 실제 정치는 소바요닌 다누마 오키쓰구田沼意次가 담당했다. 쇼군 이에하루의 신임이 두터웠던 다누마는 1772년에 행정 수반인 로주老中에 취임했다. 그의 아들인 다누마 오키토모田沼義知도 실권을 행사할 수 있는 와카토시요리若年寄에 임명되었다. 다누마 오키쓰구는 20여 년 간 막부의 정치를 전횡했다. 그가 정치를 담당했던 시기를 다누마 시대라고 한다.

다누마 오키쓰구의 정책은 화폐경제의 진전이라는 현실에 입각해 추진되었다. 그런 의미에서 8대 쇼군 요시무네가 추진한 반동적인 교호 개혁과는 성격이 달랐다. 경제정책으로서는 합리적인 면이 있었다. 하지만 다누마는 농촌의 부업에도 과세한다는 적극적인 징세 방침을 취했다. 그것은 결국 빈농을 더욱 궁핍하게 하는 결과를 초래했다.

농촌은 상업자본의 수탈에 무방비로 노출되었다. 여유자금을 보유한 호농도 수공업을 경영했다. 양조업이나 고리대금업을 겸업하는 자들도 많았다. 상품경제와 화폐경제가 발전하면서 농촌의 질서가 동요했다. 몰락한 농민이 도시로 유입되어 방대한 빈민층을 형성했다.

다누마 오키쓰구는 일부 독점적인 대상인을 보호하는 정책을 추진했다. 그것은 교호 개혁으로 연공의 징수가 이미 한계에 달했기 때문에 불가피한 면이 있었다. 그러나 투기적인 상인 야마시山師들이 새로운 사업을 건의했고, 대상인도 막부와 연대를 강화했다. 그 과정에서 뇌물이 성행했다. 실제로 다누마는 공공연하게 뇌물을 받았다. 뇌물의 횡행은 정치를 부패시키는 가장 큰 요인이 되었다.

「Point 강의」 – 다누마 시대의 뇌물 정치

다누마 시대에 뇌물이 성행했다. 상인들이 새로운 사업을 추진하면서 다누마 오키쓰구에게 뇌물을 주었다. 오키쓰구의 일족과 친분이 있는 자들도 뇌물의 대상이 되었다. 다누마 시대에는 뇌물이 일의 성패를 좌우하는 중요한 요소가 되었다. 그런 풍조에 대해 당시에 이미 비판의 소리가 높았다.『에토켄분슈江都見聞集』에는 오키쓰구의 뇌물과 관련한 일화가 소개되어 있다. 오키쓰구는 다음과 같이 말했다. "금은은 목숨과도 바꿀 수 없는 귀중한 보물이다. 그런 보물을 바쳐서라도 일을 하고 싶다고 하는 사람이라면 위에 충성할 것이 분명하다." 오키쓰구가 공공연하게 뇌물을 수수하자 교토의 상인은 살아 있는 여성을 '교닌교京人形'라는 상표를 붙인 상자에 넣어서 보내기도 하고, 대나무로 만들어진 허술한 채소 상자에 금으로 제작한 도검을 넣어 보내기도 했다. 관직에 임명되기 위해서도 뇌물을 바쳐야 했다. 나가사키부교長崎奉行는 2,000냥, 오사카조다이大坂城代는 3,000냥을 바쳐야 한다는 소문이 돌았다. 물론 이러한 자료를 다 믿을 수는 없다. 하지만 그런 소문이 돌았다는 것만으로도 막부 정책의 신뢰도는 이미 실추했다고 할 수 있다. 이러한 분위기 속에서 추진된 무분별한 경제정책에 부정이 개입될 소지가 많았다.

2. 농민봉기

18세기는 천재지변의 시대였다. 1707년에는 후지산富士山이 분화해 인근 지역의 농민들은 화산재로 인한 피해를 입었다. 1732년에는 서부 일본 지역에서 메뚜기 떼가 극성해 벼농사에 심각한 타격을 입혔다. 전국적인 기근이 35회나 발생했다.

흉작과 기근의 빈발로 농촌은 점차로 황폐했다. 농촌에서는 마비키間引, 즉 건강하지 못한 갓난아이를 살해하는 풍습이 있었다. 에도 시대를 통해 2,500~3,000만 정도의 인구가 일정하게 유지되었고, 18세기 말 이후에는 오히려 인구가 감소하는 추세였다. 그러한 현상은 마비키 풍습과 무관하지 않았다.

재해로 농촌이 피폐되었음에도 불구하고 막번권력은 농민에게 무거운 연공을 부담시켰다. 영주가 부과하는 연공이 과중하다고 판단한 농민들이 전국 각지에서 봉기했다. 농민봉기를 햐쿠쇼잇키百姓一揆라고 했다. 막번권력은 햐쿠쇼잇키를 철저하게 탄압했다. 잇키의 지도자를 극형에 처했다.

하지만 햐쿠쇼잇키는 더욱 과격해졌고 더욱 광역화되었다. 자영농뿐만이 아니라 소작농도 햐쿠쇼잇키에 가담했다. 잇키세력의 요구는 점점 강경해졌다. 촌락 대표의 배척, 촌민에 의한 선거제 요구, 토지의 공평한 분배 등을 요구했다. 영주의 전매제 철폐를 요구하기도 했다. 1764년에 덴마소동伝馬騷動이 일어났다. 막부의 특별세 징수 계획에 반대해 관동関東 지방 농민 20여 만 명이 햐쿠쇼잇키에 가담했다.

막번권력은 도당금지령徒黨禁止令을 내리고, 촌락의 대표인 무라야쿠닌村役人을 행정기관의 말단에 위치시켜 햐쿠쇼잇키를 탄압하려고 했다. 그러나 막부의 농민 탄압정책은 오히려 일반 농민의 결속을 촉진시키는 결과를 낳았다. 농민들이 봉기할 때 강제로 무라야쿠닌을 지도자로 앞세웠고, 다른 촌락과 연대하기도 하면서 더욱 조직적으로 막번권력에 대항했다.

1782년 동북東北 지방에 냉해가 들면서 시작된 기근은 1783년에 발생한 아사마야마浅間山의 분화와 겹치면서 장기화되었다. 아사마야마에서 분출된 용암은 마을을 덮쳐서 큰 피해를 입혔다. 화산재는 오랫동안 성층권에 머물면서 햇볕을 차단했다. 농작물이 냉해 피해를 입었다. 흉작은 수년간 지속되었다. 동북 지방에서만 수십만 명이 굶어 죽었다. 덴메이天明 대기근이었다.

덴메이 대기근의 영향으로 햐쿠쇼잇키가 빈발했다. 1787년 5월 쌀값이 폭등하자 미곡상들이 미곡을 매점매석했다. 에도·오사카의 하층민들은 마을의 지도자를 앞세우고 마치부교町奉行에게 미곡의 매점매석 행위를 단속해 줄 것과 구제 대책을 강구해 줄 것을 여러 번 요청했다. 하지만 마치부교는 사태의 심각성을 인식하지 못했다. 그러자 도시 하층민이 폭동을 일으켰다. 1788년에는 오사카 인근에서 비싼 비료값에 반대하는 잇키가 일어났다. 836개 촌락이 잇키에 가담했다.

「Point 강의」 - 갓난아이 살해 풍습

일본의 농촌에서는 갓난애를 살해하는 마비키 풍습이 있었다. 마비키의 가장 큰 이유는 식량의 소비를 줄이기 위해서였다. 마비키는 일본사회에서 오랫동안 이어져 내려온 관습이었던 것 같다. 16세기 내일한 선교사들도 마비키 관습에 대해 언급했다. 이 관습은 일본 열도 전역에 걸쳐서 존재했지만, 특히 동북 지방에서 일반적으로 행해졌다. 농민생활이 이미 극한상황에 달해 있었던 18세기 말에 마비키가 급증했다. 여아가 희생되는 경우가 많았으나 몸이 약한 남아도 희생되었다. 살해 방법은 질식사시키는 경우가 대부분이었다. 도사土佐 지방에서는 살해한 갓난애의 겨드랑이에 새의 깃털을 끼워서 땅에 묻었다고 한다. 죽어서 다시 태어난다면, 적어도 먹을 것을 걱정하지 않아도 되는 세상에 태어나기를 간절히 기원하면서 싸늘하게 식은 핏덩이를 땅에 묻었을 것이다.

의민 신앙

막번권력은 연공을 많이 징수할 수 있는 방법을 연구했다. 개혁의 추진자들은 막부의 재정을 확보하는 것이 목적이었다. 농민의 생활을 향상하는 것이 목적이 아니었다. 교호 개혁 당시 막부의 간조부교勘定奉行로 재정 책임자였던 간오 하루히데神尾春央는 "참기름과 농민은 짜면 짤수록 나온다."라는 '명언'을 남겼다. 그의 눈에 비친 농민은 수탈의 대상이었을 뿐이다. 짜고 또 짜도 더 이상 나올 것이 없을 때, 농민은 살기 위해서 몸부림을 쳤다. 햐쿠쇼잇키는 최소한의 생존권을 보장해 달라는 울부짖음이었다. 그들은 연공을 감면해 달라는 말을 하기 위해 목숨을 걸었다. 그런데 막부는 체면을 지키려 했다. 반드시 죄 값을 물으려고 했다. 그래서 햐쿠쇼잇키의 지도자에게 법을 어긴 죄를 물어 예외 없이 사형에 처했다. 그리고 그 값으로 연공을 조금 감면해 주었다. 농민들은 입에 풀칠을 하게 되었지만 마음이 무거웠다. 자신들을 위해 처형된 지도자를 생각하면 가슴이 미어졌다. 그러나 지도자는 극형에 처해진 죄인이어서 공식적으로 추모할 수 없었다. 그래서 농민들은 입에서 입으로, 아비가 자식에게 "그때 우리 마을에 이런 의민義民이 있었단다."라고 말해 주었다. 의민의 이야기는 그렇게 지금까지 전해지고 있다.

일본 역사상 최악의 대기근

1783년 7월 아사마야마의 분화가 원인이 되어 덴메이의 대기근이 발생했다. 주로 동북 지방에 냉해가 지속되어서 벼가 이삭을 맺지 못했다. 특히 동북 지방은 수확량을 늘리기 위해 주로 늦게 여무는 벼의 품종인 오쿠테晩稻를 재배했기 때문에 피해가 더욱 컸다. 어떤 촌락에는 백골이 흩어져 있었고, 인육을 먹는 풍경이 벌어졌다. 가축은 말할 것도 없고, 굶주린 사람들은 개·고양이·잡초·나무의 껍질과 뿌리까지 남기지 않고 먹어치웠다. 아오모리현青森縣 지역인 쓰가루번津輕藩에서는 10개월 동안에 전 인구의 2분의 1이 넘는 13만 명이 사망했다. 이와테현岩手縣 지역인 난부번南部藩에서는 35만 명 중에 6만5,000명이 사망했다. 사정이 이런데도 다른 지역의 다이묘들은 기근이 극심한 지역으로 곡물을 방출하지 못하도록 했다. 자신들이 지배하는 지역 민중이 굶주림을 면하는 것이 우선이라고 생각했기 때문이다.

3. 간세이 개혁

　1786년 8월 정치를 주도했던 다누마 오키쓰구田沼意次가 실각했다. 사회가 혼란한 중에 도쿠가와 이에나리德川家齊가 11대 쇼군에 취임했다. 1787년 5월 에도와 오사카에서 대규모 폭동이 일어난 직후, 마쓰다이라 사다노부松平定信가 로주에 취임해 개혁을 추진했다.
　마쓰다이라 사다노부가 가장 중요하다고 생각한 것은 농촌의 부흥이었다. 사다노부는 농업 인구를 확보하는 정책을 추진했다. 관동 · 동북 지방의 농민을 대상으로 귀농령歸農令을 내렸다. 도시로 진출해 임금 노동자로 생활하던 농민들을 고향으로 되돌려 보내는 조치였다. 농촌으로 돌아간 자에게는 여비, 농기구, 식량 등을 지급했다. 귀농한 농민이 자립할 수 있도록 돕기 위해서였다.

곡창지대인 관동 · 동북 지방에 대해서는 상품작물의 재배나 가내수공업을 제한했다. 주곡인 미곡 생산에 전념하게 하기 위해서였다. 농업경영을 보호하는 정책도 추진했다. 각지에 사창社倉 · 의창義倉을 설치해 곡식을 비축하게 했다. 사회복지 사업은 천재지변이 일어났을 때 빛을 발했다.

1789년에는 빈궁한 하타모토 · 고케닌의 생활난을 구제하기 위해 기엔령棄捐令을 내렸다. 명령이 하달된 시점을 기준으로, 6년 이전까지의 채무는 완전히 파기하고, 그 후의 채무는 저리의 이자만 붙여 상환하게 했다. 대출도 일체 금지시켰다. 이 조치는 주로 중 · 하급 무사를 상대로 미곡을 거래하면서 고리대금업에 종사하던 후다사시札差에게 커다란 타격을 안겨주었다.

유통기구도 정비했다. 사다노부는 정치를 부패시킨 책임이 있는 일부의 자座와 가부나카마株仲間의 독점을 폐지했다. 그 대신에 자와 가부나카마에 부과했던 헌금 · 상납금도 폐지했다. 도시의 토지 · 점포의 임대료를 낮추는 정책도 추진했다. 오사카 시장의 통제를 강화했다. 금융시장도 정비했다.

엄격한 검약령을 실시했다. 우선 막부의 지출을 3분의 2로 줄였다. 막대한 경비를 사용하던 에도성의 살림살이 예산도 대폭 삭감했다. 특히 쇼군의 사생활 공간인 오오쿠大奥의 경비를 3분의 1로 줄였다. 천황이 거주하는 궁전의 경비도 대폭 삭감했다. 다이묘는 물론 무사와 서민에게도 검약을 요구했다.

도박 · 노름 · 매춘 · 도둑질 · 강도 · 무숙자 · 거지 등을 단속하거나 금지하는 법령이 자주 내려졌다. 사창가를 단속하고 남녀 혼욕 풍속도 금지시켰다. 사회질서를 문란하게 한다는 이유로 세태를 풍자하는 출판물을 단속했다. 정치를 비판하는 언론도 통제했다.

1790년 5월 사다노부는 성당聖堂의 학문소에서 주자학 이외에는 가르치지 못하도록 명령했다. 주자학을 제외한 다른 유학의 학파를 이학異学으로 규정되었다. 관리 임용시험도 주자학의 내용에서만 출제하도록 했다. 막부의 방침은 각 번에도 영향을 미쳤다. 다이묘들은 다투어 번교藩校를 설립했다.

간세이 개혁은 엄격하게 시행되었기 때문에 새로운 정책이 시행될 때마다 저항에 부딪쳤다. 민중은 민중 나름대로 엄격한 규제를 고통스러워했다. 특히 사치 생활에 익숙했던 11대 쇼군 이에나리 주변 인물들은 마쓰다이라 사다노부와 자주 충돌했고, 기회가 있을 때마다 사다노부를 퇴진시키려고 했다. 1793년 7월 사다노부는 갑자기 쇼군 보좌역과 로주의 지위에서 파면되었다. 사다노부의 실각으로 간세이 개혁은 6년 만에 중단되고 말았다.

「Point 강의」 -개혁을 좌절시킨 사사로운 사건

1789년에 존호사건尊號事件이 일어났다. 조정은 고카쿠 천황光格天皇의 생부인 간인노미야 친왕閑院宮親王에게 태상천황의 존호를 올리겠다고 막부에 통고했던 것이다. 그런데 때마침 쇼군 도쿠가와 이에나리도 친부인 히토쓰바시 하루사다一橋治濟를 오고쇼大御所로 에도성으로 맞아들이려고 하는 움직임이 있었다. 간인노미야 친왕의 태상천황 존호를 허용한다면, 히토쓰바시 하루나리를 오고쇼로 맞아들이는 것도 허용하지 않을 수 없는 상황이었다. 그런데 마쓰다이라 사다노부는 히토쓰바시 하루나리를 오고쇼로 맞아들이는 것에 반대했다. 그래서 존호문제도 반대하지 않을 수 없었다.

이 사건으로 쇼군 이에나리와 사다노부 사이에 불화가 싹트게 되었다. 이런 이야기도 전한다. 사다노부의 엄격한 검약령은 쇼군의 사적인 생활에도 엄격하게 적용되었다. 쇼군 이에나리는 생선회를 매우 좋아했다. 어느 날 쇼군 이에나리가 생선회를 먹으려고 하는 데 와사비가 없었다. 측근에게 물었더니 재정이 궁핍해서 와사비를 구입하지 못했다고 대답했다. 그러자 쇼군 이에나리는 젓가락을 던져버렸다고 한다. 이 '조그만 사건'은 쇼군의 식사를 준비하는 오오쿠大奧의 여성들이 쇼군을 화나게 해서 검약령을 엄격하게 추진하는 마쓰다이라 사다노부를 몰아내려고 꾸민 음모였을 가능성이 크다. 우연의 일치였는지 몰라도, 1793년 7월 사다노부는 갑자기 쇼군 보좌역과 로주의 직에서 파면되었다. 사다노부는 자신이 파면되던 날 아침까지도 그 사실을 모르고 있었다. 쇼군 이에나리가 크게 분노했다는 방증이다. 큰일도 알고 보면 아주 작은 일에서 어긋나는 경우가 있다는 것을 간과해서는 안 될 일이다.

제30강

19세기 전반의 정치

1. 오고쇼 시대의 정치

마쓰다이라 사다노부가 권좌에서 물러난 후, 11대 쇼군 도쿠가와 이에나리德川家齊가 19세기 전반 약 30년간 정치를 직접 관장했다. 그는 1837년에 쇼군의 지위를 아들 이에요시家慶에게 물려주고 나서도 오고쇼大御所의 자격으로 정권을 장악했다. 이와 같이 50여 년 간에 걸친 이에나리의 치세를 오고쇼 시대라고 한다.

간세이 개혁이 좌절된 후, 막부는 연공징수 정책을 비롯한 여러 정책을 추진했으나 효과를 거두지 못했다. 시대의 급변에 따른 사회모순이 드러났기 때문이다. 상품경제가 농촌에 침투하고, 또 상인자본이 진출하면서 농민층의 분해 현상이 심각하게 진행되었다. 농민을 보호하는 정책을 추진할 때도 상인자본에 의존하지 않으면 농촌을 재건할 수 없는 상황이었다.

1817년 8월 11대 쇼군 이에나리는 측근인 미즈노 타다아키라水野忠成를 로주에 임명했다. 새로운 측근으로 다누마 오키쓰구의 4남 다누마 오키마사田沼意正가 임명되었다. 미즈노 타다아키라가 로주에 임명되면서 강직한 인물이 막부의 정치에서 소외되었다. 쇼군 이에나리는 정치 전반을 측근에 맡기고 자신은 정치에 관심을 두지 않았다.

19세기 전반은 국내외적으로 정치가 긴박하게 돌아가던 시대였다. 하지만 쇼군 이에나리의 측근 중에 탁월한 인물이 없었다. 정치는 부패하고 치안은 문란해졌다. 간세이 개혁으로 일시적으로 호전되었던 막부의 재정은 오고쇼 시대에 매년 50만 냥이 넘는 적자를 기록했다. 정치 담당자는 재정난을 극복하기 위한 대책도 내놓지 못했다. 화폐를 개악해 재정을 충당하는 것이 고작이었다.

일본사회는 다시 다누마 시대와 같이 혼란스러워졌다. 각지에서 폭동이 일어났다. 특히 에도 주변에 무숙자와 도박을 전문으로 하는 자들이 횡행하면서 치안이 극도로 문란해졌다. 막부는 무숙자와 범죄자들을 단속하고, 농민들의 집단행동과 도당의 결성을 예방하고, 농촌의 풍속을 교정하는 정책을 추진했다. 그러나 사회 분위기는 오히려 불안해졌다.

「Point 강의」 - 정치 지도자의 중요성

역사에 있어서 개인의 역할이 결코 과소평가되어서는 안 된다. 특히 정치 지도자의 역할은 야구에서의 투수와 같다. 투수는 승률의 70퍼센트를 좌우한다고 알려져 있다. 지도자를 잘 만나야 사회경제가 안정된다. 에도 막부의 11대 쇼군 이에나리는 간세이 개혁이 불편했다. 그래서 정열적으로 개혁을 추진하던 마쓰다이라 사다노부를 불시에 해임했다. 사다노부가 권좌에서 물러난 후, 막부의 정치는 개혁의 정신에서 멀어졌다. 시대의 급변에 따른 사회모순이 드러났다. 농민을 보호하는 정책을 추진해도 효과가 없었다. 일본의 정치경제 상황이 매우 혼란스러웠다. 그런데 11대 쇼군 이에나리는 강직하고 개혁적인 인물을 멀리했다. 그렇다고 쇼군 자신이 정치를 관장했던 것도 아니었다. 쇼군은 정치에 관심을 두지 않았다. 쇼군 이에나리는 쇼군의 처첩이 거주하는 오오쿠大奥에 머물면서 40여 명의 측실을 거느리고 호화로운 생활을 했다. 에도성에는 시중드는 여인만 900여 명이 있었다. 그들 모두가 호화로운 생활을 했다. 막부의 재정난이 악화될 수밖에 없었다. 사정이 이런데도 아무도 쇼군 이에나리의 호화생활에 대해 직언하는 사람이 없었다. 쇼군이 정치를 돌보지 않고 사치스러운 생활에 빠져 지낸다는 풍문이 돌자, 사치풍조가 다시 고개를 들었다. 무사의 기풍도 퇴폐적인 방향으로 흘렀다. 일본사회는 다시 다누마 시대와 같이 혼란스러워졌다.

2. 대기근 발생과 민중의 봉기

1834년부터 저온 현상이 지속되었다. 하지만 막부는 8월이 되어서야 상업적 농업을 억제하고, 미곡 생산을 늘리라고 명령했을 뿐 아무런 대책도 마련하지 않았다. 여름에 장마가 수십일 지속되면서 데와出羽 지방에 대홍수, 오우奧羽 지방에 산사태, 관동関東 지방에 폭풍우 피해가 잇달았다. 전국적으로 쌀값이 급등하기 시작했다.

가을이 되자 대기근이 일본 열도를 엄습했다. 특히 기근이 심각한 지역은 동북東北 지방이었다. 스가루津軽・마쓰마에松前・야마가타山形・아키타번秋田藩에서 많은 아사자가 발생했다. 난부번南部藩도 극심한 기근에 시달렸다. 기근은 동부 일본뿐만 아니라 서부 일본의 빈민들에게도 심각한 피해를 입혔다. 시마네현島根縣 쓰와노번津和野藩에서는 굶주림을 견디지 못한 빈민들이 가마니까지 씹어 먹었다. 아사자들의 입에서 숯이 발견되기도 했다.

동북 지방에서 공급되는 쌀에 의존하던 에도의 식량부족 현상이 심각했다. 설상가상으로 여러 지역에서 발생한 난민이 에도로 유입되었다. 에도의 쌀값을 비롯한 식료품 가격이 폭등했다. 식료품 가격의 폭등으로 가장 큰 피해를 입은 것은 도시 빈민층이었다. 에도에서도 아사자가 발생했다. 막부는 동북 지방에서 에도로 진입하는 길목에 구휼소를 설치하고 굶주린 사람들을 수용했다. 구휼소에는 입추의 여지가 없을 정도로 많은 사람이 수용되었다.

1837년이 되자 기근이 정점에 달했다. 농촌에서는 햐쿠쇼잇키百姓一揆가 일어났고, 도시에서는 우치코와시打毀가 발생했다. 햐쿠쇼잇키와 우치코와시는 매년 100건이 넘게 발생했다. 그중에서 특히 유명했던 것은 1836년 8월에 발생한 가이甲斐의 쓰루군都留郡과 미카와三河의 가모군加茂郡에서 발생한 햐쿠쇼잇키였다.

「Point 강의」 –덴포의 대기근과 막번권력의 대응

1832년 대기근이 일본열도를 엄습했다. 특히 기근이 심각한 지역은 동북 지방의 여러 번이었다. 센다이仙台·요네자와米沢·쇼나이庄内 등의 번은 저축미가 있었기 때문에 아사자가 적게 발생했다. 난부번南部藩에서는 쌀값이 폭등하자 7월부터 조카마치에 고메카이쇼米会所를 설치하고 1인당 1일 2홉 5작씩 쌀을 공시가격으로 방출했다. 8월부터는 영내의 곡물이 다른 지역으로 방출되는 것을 금지했다. 또 영내의 부유한 농민이나 상인의 창고를 조사해 저장한 미곡을 강제로 공출했다. 이러한 노력으로 난부번에서 아사자가 적게 발생했던 것이다. 아키다번秋田藩은 이미 1833년 8월부터 쌀 배급제를 실시하고, 영내의 쌀이 다른 지역으로 방출되는 것을 금지하는 등 대책 마련에 부심했으나 아사자가 속출했다. 쓰가루번에서만 4만5,000명의 아사자가 발생했다. 동북 지방에서 발생한 난민이 에도로 유입되었고, 에도에서도 아사자가 발생했다. 그러자 막부는 시나가와品川·이타바시板橋·센주千住·나이토신주쿠内藤新宿 4곳에 구휼소를 설치하고 빈민들을 수용했다. 오사카에서도 쌀값이 폭등했다. 막부는 오사카에서도 구휼소를 설치해 빈민을 구제하는 조치를 취했다.

3. 오시오의 난

흉작이 계속되면서 경제 선진지역이라고 할 수 있는 기나이畿内조차도 쌀 부족 현상이 심각했다. 1836년에 들어서면서 기근이 더욱 심각해졌다. 그런데도 막부는 적절한 구제 수단을 강구하지 않고 오히려 기나이의 쌀을 에도로 송출하려고 했다. 오사카의 부유한 미곡상들은 이윤을 챙기기에 급급했다. 그러자 기나이 민중의 분위기가 험악해졌다. 그때 오사카마치부교의 악정과 부유한 미곡상들의 만행을 규탄하고 나선 인물이 오시오 헤이하치로大塩平八郎였다.

1836년 12월 막부의 어용상인들이 쌀을 매점매석하기 위해 오사카에 왔을 때, 오사카마치부교 아토베 요시스케跡部良弼는 부하에게 은밀히 어용상인들이 쌀을 매점매석할 수 있도록 지원하라고 명령했다. 이 소식을 들은 오시오는 분개했다. 오시오는 오사카와 그 주변 지역의 기근은 결코 천재가 아니고 인재라고 갈파했고, 그러한 상황을 조장한 것은 다름 아닌 아토베 요시스케라고 단정했다. 오시오는 부패한 관리도 미워했지만 민중이 굶어 죽을 지경에 처했는데도 미곡을 매점매석해 폭리를 취하는 대상인을 증오했다. 오시오는 급기야 봉기하기로 결심했다.

1837년 2월 7일 오시오는 그동안 수집한 장서를 매각한 돈 620냥을 가난한 농민과 천민에게 나눠주었다. 자신의 주택에 불을 지르고, 제자와 인부 70여 명을 이끌고 출진했다. 반란세력은 빈민과 천민이 합세하면서 360여 명으로 늘었다. 오시오 일행이 대포를 쏘고 불을 지르며 행군했다. 그러나 오시오의 난은 거병 당일에 진압되었다. 오시오는 자살했다.

오시오의 난의 여파는 순식간에 전국으로 퍼졌다. 오시오의 난이 일어난 직후에 에치고越後의 가시와자키柏崎에서 국학자 이쿠타 요로즈生田万가 오시오의 제자임을 자칭하며 반란을 일으켰다. 다른 지방에서도 오시오의 제자를 자칭하는 자들이 연속적으로 반란을 일으켰다. 1838년 3월에 히로시마현 오미치尾道에서 잇키가 발생했고, 그해 4월에 히로시마현 미하라三原에서 잇키가 발생했다.

「Point 강의」 - 오시오가 거병한 이유

오시오 헤이하치로는 원래 오사카 마치부교쇼町奉行所의 요리키与力였으며, 사숙인 센신도洗心洞를 열어서 청소년을 교육하던 양명학자였다. 그는 덴포의 대기근으로 고통을 받는 오사카 근교 민중의 처지가 가엾어서 오사카마치부교 아토베 요시스케에게 빈민구제를 청원했으나 거절당했다. 오시오는 그의 양자를 시켜서 재삼 아토베에게 빈민구제를 요청했으나 성과가 없었다. 오히려 요시스케는 오시오에게 은퇴한 자가 막부의 정치에 개입하면 엄중하게 죄를 묻겠다고 위협했다. 오시오는 일본의 금·은이 70퍼센트 이상 모이는 오사카에서 아사자가 나온다면 막부의 존립이 위험해질 수도 있다고 경고했다. 그리고 오사카마치부교가 에도로 대량의 미곡을 운송하는 데 심혈을 기울이면서도 정작 오사카 민중의 생활은 돌보지 않는 태도를 비판했다. 그러나 막부의 관리는 오시오의 경고를 묵살했다. 그러자 오시오는 통상적인 방법으로는 문제를 해결할 수 없다고 판단하고 거병 계획을 세웠다. 오시오의 거병 목적은 학정을 일삼는 관리들을 벌하고 올바른 정치를 시행하는 것이었다. 오시오는 자신의 거병이 농민봉기나 도시폭동과는 근본적으로 다르다고 생각하고 있었다.

4. 덴포 개혁

12대 쇼군 도쿠가와 이에요시德川家慶의 신임을 얻은 미즈노 타다쿠니水野忠邦가 로주에 취임해 다시 개혁을 단행했다. 개혁은 상업자본을 억제하고 자연경제로의 복귀를 목표로 했다. 이 개혁을 덴포 개혁天保改革이라고 한다.

미즈노 타다쿠니는 막부의 재정을 재건하고, 하타모토·고케닌을 구제하기 위해 기엔령을 내렸다. 막부가 상인에게서 빌린 금액의 2분의 1을 삭감하고, 잔액도 무이자로 매년 장기간에 걸쳐서 상환하도록 했다. 하타모토·고케닌이 후다사시로부터 차용한 부채도 탕감하거나 무이자로 장기간에 걸쳐서 상환하도록 했다.

물가를 안정시킬 수 있는 대책도 강구했다. 막부는 물가가 비싼 것은 상공업자들이 동업조합을 결성해 가격을 통제하기 때문이라고 생각했다. 그래서 1841년에는 동업조합인 가부나카마株仲間를 전면적으로 폐지하는 강경한 조치를 취했다.

값비싼 과자·요리·의복·장신구·분재 등의 매매가 금지되었다. 대중 예능의 흥행장도 통제의 대상이 되었다. 500여 개소에 달하는 흥행장도 15개소로 제한했다. 상연하는 작품의 수도 제한했다. 특히 가부키 극장은 풍속을 문란하게 하는 근원지로 지목되었다. 막부는 가부키 극장을 변두리 지역으로 이전했다. 가부키 배우가 다른 지역에서 공연하는 것도 제한했다.

에도에서 가부키 배우로 이름을 날리던 7대 이치카와 단주로市川團十郎는 사치가 심하다는 이유로 엄벌에 처해졌다. 가부키 배우를 비롯한 연예인은 일반인보다 신분적으로 낮은 계층이라는 이유로 차별의 대상이 되었다. 연예인들이 시중을 왕래할 때는 특별한 갓을 쓰도록 했다. 외형적으로도 차별을 강요했던 것이다.

출판업도 통제했다. 막부는 모든 출판물을 검열하는 출판통제령을 내렸다. 정치를 비판하는 서책과 화려한 그림인 니시키에錦絵를 단속했다. 음란물이라고 판단되는 작품을 쓴 작가들도 처벌했다. 다메나가 슌스이為永春水, 류테이 다네히코柳亭種彦 등과 같은 작가가 풍속을 어지럽혔다는 죄목으로 형벌에 처해졌다.

미즈노 타다쿠니는 아게치령上知令을 관철시켜서 막부 권력을 강화하려고 했다. 아게치령은 에도를 중심으로 40킬로미터, 오사카를 중심으로 20킬로미터 내에 있는 다이묘·하타모토의 영지를 다른 곳에 있는 막부의 영지와 교환하는 것을 내용으로 하고 있었다. 그런데 해당 지역을 지배하던 다이묘들이 아게치령에 반발했다. 교환의 대상이 되는 다이묘·하타모토의 영지는 비옥했지만, 막부가 대신 지급하려던 쇼군의 영지는 그렇지 않았기 때문이다. 막부 내부에서조차도 반대 의견이 많았다. 아게치령은 발포된 지 1개월도 지나지 않아서 철회하지 않을 수 없었다. 아게치령이 좌절되면서, 미즈노 타다쿠니가 실각했다. 그가 추진하던 개혁은 2년여 만에 중단되고 말았다.

「Point 강의」 - 맏물 상품을 단속한 막부

덴포 개혁 때 막부는 제철보다 일찍 출하된 과일이나 야채의 판매를 금지했다. 당시 일본에서는 제철보다 먼저 시장에 출하된 채소나 과일이 비싼 값에 거래되었다. 농민들은 상품을 일찍 시장에 출하하기 위해 온갖 방법을 강구했다. 그 당시에 일본에서는 이미 채소나 과일을 제철보다 일찍 출하하기 위해 가마니를 덮어서 온도를 보존하는 '하우스' 농법이 개발되었다. 이런 채소나 과일은 당연히 고급품으로 취급되었다. 가격이 매우 비쌌다. '하우스' 농법으로 재배된 것이 아니더라도 맨 먼저 시장에 나온 채소나 과일은 값이 매우 비쌌다. 예를 들면, 일본인들이 예부터 진귀하게 여기는 첫 번에 시장에 출하된 마쓰타케松茸, 즉 햇송이는 부르는 게 값이었다. 조금 먼저 시장에 출하된 귤도 값이 매우 비쌌다. 맏물 생선도 매우 비싼 값에 거래되었다. 막부는 그것도 사치품으로 분류해 판매를 금지했다.

제31강

밖으로부터의 도전

1. 러시아의 남하

18세기 초에는 러시아의 동진 정책이 결실을 맺었다. 시베리아를 횡단해 태평양에 도달한 러시아는 블라디보스토크를 건설했다. 러시아인들은 일본 근해에서 어업활동을 하기 시작했다. 자연히 일본인과 접촉하는 기회가 많아졌다.

러시아는 일본과 접촉을 시도했다. 1778년에 러시아 선박이 홋카이도北海道 근해에 출현해 통상을 요구했다. 그러나 당시 홋카이도의 통상권을 갖고 있던 마쓰마에번松前藩은 러시아의 요청을 거절했다. 1792년에는 락스만A. K. Laksman이 러시아 사절로 내항해 일본의 분위기를 탐색했다.

막부는 러시아의 남하에 불안감을 느끼게 되었다. 1798년 막부는 탐험대를 홋카이도로 파견했다. 곤도 주조近藤重蔵는 에도로프 지역을 탐험하고, 1800년에는 그곳으로 건너가 어장을 개척했다. 같은 해에 이노 타다다카伊能忠敬가 홋카이도의 동부 지역을 측량해 지도를 작성했다. 1807년 막부는 홋카이도를 직할령으로 삼고 해안의 경비를 강화했다.

1804년 9월 나가사키에 두 척의 러시아 군함이 출현했다. 그 군함에는 일본과 통상조약을 맺기 위해 파견된 러시아의 전권대사 레자노프 N. P. Lezanov가 승선하고 있었다. 13년 전, 막부는 락스만에게 통상문제는 나가사키로 가서 논의할 문제라고 대답한 적이 있었다. 그래서 러시아는 나가사키로 가면 통상문제가 해결될 것으로 생각했다. 레자노프는 나가사키에서 6개월 이상을 체재하면서 통상을 요구했다. 그러나 막부는 레자노프의 통상요구를 거절했다. 레자노프는 다음 해인 1805년 3월에 귀국 길에 올랐다.

1807년에는 레자노프의 부하들이 에도로프 어장을 습격하는 사건이 발생했다. 막부는 이 사건을 계기로 해안 방위를 강화했다. 1811년에는 러시아의 해군 장교 고로닌Golovnin의 억류사건이 발생했다. 고로닌은 1813년 귀국할 때까지 2년 2개월 동안 일본에 억류되었다.

「Point 강의」 —홋카이도의 일본 영토 편입

18세기 말까지 홋카이도를 일본 영토라고 생각하는 일본인은 거의 없었다. 당시 하야시 시헤이林子平가 제작한『산고쿠쓰란즈세쓰三国通覧図説』에도 홋카이도 남단의 일부 지역을 제외한 홋카이도 전 지역은 조선·유구와 같은 외국으로 표시되어 있다. 홋카이도 남단도 마쓰마에번이 이곳저곳에 교두보를 확보하고 아이누 민족과 교역하고 있었을 뿐이었다. 18세기 말 러시아 선박이 일본 근해에 자주 출몰하자, 구도 헤이스케工藤平助는『아카에조후세쓰코赤蝦夷風説考』라는 책을 저술해 홋카이도 탐험의 필요성을 제기했다. 1798년에는 막부가 처음으로 홋카이도에 탐험대를 파견했다. 막부는 홋카이도 동부 지역과 그 인근의 여러 섬들을 직할령으로 편입시켰다. 곤도 주조가 홋카이도의 에도로프에 대일본에도로프大日本恵登呂府라는 표지목을 세운 것도 그 무렵이었다. 1807년에 막부는 홋카이도의 서부 지역도 직할령으로 편입시켰다. 홋카이도 해안의 경비도 강화했다.

2. 영국의 접근

1808년 8월 15일 아침, 네덜란드의 국기를 게양한 상선이 나가사키 항에 입항했다. 일본의 관리는 전례에 따라서 네덜란드의 상관원과 함께 배를 타고 입항 수속을 하기 위해 상선에 접근했다. 그런데 갑자기 상선의 승무원들이 배를 습격하고 네덜란드인을 납치했다. 네덜란드의 국기를 게양하고 나가사키항에 나타난 것은 영국의 동인도함대 소속의 선박인 페이튼호였다. 영국인들은 네덜란드 선박을 탈취하기 위해 나가사키로 입항했던 것이다.

나가사키 부교長崎奉行 마쓰다이라 야스히데松平康英는 나가사키의 경비를 책임진 히젠번肥前藩 병사에게 페이튼호 공격을 명령했다. 하지만 히젠번의 병사들만으로는 작전을 수행할 수 없었다. 그래서 인근의 다이묘들에게 구원을 요청했다. 그러나 원병이 올 때까지 시간이 걸렸다. 페이튼호 선원들은 유유하게 보트를 타고 나가사키항을 측량했다. 납치한 네덜란드인을 인질로 잡고 식량과 식수의 공급을 요구하기도 했다. 페이튼호가 출항한 것은 17일 밤이었다.

영국의 함선이 일본 근해에 나타난 것은 페이튼호가 처음은 아니었다. 1790년대에도 일본 부근을 탐험하기 위해 영국의 군함이 홋카이도의 무로란室蘭에 나타난 적이 있었다. 그때의 영국선은 순전한 탐험이 목적이었기 때문에 큰 문제가 발생하지 않았다. 하지만 페이튼호 사건이 있은 후, 일본인의 영국에 대한 감정이 매우 악화되었다.

페이튼호 사건 후에도 영국의 선박은 가끔씩 일본 연안에 출현했다. 어떤 함선은 에도 근처 해변에 상륙해 교역을 요구하기도 했다. 에도에서 멀지 않은 바다, 특히 센다이仙台 앞바다에 고래 어장이 형성되었다. 영국의 포경선은 물론 미국의 포경선도 그곳에서 조업했다. 일본의 선원들 중에는 외국인과 물물교환을 하는 자들도 있었다.

> ### 「Point 강의」 - 페이튼호 사건을 보는 무사의 눈
>
> 3일 동안이나 페이튼호가 나가사키항을 유린하는 것을 속수무책으로 바라볼 수밖에 없었던 나가사키 부교 마쓰다이라 야스히데는 책임감을 느꼈다. 그는 용서를 비는 장문의 유서를 남기고 자결했다. 자결은 무사가 책임을 다하지 못했을 때 용서를 비는 극단적인 행위였다. 마쓰다이라 야스히데가 남긴 유서의 내용을 보면, 그가 외국에 대해 얼마나 폐쇄적이었는지 알 수 있다. 그는 페이튼호 사건의 처리를 평화적으로 마무리 한 것에 대해 심한 모욕감을 느끼고 있었다. 외국선에 불을 질러서라도 입항을 거부하는 것이 국가의 치욕을 방지하는 것이라고 말했다. 야스히데는 자칫 전쟁으로 확대될 수도 있었던 분쟁을 평화적으로 마무리한 사건을 치욕스럽게 여겨 자결함으로써 개인적인 피해의식을 일본인의 피해의식으로 확대시켰다.

3. 막부의 쇄국정책 고수

막부는 쇄국정책을 유지하고 있었다. 외국인이 상륙하는 것은 물론 일본인이 그들과 접촉하는 것을 금했다. 하지만 식수·식량은 공급하는 것이 관례였다. 그런데 1825년 2월 막부는 외국선에 대한 대응방침을 크게 변경했다. 막부는 해안에 접근하는 외국선은 이유여하를 막론하고 격퇴하라고 명령했다. 외국선이 스스로 물러가면 그냥 두어도 되지만, 만약에 상륙하려고 시도할 경우에는 생포하든지 아니면 사살하

도록 했다.

1837년 7월 미국 선박 모리슨호가 일본인 표류민을 태우고 에도만江戶灣에 나타났다. 일본의 수비대는 외국선은 무조건 격퇴하라는 막부의 방침에 따라 모리슨호에 포격을 가했다. 모리슨호는 할 수 없이 물러가 이번에는 가고시마鹿兒島 부근에 나타났다. 그러나 그곳에서도 포격을 받고 그대로 돌아가지 않을 수 없었다.

1840년 영국이 아편전쟁을 일으켜 중국을 굴복시켰다. 1842년에는 홍콩을 빼앗았다. 이 소식에 접한 막부는 한편으로 외국선 격퇴 방침을 완화하고, 다른 한편으로 국방대책을 강구하기 시작했다. 1841년에 서양식 병학자에게 서양식 포술을 시범하게 했다. 에도 근해의 순시도 강화했다. 1853년 미토번水戶藩 번주 도쿠가와 나리아키德川齊昭는 해안에 포대를 구축했다. 위기를 감지한 조정에서도 1846년과 1850년에 막부에 해안을 방위하라는 내용의 칙서를 내렸다.

1844년에 네덜란드 국왕 윌리엄 2세가 막부에 친서를 보냈다. 윌리엄 2세는 종래의 독점적인 무역을 포기하고, 세계 여러 나라와 무역을 하는 것이 유리하다고 설명하면서 개국을 권고했다. 막부는 윌리엄 2세의 친서를 검토했지만 개국만은 거절했다. 막부는 여전히 쇄국정책을 고수했던 것이다.

「Point 강의」 - 아편전쟁과 에도 막부의 대응

1839년 9월 영국과 청국이 사실상 교전상태에 들어갔다. 이어서 1840년 2월 영국 의회가 전쟁을 정식으로 결의했다. 3년간에 걸친 아편전쟁이 시작되었다. 나가사키의 네덜란드 상관장은 막부에 영국이 보낸 군함 몇 척이 쏘는 대포에 청국이 속수무책으로 당했다는 정보를 제공했다. 이 소식을 들은 막부는 국방대책을 마련하기 시작했다. 1841년 5월 막부는 서양식 병학자 다카시마 슈한高島秋帆에게 무사시武蔵의 도쿠마루가하라徳丸ヶ原에서 서양식 포술을 시범하게 했다. 그해 12월 이즈伊豆 니라야마韮山의 다이칸 에카와 히데타쓰江川英竜에게 명해 에도 근해를 순시하도록 했다. 에도 막부는 해안경비 방침을 수정했다. 그동안 막부는 외국 선박이 해안에 접근하면 무조건 대포를 쏘아 물러가도록 했다. 그런데 아편전쟁을 지켜본 막부는 일본의 강경한 대응이 자칫 큰 전쟁으로 비화될 수도 있다는 것을 알았다. 막부는 즉시 외국선 격퇴 방침을 완화하는 조치를 취했다. 1842년 7월 막부는 외국선이 접근하면 일단 연료·식수를 제공하고, 쇄국이 막부의 방침이라는 것을 친절히 설명한 다음 물러가게 하라고 명령했다.

제32강

근대의 태동

1. 정치사상의 발달

　18세기 중기의 사상가이며 의사였던 안도 쇼에키安藤昌益는 독자적인 사상을 지닌 사회사상가였다. 그는 『시젠신에이도自然真営道』・『토도신덴統道真伝』 등의 저서를 출간해 만인이 평등하게 경작하는 세계를 꿈꾸었다. 그는 농민 이외의 계급을 부정했다. 당연히 신분제도도 부정했다. 정치 조직과 사회 구조를 근본적으로 비판했다. 여성이 차별되는 가족제도에 대해서도 공격을 가했다. 일부다처제를 부정했다. 모든 인간이 상하의 구별이 없는 평등한 세상을 만들어야 한다고 주장했다.
　막번체제가 동요되면서 사회제도의 모순을 타개하기 위한 논의가 시작되었다. 오규 소라이荻生徂徠는 도시 팽창의 폐해를 지적하면서 무사의 토착을 주장했다. 그의 제자인 다자이 슌다이太宰春台는 상업자본을 적극적으로 이용해야 한다고 주장했다. 히라가 겐나이平賀源內는 일본에서도 모직물을 생산해야 한다고 주장했다. 또 국가에 도움이 되는 기계를 발명하려고 했다. 가이호 세이료海保靑陵는 합리주의에 입각한 경제론을 제창하면서 봉건사회의 모순을 비판했다.

외세의 일본 접근에 대해 민감하게 반응한 지식인들도 있었다. 에치고越後의 수학자이며 경세가였던 혼다 도시아키本多利明는 『사이이키모노가타리西域物語』·『게이세이히사쿠経世秘策』 등 서양 관련 저서를 출간해 서양 여러 나라의 정세를 소개했다. 그는 적극적인 해외 무역론을 주장했다. 야마가타 반토山片蟠桃는 그의 저서 『유메노시로夢の代』에서 사회적 분업과 교역의 필요성을 주장했다. 사토 노부히로佐藤信淵는 『게이자이요로쿠経済要録』·『노세이혼론農政本論』 등의 저서에서 산업의 국영화와 무역의 진흥을 역설했고, 『보카이사쿠防海策』에서는 적극적인 동남아시아 진출과 대외팽창을 역설하기도 했다. 사쿠마 쇼잔佐久間象山은 서양의 학문과 기술을 적극적으로 도입할 것을 주장했다. 그는 특히 '동양의 도덕, 서양의 기술'이라는 목표를 제시했다. 오사카의 가이토쿠도懷徳堂 출신인 도미나가 나카모토富長仲基는 기성의 종교나 학문의 권위에 의문을 품었다.

「Point 강의」 – 너무 일찍 태어난 혁명사상가

안도 쇼에키의 사상은 근세사회에서 자생적으로 발생한 혁신사상의 계열 중

제32강 근대의 태동 317

에서도 가장 특이한 것이었다. 안도는 당시의 상식을 벗어난 혁명적인 생각을 한 인물이었다. 그는 세상에서 성인으로 추앙되는 석가나 공자와 같은 인물을 악인이라고 규탄했다. 소위 성인들이 신분질서를 당연한 것으로 고착시켰다는 것이다. 안도는 빈곤·범죄·병란 등 모든 사회악의 근원은 일하지 않고 민중을 착취하는 인간들, 즉 천황·쇼군·다이묘·무사·상인에게 있다고 주장했다. 당시로서는 매우 충격적인 주장이었다. 계급을 타파해야 하고 차별도 없애야 한다고 주장했다. 결혼관도 매우 진보적이었다. 한 남자와 한 여자의 평등한 결합이야말로 인간이 취해야 할 마땅한 도리라고 주장했다. 안도 쇼에키의 사상은 당시의 현실과는 너무나 괴리되어 있었다. 그래서 오히려 당시 사람들은 그가 얼마나 '위험한 생각을 했는지' 몰랐을 것이다. 그는 150년이나 일찍 태어난 독창적인 사상가였다. 철저한 계급·신분·권력의 부정은 일본사상사에서 그 예를 찾아볼 수 없다. 또 순수한 경작자의 입장에서 세상을 일관되게 바라다보았다는 점도 높이 평가되어야 할 것이다.

2. 존왕론의 전개

봉건제도가 동요하면서 천황天皇을 숭앙하는 기운이 일어났다. 일찍이 주자학자 야마자키 안사이山崎闇齋가 천황을 받들고 막부를 배척한다는 소위 존왕척패론尊王斥覇論을 제시한 적이 있었다. 18세기 중기에는 다케우치 시키부竹內式部·야마가타 다이니山県大弐·후지이 우몬藤井右門 등이 잇달아 존왕론과 명분론을 제기해 막부의 탄압을 받았다.

다케우치 시키부는 조정의 귀족들에게 명분론·존왕론을 역설했다. 야마가타 다이니는 에도에 사숙을 열고 존왕론을 설파했다. 1767년 막부는 야마가타 다이니와 후지이 우몬을 체포해 사형에 처했다. 다케우치 시키부는 유배되는 도중에 사망했다.

18세기 말 다카야마 히코쿠로高山彦九郎는 일본 각지를 여행하면서 존왕사상을 전파했다. 그런데 다카야마는 천황이 막부의 권세에 굴복할 수밖에 없는 현실을 비관해 자살했다. 가모 군페이蒲生君平는 『산료시山陵志』를 저술해 천황릉의 관리와 천황의 권위를 회복할 것을 역설했다.

존왕론이 막말에 양이론攘夷論과 결부되어서 정치운동으로 발전하는 데 결정적인 역할을 했던 것은 미토학水戶学이었다. 이미 미토번의 다이묘 도쿠가와 미쓰쿠니德川光国의 명령으로 시작된 『다이니혼시大日本史』 편찬사업에 의해 존왕사상이 고취되었다. 미토학을 완성한 아이자와 야스시会沢安의 저서인 『신론新論』에는 과격한 존왕양이尊王攘夷 사상이 포함되어 있었기 때문에 출판이 금지되기도 했다.

존왕론자가 모두 봉건제를 부정했던 것은 아니었다. 적극적인 존왕론자였던 다케우치 시키부와 야마가타 다이니도 천황을 높이 받들 것을 주장했던 것이지 막부를 무시하고 봉건제를 부정했던 것은 아니었다. 다른 존왕론자들도 봉건제를 부정하지 않았다. 유명한 역사학자인 라이 산요賴山陽도 『니혼가이시日本外史』를 비롯한 저서에서 존왕사상을 강조했으나 막부의 정치를 부정하지는 않았다. 이러한 경향은 미토학에서도 마찬가지였다. 극우 성향의 국학자들조차도 이 한계를 타파하지 못했다. 훗날 극도의 사회 불안이라는 현실 속에서 존왕론이 토막운동과 연관되었다. 하지만 그것은 어디까지나 현실적인 문제에서 기인된 것이지 원래 이론 속에 막부 타도의 정신이 내재되어 있었던 것은 아니었다.

「Point 강의」 – 막부가 스스로 갇힌 대정위임론

에도 시대에는 유학이 장려되었다. 유학의 충효사상은 상하관계를 움직일 수 없는 질서로 정착시키는 데 매우 유용한 이데올로기였다. 막부는 다이묘를 포함한 무사들에게 충성을 요구하기 위해서 스스로 일본의 군주인 천황에게 공순恭順의 예를 표하지 않을 수 없었다. 막부가 앞장서서 존왕론을 전파했던 것이다. 그런데 18세기 중기에 유학자들 사이에서 대정위임론大政委任論이 제기되었다. 대정위임론은 천황이 막부의 쇼군에게 국방·치안을 당부하면서 정권을 위임했고, 쇼군은 다시 다이묘에게 하향적으로 위임했다는 이론이었다. 그런데 18세기 말부터 서양 열강이 일본과 교역을 요구하면서 대정위임론은 생각지도 않았던 방향으로 전개되었다. 천황이 국방·치안을 당부했는데, 막부가 그 직분을 수행하지 못한다면 위임된 정권을 회수할 수도 있지 않느냐는 논의로 이어졌다. 원래 군사력을 배경으로 성립된 정권은 그것이 약화되면 위기에 처하게 될 수밖에 없었다. 때마침 웅번이 형성되면서 막부의 무위武威는 상대적으로 약화되었다. 특히 미국의 강압에 굴복해 문호를 개방하는 과정을 지켜본 일본인들은 막부에 대한 기대감을 버렸다. 막부가 무위를 상실했을 뿐만 아니라, 국방·치안의 직분을 수행하지 못했기 때문이다. 무위를 앞세웠던 정권의 운명이었다.

3. 웅번의 형성

19세기에 들어서면서 일본은 내우·외환에 직면해 있었다. 특히 막부의 재정은 바닥이 나 있었다. 막부는 위기를 타개하기 위해 강도 높은 개혁을 추진했다. 하지만 개혁의 목적을 달성하지 못했다. 막부의 지도력은 실추되었다.

각 번藩의 재정도 파탄에 직면해 있었다. 정치·경제적인 난제를 해결하지 않으면 안 되는 상황이었다. 각 번도 강도 높은 개혁을 단행했다. 미토번·사가번佐賀藩·도사번土佐藩도 개혁에 적극적이었지만, 가장 강도 높은 개혁을 단행한 것은 사쓰마번薩摩藩과 조슈번長州藩이었다.

19세기 초, 사쓰마번은 만성적자에 허덕이고 있었다. 1819년에는 오사카의 대상인들이 사쓰마번에는 자금을 대출해 주지 않았을 정도였다. 상황이 위급한 지경에 이르러서, 시마즈 시게히데島津重豪가 즈쇼 히로사토調所廣鄕를 등용해 개혁을 단행했다.

1827년에 등용된 즈쇼 히로사토는 가장 먼저 번의 재정을 억누르고 있었던 부채를 정리하는 작업에 착수했다. 그리고 사쓰마번의 서남해에 있는 여러 섬의 설탕을 전매했다. 개혁은 1832년경부터 성과를 올리기 시작했다.

재정이 재건되자 개혁은 더욱 탄력이 붙게 되었다. 경직화된 신분제도를 수정해 능력이 있는 하급 무사를 발탁했다. 군제를 개혁해 군사력을 강화했다. 기계 공장을 설립하는 등 혁신적인 정책을 추진해 산업 기반을 튼튼히 했다. 특히 시마즈 나리아키라島津齊彬 시대에 이르러서 적극적인 식산흥업 정책을 추진하면서 번의 재정이 안정되었다.

서부 일본 지역에서는 일찍부터 상품경제가 발달했다. 조슈번은 일찍부터 종이·꿀·쪽·목면 등을 전매했다. 그런데 19세기 중엽에 유통의 자유를 요구하는 농민이 전매제에 반대하며 반란을 일으켰다. 무엇보다도 심각한 것은 누적된 막대한 채무였다. 채무의 규모는 연간 세입의 24배에 해당하는 39만 관이었다.

1840년 번주 모리 다카치카毛利敬親는 무라타 세이후村田淸風를 등용해 개혁을 추진했다. 무라타 세이후는 번의 재정 실태를 공개했다. 개혁을 추진할 수 있는 공감대를 조성한 무라타는 먼저 자영농을 육성하는 정책을 추진했다. 별도 회계로 운영되던 자금을 대출금으로 전환해 상품유통의 성과를 적극적으로 흡수하기도 했다. 그 결과 1842년에는 번의 차용금 3만 관을 상환하고, 1846년에는 차용금을 반 이상 상환할 수 있었다. 여유자금이 생기자, 사쓰마번과 같이 서양식 군비를 갖추고, 하급무사를 발탁해 군사면에서도 내실화를 기했다.

사가번佐賀藩의 번주인 나베시마 나오마사鍋島直正도 개혁을 단행했다. 개혁은 인재를 등용하고, 검약을 강조하고, 상품유통을 제한하는 것에 주안점을 두었다. 사가번은 서양식 군비를 강화하는 데 주력했다. 도사번土佐藩도 개혁에 착수했다. 물가의 20~50퍼센트를 강제로 인하하게 하는 포고령을 내리고, 번의 지출도 5개년 간 25퍼센트 삭감하는 정책을 추진해 성과를 올렸다.

「Point 강의」 -상인을 제물로 삼은 개혁

막부를 실력으로 붕괴시키고 메이지 유신을 주도한 것은 사쓰마번과 조슈번이었다. 두 번藩이 실력을 갖출 수 있었던 것은 개혁에 성공했기 때문이었다. 두 번의 개혁 스타일은 달랐지만 상인들에게 희생을 강요했다는 공통점이 있었다. 19세기에 들어서면서 오사카의 상인들은 사쓰마번에 대한 자금 대출을 거부했다. 그만큼 경제사정이 심각했다. 1827년에 등용된 즈쇼 히로사토는 사쓰마번에 자금을 대출한 상인들을 모아 놓고 부채를 250년간에 걸쳐서 상환한다고 선언했다. 그야말로 폭탄선언이었다. 1840년에 등용된 조슈번의 무라타 세이후도 차용금을 37년에 걸쳐서 상환한다고 선언했다. 두 번의 폭력적인 선언에 상인들이 크게 반발했지만 무력으로 제압했다. 상인들은 마치 늑대의 목에 걸린 가시를 빼어 준 두루미와 같은 신세가 되었지만, 목이 달아나지 않은 것만도 다행이라고 생각할 수밖에 없었다. 무사사회에 기생해 자본을 축적한 에도 시대 상인의 운명이었던 것이다.

제33강

막번체제 붕괴

1. 개국

미국은 중국 무역과 포경업 기지를 확보하기 위해 일본을 개국시키려고 했다. 그 임무는 미국의 동인도함대 사령관 페리M. C. Perry에게 맡겨졌다. 1853년 6월 페리가 이끄는 4척의 군함이 에도만에 모습을 드러냈다. 당시 막부의 정치를 총괄하는 로주老中의 지위에 있던 인물은 아베 마사히로阿部正弘였다.

페리는 막부에 필모아M. C. Fillmore 미국 대통령의 국서를 제시하면서 개국을 요구했다. 막부는 전례에 따라서 페리에게 나가사키長崎로 회항하도록 요구했다. 그러나 페리는 막부의 요구에 응하지 않았다. 페리의 기세에 눌린 막부는 전례를 깨고 미국의 국서를 수리하기로 했다. 페리는 일단 물러갔다.

아베 마사히로는 페리의 내항을 "국가 누란의 위기"라고 인식했다. 그래서 모든 정치・외교에 관한 사항은 막부가 독단으로 결정하던 전례를 깨고, 미국의 개국 요구에 관한 사항을 조정에 보고했다. 그리고 여러 다이묘, 쇼군에 직속한 하타모토旗本・고케닌御家人에게도 자유롭게 의견을 개진하도록 언로를 개방했다.

페리가 내항한 지 1개월 후인 같은 해 7월 러시아 사절인 푸티아틴E. Putyatin이 역시 4척의 군함을 이끌고 나가사키에 내항해 북방의 국경 확정과 통상을 요구했다. 이 소식을 전해들은 페리는 러시아에게 일본 개국의 주도권을 빼앗길 것을 염려했다. 그래서 1854년 정월 다시 군함 7척을 이끌고 에도만에 나타나 개국을 요구했다. 막부는 페리에게 굴복하고 말았다. 다이묘와 무사의 대부분이 개국에 반대했지만, 막부는 같은 해 3월에 미국과 화친조약을 체결했다.

1856년 화친조약의 규정에 따라 총영사 해리스T.Harris가 시모다下田에 도착했다. 1857년 10월 해리스는 쇼군將軍을 알현했다. 당시는 홋타 마사요시堀田正睦가 로주의 지위에 있었다. 해리스는 홋타 마사요시에게 세계정세를 설명하고, 청국과 같이 전쟁에서 패배한 후에 불평등 조약을 체결하면 더욱 불리해진다고 말하면서 통상조약의 체결을 요구했다.

그러나 일본 국내에서는 양이의 기운이 강했다. 유력한 다이묘大名도 통상조약 체결에 반대했다. 곤경에 처한 막부는 천황의 칙허를 얻어서 조약 체결에 반대하는 의견을 봉쇄하려고 했다. 막부는 열강과 전쟁을 회피하기 위해서는 조약을 체결해야 한다고 조정을 설득했다. 그러나 막부는 칙허를 얻지 못했다. 막부는 천황의 권위를 이용하려고 했지만, 오히려 천황의 정치적 입지만 강화하는 결과를 초래하고 말았다.

홋타 마사요시가 해임되고, 그 뒤를 이어서 히코네번彦根藩 다이묘 이이 나오스케井伊直弼가 다이로大老에 취임했다. 1858년 6월 이이 나오스케는 칙허를 얻지 못한 채 독단으로 일미수호통상조약을 체결했다. 이것을 안세이安政의 5개국 조약이라고 한다. 안세이의 5개국 조약은 치외법권을 인정하고 관세 자주권을 부정하는 불평등조약이었다.

「Point 강의」 – 해리스의 활약

1856년 부임한 해리스는 에도 막부와 통상조약 체결을 위한 교섭을 시작했다. 때마침 크리미아 전쟁이 일어나서 러시아는 일본 문제에 신경 쓸 여유가 없었다. 그래서 미국이 대일 교섭의 주도권을 쥐고 활동할 수 있었다. 1857년 10월 해리스는 에도 막부의 13대 쇼군 도쿠가와 이에사다德川家定를 예방했다. 이어서 로주 홋타 마사요시를 비롯한 막부 수뇌부와 면담했다. 이 자리에서 해리스는 '일본의 중대 사건'에 관해 2시간에 걸쳐 연설했다. 해리스는 대략 다음과 같은 말을 했다. 일본을 친우로 여기는 미국은 전쟁을 일으켜 타국의 영토를 빼앗은 적이 없는 나라다. 미국은 외교관이 에도에 거주하는 것과 자유무역을 원하고 있다. 영국은 일본에 불만을 품고 있고, 러시아는 사할린·홋카이도를 넘보고 있다. 일본에 위기가 다가오고 있다. 중국과 영국·프랑스 사이에 애로우 전쟁이 벌어졌는데, 청나라가 영국·프랑스 연합군에 밀리고 있다. 애로우 전쟁이 끝나면 영국·프랑스 연합함대가 곧바로 일본을 침략할지 모른다. 그 전에 미국과 통상조약을 맺으면, 미국이 영국을 설득해 전쟁을 면하게 해 줄 수 있다. 해리스의 설명을 들은 막부의 수뇌부는 두려움을 느꼈다. 일본이 서구 열강의 식민지가 될 수도 있다는 생각에 잠을 이루지 못했다. 막부는 해리스와 통상조약을 위한 교섭을 개시했다. 교섭이 시작되자 해리스가 통상조약안을 제시했다. 막부는 네덜란드·러시아와 맺은 추가조약 내용대로 하자고 주장했으나 해리스는 듣지 않았다. 막부는 해리스의 자유무역 요구를 거절할 수 없었다. 1858년 정월 일미수호통상조약안과 무역장정안이 거의 해리스가 제시한 원안대로 결정되었다. 해리스가 막부에 제시한 조약안은 대략 다음과 같다. 에도에 공사관, 개항지에 영사관을 두고, 화친조약으로 개방한 항구 이외에 항구를 몇 개소 더 개방하고, 에도·오사카에도 시장을 열고, 미국인 거류지를 설정하고, 치외법권·협정관세·자유무역을 기본으로 하는 것이었다.

2. 정치노선의 대립

일본 국내에서는 더 이상 막부에 기대할 수 없다는 분위기가 확산되었다. 로주 이이 나오스케는 1858년부터 막부의 정책을 비판하는 세력을 탄압했다. 막부의 탄압으로 급진적인 존왕양이론자로 젊은 지사들의 인망을 모으고 있었던 조슈번의 요시다 쇼인吉田松陰과 후쿠이번福井藩의 하시모토 사나이橋本左內가 사형에 처해졌다. 그때 50여 명의 지사들이 사형에 처해지거나 투옥되었다. 이 사건을 안세이安政의 대옥이라고 한다.

1860년 3월 에도성으로 출근하는 이이 나오스케가 사쿠라다몬桜田門 부근에서 미토번 출신의 낭사浪士들에게 암살되었다. 그러자 안도 노부마사安藤信正가 로주에 취임했다. 그는 조정과 막부의 화합을 꾀해 정치를 안정시키려고 했다. 그래서 공무합체운동公武合体運動을 전개했다. 고메이 천황孝明天皇의 여동생인 가즈노미야和宮를 14대 쇼군인 도쿠가와 이에모치德川家茂의 부인으로 맞아들이는 계획이 추진되었다. 그러나 이 운동은 급진적인 존왕양이론자들의 반감을 샀다. 1862년 정월 미토번 출신 낭사들이 사카시타몬坂下門 밖에서 안도 노부마사를 습격했다. 부상을 입은 안도는 사직하지 않을 수 없었다. 공무합체운동이 좌절되었다.

개항 후 계속되는 경제적 혼란은 양이론을 부채질했다. 특히 하급무사 계층을 중심으로 한 급진적인 존왕양이운동이 전개되었다. 각지에서 지사들이 출현했고, 그들은 번의 통제를 벗어나서 존왕양이운동에 참여했다. 존왕양이파 지사는 노골적으로 막부의 정책을 비판했다. 조슈번은 막부가 미국과 맺은 조약을 파기할 것을 주장했다. 이윽고 조슈번과 존왕양이파 지사가 천황과 귀족들을 움직여서 막부에 양이의 실행을 요구하는 단계로 발전했다.

막부는 조슈를 정벌하기로 결정했다. 한편, 1864년 9월 영국·프랑스·미국·네덜란드의 4개국 연합함대가 시모노세키下関를 점령했다. 때마침 막부의 정벌군도 조슈번으로 진군했다. 그러자 조슈번 번주인 모리 다카치카毛利敬親는 책임자를 처벌하고 막부에 공순한 태도를 취했다. 막부도 조슈정벌을 중지했다. 이 영향으로 조슈번의 존왕양이파는 일시적으로 잠복하지 않을 수 없었다.

3. 토막파 형성

조슈번에서는 일시적으로 보수파가 정권을 장악했다. 그러나 다카스기 신사쿠高杉晋作·기도 다카요시木戶孝允 등이 중심이 되어 번정 개혁을 구상했다. 그들은 1865년 정월 다카스기 신사쿠를 지도자로 시모노세키下關에서 거병해 보수파를 타도하는 데 성공했다.

조슈번 토막파討幕派 지사들은 시모노세키 사건을 경험하면서 서구 열강이 세력이 얼마나 강력한지 알았다. 서구 열강에 대항하려면 실력을 기르는 수밖에 없다는 것을 절감했다. 주도권을 잡은 토막파는 호농 및 촌락의 지도자와 협력해 병제개혁에 착수했다. 무라타 조로쿠村田蔵六를 등용해 서양식 총대를 주력으로 하는 군대를 편성했다. 막부의 재차 정벌에 대비하기 위해서였다.

조슈번에서 다시 토막파가 정권을 장악하자, 막부는 제2차 조슈정벌을 계획하지 않을 수 없었다. 1865년 4월 막부는 정벌의 준비에 착수했다. 그러나 막부의 재정은 이미 바닥이 나 있었다. 정벌에 반대하는 의견이 대두되었고, 본래 군역 규정에 의해 쇼군의 동원령에 응해야 마땅한 각 번의 병력도 쉽사리 쇼군의 통제 아래 들어오지 않았다. 게다가 정벌군이 오사카에 장기 주둔하면서 쌀값이 급등했고, 같은 해 5월에는 오사카 일원에 폭동이 일어났다. 에도에서도 폭동이 일어났다.

사쓰마번에서는 사이고 다카모리西鄕隆盛·오쿠보 도시미치大久保利通 등 하급 무사가 번정의 실권을 장악하면서 막부에 대항하는 분위기가 형성되었다. 믹부기 제2차 조슈정벌을 준비하고 있는 급박한 상황 속에서, 1866년 정월 21일 사쓰마와 조슈는 동맹을 맺고 막부를 타도하는 데 협력하기로 했다. 동맹을 주선한 것은 도사번土佐藩 출신 낭사였던 사카모토 료마坂本龍馬였다.

이러한 사정을 알지 못하는 막부는 같은 해 6월에 제2차 조슈정벌을 감행했다. 사쓰마번를 비롯한 여러 번이 출병을 거부했기 때문에 막부군의 사기가 저하되었다. 이에 비해 사기가 충천한 조슈번의 군대가 각지에서 막부군을 물리쳤다. 새로 구입한 신무기로 무장한 조슈번의 군대는 대부분 구식 무기로 무장하고, 전의도 상실한 막부군을 압도했다. 같은 해 7월 14대 쇼군 이에모치가 오사카에서 급사했다. 막부군은 전투를 중지하고 철수하고 말았다. 무위를 상징하는 막부가 일개 번의 무력 앞에 굴복하는 상황을 맞이했다. 에도 막부의 권위와 시스템은 이 단계에서 이미 붕괴되었다고 해야 할 것이다.

「Point 강의」 - 원수가 서로 손을 잡은 기묘한 동맹

조슈번과 사쓰마번 출신 무사들은 서로 사이가 나쁘기로 유명했다. 1863년 8월 18일 사쓰마번의 공무합체파가 조정의 급진파와 조슈번 세력을 교토에서 추방한 사건이 있었다. 8월 18일 정변이었다. 그 후, 조슈번 무사들은 사쓰마번을 원수로 여겼다. 두 번의 무사는 서로 적개심에 가까운 경쟁심을 불태우는 사이였다. 그런데 조슈번이 위기에 처하자 오월동주도 마다하지 않았다. 두 번은 하급무사가 정치의 실권을 장악했고, 막부에 대항하는 분위기가 형성되어 있었다는 공통점이 있었다. 조슈번은 다카스기 신사쿠 · 기도 다카요시 등의 하급무사 출신이 정치를 주도하면서 막부에 정면으로 대결하게 되었다. 조슈번이 막부의 재차 정벌에 대비하고 있을 때, 사쓰마번도 정치적인 변화를 겪었다. 사이고 다카모리 · 오쿠보 도시미치를 비롯한 하급무사가 번정의 실권을 장악했다. 특히 사이고는 사쓰마번 무사들을 규합해 전통적인 군역체제를 완전히 타파한 군대를 창설하면서 실권자로 부상했다. 그 무렵, 도사번의 낭사浪士 사카모토 료마와 나카오카 신타로中岡愼太郎가 사쓰마와 조슈의 연합을 구상했다. 사쓰마번과 조슈번은 서로 총을 겨눈 적이 있는 사이였던 만큼 쉽게 앙금이 풀리지 않았다. 하지만 사카모토 료마의 주선으로 두 번의 연합이 극적으로 성사되었다. 1866년 정월 21일 조슈번의 기도 다카요시가 은밀히 교토의 사쓰마번 저택으로 가서 사이고 다카모리와 회견하고 비밀리에 협약을 맺었다. 사카모토 료마는 조슈번이 나가사키에서 무기를 구입하는 것을 주선했다. 사쓰마번도 조슈번을 적극 원조했다. 두 번이 정식으로 동맹을 맺은 것은 아니지만, 막부의 조슈정벌에 직면해 공수동맹을 맺은 것이나 다름이 없었다. 사이고·기도가 각각 사쓰마·조슈번의 실권을 장악하고 있었기에 밀약이 효력을 발휘할 수 있었던 것이다.

근대

제34강

메이지 정부 수립

1. 왕정복고 쿠데타

1867년 정월 9일 메이지 천황明治天皇이 14세의 나이에 즉위하자, 정치의 주도권은 토막파討幕派가 장악하게 되었다. 그들은 이전에 조정朝廷에서 추방되었던 급진파 귀족들을 속속 조정으로 불러들여서 세력을 강화했다.

토막의 분위기가 고조되는 가운데, 도사번土佐藩에서는 선수를 쳐서 대정봉환大政奉還을 상주해야 한다는 의견이 설득력을 얻고 있었다. 도사번의 고토 쇼지로後藤象二郎가 에도 막부江戶幕府의 15대 쇼군将軍 도쿠가와 요시노부德川慶喜에게 건백서를 제출했다. 건백서에는 일단 천황에게 통치권을 반환한 후, 공의정체公議政體, 즉 다이묘들의 합의제에 의한 정권을 수립하는 것이 상책이라는 내용이 담겨져 있었다. 쇼군 요시노부는 건백서를 전격적으로 채택하고, 1867년 10월 14일 조정에 대정봉환의 상주문을 제출했다. 조정은 상주문을 수리했다.

당시 조정에서 이와쿠라 도모미岩倉具視가 막부에 저항하는 분위기를 주도하고 있었다. 기묘하게도 쇼군 요시노부가 대정봉환 상주문을 제출한 바로 그날, 조정은 사쓰마번薩摩藩과 조슈번長州藩에 막부를 토벌할 것을 명령하는 밀칙을 내렸다. 쇼군 요시노부의 대정봉환 상주문이 수리되자 토막의 밀칙은 취소되었다.

토막파의 계획은 일단 유보되었다. 그러나 그들이 무력으로 에도 막부를 타도한다는 계획을 포기한 것은 아니었다. 토막파는 무력으로 막부를 타도하기로 의견을 모았다. 1867년 12월 9일 사쓰마薩摩·도사土佐·아키安芸·오와리尾張·에치전越前의 5개 번 병사들이 궁문을 삼엄하게 경비하는 가운데 왕정복고王政復古를 선언하는 대호령大號令을 발포했다. 천황을 중심으로 하는 신정부가 수립되었다.

신정부는 에도 막부를 폐지했다. 총재總裁·의정議定·참여參與의 3직을 두어 정치를 관장하게 했다. 참여에는 유력한 번의 대표자를 포함시켰다. 사쓰마번에서는 사이고 다카모리西鄕隆盛·오쿠보 도시미치大久保利通, 도사번에서는 고토 쇼지로·후쿠오카 다카치카福岡孝弟, 조슈번에서는 기도 다카요시木戶孝允·히로사와 사네오미広沢眞臣 등이 포함되었다. 정권은 막부에서 조정으로 옮겨졌다.

그날 밤 교토의 천황 궁전에서 총재·의정·참여가 참가한 가운데 어전회의가 열렸다. 이 회의에서 이와쿠라 도모미·오쿠보 도시미치를 비롯한 강경파 세력이 야마노우치 도요시게山内豊信·마쓰다이라 요시나가松平慶永 등이 주장하는 공의정체론公議政體論을 누르고, 쇼군 도쿠가와 요시노부에 대해 관위를 사퇴하고 영지를 반납할 것을 요구하기로 결정했다.

「Point 강의」 – 메이지 유신 전야 일본의 정치와 사회

1866년 12월 도쿠가와 요시노부가 에도 막부 15대 쇼군에 취임했다. 쇼군 요시노부는 조슈번長州藩과 휴전했다. 그리고 군사제도를 근본적으로 개혁했다. 막부에 직속한 무사의 봉록을 반감해 군사비로 충당했다. 막부 기구도 대대적으로 정비했다. 또 유력한 다이묘大名와 조정의 귀족들에게서 신뢰를 이끌어냈다. 쇼군 요시노부는 능력을 유감없이 발휘했다. 그러나 쇼군의 지도력만으로 무너져가는 막부를 일으켜 세우기에는 역부족이었다. 무엇보다도 막말의 사회가 너무 혼란스러웠다.

19세기 말 일본사회는 매년 흉년이 들었다. 1866년 농민봉기와 도시폭동의 발생 건수는 역사상 최고를 기록했다. 1867년 신령의 부적이 하늘에서 이세신궁伊勢神宮으로 떨어졌다는 소문이 퍼지면서 말세적인 분위기가 확산되었다. 많은 남녀가 "에에쟈나이카ええじゃないか"를 외치며 열광적으로 춤추는 소동이 전염병처럼 번졌다. 이 소동은 주로 농촌봉기와 도시폭동이 극심했던 지역에서 발생했다. "에에쟈나이카"소동은 서민들이 집단을 이루어 여행하며 유명한 사원과 신사에 참배하던 전통과 봉건적 질서에서 해방되기를 갈망하는 염원이 사회가 극도로 혼란한 시기에 동시에 폭발한 것이었다. 에에쟈나이카 소동은 전국적으로 확산되었다.

2. 보신전쟁

쇼군 도쿠가와 요시노부는 1868년 정월 막부에 직속한 군대와 아이즈번会津藩・구와나번桑名藩의 군대를 교토로 파견했다. 막부군은 사쓰마번과 조슈번을 중심으로 하는 신정부군과 도바鳥羽・후시미伏見에서 교전했다. 보신전쟁戊辰戰爭이 시작된 것이다.

정월 4일 조정은 황족을 정토대장군征討大將軍으로 삼아 구막부를 토벌할 것을 명했다. 쇼군 도쿠가와 요시노부는 정월 7일 군함을 타고 에도로 물러갔다. 신정부는 1개월 안에 기나이畿内와 서부 일본의 구막부 세력을 일소하는 데 성공했다. 남겨진 과제는 에도의 구막부 세력을 군사적으로 해체하는 것이었다.

조정은 쇼군 도쿠가와 요시노부를 조적朝敵으로 선포했다. 2월 9일 나루히토 친왕熾仁親王을 동정대총독東征大總督으로 삼아 토벌군을 에도로 보냈다. 토벌군의 실질적인 지휘관은 사이고 다카모리였다. 신정부군은 각지에서 구막부 세력을 무찌르고 에도로 진격했다. 쇼군 요시노부는 항전하지 않았다. 같은 해 4월 신정부군은 아무런 저항 없이 에도성을 접수했다.

신정부군이 에도성을 접수하자, 구막부의 해군 부총재였던 에노모토 다케아키榎本武揚가 군함 8척을 이끌고 탈주했다. 에노모토는 도중에서 오토리 게이스케大鳥圭介가 이끄는 1,600명의 보병을 태우고 홋카이도北海道로 향했다. 에노모토는 하코다테箱館의 고료카쿠五稜郭에 본부를 두었다. 그는 여러 번의 몰락한 사족들을 규합해서 공화국을 수립할 계획을 세웠다.

아이즈번을 비롯한 동북 지방의 여러 번이 신정부군에 저항했다. 신정부군은 나가오카長岡・요네자와米沢・센다이仙台를 차례로 제압했다. 같은 해 9월 격전 끝에 아이즈번을 항복시키고 동북 지방을 평정했다.

1869년 2월 신정부는 대규모 군대를 홋카이도로 보냈다. 4월 상순에 신정부군이 홋카이도에 상륙해 전투를 벌였다. 격전 끝에 5월 18일에 노모토가 항복하면서 보신전쟁이 끝났다. 국내의 통일이 달성되었다.

「Point 강의」 – 메이지 유신의 뒷모습

메이지 유신明治維新을 고잇신御一新이라고도 했다. 그 말에는 신정부가 수립되면 새로운 세상이 열린다는 민중의 염원이 배어 있었다. 하지만 민중은 토막파들이 계획적으로 여론을 조성하고 전파했다는 사실을 몰랐다. 그저 신정부의 수립을 환호할 뿐이었다. 그런데 신정부는 처음부터 민중을 속였다. 신정부가 교토 일원의 막부 세력을 몰아내기 위해서 작전을 전개할 때, 민중의 알량한 욕심을 이용했다. 신정부는 1968년 정월 14일에 연공을 50퍼센트 감면한다는 칙령을 내렸다. 그 말을 믿은 민중은 막부 세력을 몰아내는 데 앞장섰다. 막부 세력은 10여 일만에 일소되었다. 그러자 신정부는 곧 연공반감령을 폐지했다. 새로운 세상은 결코 오지 않았다. 메이지 유신은 농민에게 가혹했다. 연공을 비롯한 부담은 에도 시대보다 오히려 증가했다. 소설 요아케노마에夜明けの前의 주인공인 아오야마 한조青山半蔵가 "메이지 유신이 이래도 좋은가?"라고 울부짖는 모습은 바로 권력에게 언제나 속고, 지난 다음에 후회하는 민중의 순진한 뒷모습이었다.

3. 메이지 정부의 시정방침

1868년 3월 14일 메이지 천황은 신정부의 방침 5개조를 천지신명에게 서약했다. 이것을 5개조서문五箇條の御誓文이라고 한다. 그 내용은 공의와 세론의 존중, 개국화친開國和親, 인심의 일신 등을 골자로 하면서 천황이 국가의 중심이라는 것을 국내에 선포한 것이었다. 같은 날 태정관太政官이 민중을 대상으로 제시한 5방의게시五榜の揭示는 오륜五倫의 준수, 법질서의 준수, 도당徒黨 · 고소強訴의 금지, 크리스트교의 금지, 외국인에 대한 폭행금지 등을 내용으로 하고 있었다.

같은 해 윤4월에는 5개조서문의 취지를 구체화한 정체서政體書가 발표되었다. 신정부는 모든 권력을 태정관으로 집중시키고, 그 권력을 입법 · 사법 · 행정의 3권으로 분리했다. 형식적으로 3권분립 체제가 수립된 것이다. 의사제도議事制度와 관리공선제官吏公選制도 채택되었다.

같은 해 7월에는 수도를 교토에서 에도로 옮기고, 지명을 에도에서 도쿄東京로 변경했다. 9월에는 연호를 메이지明治라고 하고, 1세1원제一世一元制를 채택했다. 10월에는 에도성을 황거皇居로 정했다. 12월에는 서구 열강이 신정부를 일본의 유일한 정부로 승인했다. 1869년 3월 천황이 도쿄로 행행하고, 정부도 옮기는 시실상의 천도를 단행했다.

신정부는 명실상부한 왕정복고를 실현하기 위해 제정일치祭政一致를 선언했다. 신기관神祇官을 설치하고, 국학자國學者와 신도가神道家를 등용했다. 1870년에는 대교선포大敎宣布의 조칙을 내려서 신도神道의 보급에 힘썼다. 천황의 신격화도 진행되었다. 천황의 생일을 천장절天長節로 정했다. 일본인이 초대 천황으로 받드는 진무神武의 즉위일이라고 정한 날을 기원절紀元節로 정했다. 천장절과 기원절은 일본의 가장 중요한 국경일이 되었다.

「Point 강의」 - 성격이 애매했던 의정관

5개조서문의 취지는 정체서에 구체적으로 표현되었다. 정체서는 오쿠보 도시미치, 기도 다카요시, 고토 쇼지로 등 5개 번 무사들이 2개월에 걸쳐 머리를 맞대고 구상한 것이었다. 최종적으로 도사번 출신 후쿠오카 다카치카福岡孝弟가 공의정체론의 관점에서 가필하고 수정했다. 후쿠오카는 일본 고대의 율령, 후쿠자와 유키치福沢諭吉의 저서, 서구 여러 나라의 서적 등을 두로 참고하면서 문안을 작성했다. 행정·입법·사법의 3권분립, 의사제도, 관리의 공선 등 새로운 제도는 주로 미국의 제도를 참조한 것이었다. 그러나 정체서의 내용을 살펴보면, 특히 의정관議政官의 성격과 역할이 매우 애매했다. 태정관은 입법을 관장하는 의정관과 행정을 관장하는 행정·신기神祇·회계·군무軍務·외국의 5관五官과 사법을 관장하는 형법관으로 나누었다. 그 중에서 의정관은 천황의 일족, 귀족, 제후諸侯 및 무사 중에서 임명된 의정·참여 등으로 구성된 상국上局과 각 번의 다이묘가 임명한 무사들로 구성된 하국下局으로 나누었다. 그런데 의정관은 진정한 입법부로서의 기능을 수행하지 못했다. 의정관의 상국은 1869년에 폐지되었다. 하국도 공사대책소貢士對策所에서 공의소公議所로, 그리고 집의원集議院으로 변천해 가는 동안에 입법부의 성격이 희미해졌고, 순전한 자문기관으로 전락했다. 1873년에는 좌원左院에 흡수되어 당초의 이념이 소실되었다.

제35강

중앙집권체제 확립

1. 번제의 폐지

1) 판적봉환

메이지 정부가 성립된 후에도 번주藩主들은 여전히 무사단을 거느리고 자신의 영지를 지배했다. 그러나 메이지 정부의 목표는 중앙집권적 정치질서를 확립하는 것이었다. 그러기 위해서는 지방분권적 정치질서, 즉 번주의 지배권을 부정하지 않으면 안 되었다.

　메이지 정부는 단계적으로 그 목표에 접근했다. 1869년 정월 정부는 신정부를 세우는데 중심적인 역할을 했던 사쓰마·조슈·도사·히젠肥前의 번주가 연명해 판적봉환版籍奉還의 상표문을 정부에 제출하도록 했다. 판적봉환은 토지[版]와 인민[籍]을 천황에게 바친다는 뜻이었다.

상표문은 막부의 정치를 폐지하고 새로운 정치질서를 세우는 커다란 변혁의 기회를 유명무실하게 해서는 안 된다는 점을 강조하면서도 번주들이 보유한 영지의 지배권을 인정해 줄 것을 청원하는 내용을 담고 있었다.

사쓰마·조슈·도사·히젠의 판적봉환 문제는 같은 해 5월에 정부회의 안건으로 상정되었다. 정부는 공의소公議所에도 자문을 구했다. 공의소에서는 봉건제로 할 것인가 군현제로 할 것인가를 놓고 의견이 팽팽하게 대립했다. 회의의 결과, 봉건제와 군현제의 절충안이 채택되었다. 사쓰마·조슈·도사·히젠의 판적봉환 문제가 같은 해 6월에 확정되었다. 그러자 274명의 번주가 잇달아 판적을 봉환했다. 판적을 봉환한 번주들은 번지사藩知事에 임명되었다.

2) 폐번치현

신정부가 성립된 후 각 번의 재정이 더욱 악화되었다. 폐번치현이 단행되기 이전에 이미 13개의 번이 자발적으로 폐번을 신청하는 실정이었다. 그중에는 생산량이 20만석에 달했던 모리오카번盛岡藩도 포함되어 있었다.

메이지 정부도 폐번의 필요성을 절감했다. 각 번 내부의 정치적인 변화가 정부의 의도를 넘어 진행되고 있었다는 점도 폐번을 재촉한 이유의 하나였다. 경우에 따라서는 신성부가 통제할 수 없는 상황으로 발전하는 지역이 생길 수도 있었다. 그 점을 신정부는 두려워했다. 또 메이지 정부는 재정문제를 극복할 필요성이 있었다. 폐번의 긴급성이 요구되었다.

1871년 7월 14일 폐번치현廢藩置縣이 단행되었다. 폐번치현은 판적봉환 때와는 전혀 다른 방식으로 단행되었다. 판적봉환은 밑으로부터의 청원을 천황이 승인하는 형식이었다. 그러나 폐번치현은 천황이 명령하는 형식으로 단행되었다. 천황은 번지사가 열석한 자리에서 폐번치현의 필요성을 간단하게 설명했다. 안으로 국민을 보호하고 밖으로 여러 나라와 대치하자면 명실상부하게 통일국가를 이루어야 한다는 취지였다. 그리고 폐번치현을 일방적으로 선언했다.

정부는 일본 전국을 1사使 3부府 306현縣으로 나누었다. 번지사는 면직되었다. 1872년에 전국은 1사 3부 72현으로 통합되었고, 정부가 임명한 개척장관, 부지사, 현령이 임명되었다. 지방행정도 정부가 완전히 장악했다. 1872년 12월에 부현府縣의 서열이 정해 졌다. 부현의 경계가 완전히 확정되기까지 10여 년의 세월을 필요로 했다.

2. 관제개혁

메이지 정부 권력의 핵심인 보상輔相 · 의정 · 참여는 호선을 원칙으로 했다. 유력한 번 출신의 무사들이 천황의 관료로 발탁되었다. 고급관료들이 원했던 것은 절대군주 천황을 앞세우고 소수 관료가 전제권력을 행사하는 정치체제였다. 실제로 고급관료들은 무소불위의 권력을 행사했다.

1869년 7월 태정관과 나란히 신기관神祇官이 설치되었고, 민부성民部省, 대장성大藏省 등 6성이 설치되었다. 1871년에는 태정대신 · 좌대신 · 우대신 · 참의가 천황의 임석 하에 정무를 총괄하는 정원正院, 입법을 관장하는 좌원, 각 성의 연락기관 성격을 지닌 우원右院 등 삼원제가 성립되었다. 같은 해 8월 신기관이 신기성으로 격을 낮추어 개편되었다. 이 단계에서 복고조의 관제가 청산되고 정부의 기구가 강화되었다.

관제개혁의 결과, 사쓰마·조슈·도사·히젠번, 특히 사쓰마·조슈번 하급무사 출신 관료들이 실권을 장악했다. 귀족 출신자들은 산조 사네토미三條実美·이와쿠라 도모미岩倉具視 등 극소수의 인물을 제외하고 정부 내에서 세력을 잃었다. 다이묘 출신도 극소수의 인물을 제외하고 중요한 지위에서 배제되었다. 번벌정부藩閥政府가 형성된 것이다.

「Point 강의」 – 유야무야 된 관리공선제

메이지 정부는 귀족과 제후, 그리고 각 번이 서로 대립하는 것을 방지하려고 했다. 그래서 정체서를 공포할 때 도입된 것이 3권분립 방식이었다. 정부는 여러 정치세력의 균형을 잡기 위한 수단으로 관리공선제官吏公選制를 도입했다. 이 규정에 의하면, 4년마다 선거를 통해 관료를 교대하기로 되어 있었다. 1869년 5월 3등관 이상의 상급관료 중에서 보상·의정·참여를 선거로 선출했다. 그러나 그 후 관료를 선출하기 위한 선거는 다시 치러지지 않았다. 관리공선제는 공화정치를 탄생시킬 우려가 있다는 이유로 반대론이 힘을 얻었다. 관리공선제는 단 한 번 실시한 후에 폐지되었다. 요컨대 메이지 정부는 공론·여론을 존중하겠다고 선언했지만, 그것은 어디까지나 정권 내부의 세력균형을 잡기 위해서였다. 판정봉환 후 메이지 정부의 권력이 강화되자, 정부 수뇌부는 더 이상 공론을 살필 필요가 없어졌다. 그들은 자신들이 권력을 독점하는 데 도움이 되지 않는 관리공선제를 폐기했다.

3. 병제개혁

신정부가 출범한 다음 해인 1869년 7월에 병부성兵部省이 설치되었다. 1870년 11월에는 징병규칙이 제정되었다. 1872년 2월에는 약 1만여 명의 친병을 설치했다. 1872년 3월에는 친병을 근위병로 개칭했다. 같은 해 11월에 징병조칙을 발표하고, 1873년 정월에는 징병령을 공포했다. 이리하여 사족과 평민의 차별 없이 만 20세가 된 남자를 병역의 의무에 복무하게 하는 새로운 군제가 확립되었다. 징집된 병력은 서양식 장비를 갖추고 서양에서 초빙된 장교의 지도하에 군사훈련을 받았다.

육군은 처음에 프랑스식 병제를 모방했으나 후에는 독일식으로 변경했다. 육군은 보병·기병·포병·공병·치중병輜重兵의 5병과 6진대의 편제를 취했고, 평시에는 3만2,000명, 전시에는 4만6,000명의 병력을 보유하게 되었다.

1872년에는 해군성이 설치되었다. 해군은 영국식 병제를 채용했다. 당시 일본이 보유하고 있던 함정은 목제함을 포함해 17척, 총 배수량은 1만3,800톤에 지나지 않았다. 도쿄만과 나가사키항에 각각 해군구를 두었다.

1878년에는 군령기관으로서 참모본부參謀本部가 설립되었다. 참모본부는 정부와 육군성에서 독립해 작전에 관한 사항을 전담했다. 그때부터 참모본부는 천황에 직속하는 기관의 형태를 갖추게 되었다. 이것을 통수권의 독립이라고 했다. 1888년에는 진대를 확장해 사단師團이라고 칭했다.

> ### 「Point 강의」 – 소위 '혈세' 소동
>
> 메이지 정부가 징병령을 공포하자 국민들이 저항했다. 사족들은 징병령의 공포로 무사의 특권이 박탈되었다고 비난했고, 평민들은 조세의 부담이 실질적으로 증가되었다고 반대했다. 민중의 저항은 폭동으로 발전하기도 했다. 소위 혈세잇키血稅一揆라는 폭동도 일어났다. 1872년의 태정관의 징병고유徵兵告諭 내용 속에 병역을 '혈세'라고 표현한 말이 있었다. 목욕탕에서도 이발소에서도 민중들은 '혈세'에 관해 수군거렸다. "혈세라는 것은 피를 짜내는 것이라고 한다. 징병으로 젊은이들을 거꾸로 매달고 피를 짜내어 서양인에게 먹인다고 한다. 요코하마橫浜의 외국인들이 마시는 포도주라는 것이 바로 그것이다. 빨간 모포나 군복 그리고 군모의 빨간 색도 피로 물들인 것이다." 1873년 3월경 징병검사가 실시된 시즈오카현静岡縣에서는 "이번 징병검사가 끝나고 13~25세 처녀들을 붙잡아 사할린으로 끌고 간다."는 소문이 퍼졌다. 시즈오카현에서는 때아닌 결혼 붐이 불었다. 강제로 붙잡혀서 먼 곳으로 끌려가지 않기 위해서였다.

4. 학제개혁

신정부는 1869년에 소학교 설립 방침을 확정했다. 같은 해 5월 교토에 처음으로 소학교가 개설되었다. 이것을 시작으로 64개 소학교가 개교했다. 1872년 8월에는 근대적인 학교법규인 학제學制가 반포되었다.

사민평등과 기회균등을 지향하는 의무교육 방향이 정해졌다.

1873년에는 이미 공립소학교가 8,000개소, 사립소학교가 4,500개소에 달했다. 아동의 취학률은 1878년에 41퍼센트에 달했다. 그러나 획일적인 학제는 지방의 실정에 맞지 않았을 뿐만이 아니라 교육 내용에도 문제점이 많았다.

1879년에 학제가 폐지되고 교육령이 발표되었다. 이번에는 미국의 제도를 모방해 자유민주주의 교육제도를 채용했다. 그러나 교육 내용이 너무 서구적이라는 비판에 직면했다. 정부는 1880년에 개정교육령을 발포해 교육의 통제를 강화했다. 교육은 급속히 국가주의적인 색채를 띠게 되었다.

각종 학교가 설립되었다. 1872년에는 주로 소학교 교원 양성기관으로서 사범학교가 도쿄에 설립되었다. 1874년에는 도쿄에 여자사범학교가 개설되었고, 1886년에는 중등교원 양성 전문기관인 고등사범학교가 도쿄에 설립되었다. 1877년에는 도쿄대학東京大学이 설립되었다. 각종 전문학교가 문을 열었다.

사립학교도 설립되었다. 1869년 후쿠자와 유키치福沢諭吉는 게이오대학의 전신인 게이오기주쿠慶応義塾를 설립했다. 1875년 니이지마 조新島襄는 교토에 도시샤同志社를 설립했다. 1882년 오쿠마 시게노부大隈重信는 와세다대학早稲田大学의 전신인 도쿄전문학교를 설립했다. 1881년에는 메이지대학明治大学의 전신인 메이지법률학교가 개교했다.

「Point 강의」 - 교육비를 민중에게 떠넘긴 메이지 정부

학교는 설립되었으나 정부는 교육비용을 민중에게 전가했다. 소학교의 학비는 50전이었다. 그것은 학부모에게 큰 부담이 되었다. 수업료를 전부 징수할 수 없을 경우에는 지방세를 증액하고 기부금을 할당하기도 했다. 기부금이라고 해도 실제로는 주민에게 강제로 할당되었다. 교육비에 대한 부담이 증가하자, 전국에서 취학에 반대하는 폭동이 일어났다. 농민들은 아동들이 하등 소학과정, 상등 소학과정 이렇게 8년간이나 학교에 다닌다는 것이 불만이었다. 당시 아동들은 평상시에 가업을 돕고 있었다. 아동이 학교에 다닌다는 것은 농촌에서 일손을 빼앗는 것이나 다름이 없었다. 사정이 이런데도 정부는 교육비용을 민중에게 떠넘겼다. 민중은 경제적인 부담을 덜기 위해서도 자제를 공립소학교에 보내는 것을 꺼려했다. 예전과 마찬가지로 데라코야寺子屋와 같은 사숙에 보내는 경우가 많았다.

제36강

정한논쟁과 국가건설 방향 모색

1. 대조선 통교 방침

　1868년 12월 메이지 정부는 쓰시마번対馬藩을 통해 신정부 수립을 알리는 외교문서를 조선에 보냈다. 그동안 일본에 정변이 있어서 에도 막부江戸幕府가 붕괴했고, 그 대신에 신정부가 수립되었으니 향후 메이지 정부와 외교관계를 유지하자는 내용이었다. 그런데 조선 정부는 외교문서의 수리를 거부했다.
　그러자 메이지 정부의 관료들은 물론 사족들도 불쾌한 감정을 숨기지 않았다. 그때 쓰시마번의 번주는 조선침략을 부추기는 상신서를 중앙정부에 올렸다. 쓰시마 번주는 상신서에서 다음과 같이 말했다. "일본은 옛날에 조선 땅에 일본부日本府를 둔 적이 있습니다. 그렇다면 조선은 우리의 영토와 같은 나라입니다. (중략) 아뢰옵건대, 현재 진행

중인 에조蝦夷 지방 개척과 같이 조선국에 관한 일을 널리 공의를 조성해 동서원략에 속히 그 기초를 공고히 하시기를 앙망하나이다."

'현재 진행 중인 에조 지방 개척'이라는 말은 메이지 정부가 1869년 7월에 지금의 홋카이도에 개척사開拓使를 설치하고, 홋카이도와 그 주변의 여러 섬들을 본격적으로 일본영토에 편입하는 작업을 진행하고 있었던 것을 가리키는 말이었다. 쓰시마 번주는 조선도 일본영토의 확장이라는 관점에서 접근할 필요가 있다는 의견을 개진했던 것이다.

일본은 청국과 먼저 외교관계를 맺었다. 일본은 열강이 중국에 요구했던 것과 같은 내용의 불평등조약을 중국에 요구했다. 중국은 거절했다. 그러자 일본은 중국과 일본이 서로 영토를 인정하고, 원조하며, 치외법권을 인정하는 내용의 청일수호조규淸日修好條規를 체결했다.

일본은 청국과 조선이 대등한 외교관계를 맺고 있다고 생각하지 않았다. 일본은 조선을 청국의 속국으로 보았다. 그렇다면 청국과 대등한 외교관계를 맺은 일본이 조선을 어떻게 대우해야 하는가? 일본은 "청국과의 관계를 고려해 조선 국왕을 다소 격하시키는 것은 어쩔 수 없는 일"이라고 생각했다. 그래서 일본이 우월한 입장에서 조선과 외교관계를 맺는다는 대조선통교방침이 정해졌다.

「Point 강의」 – 조일교섭 단절과 일본의 분위기

1868년 12월 조선에 외교문서를 보냈다. 그런데 외교문서의 형식은 물론 내용도 종래와 달랐다. 특히 문서에 "황皇" "칙勅" 등의 문자가 보였다. 조선 관리의 눈으로 보았을 때 "황"이나 "칙"은 중국 황제만 사용할 수 있는 용어였다. 관례상 교린관계를 맺고 있던 일본이 조선에 그런 용어를 사용할 수는 없는 일이었다. 일본이 보낸 문서를 받아들인다면 국가체면이 크게 손상되는 중대한 문제였다. 조선 관리는 외교문서 수리를 거부했다. 이 일로 조일 교섭은 3년간이나 단절되었다. 일본 사신은 1872년 1월에 귀국하고 말았다. 조선에서 귀국한 사신은 조선을 쳐야 한다고 목소리를 높였다. "조선은 일본에 치욕을 주었다. 실로 불구대천의 도적이다. 우리가 조선을 토벌하지 않는다면 황국皇國의 위신은 서지 않을 것이며, 우리는 황국의 신하가 아닐 것이다. (중략) 10개 대대는 강화도를 거쳐 한성을 직접 공격하되 대장大將이 이끌 것이며, 한 소장小將은 6개 대대를 이끌고 경상·전라·충청도로 진입하고, 한 소장은 4개 대대를 이끌고 경기도를 공격하고, 한 소장은 10개 대대를 이끌고 함경·평안·황해를 공격하면 불과 50일 안에 조선 국왕을 포로로 잡을 수 있다."

2. 정한을 둘러싼 논쟁

1870년 10월 이와쿠라 도모미岩倉具視·오쿠보 도시미치大久保利通·

기도 다카요시木戶孝允·이토 히로부미伊藤博文 등을 중심으로 한 이와쿠라사절단岩倉使節團이 조약개정을 위한 사전 교섭과 서양 문명을 시찰하기 위한 목적으로 구미 순방길에 올랐다. 일본의 정부는 산조 사네토미三條實美·사이고 다카모리西鄕隆盛·이타가키 다이스케板垣退助·소에지마 다네오미副島種臣·에토 신페이江藤新平 등 소위 국내잔류파가 운영했다. 국내잔류파는 조선과의 관계개선을 모색했다.

 1873년 6월 조선 정부가 부산에서 일본인의 밀무역 단속을 강화했다는 보고가 있었다. 일본 정부는 이 사건을 조선침략을 위한 좋은 구실로 이용하려고 했다. 대외강경론자들을 자극해 정한론으로 발전시켰다. 같은 해 8월 17일의 일본 정부는 각의에서 사이고 다카모리를 조선에 사절로 파견하기로 결정했다. 사이고가 사절로 간다고 해서 교섭이 급진전된다고 기대하지는 않았다. 그러나 그런 정도의 인물이 가도 조선에서 대면을 거부한다면, 일본 정부는 체면상 물러날 수가 없을 것이고, 그러면 자연스럽게 전쟁으로 연결될 수 있다고 판단했던 것이다. 일본 정부는 이와쿠라사절단이 귀국한 후 이 문제를 다시 의론하기로 했다.

 1873년 9월 이와쿠라사절단이 귀국한 후, 정한을 둘러싼 논쟁이 일어났다. 오쿠보 도시미치를 비롯한 구미순방파는 국내 정치를 안정시키는 것이 우선이라고 생각했다. 그래서 정한을 연기하는 방향으로 방침을 변경했다. 그러나 같은 해 10월 14일의 각의에서 사이고 다카모리가 오쿠보의 방침에 반발했다. 결국 다음 날의 각의에서 태정대신 산조 사네토미의 결단으로 조선에 사신을 파견하자는 의견이 채택되었다. 그러나 10월 23일 우대신 이와쿠라 도모미가 14일 각의에서 결정한 내용과는 다르게, 조선에 사신을 파견하는 것이 불가하다는 의견을 메이지 천황에게 상주해 재가를 얻었다. 그러자 정한을 주장했던 사이고 다카모리를 비롯한 국내잔류파가 사직했다.

「Point 강의」 - 정한론의 배경과 사이고 다카모리

정한론征韓論이 급격하게 대두된 배경에는 신정부의 수립으로 무사의 특권을 상실한 사족들의 반정부 감정이 있었다. 무사의 실업자는 번사藩士 60여만 명이라고 알려져 있었다. 그 가족까지 합하면 200만 명이 넘었다. 사족들은 은근히 전쟁이 일어나기를 기대하고 있었다. 전쟁이 일어나야 본래 전투원인 사족의 존재가치가 확인되기 때문이었다. 이러한 분위기를 감지한 정부는 대외전쟁을 일으켜서 사족들의 불만을 외부로 돌리려고 했다. 그러나 당시는 정부에 직속한 병력도 없었고, 각 번의 번주를 완전히 장악하지도 못한 단계였다. 그래서 조선을 침략할 여력이 없었다. 그런데 1873년 5월 꺼져가는 정한론을 부활시킬 수 있는 사건이 일어났다. 조선에서 반일감정이 고조되었고, 그런 와중에 조선 정부가 부산에 있는 왜관에 식량 공급을 중단했던 것이다. 일본 정부는 이 사건을 정한론의 명분으로 활용하기로 작정하고 정한론에 불을 지폈다. 당시 사족들이 믿고 의지할 수 있는 지도자라고 생각했던 인물은 사이고 다카모리였다. 사족의 인망을 얻은 사이고는 사족의 입장과 처지를 대변하지 않을 수 없었다. 그래서 사이고는 조선과의 외교마찰을 이용해 조선을 침략하려고 획책했던 것이다. 사이고는 태정대신 산조 사네토미를 압박해 자신이 사신으로 조선에 건너가는 길을 열었다. 그런데 오쿠보 도시미치의 책략으로 조선으로 건너가는 일이 좌절되었다.

3. 이와쿠라사절단의 구미 순방

1871년 11월 12일 이와쿠라사절단은 태평양 회사의 외륜선으로 배수량이 4,500톤인 아메리카호에 승선해 미국으로 향했다. 사절단 일행은 샌프란시스코에서 대륙횡단열차를 타고 1872년 정월 18일 목적지인 워싱턴에 도착했다.

정월 25일 화이트하우스를 방문해 그랜트 미국 대통령을 접견하고 국서를 봉정했다. 사절단은 2월 3일부터 국무성에서 조약개정의 예비교섭을 시작했다. 그러나 미국 국무장관과의 조약개정 회담이 사실상 결렬되었다. 그 후 각국과의 교섭은 당초의 예비교섭에 한정되었다. 사절단의 서구 순방의 중요한 목적인 조약개정 교섭이 성과를 거두지 못했던 것이다.

1872년 7월 3일에 보스톤에서 배를 타고 영국으로 향했다. 사절단은 영국의 빅토리아 여왕을 알현하기 전에 영국의 각지를 둘러보았다. 8월 27일부터 10월 9일까지는 영국의 북부를 시찰했다. 리버-풀, 맨체스터, 뉴캐슬, 세-필드, 버킹검 등의 공업도시를 방문했다. 사절단은 영국이 부강하게 된 것이 산업혁명에 의한 기술혁신, 그리고 그것을 밑받침하고 있는 것은 철과 석탄이라는 것을 알았다.

사절단이 프랑스에 도착한 것은 11월 16일이었다. 파리는 역시 예술의 도시였다. 그러나 프랑스의 공화정치는 불안정하기 이를 데 없었다. 사절단은 파리에서 문명사회의 정수를 봄과 동시에 계급사회의 모순도 보았다. 1873년을 프랑스에서 맞이한 사절단은 2월 17일에 파리를 출발해 벨기에와 네덜란드를 거쳐 3월 9일에 독일의 베를린에 도착했다.

사절단의 눈에 비친 독일은 비스마르크의 영도 아래 소국에서 대국으로 발전한 신흥국가였으며, 정치·군사·경제·사회의 체제는 소국인 일본의 국가발전을 전망하는데 참고가 되었다. 특히 사절단이 감격했던 것은 독일에는 황제의 위엄이 민중을 압도하고 있었다는 점이다. 민중은 황제를 두려워하고 존경하고, 정부를 믿고 따르는 군민교화의 분위기를 이방인도 몸으로 느낄 수 있었다.

1873년 3월 11일 독일 황제 빌헬름 1세를 방문하고, 이어서 비스마르크와 회견했다. 15일에는 비스마르크가 주최하는 만찬에 참석했다. 이날 행해진 비스마르크의 연설은 기도 다카요시와 오쿠보 도시미치에게 충격을 안겨주었다. 비스마르크는 국제정치는 약육강식의 세상이라고 말했다. 소국은 만국공법을 지키려고 하나, 대국은 스스로에게 이익이 되면 그것을 고집하지만, 일단 불리하면 군대를 배경으로 그것을 짓밟는다고 강조했다. 국위를 떨치려면 군사력이 필수임을 거듭 강조했다. 만국공법에 따라 국가의 독립과 자립을 달성하고, 나아가 국내의 법률체제를 확립하는 것이 문명국가로 발전하는 첩경이라고 인식하고 있었던 사절단은 비스마르크의 연설을 듣고 문명의 추악한 뒷모습이 있다는 사실에 놀랐다.

사절단은 일본의 문명개화가 얼마나 피상적인지 실감했다. 그리고 후진국이었던 독일을 영국·프랑스와 같은 대국으로 이끈 비스마르크로부터 문명국도 때에 따라서 전혀 다른 얼굴이 있다는 사실을 배웠다. 비스마르크의 말 속에 일본 국가건설의 방향이 담겨져 있었다. 일본의 지도자들은 대국을 지향하는 것이 바람직하다고 생각했고, 그러기 위해서는 군사력을 증강해야 한다는 것을 알았다. 사절단은 7월 20일 프랑스의 마르세유를 떠나 9월 13일에 요코하마에 도착했다.

「Point 강의」 - 사절단의 문명쇼크

사절단 일행은 샌프란시스코의 그랜드호텔에 여장을 풀었다. 객실에 들어가니 방에는 카펫이 깔려 있고, 그 위에 소파와 침대가 놓여 있었다. 별도로 샤워 시설, 수세식 변소, 세면대 등이 있었다. 방에는 가스등이 걸려 있었다. 세면대에서 얼굴을 씻었는데 '기계'를 돌리면 물이 나왔다. 방에서 '노비'를 부를 수도 있었다. 전선이 연결되어 있었기 때문이다. 장치를 약간 누르면 소리가 백보 밖에서 울리고 '노비'가 달려왔다. 사절단 일행 중에는 언어가 통하지 않아 불편해 하는 자들이 있었다. 한번은 이런 일도 있었다. 한 수행원이 외출했다 돌아오면서 '노비'에게 설탕과 냉수를 부탁했다. 그는 일본에서 피곤할 때는 냉수에다 설탕을 타서 마시는 습관이 있었다. 그는 '노비'를 불러 근엄하게 "슈가 안도 와타"라고 말했다. 그 소리를 들은 '노비'는 매우 당황한 듯이 머리를 갸웃거리다가 시거와 버터를 들고 왔다. "슈거 앤드 워터"라고 발음했더라면 설탕과 물을 가지고 왔을 터인데, '노비'의 귀에는 "슈가"가 시거로 "와타"가 버터로 들렸으니 어쩔 수 없는 일이었다. 그러나 일본인은 매우 자존심이 상했다. '노비'가 감히 신분이 고귀한 무사를 모욕했다고 생각했다. 일본에서라면 그 자리에서 무례를 범한 '노비'의 목을 베었을 터인데, 외국인지라 분을 삭이는 수밖에 없었다. 사절단의 눈살을 찌푸리게 한 것은 남녀 풍속이었다. 남자는 여자에게 너무 연약하게 행동했다. 부부가 호텔의 복도를 걸을 때는 반드시 손을 잡고 걸었을 뿐만 아니라 남편이 부인을 대하는 태도는 마치 시녀나 급사가 주인에게 시중드는 것과 같았다. 마차를 탈 때는 부인의 허리를 안아서 태워주고, 장갑을 낄 때에 끼워주고, 앉을 때는 의자를 당겨서 잘 앉을 수 있도록 도와주었다. 동양에서는 시녀가 하는 일을 아무 "부끄럼 없이" 남자가 했다. 사절단은 미국인들의 "비천하고 저급한 풍속"은 샌프란시스코가 금광이 개발되면서 몰려든 비천한 서양인들의 소굴이기 때문일 것이라고 생각했다. 설마 미국 동부의 "문명지"에서는 이런 황당한 일이 있을 리 없다고 생각했다.

제37강

제국주의 노선 선택

1. 타이완 침략

정한론이 분열된 후, 오쿠보 도시미치大久保利通가 정치의 주도권을 장악했다. 그러나 오쿠보 정권은 매우 불안정했다. 사이고 다카모리西鄉隆盛를 추종하는 반정부파가 조선에 사신을 파견하라고 오쿠보 정권을 압박했다. 사신 파견 연기론의 중요한 이유로 제시한 러시아와의 외교문제도 거의 해결되고 있었다. 궁지에 몰린 오쿠보 도시미치는 반정부파의 압력을 피하기 위해서 일단 타이완에 출병하기로 결심했다. 1871년에 타이완의 원주민이 유구琉球의 표류민을 살해한 사건을 징벌한다는 구실을 내세웠다.

타이완 침략은 중국이 유구의 일본 귀속을 승인하게 하려는 속셈도 있었다. 그리고 타이완 침략 사령관이 사이고 다카모리의 동생인 사이고 쓰구미치西鄕從道였으며, 사이고 다카모리의 고향인 사쓰마에서 모집한 사족을 침략군에 포함시켰다는 것에서도 알 수 있듯이, 타이완 침략은 정한론 대용의 성격을 지니고 있었다. 즉 사쓰마 출신 사족들의 반정부 감정을 무마하기 위한 것이었다.

 1874년 4월부터 출병이 개시되었고, 군사행동은 6월 4일에 종결되었다. 그러나 청국은 당초에 예상했던 것보다 강경하게 대응하면서 일본군의 조속한 철군을 요구했다. 미국도 일본의 타이완 침략에 반대하고 사건의 추이를 관망하고 있었다. 오쿠보 도시미치도 청국과 충돌하는 것을 원하지 않았다. 그러나 일본 국내에서는 대외강경론이 고조되었다. 오쿠보는 청국의 요구로 철군하면 반정부파가 반발할 것이라고 판단했다.

 오쿠보 도시미치는 같은 해 8월에 스스로 전권대사가 되어 청국으로 향했다. 9월부터 시작된 교섭은 일시 결렬 직전까지 갔으나 영국의 개입으로 타협이 성립되었다. 10월에 협정이 체결되었다. 청국은 일본의 출병을 '의거'라고 인정하고 배상금을 지급했다. 일본은 체면을 세우고 철병을 할 수 있게 되었다. 오쿠보 정권은 국가의 권위를 회복했고, 사족의 신뢰도 얻을 수 있었다.

「Point 강의」 - 일본의 타이완 침략과
영국의 외교적 지원

1874년 4월 오쿠보는 결국 타이완 침략을 명령했다. 침략군은 무자비한 작전을 전개했다. 가는 곳마다 촌락을 불태우고 원주민을 무참하게 살해했다. 6월에 들어서면서 침략군의 작전은 사실상 종결되었다. 하지만 오쿠보는 청국에게서 무엇인가 얻을 때까지 철군하지 않겠다는 방침을 정했다. 오쿠보는 청국과 교섭했다. 청국 대표는 청일수호조규의 정신을 강조하면서 오쿠보를 몰아붙였다. 교섭은 일시 결렬 직전까지 갔다. 그러나 양국의 사정은 복잡했다. 청국은 아직 서양식 군제개혁이 결실을 맺지 못하고 있었다. 일본과 싸울 능력이 없었다. 일본도 재정이 넉넉하지 않았다. 장기전에 돌입할 수 없는 형편이었다. 오쿠보는 청국 주재 영국공사에게 중재를 요청했다. 영국은 청국에 압력을 가했다. 중국이 사실상 일본에 굴복했다. 10월에 협정이 체결되었다. 일본군은 의기양양하게 철수했다. 청국 주재 영국공사는 오쿠보를 추켜세웠다. "일본의 위세가 중국에 떨쳤다. 일본다운 명예는 유럽에서도 빛날 것이다." 또 그는 일본이 조선에 진출한다면 영국이 원조할 것이라고 오쿠보에게 약속했다.

2. 강화도 침략

1873년 조선의 대원군이 실각하고, 민 왕후를 중심으로 하는 민씨 일파가 실권을 장악했다. 민씨 일파는 일본에 호의적이었다. 1874년 5월 조선의 정세를 탐색하기 위해 조선으로 건너갔던 외무성 관리 모리야마 시게루森山茂는 민씨 일파와 접촉하면서 비공식적인 외교교섭을 시작했다. 같은 해 9월에는 국교 재개를 위한 타협안이 마련되었다. 모리야마는 이 안을 가지고 귀국했다.

1875년 2월 모리야마 시게루는 정식 임무를 띠고 조선으로 건너갔다. 조선의 민씨 일파와 정식으로 외교교섭을 진행하기 위해서였다. 그러나 그동안 조선의 정세가 급변해 있었다. 일본에 호의적인 민씨 일파에 대항하는 분위기가 형성되어 있었다. 모리야마의 대응도 유연성을 결여하고 있었다. 교섭은 벽에 부딪혔다. 그러자 일본 정부는 조선을 압박하는 강경책을 채택했다.

1875년 9월 20일 일본이 조선의 강화도를 침략했다. 강화도 사건은 오쿠보 정권에게는 정국의 주도권을 장악할 수 있는 절호의 기회였다. 1876년 정월 참의 겸 육군중장인 구로다 기요타카黑田淸隆가 전권대사에 임명되었다. 구로다는 군함 5척을 이끌고 조선으로 건너왔다. 구로다는 조선 정부에 대해 강경한 태도로 일관했다. 일본 정부는 조선 측이 협상에 응하지 않는다면 전쟁으로 돌입할 준비를 하고 있었다.

조선의 대응은 강경론과 유화론으로 양분되었지만, 결국은 일본의 강경한 태도와 청국의 타협 권고에 따라 일본 측의 요구를 수용하기로 의견을 모았다. 같은 해 2월 26일 강화도조약이 체결되었다. 이 조약은 조선을 자주국으로 규정했다. 이 조약에 따라 조선은 부산을 비롯한 3개 항을 개항했다. 강화도조약은 치외법권을 인정한 불평등조약이었다.

> 「Point 강의」 - 강화도 침략과 오쿠보 도시미치
>
> 강화도 사건은 오쿠보 정권에게는 정국의 주도권을 장악할 수 있는 절호의 기회였다. 기도 다카요시木戶孝允를 자기편으로 끌어들일 수 있는 계기가 되었다. 그리고 오랜 현안이었던 조선 문제를 군사력으로 해결함으로써 군부의 신뢰를 이끌어내는 데 성공했다. 또 반정부파로부터 국민 결집의 슬로건인 '정한론'을 빼앗아서 폐번치현 후 미해결 과제로 남아있었던 국가와 사족간의 관계를 일거에 해결할 수 있었다. 그리고 반정부 세력을 정부 조직에서 확실하게 배제할 수 있었다. 실제로 같은 해 10월 말에는 시마즈 히사미쓰島津久光와 이타가키 다이스케 세력을 정권에서 완전히 배척했다.

3. 영토 확장

국제법에 일찍 눈떴던 일본은 서둘러 영토를 확장에 진력했다. 먼저 북방으로는 러시아와 마찰을 빚고 있었던 홋카이도 인근의 여러 섬들의 영유권을 확정하는 작업을 진행했다. 특히 지금의 사할린과 지시마 千島는 막말 이래, 러시아와의 분쟁이 끊이지 않았던 지역이었다.

에도 시대 말기에 일본과 러시아가 맺은 통상조약에 의하면, 지시마 열도의 에도로후도択捉島 이남은 일본령, 그 이북은 러시아령, 일본인이 가라후토樺太라고 불렸던 사할린은 일본인과 러시아인이 같이 거주하는 잡거 지역으로 되어 있었다. 1875년 일본과 러시아는 사할린·지

시마 교환조약을 체결했다. 일본은 가라후토를 포기하는 대신에 지시마 전체를 일본 영토로 확보했다.

남방으로는 오가사와라제도小笠原諸島를 일본 영토로 확보했다. 이곳도 에도 시대에는 무인도나 다름이 없었다. 그러나 일본은 1873년부터 오가사와라 제도의 경영에 착수했고, 1876년에 영유권을 선언했다. 그런데 의외로 미국과 영국이 이의를 제기하지 않았다. 오가사와라 제도가 일본 영토로 확정되었다.

타이완과 가까이 있었던 유구는 독립 왕국이었다. 그런데 유구 왕국은 에도 시대 일본의 사쓰마번薩摩藩이 침략한 이래, 일본의 무력에 복종하며 정권을 유지했다. 영토를 확장하던 일본은 유구를 일본 영토로 편입한다는 방침을 정했다. 1872년에 유구 왕국을 강제로 류큐번琉球藩으로 편입했다.

1875년 일본은 유구가 청국에 조공하는 것을 금지했다. 1879년 류큐번을 폐지하고 오키나와현沖繩縣 설치를 단행했다. 일본은 400명의 군사와 160명의 경관을 파견해 유구 민중의 저항을 무력으로 제압했다.

「Point 강의」 - 유구 처분 후의 일청관계

일본이 유구를 강점해도 청국은 별다른 반응을 보이지 않다가 1878년부터 일본을 비난하기 시작했다. 유구 문제는 일본과 청국 간의 현안이 되었다. 이 분쟁에 당시 세계를 유람하던 전 미국 대통령 그랜트Grant가 조정에 나섰다.

그랜트는 네 섬으로 된 유구를 분할해 두 섬은 청국이 영유하고 나머지 두 섬은 일본이 영유하는 타협안을 제시했다. 일본은 청국이 청일수호조규를 개정해 일본에 최혜국대우를 한다면 그랜트의 조정안을 수용하겠다는 뜻을 비쳤다. 1880년부터 청일 간에 교섭이 진행되었지만 청국은 일본의 요구를 거부했다. 일본이 조건으로 제안한 조약개정안은 평등조약을 불평등조약으로 개정하자는 것으로 청국으로서는 도저히 수용할 수 없는 것이었다. 유구는 일본이 실효적으로 지배하는 지역이 되었지만 청국은 이것을 인정하지 않았다. 유구는 청일전쟁에서 일본이 승리한 후 일본 영토로 확정되었다.

제38강

자유민권운동

1. 사족의 난과 세이난 전쟁

　메이지 정부는 빠른 속도로 근대화 개혁을 추진했다. 그런데 중앙정부의 관료들은 일본의 사회구조나 민중생활의 실태를 돌아보지 않고 실적 위주의 정책을 추진하는 경우가 많았다. 그러자 소수의 특정지역 출신 관료가 정치를 좌지우지하는 것에 불만을 품는 자들이 늘어났다. 민중은 번벌정치藩閥政治에 저항하기 시작했다.
　봉건적 특권을 상실한 사족들은 정부가 추진하는 서구화 정책에 저항감을 갖고 있었다. 더구나 정부는 사족의 질록秩祿을 폐지했다. 정부는 사족에게 공채를 지급했지만, 사족들은 이자만으로 생활할 수 없었다. 생업에 뛰어든 사족들은 경험이 부족했기 때문에 대부분이 몰락했다.

정한론에서 패배해 사직한 인물들이 반정부운동의 지도자가 되었다. 그들은 사족들의 불만을 이용해 정치적 입지를 강화했다. 1874년 에토 신페이江藤新平가 사가佐賀에서 불평 사족을 이끌고 반란을 일으켰다. 1876년에는 폐도령廢刀令의 공포와 질록폐지를 계기로 사족의 반란이 연이어 일어났다. 같은 해 10월 구마모토熊本에서 일어난 신푸렌新風連의 난에 호응해 후쿠오카현福岡縣의 아키즈키秋月에서도 난이 일어났다. 야마구치현山口縣에서는 하기萩의 난이 일어났다.

신푸렌의 난이 일어나자, 사이고 다카모리를 추종하는 세력들 사이에 반정부의 기운이 고조되었다. 위기감을 느낀 메이지 정부는 1877년 정월에 가고시마현鹿兒島縣이 보유한 병기와 탄약을 오사카로 운반하라고 명령했다. 이에 반발한 사학교의 학생들이 사이고 다카모리를 받들고 거병했다. 세이난전쟁西南戰争이었다.

가고시마鹿兒島에서 약 4만 명의 사족이 반란에 가담했다는 소식에 접한 메이지 정부는 군대를 총동원해 반란의 진압에 나섰다. 규슈 전역에서 치열한 공방전이 전개되었다. 구마모토 진대가 구마모토성熊本城을 포위한 사이고군의 공격을 가까스로 물리쳤다. 그러자 전황이 정부군에게 유리하게 전개되었다. 정부군은 전열을 가다듬어 공세를 펼쳤다. 9월 24일 수세에 몰린 사이고 다카모리가 시로야마城山에서 자결하면서 전쟁이 끝났다.

> 「Point 강의」 – 세이난 전쟁의 격전지 구마모토성 전투
>
> 1877년 2월 15일 사이고 다카모리가 2만3,000여 명의 병력을 이끌고 가고시마를 출발해 구마모토성을 포위했다. 규슈 각지의 사족들이 부대를 편성해서 사이고군에 합류했다. 사이고군은 구마모토성 함락을 자신하고 있었다. 해군 참군參軍 가와무라 스미요시川村純義와 구마모토 진대鎭台 참모장 가바야마 스케노리樺山資紀가 정부를 배반하고 사이고군에 합류할 것이라고 믿고 있었다. 그러나 그런 일은 일어나지 않았다. 오쿠보 도시미치는 구마모토성을 사수하라고 명령했다. 사이고군에게 포위된 구마모토 진대는 사이고군의 공격을 물리치고 구마모토성을 사수했다. 전열을 가다듬은 정부군이 공세를 펼쳤다. 사방에서 사이고군을 공격하면서 전략적으로 유리한 고지를 점령했다. 그러자 사이고군이 허무하게 무너졌다. 전쟁이 시작된 지 약 8개월 만인 9월 24일에 사이고 다카모리가 자결하고, 사이고군이 완전히 괴멸하면서 세이난 전쟁이 끝났다.

2. 자유민권운동의 개시

정한론에서 패배해 정계를 떠나있던 이타가키 다이스케·고토 쇼지로後藤象二郎 등 전직 관료 8명이 1874년 11월 17일에 「민선의원설립건백서民選議院設立建白書」를 정부에 제출했다. 건백서의 제출이 반정부 운동의 일환이라고 생각한 정부는 그것을 묵살했다.

건백서는 비록 묵살되었으나, 건백서의 내용이 일간신문에 공표되면서 커다란 반향을 불러 일으켰다. 궁내성의 관리였던 가토 히로유키加藤弘之가 시기상조론으로 반론하면, 오이 겐타로大井憲太郞가 그것에 반박하면서 논쟁이 벌어졌다. 논쟁은 권력을 장악한 소수의 관료와 공론의 대립이라는 구도로 전개되었다.

이타가키 다이스케는 1874년에 입지사立志社를 설립했다. 1875년 2월에는 입지사를 비롯한 지방 정치조직의 대표들이 오사카에 모여서 애국사愛国社를 결성했다. 정치운동이 점점 확산될 조짐을 보이자, 정부의 권력자 오쿠보 도시미치가 이타가키 다이스케와 전격적으로 회동했다. 오쿠보는 이타가키에게 점차적으로 헌법을 기초로 한 정치체제를 만들어 갈 것을 약속했다. 이타가키는 즉시 입각했다. 아타가키가 권력의 중심으로 복귀하면서 애국사는 사실상 붕괴되었다.

이타가키의 협력으로, 오쿠보는 반정부운동을 와해시키는 데 성공했다. 하지만 1875년부터 격화되기 시작한 지조개정에 반대하는 농민폭동이 새로운 문제로 대두되었다. 농민폭동은 호농의 지도하에 전개되었다. 그 후 자유민권운동은 호농을 중심으로 전개되었다.

자유민권운동가들은 민중에게 저항권이 있다는 것을 역설했다. 그러자 정부는 언론을 탄압했다. 「신문지조례」를 공포하고, 「참방률讒謗律」이라는 법률을 마련해 민중이 관리를 비판하지 못하도록 했다. 언론이 크게 반발했다. 권력에 복귀했던 이타가키 다이스케도 정부에 불만을 품고 사직했다.

「Point 강의」-「민선의원설립건백서」 작성 경위

이타가키 다이스케는 고토 쇼지로에게 정부에 국회개설을 건의하고 싶다는 의지를 표명하고 협조를 요청했다. 고토는 이타가키의 뜻에 동조했다. 그 자리에서 고토는 영국에서 막 귀국한 아와阿波 출신의 고무로 시노부小室信夫와 도사土佐 출신의 후루사와 시게루古沢滋에게 건의서를 기초하게 하자고 제안했다. 이타가키는 전 참의였던 소에지마 다네오미副島種臣·에토 신페이江藤新平를 설득해 동의를 얻었다. 유리 기미마사由利公正와 오카모토 겐사부로岡本健三郎도 동지가 되었다. 1874년 11월 12일 이타가키를 비롯한 동지들이 소에지마의 저택에 모여 애국공당愛国公党을 조직하고, 고무로 시노부가 기초한「민선의원설립건백서」에 서명했다. 그것은 고무로가 영문으로 원안을 만들어 일문으로 번역한 것을 회의에서 검토했다. 원문에는 '군주전제君主専制'를 비판한다는 내용이 있었다. 그런데 소에지마가 이견을 제기해 '유사전제有司専制' 비판으로 수정했다. '유사전제'는 당시 정부의 실권을 장악한 소수 관료들이 반대파의 의견을 누르고 전제적인 정치운영을 한다는 의미였다.

3. 국회개설운동 전개

1877년 6월 가타오카 겐키치片岡健吉가「국회개설건백서國會開設建白書」를 제출했다. 다음 해에는 이타가키 다이스케가 애국사愛國社를 재흥했다. 애국사는 정부의 감시 속에서 활동했다. 1879년 11월 애국사 제3회 대회가 오사카에서 개최되었다. 대회에서 국회개설의 청원을 하기로 결정했다. 이 대회에서 애국사가 국회기성동맹国会期成同盟으로 명칭을 변경했다. 명칭의 변경은 이 단체가 운동의 목표를 국회의 개설에 두었다는 것을 의미했다.

신문도 국회개설운동에 호응했다. 민권운동이 전개되면서 정부 요인뿐만 아니라, 민간에서도 모의헌법이 작성되었다. 정부는 집회신청, 결사신청, 경찰의 허가권 및 회의장의 감시·해산 등을 내용으로 하는 「집회조례」를 공포했다. 하지만 국회개설을 전향적으로 검토하지 않을 수 없게 되었다.

한편, 정부 내에서는 오쿠마 시게노부大隈重信가 후쿠자와 유키치福沢諭吉 등과 연합해 헌법을 제정하고 즉시 국회를 개설하자고 주장했다. 이토 히로부미伊藤博文·이와쿠라 도모미岩倉具視를 비롯한 번벌세력은 오쿠마 시게노부와 대립했다. 번벌세력은 군주의 권한이 강화된 헌법을 제정해야 한다는 생각하고 있었다.

1881년 홋카이도개척사北海道開拓使 관유물 불하사건이 터졌다. 홋카이도 개척사 장관인 구로다 기요타카黒田清隆는 12년간 약 1,400여 만 엔의 거액을 투자한 관유물을 약 39만 엔에, 그것도 무이자로 30년 상환이라는 조건으로 불하하려고 했다. 이러한 계획이 1881년 7월에 신문에 폭로되었다. 민권파는 번벌정부와 정상政商의 결탁을 공격했다. 국회개설의 필요성이 더욱 부각되었다. 정부가 곤경에 처했다.

이토 히로부미를 비롯한 사쓰마·조슈 번벌세력은 관유물 불하에 관한 정보를 유출한 세력이 정부 내에 있다고 믿었고, 그 중심인물로 오쿠마 시게노부를 지목했다. 번벌세력은 관유물 불하사건을 계기로 오쿠마 시게노부와 그 일당을 정부에서 추방하기로 작정하고, 1881년 10월에 그 계획을 실행했다. 그와 동시에 정부는 관유물의 불하를 중지하고, 또 국회개설에 관한 조서를 발표해서 난국을 정면으로 돌파하려고 했다. 이것을 메이지 14년의 정변이라고 한다.

「Point 강의」 - 헌법초안 작성

1876년 정부는 「일본국헌안日本國憲按」 86개조를 작성했다. 그러나 「일본국헌안」은 빛을 보지 못하고 1780년 7월에 「국헌國憲」이 채택되었다. 「국헌」에는 원로원과 대의원代議院의 이원제가 규정되었다. 1779년 12월 이와쿠라 도모미는 여러 참의에게 입헌정체에 대한 의견을 구했다. 야마가타 아리토모山縣有朋 · 이노우에 가오루井上馨 · 이토 히로부미伊藤博文 등은 모두 헌법을 제정하고 의회를 개설하는 것이 불가피하다는 의견을 제시했다. 하지만 민선의원 공선에는 부정적이었다. 의원은 원로원으로 충분하고, 필요하다면 그들을 화족과 사족이 공선하도록 하자는 의견이 지배적이었다.

한편, 민권파도 헌법초안 작성에 착수했다. 1979년부터 1881년 말까지 민권파가 작성한 헌법초안이 20여 개나 되었다. 그중에서 누마 모리카즈沼間守一 · 다구치 우키치田口卯吉 등이 활동하던 지식인 단체 오메이샤嚶鳴社에서 작성한 것, 바바 다쓰이馬場辰猪를 비롯한 게이오대학慶応大学 지식인 단체 고준샤交詢社에서 작성한 것, 자유당의 우에키 에모리植木枝盛가 작성한 것 등이 가장 유명했다. 특히 1881년 8월 우에키 에모리가 작성한 헌법초안은 주권재민 사상에 입각해 민중의 집회 · 결사의 자유 및 국민의 저항권과 혁명권을 규정했다. 특히 천황의 권한을 행정권에 국한시킨 것이었다.

4. 자유민권운동의 쇠퇴

1881년 10월 이타가키 다이스케를 당수로 하는 자유당自由黨이 결성되었다. 1883년까지 자유당에 입당한 자는 2,349명이었다. 다음 해인 1882년에는 오쿠마 시게노부를 당수로 하는 입헌개진당立憲改進黨이 결성되었다. 1883년까지 입헌개진당에 입당한 자는 1,729명이었다.

자유당은 프랑스식 급진주의 경향을 띠고 있었고, 사족·상업자본가·농민을 계급적 기반으로 했다. 입헌개진당은 영국식 온건주의 경향을 띠고 있었고, 지주·산업자본가·지식인을 계급적 기반으로 했다. 이에 대해 정부는 1882년에 관리·신관·승려 등을 중심으로 하는 입헌제정당立憲帝政黨을 결성해 대항했다.

각 정당은 유세를 하면서 당세를 확장했다. 정부는 집회조례를 개정해 민권운동을 더욱 탄압했다. 또 자유당과 입헌개진당의 반목을 조장하거나 회유해 민권운동의 기반을 약화시켰다. 1882년 11월 이타가키 다이스케는 정부의 권유로 고토 쇼지로와 함께 외유했다. 그러자 입헌개진당은 이타가키 다이스케의 도덕성을 집중 성토했다. 자유당도 정상인 미쓰비시三菱의 후원을 받고 있는 입헌개진당의 비리를 폭로하면서 반격을 가했다. 자유당과 입헌개진당은 공동의 적을 앞에 두고 싸웠다.

이타가키 다이스케의 외유로 중심을 잃은 자유당 간부들은 당내 좌파의 급진 성향을 두려워했다. 그래서 1884년 10월에 당을 해산하고 말았다. 자유당 대회에 제출된 「해당대의解黨大意」에는 사회주의 성향을 띤 곤민당困民黨을 경계하는 내용이 포함되어 있었다. 같은 해 입헌개진당도 오쿠마 시게노부가 탈당하면서 구심점을 잃고 표류했다.

「Point 강의」 - 자유민권운동의 좌경화와 그 영향

자유민권운동의 저조와 정부의 탄압에 분노한 자유당 좌파는 새로운 방향을 모색했다. 그들은 마쓰카타松方 재정의 영향으로 불황에 허덕이는 상인·농민들과 연합해 각지에서 곤민당을 조직했다. 고리대금업에 대항하기도 했다. 급기야는 무력으로 정부를 전복시키는 것을 목표로 내세우며 농민운동을 지도했다. 자유민권운동이 특히 활발했던 동북·관동 지방에서는 자유당원의 지도로 농민운동이 활성화되었다. 1882년 후쿠시마福島 사건을 시작으로, 1884년에 군마群馬 사건·가바산加波山 사건·지치부秩父 사건·이이다飯田 사건이 잇달아 발생했다. 이러한 사건의 대부분은 자유당원이 중심이 되어 정부에 항거한 것이었다. 그중에서도 특히 대규모적인 봉기는 지치부 사건이었다. 약 1만여 명의 농민들이 자유당원의 지도아래 봉기했다. 봉기한 농민들은 채무와 공과금의 반감, 징병령 개정, 소작료 면제 등을 요구하며 금융업자·대지주·관공서를 습격했다. 정부는 군대를 출동시켜 진압하지 않으면 안 되었다. 이러한 과정을 통해 자유당의 지지기반이었던 농민이 몰락하고, 급진적인 행동에 반대하는 당원들이 이탈했다.

제39강

대일본제국 헌법과 천황

1. 대일본제국 헌법 제정

1880년부터 정부는 본격적으로 헌법제정 준비에 착수했다. 1882년 3월 정부는 이토 히로부미를 유럽에 파견하기로 결정했다. 정부 수뇌부는 독일의 헌법을 모범으로 한다는 방침을 정했다. 독일의 정세가 일본과 흡사하다는 이유였다. 이토 히로부미가 독일에서 헌법이론과 운용법을 배우고 귀국한 후, 정부는 헌법을 기초하고 제도를 개정하는 작업에 착수했다.

정부는 1884년 3월부터 각종 제도의 개혁을 단행했다. 입헌정치의 기반을 다지기 위해서였다. 화족령華族令을 제정하고 화족제도를 정비했다. 장래 귀족원을 구성하기 위해서였다. 종래 화족으로 지칭되었던 귀족·다이묘 출신에다 신정부 수립에 공을 세운 인물들을 추가해 공

公·후候·백伯·자子·남男의 오등작으로 구분했다. 그 신분은 세습하도록 했다.

1885년에 내각제도를 창설했다. 초대 총리대신으로 이토 히로부미가 취임했다. 1886년에는 관리임용시험을 제도화했다. 관리의 복무규정도 정해졌다. 궁내성宮內省을 내각에서 분리했다. 궁내대신을 장관으로 하는 궁중과 정부를 명확하게 구분했던 것이다. 내각제도의 발족과 함께 내대신內大臣을 두어 국새와 천황의 인감을 관리하고, 궁중 사무를 통괄하면서 천황을 보좌하게 했다. 또 국가재정에서 황실회계를 분리해서 황실재산을 설정했다. 막대한 황실재산이 조성되었다.

1888년 4월 헌법초안을 심의하기 위해 추밀원樞密院이 설치되었다. 초대 추밀원장에 이토 히로부미가 취임했다. 추밀원은 추밀원 고문관과 각료로 구성되었다. 추밀원은 천황의 권력을 옹호하는 데 힘썼다. 그래서 추밀원은 '번벌관료의 본거지'라고 일컬어졌다.

정부는 군대를 천황에 직속시켰다. 1882년에 군인칙유軍人勅諭를 정했다. 이것은 군인이 정치에 관여하는 것을 금지함은 물론, 충절·무용·신의·예의·질소를 중히 여기고, 군대는 천황을 통수권자로 하는 집단임을 강조하는 것을 내용으로 했다.

1886년경부터 독일의 법학자인 뢰슬러K.F.H. Roesler의 지도하에 이토 히로부미, 이노우에 고와시井上毅, 이토 미요지伊東巳代治, 가네코 겐타로金子堅太郞 등이 비밀리에 헌법 초안을 기초했다. 헌법 초안은 여러 번의 수정작업을 거쳐 1888년 4월에 완성되었다.

1889년 2월 11일 천황이 구로다 기요타카黑田淸隆 총리대신에게 신헌법을 수여하는 형식으로「대일본제국헌법大日本帝國憲法」이 공포되었다. 제국헌법과 아울러 황실전범皇室典範·중의원 의원선거법·귀족원령이 공포되었다.

> **「Point 강의」 - 제국헌법 제정 과정**
>
> 1882년 3월 이토 히로부미를 유럽에 파견될 때, 이토 미요지·히라타 도스케平田東助가 수행했다. 이토 히로부미가 독일에서 귀국한 후, 정부는 황궁에 제도취조국制度取調局을 설치하고 헌법의 기초와 제도개정작업에 착수했다. 1888년에 헌법 초안이 완성되었다. 초안은 천황의 자문기관으로 신설된 추밀원에서 천황이 임석한 가운데 심의를 거쳤다. 심의내용은 비공개였고, 민중의 의견은 반영되지 않았다. 헌법 초안은 국민의 청원수리권을 박탈한 것이었다. 또 국회의 예산심의권은 인정하고 있지만, 만약 국회에서 예산안이 통과되지 않았을 경우에는 천황의 결재로 내각이 집행할 수 있도록 되어 있었다. 즉 국회의 예산심의권을 사실상 무력화시킨 것이었다. 헌법 제정에 참여한 독일의 법학자 뢰슬러조차 그 내용에 반대했다. 그래서 정부 원안을 약간 수정해서 최종적으로 완성되었다.

2. 대일본제국 헌법의 내용

제국헌법은 7장 76조로 구성되었다. 헌법은 천황주권주의를 근본정신으로 하고 있었다. 헌법의 제1조에는 "대일본제국은 만세일계万世一系의 천황이 이를 통치한다."라고 되어 있었고, 제3조에는 "천황은 신성神聖해 범할 수 없다."라고 명기되어 있다. 요컨대, 주권은 천황에게 있으며, 모든 권력은 신성불가침한 천황에게서 나오는 것으로 되어 있었다.

　국민은 '신민臣民'으로 위치되었다. 국민에게는 법률의 범위 내에서 소유권의 불가침, 종교의 자유, 언론·집회·결사의 자유가 인정되었다. 의회를 통해 국정에 참여하는 길도 열어놓았다. 하지만 국민의 기본권은 어디까지나 '신민'으로서 의무를 다했을 때에 한해 '베풀어지는' 것이었다.

　전시 또는 국가에 위급한 일이 발생했을 때, 천황은 대권을 행사할 수 있었다. 천황 대권은 국민의 기본권에 우선했다. 의회의 소집, 중의원의 해산권을 천황의 대권으로 했다. 육해군의 통수·선전·강화·조약체결을 천황의 대권에 종속시켰고, 통수권을 입법·행정에서 독립시켰다. 즉 천황의 권한을 의회가 관여할 수 없게 했다. 천황은 긴급칙령으로 법률의 제정과 개폐도 가능했다.

　천황은 통치권의 총괄자였다. 천황은 행정 각부의 관제를 정하고 관리를 임명했다. 관리는 국민의 관리가 아니라 천황의 관리였던 셈이다. 국무대신도 천황에 대해 책임을 지는 것으로 되어 있었다. 의회의 찬성 없이 공포할 수 있는 명령의 범위가 매우 광범위했다. 행정부의 권한을 의회의 상위에 두는 구조였다.

「Point 강의」 - 대일본제국 헌법과 제국의회

　제국의회는 귀족원과 중의원의 양원제로 구성되었다. 귀족원은 황족·화족 그리고 천황이 임명한 의원으로 구성되었다. 중의원은 선거로 선출된 의원으로 구성되었다. 귀족원은 상원, 중의원은 하원으로 했지만 양자의 권한은 거의 대등했다. 하지만 중의원이 제출한 법안은 귀족원에서 부결할 수 있었다. 그래서 천황 대권에 해당하는 제6조의 천황 법률재가권法律裁可權 발동을 필요로 하는 사태는 발생할 가능성이 없었다. 설령 중의원에서 감세법안을 성립시켜도 귀족원에서 부결하면 그만이었다. 의회는 법률안과 예산안의 심의 이외에 다른 권한이 없었다. 다만 37조 "모든 법률은 제국의회의 협찬을 거쳐야 한다."는 규정과 제62조 "새로운 조세의 부과 및 세율의 변경은 법률로 정한다."는 규정이 번벌정부의 증세정책을 속박했다.

3. 황민화 교육

1890년 10월 「교육칙어敎育勅語」가 공포되었다. 그 내용은 충군애국忠君愛國을 골자로 하고 있었다. 즉, 천황제도의 수호를 강조하는 것이었다. 「교육칙어」는 교육의 기본이 되었으며 국민도덕의 규범이 되었다. 그것은 천황이 친히 서명했다는 것 하나만으로도 '신민'은 그 권위에 복종해야 했다. 1891년에 제일고등중학교 교사였던 우치무라 간조內村鑑三가 교육칙어에 경례하지 않았다는 이유로 파면되었다.

전국의 모든 학교에 교육칙어의 등본이 하사되었다. 학교에서는 그것을 경축일의 의식으로 봉독하고, 매일 교육칙어에 예배하고, 정신교육의 근간으로 삼았다. 학생들은 소학교에 입학하면서부터 교육칙어를 외우는 소리를 듣고, 그 정신을 가슴에 새기면서 성장했다. 1891년 정부는 의식의 형식을 통일했다. 교장이 직접 교육칙어를 봉독하도록 의무화했다.

교육칙어와 함께 천황과 황후의 사진인 '어진영御眞影'이 충군애국 사상을 고취시키는 수단으로 이용되었다. '어진영'은 전국의 각 관청에 하사되었고, 1882년에는 소학교와 관립학교, 1887년에는 공립학교에 하사되었다. '어진영'은 타의 모범이 되는 우등한 학교를 선별해 순차적으로 하사했다. '어진영'은 신성한 천황의 분신으로 취급되었다.

황민화 교육이 강화되면서 교사들은 황국사관皇国史観에서 벗어난 내용을 입에 올릴 수 없었다. 교사는 아마테라스오미카미天照大神의 자손인 진무 천황神武天皇이 일본의 역사를 열었다는 신화를 사실로 가르치지 않으면 안 되었다. 과학 교사들조차 천황의 조상신이 구름을 타고 하늘에서 강림했다는 이야기를 부정할 수 없었다.

황민화 교육을 담당하는 교사의 책임이 무거웠다. 교육칙어의 등본이나 '어진영'이 훼손되거나 소실되면 엄중한 처벌이 기다리고 있었다. 보관책임자는 자살을 고려하지 않으면 안 되는 심각한 상황으로 인식했다. 그것이 천재지변이나 전쟁 등 불가항력으로 인한 것이었을지라도 용납되지 않았다.

「Point 강의」 - 교육칙어

일본인의 기본 정신 : 교육칙어는 이노우에 고와시井上毅가 입안하고, 천황의 시강인 모토다 에이후元田永孚가 기초한 것이었다. 유학의 정신을 기조로 했다. 교육칙어는 '충군애국忠君愛國'과 '진충보국盡忠報國'을 골자로 했다. 즉, 그것은 국민 스스로가 선조 대대로 천황에게 충성을 다 바친 '충량忠良한 신민臣民'임을 자각하게 하고, 또 일단 유사시에 목숨을 바쳐서 천황과 천황제를 수호할 것을 강조했다. 교육칙어가 공포된 후, 문부성은 도쿄대학 교수 이노우에 데쓰지로井上哲次郎가 주석한 「칙어연의勅語衍義」를 발행했다. 교육칙어의 취지가 민중에게 철저하게 학습되도록 하기 위해서였다. 교육칙어는 학교교육의 근본정신이 되었다. 정부는 교육칙어를 학생들에게 철저하게 주입시키는 황민화 교육을 전개했다.

교육칙어 원문

짐朕이 생각하노니, 아마테라스오미카미天照大神 이래 천황의 조상들이 일본을 건국해 덕정을 베풀었다. 내 신민들은 충효를 다하고, 모두 마음을 하나로 모아 대대로 미덕을 발휘했다. 이것이 국체國體의 매우 뛰어난 점이니, 교육의 근원이 실로 여기에 있다. 너희 신민臣民들은 부모에게 효도하고, 형제 간에 우의 있으며, 부부간에 돈독하고, 붕우 간에 신의 있으며, 공검恭儉하고, 박애博愛를 실천하며, 학업에 전념해 지능智能을 계발해 덕기德器를 성취할지라. 나아가 공익을 증진하고, 사회를 위해 일하고, 언제나 국헌国憲을 중히 여기고, 국법을 지켜 일단 유사시에는 의용을 천황에 바쳐서 천양무궁天壤無

窮한 황운皇運을 부익扶翼할지라. 이것은 단지 짐의 충량한 신민일 뿐만이 아니라, 너희 조상의 유풍을 현창顯彰하는 것이기도 하느니라. 이 길은 실로 우리 황조황종皇朝皇宗의 유훈이라. 자손도 신민도 함께 준수해야 마땅할지라. 이것은 고금을 통해 옳고, 내외에 펴서 틀리지 않는다. 짐은 너희 신민들과 함께 잘 지켜서 그 덕을 함양할 것을 원하노라.

메이지明治 23년年 10月 30日

제40강

일본제국의 대륙침략

1. 청일전쟁

　조선을 강제로 개국시킨 일본은 서구 열강보다 한발 앞서서 조선에 세력을 넓히려고 했다. 일본은 조선과의 무역을 확대하고 내정에도 관여했다. 오랫동안 조선과 밀접한 관계를 유지해 온 청국淸國도 조선에 대해 영향력을 행사하려고 했다. 일본과 청국은 조선을 둘러싸고 대립했다.
　조선 정부는 개화파 인물들을 기용해 개화정책을 추진했다. 행정기구를 개편하고 신식군대를 양성하는 등 근대적인 개혁을 단행했다. 그러나 대원군을 중심으로 하는 보수파가 1882년에 임오군란壬午軍亂을 일으켰다. 조선 정부는 청국에 파병을 요청했다. 청군은 임오군란을 진압하고 대원군을 천진天津으로 연행했다. 청군은 조선에 상주하면서 조선

정부에 영향력을 행사했다.

한편, 김옥균金玉均을 중심으로 하는 급진개화파는 일본의 지원을 받아 1884년에 갑신정변甲申政變을 일으켰다. 그러나 청군의 출동으로 급진개화파가 축출되었다. 김옥균은 일본으로 망명했다. 일본은 조선에 군대를 파견했다. 청·일 양국은 충돌할 위기에 직면했다. 이토 히로부미는 청국의 리훙장李鴻章과 천진조약天津條約을 체결했다. 청·일 양국은 장래 조선에 군대를 파견할 때는 상호 통고하도록 약정했다.

1894년에 동학농민운동이 일어났다. 조선 정부는 농민군을 진압하기 위해 청국에 파병을 요청했다. 청국은 조선에 군대를 파견했다. 일본도 즉시 조선에 군대를 파견했다. 드디어 1894년 7월 양국의 군대가 충돌했다. 8월에는 일본이 청국에 선전을 포고했다. 청일전쟁이 시작되었다.

개전에 즈음해, 일본의 외무대신 무쓰 무네미쓰陸奧宗光는 영국을 비롯한 서구 열강이 전쟁에 간섭하지 않는다는 것을 확인했다. 일본 국내에서는 정부와 민당民黨이 정쟁을 즉시 중단했다. 정부의 증세정책·군비증강 정책에 반대하던 민당이 오히려 앞장서 임시군사비 지출을 승인했다. 일본은 열강의 예상을 뒤엎고 육군과 해군이 모두 연전연승했다. 청일전쟁은 일본의 압도적인 승리로 막을 내렸다.

1895년 4월에는 일본의 이토 히로부미와 청국의 리훙장이 일본의 시모노세키下関에서 강화조약을 체결했다. 그 내용은 청국이 조선의 독립을 인정하고, 요동반도遼東半島·타이완臺灣·펑호제도澎湖諸島를 일본에 할양하고, 당시 일본 화폐로 3억 1,000만 엔에 해당하는 배상금을 일본에 지불하고, 양쯔강 연안의 4개 항을 개항할 것 등이었다.

강화조약이 체결된 후, 일본의 대륙침략을 두려워한 러시아는 프랑스·독일과 함께 요동반도를 중국에 반환할 것을 일본에 권고했다. 이것을 삼국간섭이라고 한다. 일본은 삼국간섭을 수용했다. 그러나 일본은 요동반도를 반환하는 대신에 현금 3,000만 냥을 중국으로부터 받아냈다. 그것은 당시 일본 화폐로 4,500만 엔에 해당하는 거금이었다.

「Point 강의」 - 청일전쟁에서 패배한 중국의 현실

청일전쟁과 삼국간섭은 동아시아 전체에 커다란 파문을 던졌다. 청국이 종이호랑이에 불과하다는 것이 백일하에 드러났다. 전쟁에서 패배한 청국은 일본에 지불할 배상금과 내정개혁에 필요한 자금을 확보해야 했다. 청국은 1895년 7월 러시아와 프랑스로부터 4억 프랑의 차관을 얻었다. 러시아는 같은 해 12월 청국에 러청은행을 설립했다. 1896년 6월 러시아는 니콜라이 2세 대관식에 참석하기 위해 페테르부르크에 온 리훙장과 러청비밀협정을 맺었다. 이 협정에서 러시아는 일본의 공격에 대한 공동방위를 청국에 약속했다. 청이 곤경에 처하자, 서양 열강은 중국을 본격적으로 분할하기 시작했다. 독일은 1897년 선교사 살해사건을 구실로 산동반도山東半島를 점령하고 이듬해 그곳을 조차했다. 그리고 산둥성山東省의 철도부설권과 광산채굴권을 획득했다. 1898년 러시아는 만주를 횡단하는 동청철도 부설권과 랴오둥 반도의 뤼순과 다롄大連의 조차권을 획득했다. 영국은 웨이하이웨이威海衛와 주룽 반도九龍半島의 조차권을 손에 넣었다. 프랑스는 중국의 윈난雲南에서 베트남을 연결하는 안난철도安南鐵道의 연장권을 획득했다. 그리고 윈난·광시廣西·광둥廣東 3성의 광산채굴권과 광저우만廣州灣의 조차권도 손에 넣었다. 1898년 하와이를 영토에 편입시키고, 필리핀을 식민지로 하는 데 성공한 미국도 중국에 깊은 관심을 보이기 시작했다.

2. 일본의 조선 내정간섭

청일전쟁이 사실상 일본의 승리로 끝난 시점인 1984년 10월 20일 이노우에 가오루井上馨 일본공사가 조선에 부임했다. 그는 외무대신과 내무대신 등 요직을 두루 거친 거물이었다. 그가 조선의 외무대신 김윤식에게 "내무대신인 본인이 특별히 공사로 부임한 것은 조선 문제를 중시하는 천황 폐하의 배려에 의한 것"이라고 한 말은 결코 과장이 아니었다.

이노우에는 먼저 대원군을 제거했다. 그리고 조선의 어전회의에서 내정개혁안 20개조를 제시했다. 그것은 행정부의 조직 및 권한을 정비하고, 재정제도 · 군사제도 · 왕실제도를 마련하는 실로 광범위한 내용이었다. 내정개혁을 단행하기 위해 제2차 김홍집金弘集 내각이 조직되었다. 일본에 우호적인 인물들이 요직에 포진했다.

이노우에는 개혁안의 내용 중 국왕의 친재권 조항을 들면서 왕후에게 정치에 간섭하지 말라고 요구했다. 만약 왕후가 정치에 계속 간섭하면 동학군을 토벌하기 위해 파견한 일본군을 즉시 철수시킬 것이며, 그러면 조선은 다시 위기에 처할 것이라고 협박했다. 조선 국왕은 왕후가 정치에 간섭하지 못하게 하겠다고 약속했다.

조선은 일본의 지도로 개혁을 추진했다. 박영효朴泳孝를 비롯한 개화파가 실권을 장악했다. 개화파들은 일본의 눈치를 살피기에 급급했다. 그들은 조선의 장래를 위한 개혁을 단행할 만한 인물이 못 되었다. 민왕후가 개화파를 일소하고 정치의 주도권을 장악했다.

민 왕후는 러시아에 접근했다. 조선의 외교 및 재정 고문을 맡은 미국인 르 장드르Le Gendre도 국왕에게 러시아와 가깝게 지내는 것이 좋다고 건의했다. 러시아는 조선과 육지로 연결되어 있을 뿐만 아니라 세계에서 가장 강한 나라이기도 했다. 또 당시로서는 러시아가 일본처럼 한반도를 엿보거나 내정에 간섭할 뜻이 없었다. 러시아 공사 베베르 부부도 국왕과 왕후의 환심을 샀다.

민 왕후는 일본을 점점 멀리했다. 조선 민중도 노골적으로 한반도를 엿보는 일본을 탐탁찮게 여겼다. 일본도 조선의 반일 분위기에 위기감을 느꼈다. 조선이 러시아에 접근하면서 일본의 입지가 점점 좁아졌다. 일본은 조선의 정치가 러시아 쪽으로 기운 것은 민 왕후의 술책이라고 믿었다. 조선의 분위기를 일신해 일본의 세력을 만회하려는 음모를 꾸몄다.

1895년 9월 1일 육군 중장 출신 미우라 고로三浦梧楼 공사가 부임했다. 그가 부임하고 한 달이 지난 1895년 10월 8일 새벽, 일본의 군대·경찰·외교관원, 그리고 일본군의 사주를 받은 일본인 낭인浪人들이 경복궁으로 쳐들어가 민 왕후를 무참하게 시해했다. 왕궁에 난입한 일본인들은 왕후를 칼로 찌르고 발가벗긴 다음 시해했다. 일본인들은 민 왕후의 사체를 널판 위에 누인 다음 솜이불로 묶어서 왕궁 뒤뜰 소나무 숲으로 옮겼다. 시신에 석유를 뿌리고 주위에 장작을 쌓은 다음 불을 질렀다. 민 왕후의 나이는 44세였다.

「Point 강의」 - 민왕후가 시해된 날 아침

일본의 일등영사 우치다 사다쓰치内田定槌는 새벽녘에 민왕후의 사체 처리에 대한 보고를 받고 즉시 공사관으로 갔다. 미우라는 2층에 있는 부동명왕상 앞에서 예불을 드리고 있었다. 미우라는 "이것으로 조선은 일본의 것이 되었다. 이제 안심이다."라고 말했다. 우치다는 "하지만 일본인이 피 묻은 칼을 높이 들고 대낮에 공공연하게 대로를 활보했다는 것을 조선인은 물론 외국인도 분명히 보았을 것입니다. 일본의 군대, 경찰관, 공사관 직원, 영사관 직원 등이 이 사건에 관련되었다는 것을 어떻게 해서든지 감추어야 하지 않겠습니까?"라고 말하니, 미우라 공사는 "나도 지금 그것을 생각하고 있다."라고 말하고, 경복궁으로 갈 채비를 했다. 한편, 미국 공사 알렌과 러시아 공사 베베르도 비보를 접하고 날이 밝자 왕궁으로 달려갔다. 고종 옆에는 이미 일본 공사 미우라 고로가 버티고 서 있었고, 왕은 겁에 질려 아무 말도 못하고 있었다. 의사인 에비슨과 미국인 선교사들이 교대로 왕의 신변을 지키고 있었다. 왕은 독살당할 것을 두려워했다. 캔으로 된 연유와 계란으로 허기를 면하고 있었다. 이 소식을 들은 각국 공사관에서는 특별히 음식을 만들어 통에 넣고 자물쇠를 채워 궁전으로 들여보냈다. 왕이 믿을 수 있는 것은 이제까지 아부하던 조정의 대신과 측근들이 아니라 외국인들이었다. 대신들은 모두 대피하고 왕을 보좌하는 자는 거의 없었다.

3. 일본의 군비확장

청일전쟁의 승리, 삼국간섭의 굴욕, 그리고 삼국간섭 당사자인 러시아·프랑스·독일 및 영국이 청국 분할경쟁에 혈안이 된 광경을 보면서 일본인의 세계인식이 크게 변했다. 특히 조선인과 중국인을 노골적으로 멸시하기 시작했고, 그들에 비해 일본인은 우월한 민족이라는 의

식이 확대되었다. 일본이 전쟁에 승리하고 식민지를 거느린 제국이 되었다는 자만심이 일본인의 의식 밑바닥에 자리 잡았다. 일본의 지식인들은 평화주의를 버리고 제국주의를 찬양하기 시작했다.

청일전쟁이 끝나자마자 제2차 이토 히로부미 내각은 전년도에 비해 약 2배로 증가한 1억9,000만 엔의 예산을 의회에 제출했다. 육군대신 야마가타 아리토모山縣有朋는 의회에서 군비확장의 필요성을 역설했다. "동양의 맹주가 되기 위해서는 이익선利益線을 확장해 나가야 한다." 이토 히로부미도 언젠가는 3국 간섭을 한 나라에 보복을 해야 한다는 여론을 조성했다.

이토 내각이 제출한 예산안이 일사천리로 가결되었다. 군사비가 국가예산에서 차지하는 비중이 1896년에 48퍼센트, 1897년에 56퍼센트, 1898년에 51퍼센트, 1899년에 45퍼센트, 1900년에 45퍼센트였다. 청일전쟁으로 중국에서 받은 배상금은 거의 군비확장에 투입되었다.

방대한 군비 확장에 청국에서 받은 배상금과 공채만으로는 부족했다. 정부는 대대적인 증세를 계획했다. 등록세·영업세를 신설하고 담배전매사업을 실시했다. 그 결과 세입이 대폭 늘어났다. 정당의 협력으로 이토 내각의 증세정책은 성공을 거두었다. 전쟁 중에는 야당도 정부 정책에 적극 협조했고, 전쟁이 끝난 후에는 더욱 더 정부에 협력했다.

정부는 육·해군 군비 확장 계획에 7억8,100만 엔을 책정했다. 청일전쟁 당시 근위사단 및 6개 사단이었던 육군은 1903년에 13개 사단으로 확대되었고, 거기에 기병·포병 각 2개 여단이 증설되었다. 해군에서도 네 척의 전함과 11척의 순양함을 포함한 103척의 군함을 건조했다. 해군의 증강으로 동아시아 해역에서 가상 적국 러시아를 능가하는 전투력을 보유하게 되었다.

4. 러일전쟁

러시아는 만주에 주둔하면서 조선에 영향력을 행사했다. 이러한 상황은 러시아와 대립하고 있던 영국을 긴장시켰고, 한반도를 발판으로 삼아 만주까지 지배하려는 계획을 세우고 있었던 일본을 당황하게 했다. 일본은 러시아와 대결한다는 방침을 정했다. 1902년에 일영동맹日英同盟을 맺었다.

1904년 2월 일본이 러시아에 선전을 포고했다. 같은 해 8월 인천 앞바다의 황해해전에서 일본이 제해권을 확보하고, 만주의 남단을 주요 전투지역으로 해서 싸웠다. 처음에 일본은 만주에 병력을 집중시켜 러시아군 주력과 결전하려고 했다. 그러나 러시아의 발틱함대가 극동으로 이동한다는 정보를 입수하고, 발틱함대가 도착하기 전에 러시아의 해군기지가 있는 뤼순旅順을 공략하기로 작전을 변경했다. 제3군이 편성되고 노기 마레스케乃木希典가 사령관으로 부임해 뤼순 공격을 지휘했다. 3차에 걸치는 공격작전으로 1905년 정월에 뤼순이 함락되었다.

한편, 일본 해군은 유럽에서 아프리카 남단을 돌아 멀고 먼 길을 항해해 온 러시아의 발틱함대를 대한해협에서 맞이해 싸웠다. 러시아 함대의 일본근해 도착이 일본 측의 예상보다 늦어졌다. 도고 헤이하치로東鄕平八郞가 지휘하는 일본의 연합함대는 충분한 시간을 갖고 훈련할 수 있었다. 1905년 5월 27일에 개시된 해전에서 러시아 함대는 괴멸적인 타격을 입었다. 전쟁은 일본에 유리하게 전개되었다.

그러나 일본군은 병력의 보충, 물자의 보급, 재정 등 여러 면에서 한계상황에 직면해 있었다. 전쟁을 계속하는 것이 곤란하다고 판단한 일본은 미국에게 중재를 요청했다. 때마침 러시아도 혁명의 기운이 고조되어 정치상황이 혼란스러웠다. 러시아는 미국 대통령 루스벨트 Theodore Roosevelt의 휴전 제안을 받아들였다.

같은 해 9월 일본과 러시아는 강화조약을 체결했다. 그 내용은 일본의 한국에 대한 지배권, 뤼순·다롄大連의 조차권과 창춘長春 이남의 철도 및 그 부속지의 이전, 사할린의 북위 50도 이남에 대한 영유권, 연해주의 어업권 등이 승인되었다. 하지만 일본인이 기대했던 전쟁 배상금은 얻어낼 수 없었다.

강화조약에서 배상금을 얻어내지 못했다는 소식이 전해지자 일본인의 불만은 고조되었다. 대다수의 신문은 정부를 공격했다. 강화조약을 파기하고 전쟁을 계속하자고 목소리를 높였다. 강화조약 반대를 외치는 수많은 군중이 정부고관의 저택, 파출소, 강화를 지지했던 어용 신문사, 교회 등을 공격하는 히비야日比谷 폭동사건이 일어났다. 정부는 계엄령을 선포해서 겨우 폭동을 진압했다.

「Point 강의」 - 히비야 폭동사건과 일본인의 속마음

러일전쟁에 소요된 전쟁비용은 약 17억 엔으로 당시의 일본 국가예산의 약 4배에 달했다. 그중 약 8억 엔은 외채에 의존하고 나머지는 국채와 증세로 충당했다. 일본인의 부담은 평화 시에는 상상할 수 없을 정도로 과중한 것이다. 그러나 일본인은 전쟁에 이기기만 하면 청일전쟁에서 승리했을 때와 같은 어마어마한 배상금을 얻어낼 수 있으며, 일본경제는 다시 한 번 비약할 수 있을 것이라는 꿈에 부풀어 있었다. 일본인은 교전 20개월 동안 21만여 명의 사상자와 22만여 명의 질병자를 내면서도 아무 말 없이 젊은이들을 전쟁터로 보냈다. 인내하기 힘든 생활을 감수하면서 전쟁에 적극 협력했다. 러일전쟁에 동원된 109만 명의 병사 중에 농촌 출신 병사가 55만 명에 달했다. 또 우마도 징발되었기 때문에 농촌의 노동력 부족현상은 심각한 지경이었다. 그런데 일본은 강화조약에서 배상금을 얻어내지 못했다. 그것은 전쟁에 돌입할 때 일본인이 기대했던 것과는 너무나 큰 차이가 있었다. 일본인은 밑지는 '장사'를 했다고 생각했고, 그런 감정이 히비야 폭동사건으로 폭발했다. 히비야 폭동사건은 일본인이 전쟁을 통해 얻으려고 했던 것이 무엇이었는가를 극명하게 보여준 사건이었다.

제41강

한일합병

1. 한국의 보호국화

1904년 2월 일본은 러일전쟁을 시작하면서 한일의정서韓日議定書를 강제로 체결했다. 한일의정서 체결은 한국의 부분적 보호국화를 의미했다. 조선은 이미 일본의 군사적 지배하에 들어갔다.

같은 해 8월에는 제1차 한일협약을 체결했다. 이 협약으로 일본은 그동안 한국이 고용했던 외국인 30여 명을 해고했다. 그리고 일본인 고문을 두어 한국의 재정권과 외교권을 규제했다. 1905년 11월경에는 재정, 군부, 궁내부, 경찰 등의 부서에 188명의 일본인이 배치되어 있었다. 한국은 이미 일본의 손아귀에 들어가 있었다. 미국·영국도 이러한 현실을 인정했다.

1905년 9월 포츠머스조약이 조인되자, 일본 정부는 한국을 보호국으로 삼기로 하고, 10월에 조약안을 각의에서 의결했다. 일본 외무대신은 이토 히로부미를 한국 황실위문 특파대사로 삼을 것을 천황에게 건의했다. 천황은 이토에게 역사적인 임무를 부여했다. 이토는 11월 2일에 도쿄를 출발해 일주일 후에 한성에 도착했다.

이토는 11월 10일 하야시 곤스케林權介 공사의 안내로 고종를 알현했다. 이토는 고종에게 일본 천황의 친서를 전달하고 새로운 조약을 맺을 것이라고 말했다. 그는 일본 정부가 작성한 조약안을 건네면서 5일 내에 검토하라고 말했다.

11월 15일 이토는 고종을 다시 알현했다. 고종은 이토에게 조약안을 전적으로 거부한다고 말했다. 고종은 러일전쟁을 일으킬 때 일본 천황이 동양평화와 한국의 독립을 보장하겠다고 선언했던 점을 상기시켰다. 그러자 이토 히로부미는 고종을 협박했다. 일본 정부가 마련한 조약안을 거부한다면 한층 불리한 상황에 직면하게 될 것이라고 말했다. 최후통첩이었다.

고종은 아무런 대답도 하지 않았다. 그러자 이토는 11월 16일 한국 정부의 각료들을 손탁호텔로 불렀다. 참정대신 한규설, 법부대신 이하영, 학부대신 이완용, 농상공부대신 권중현 등이 모였다. 이토는 이들에게 조약안에 대해 자세하게 설명했다. 그리고 대신들에게 차례로 의견을 말하라고 했다. 한국 정부의 각료들 대부분이 조약안에 반대했다.

대신들은 다시 궁중으로 돌아가서 어전회의를 열었다. 외부대신 박제순이 조약문의 세부사항에 관해 보고했다. 고종은 각 대신들의 의견을 물었다. 대신들은 결코 승인할 수 없다고 말했다. 11월 17일 오후 4시에 어전회의가 열렸다. 대신들은 여전히 완강히 반대했다. 그런데 이때 이완용이 조약안의 수정을 요구하자는 의견을 냈다. 몇몇 대신들이 동의했다.

오후 7시가 되었다. 고종은 여러 대신에게 일본 측과 다시 한 번 협의해 보라고 말하면서 자리를 떴다. 하야시 공사는 어전회의 결과를 이토에게 보고했다. 이토는 즉시 궁중으로 달려가 직접 대신들을 한 사람씩 불러서 찬반을 물었다. 참정대신 한규설, 탁지부대신 민영기, 법부대신 이하영은 반대했다. 외부대신 박제순은 침묵으로 찬성의 뜻을 표했다. 이어서 군부대신 이근택, 학부대신 이완용, 내부대신 이지용, 농상공부대신 권중현이 찬성했다. 이토는 다수가 찬성했으므로 조약안이 가결되었다고 선언했다. 밖에서 기다리던 하야시 공사는 박제순 외부대신과 함께 조약안에 서명했다. 11월 18일 새벽 1시였다.

을사보호조약 체결은 비밀리에 진행되었다. 한국 민중은 그 사실을 알 수 없었다. 조약이 체결된 사실은 11월 20일자 『황성신문』에 보도되면서 세상에 알려졌다. 『황성신문』 사장 장지연張志淵은 「시일야방성대곡是日也放聲大哭」이라는 사설을 썼다. 이 사설로 『황성신문』은 폐간되었고 장지연은 투옥되었다.

「Point 강의」 – 시일야방성대곡

시일야방성대곡의 주요 내용을 소개하면 다음과 같다. "슬프도다. 개, 돼지만도 못한 우리 정부의 대신이란 자들은 자기 일신의 영달과 이익이나 바라면서 위협에 겁먹어 머뭇대다가 벌벌 떨며 나라를 팔아먹는 도적이 되는 것을 감수했던 것이다. 아! 사천 년 강토와 오백 년의 사직을 남에게 들어 바치고, 2,000만 생령들로 하여금 남의 노예가 되게 했으니, 저 개, 돼지보다 못한 외

> 부대신 박제순과 각 대신들이야 깊이 꾸짖을 가치가 없다 하지만, 명색이 참정대신이라는 자는 정부의 수석임에도 단지 부좀자로써 책임을 면해 이름거리나 장만하려 했더란 말이냐. 김청음金淸陰처럼 통곡하며 문서를 찢지도 못했고, 정동계鄭桐溪처럼 배를 가르지도 못해 그저 살아남고자 했으니 그 무슨 면목으로 강경하신 황제 고종을 뵈올 것이며 그 무슨 면목으로 2,000만 동포와 얼굴을 맞댈 것인가. 아! 원통한지고, 아! 분한지고. 우리 2,000만 동포여, 노예된 동포여! 살았는가, 죽었는가? 단군, 기자 이래 사천년 국민정신이 하룻밤 사이에 홀연히 망하고 말 것인가. 원통하고 원통하다. 동포여! 동포여!"

2. 일본의 한국 지배권 확립과 항일투쟁

고종은 즉시 국권회복 운동에 나섰다. 1906년 5월까지 5회에 걸쳐서 을사보호조약이 무효라는 의견을 구미 각국에 전달하기 위해 노력했다. 특히 1905년 11월 24일 고종은 한국정부의 고문 헐버트에게 서신을 보내 보호조약은 일본이 강요한 것으로 무효이며 자신은 결코 이에 동의한 적이 없다는 사실을 미국 정부에 전달해 달라고 부탁했다. 헐버트는 워싱턴의 국무성으로 가서 고종의 서신을 제출하려고 했다. 그러나 국무성은 헐버트를 푸대접했다.

1905년 11월 26일 대신을 역임한 조병세가 급히 상소를 올렸다. 그는 대신들에게 조약을 체결한 죄를 물어야 한다고 주장했다. 외부대신 박제순을 사형에 처하고, 그 밖의 대신은 파면한 다음 체포해 법정에 세워야 한다고 말했다. 그리고 충성스런 신하를 외부대신에 임명해 조약을 파기하고, 조약이 협박에 의해 체결되었을 뿐만 아니라 한국 황제의 재가를 얻지 않은 것이라는 사실을 각국의 공사에게 알리라고 촉구했다.

보호조약이 체결되었다는 소식이 널리 퍼지자 각지에서 집회가 열렸다. 한성 시내의 상점들이 일시에 철시해 보호조약 체결을 애도했다. 11월 30일 아침 시종무관장 민영환이 자결했다. 다음 날 상소를 주도한 조병세도 국민과 각국 공사에게 남기는 유서를 남기고 자결했다. 여러 중신과 지사들이 잇달아 자결을 선택했다. 1906년 2월 충남 정산의 민종식이 각지의 유지 200여 명을 결집해 의병을 일으켰다. 경북 안동에서도 유생 80여 명이 봉기했고, 전라도 순창에서는 최익현이 의병을 일으켰다. 늙은 충신이 깃발을 들자 1,000여 명의 의병이 모였다.

일본은 한성에 통감부를 설치했다. 1906년 2월 1일 이토 히로부미가 초대 통감에 취임했다. 이토는 헌병과 군대를 앞세워 한국인을 탄압했다. 이토는 사실상 한국의 황제나 다름이 없었다. 이토는 한국의 대신들을 자신의 관저로 불러서 각료회의를 개최했다. 한국의 대신들도 모든 일을 이토에게 보고했고, 그의 허락을 받아야 일이 진행되었다.

1907년 6월 고종은 이상설, 이위종, 이준 등의 밀사를 네덜란드의 수도 헤이그에서 열린 제2차 세계평화회의에 파견했다. 을사보호조약이 일본의 강압으로 이루어진 것임을 폭로하고 강대국들의 도움으로 그것을 파기하려고 했다. 헤이그에 도착한 특사들은 의장국 러시아 대표에게 한국 황제의 신임장을 제출하고 평화회의에 출석할 수 있게 해 달라고 요청했다. 하지만 강대국들은 이미 일본 편이었다. 특히 영국이 앞장서 밀사가 회의장에 들어오지 못하도록 방해했고, 다른 강대국들은 밀사를 무시로 일관했다. 분을 참지 못한 이준 열사는 회의장 밖에서 자결을 시도했다.

비밀리에 밀사가 파견되었다는 소식을 들은 이토는 격노했다. 외무대신 하야시 타다스林董는 7월 18일 한성에 도착할 예정으로 교토를 떠났다. 이 소식을 들은 한국 대신들은 안절부절 못했다. 일본 외무대신이 한성에 도착하는 7월 18일 이전에 '이토가 원하는 일'을 하기로 했다. 그래서 7월 16일에 고종의 퇴위를 주청했다. 많은 관료와 종친들이 퇴위가 불가피하다고 말했다. 그러자 고종은 7월 20일 오전 1시에 퇴위를 결심했다. 새벽 2시에 양위의 조칙이 발표되었고, 아침 8시에 양위식이 거행되었다.

이토 히로부미는 한국정부에 제3차 한일협약을 강요했다. 정미7조약이라고도 하는 신협약은 한국에 대한 통제를 강화하는 것이다. 이토는 먼저 총리대신 이완용을 불러 하야시 외무대신과 함께 작성한 협약의 초안을 제시하면서 빨리 처리하라고 다그쳤다. 정미7조약으로 이토 히로부미는 한국정부가 하는 모든 사업에 관여하게 되었다. 법률 제정과 중요한 행정 처분 등 한국의 모든 내정은 이토가 완전하게 장악하게 되었다. 한국의 사법부와 재판소도 폐지되었다. 그 대신에 통감부에 사법청이 설치되었다. 사법청 산하에 각급 재판소가 설치되었다. 헌병경찰제도가 도입되었다.

일본은 한국 군대를 해산하는 작업에 착수했다. 1907년 7월 31일 총리대신 이완용은 "군대를 해산할 때 인심의 동요를 예방하고, 또는 명령에 반해 폭동을 일으키는 자가 있으면 진압할 것"을 요청하는 서한을 이토에게 보냈다. 이토 통감과 하세가와 요시미치長谷川好道 한국 주둔군 사령관이 상의해 군대 해산을 위한 구체적인 계획을 마련하고, 8월 1일 군대 해산을 강행했다.

8월에는 대대적인 의병이 일어났다. 서울에서 의병이 일어나자 원주, 여주, 강화 등에서 의병이 일어났다. 12월에는 이인영을 총대장으로 하는 13도창의군이 결성되었다. 1908년에는 창의군 1만 명이 서울 동대문 밖 30리 까지 진격했다. 그러나 총대장 이인영은 부친이 사망했다는 소식을 듣고 고향으로 돌아갔다. 창의군은 일본군의 공격을 받고 흩어지고 말았다. 이후 의병들은 전국 각지에서 독자적으로 일본군에 저항했다. 크고 작은 의병 부대가 조직되었다. 함경도에서 홍범도가, 경상도에서 신돌석이 의병을 일으켰다. 일본에 항거한 의병 수는 3만 명에 달했다.

통감부는 2,000명이 넘는 일본군을 동원해 대대적인 의병 소탕작전을 벌였다. 경찰과 한국인 첩보원도 작전에 투입되었다. 이 작전을 삼광작전三光作戰이라고 했는데, 사람을 죽이고, 마을을 불태우고, 곡식과 가축을 빼앗는 것이었다. 삼광작전으로 아예 흔적이 사라진 마을도 있었다. 1908년 9월 초부터 '남한대토벌작전'을 전개했다. 무자비한 학살 작전이 전개되면서 의병은 거의 모습을 감추었다.

「Point 강의」 - 군대 해산 당일의 한국군 저항

군대가 해산되자 시위대 제1대대장 박승환朴昇煥이 자결했다. 이 소식을 들은 병사들이 탄약과 무기를 탈취해 폭동을 일으켰다. 700여 명의 한국군이 남대문과 종로에 주둔하던 일본군과 출동했다. 구식총을 손에 든 한국군은 신식총으로 무장한 일본군을 상대로 처절하게 싸웠다. 하지만 기관총을 앞세운 일본군의 화력을 당할 수 없었다. 한국군이 농성하던 장소가 일본군에 의해 점령되자 한국군은 사방으로 흩어졌다. 한성 시내로 흩어진 한국군은 민

> 가에 숨거나 성벽을 넘어 창의문 밖에 있는 교회당에 은신했다. 교회당에 숨
> 은 한국군은 남대문에 주둔한 일본군을 향해 사격했다. 남대문을 중심으로
> 치열한 시가전이 벌어졌다. 일본군의 공격으로 도주하던 한국군은 많은 사상
> 자를 냈다. 이날의 교전으로 남상덕 등 68명이 죽고 100여 명이 부상당했다.
> 500여 명은 포로로 잡혔다.

3. 조선총독부 설치

1907년의 제3차 한일협약으로 일본이 조선을 사실상 직접 지배하게 되었다. 한국은 이 단계에서 사실상 멸망했지만 합병된 것은 아니었다. 일본은 한국의 멸망을 대외에 공표하지 않았다. 러시아의 동의를 얻지 못했기 때문이다. 일본은 1907년 2월부터 러시아와 교섭을 시작했다. 3월에는 정부의 고문회의에서 4개조로 된 일러협약안이 승인되었다. 일러협약안 제3조에서 일러 양국의 세력 범위를 만주의 남북으로 설정하고, 제4조에서 "금후 일한관계의 발전에 방해하거나 간섭하지 않을 것을 약속한다."고 규정했다. 일러협약은 제3차 한일협약이 맺어진 6일 후인 1907년 7월 30일에 체결되었다.

1909년 봄에 일본은 한일합병 계획을 세웠다. 일본 최고 실력자들이 한일합병 방침을 결정한 것은 4월 10일이었다. 총리대신 가쓰라 다로와 외무대신 고무라 주타로가 이토 히로부미의 관저를 방문해 한국합병 실행에 관해 협의했다. 고무라는 이미 작성된 한일합병에 관한 "방

침서"와 "시행대강서"를 이토에 보여주고 의견을 물었다. 당시 이 사실은 극비에 붙여져 세상에 알려지지 않았지만, 그때 이토는 한일합병에 흔쾌히 찬성했다. 7월 6일에 일본 각의에서 '조선합병 실행에 관한 건'을 의결했다. 그리고 곧 천황의 재가를 얻었다. 한일합병 방침이 정해진 것이다.

1909년 10월 26일 안중근安重根이 하얼빈에서 이토 히로부미를 사살했다. 일본은 이토의 피살을 계기로 한국의 식민지화 작업에 박차를 가했다. 그런데 근대국가 한국의 멸망을 구미 열강이 쉽게 승인한다는 보장이 없었다. 가장 큰 문제는 러시아의 태도였다. 일본은 1910년 3월 각의에서 만주에 대한 협상을 러시아에 제안하기로 정했다. 일본은 즉시 러시아와 협상을 시작했다. 4월 러시아는 일본의 한국합병을 반대하지 않는다는 뜻을 전했다. 일본은 영국에 일러교섭 내용을 통지했다. 영국은 특사를 보내 일영동맹을 근간으로 하는 영국의 방침에 변함이 없다는 뜻을 전했다. 7월에 제2차 일러협약이 조인되었다.

일본은 1910년 7월 육군대신 데라우치 마사다케寺內正毅에게 제3대 한국 통감을 겸임하게 했다. 7월 8일 일본 각의에서 한일합병 후의 시정방침 13개조가 확정되었다. 중요한 내용은 다음과 같다. 첫째, 조선에서는 당분간 일본 헌법을 적용하지 않고 대권으로 통치한다. 둘째, 조선 총독은 천황에 직속해 조선에서의 일체의 정무를 통괄하는 권한을 가진다. 셋째, 조선 총독에게 대권의 위임으로 법률 사항에 관한 명령을 발휘할 수 있는 권한을 부여한다.

8월 22일 일본은 수십 척의 군함을 한국에 파견해 시위에 들어갔다. 그리고 일본군이 한국 왕궁을 포위한 가운데 한일합병조약 조인식이 있었다. 합병조약은 8월 29일 양국 『관보』에 동시 공포되었다. "한국 황제폐하는 한국 전부에 관한 일체의 통치권을 완전히 또한 영구히 일본국 황제폐하에게 양여讓與한다." 조약이 조인되면서 국호를 한국에서 조선으로 변경했다.

조선총독부는 법률에 대신해 명령을 내리고, 군대 통수권을 보유하고, 정무를 통할하는 권한을 가졌다. 조선총독은 천황이 친히 임명하는 친임관이었고, 육·해군 대장 중에서 임명되었다. 조선은 일본의 제국헌법이 시행되지 않는 지역이었다. 식민지에서만 통용되는 법으로 다스려졌다. 한국 황제는 조선 왕으로 격하되었다. 조선총독은 조선귀족령을 제정했다. 조선의 왕족과 한일합병에 힘쓴 한국인 '공신'들에게 작위와 은사금을 수여하기 위해서였다. 한국주차군은 조선주차군이 되었다. 조선주차군은 훗날 조선군으로 명칭을 변경했다. 조선 상비사단이 창설되었다. 전략적인 요충지에 일본 해군이 주둔했다.

「Point 강의」 - 한일합병과 일본인

8월 29일부터 일본 신문들은 매일 호외를 발행했다. 호외는 한일합병을 축하하는 연등행사가 있다고 알렸다. 연등행사는 8월 29일 밤에 시작되었다. 도쿄 시내는 빨간 연등으로 가득 찼다. 음악대가 행진곡을 불며 앞장섰고, 일본인들은 만세를 외치며 열광했다. 그야말로 인산인해였다. 인파가 거리를 뒤덮어 전차가 움직일 수 없을 정도였다. 외무성으로 향하는 행렬도 있었고, 천황 궁전으로 향하는 행렬도 있었다. 연등 행렬은 날이 새도, 9월 1일 밤이 되어도 그칠 줄 몰랐다. 9월 1일은 일본 학교의 개학식이었다. 일본은 전국의 소학교에 한일합병에 관한 교육을 하도록 지시했다. 일본인은 영토가 확대된 것을 기뻐했다. 각 정당은 정파별로 합병 축하회를 개최했다. 일본 각지에서 한일합병을 축하하는 행사가 열렸다. 신문과 잡지는 한국강점의 정당성을 역설했다. 사회주의자들도 한국침략에 관해서만은 찬성의 뜻을 분명히 했다. 8월 29일 한국 신문에도 조약 내용이 보도되었다. 조선통감부는 군대와 경찰을 총동원해 언론과 집회를 철저하게 통제했다. 한성 시내는 공포분위기가 조성되었다. 공공연히 한일합병에 반대하는 한국인의 모습은 눈에 뜨이지 않았다. 당시 일본에서는 "오키나와는 장남, 타이완은 차남, 조선은 삼남"이라는 말이 유행했다. 세 아들을 거느린 "어머니"는 일본이었다.

일본의 앞잡이가 된 조선인들

한일합병 전부터 일본의 앞잡이가 되어 활동한 대표적인 집단으로 일진회―進會가 있었다. 일진회는 스스로 회원이 100만 명이라고 선전했으나 그 실체는 확실하지 않다. 일진회 간부였던 송병준·이용구 등은 러일전쟁 때도 일진회 회원들을 동원해 일본군에 봉사했다. 진심어린 봉사에 일본군도 감탄했을 정도였다. 일본을 배경으로 한 일진회의 위세는 대단했다. 조선 민중은 그들을 두려워했다. 일본 정부는 한국인들이 한일합병을 원한다는 여론을 조성하기 위해 일진회를 이용했다. 한일합병 '작업'이 구체화되었을 때, 일진회 간부들은 한일합병 청원서를 한국 정부와 일본 정부에 제출했다. 일진회 회원들은 일제의 충실한 하수인이 되었다. 일본의 앞잡이가 된 자들의 헌신으로 한국은 일본의 식민지가 되었다. 조선총독부는 한반도에 2만2,000여 명의 헌병과 20여 만 명의 헌병보조원·첩보원을 배치해 조선인을 감시했다. 헌병보조원과 첩보원으로 임명된 조선인들이 일본인의 눈과 귀가 되어 동족들을 가혹하게 탄압하는 데 앞장섰다.

제42강

일본식 정치 모델 형성

1. 정당내각 성립

1890년 7월 일본에서 처음으로 중의원 의원선거가 실시되었다. 선거는 25세 이상의 남자로 직접국세 15엔 이상 납입한 자에게만 자격이 주어진 제한선거였다. 선거권자는 45만 명에 불과했다. 입후보자는 명망가 출신으로 지방의회 의원을 경험한 자가 대부분이었다. 귀족원 의원은 화족들 중에서 호선된 의원, 다액납세자 중에서 호선된 의원, 그리고 관리 중에서 천황이 임명한 칙선의원으로 구성되었다.

1890년 11월 제국의회가 처음으로 소집되었다. 제국의회에서 국민생활을 안정시키기 위해서는 경비를 절감해야 한다는 입장을 취하는 민당民黨과 군비확장을 추진하는 정부가 예산안 편성을 둘러싸고 대립했다. 민당이 우위를 점하자, 곤경에 처한 정부는 초연주의超然主義 방침을 취했다. 초연주의는 정부가 정당의 언동에 제약되지 않고 초연하게 정책을 실현해 나간다고 하는 것으로, 결과적으로 정당을 무시하는 것이었다.

1898년 이토 히로부미가 헌정당憲政黨 총재 오쿠마 시게노부大隈重信에게 정권을 물려주었다. 그때 이타가키 다이스케板垣退助도 입각했다. 이 내각을 와이한隈板 내각이라고 했다. 일본 최초의 정당내각이 성립되었던 것이다. 와이한 내각은 육군대신·해군대신을 제외하고 모든 대신이 헌정당원에서 배출되었다.

1900년에는 현안이었던 중의원 의원선거법이 개정되었다. 선거권이 직접국세 10엔 이상 납부한 자에게 부여되면서 유권자는 2배로 증가했다. 납세액에 따라 제한을 두었던 피선거권도 철폐되었다. 국민의 참정권이 대폭 확대되었다. 투표방법도 무기명 비밀투표제가 채택되었다.

의회가 정치의 중심으로 부상하자, 이토 히로부미는 입헌정우회立憲政友會를 결성하고 스스로 총재가 되었다. 입헌정우회는 헌정당원과 이토 히로부미를 따르는 관료가 주축을 이루고 있었지만, 실업가·지주층·지방의원 등 폭넓은 지지층을 확보했다. 입헌정우회는 번벌정치가·상업자본가·지주의 연합세력이라고 할 수 있었다.

이토 히로부미는 1902년의 총선거에서 190명의 중의원을 당선시켰다. 당시 중의원의 정원은 376명이었다. 입헌정우회가 전체 의석의 과반수를 확보했던 것이다. 이토 히로부미는 입헌정우회를 여당으로 제4차 이토 내각을 조직했다. 그러나 원로인 야마가타 아리토모山県有朋를 따르던 관료들과 귀족원 의원들이 입헌정우회 반대세력이 되었다. 그들의 집요한 공격으로 이토 내각은 6개월 만에 붕괴되었다.

야마가타 아리토모와 이토 히로부미는 동시에 정치의 일선에서 물러나서 원로가 되었다. 야마가타 아리토모의 후계자인 가쓰라 타로桂太郎

와 이토 히로부미의 후계자인 사이온지 긴모치西園寺公望가 교대로 내각을 조직했다. 제국의회가 개설되고 10년이 지나면서 정당정치가 발전의 기틀을 마련했다.

「Point 강의」-이토 히로부미가 생각한 바람직한 정당

이토 히로부미가 정당을 결성한다는 소식을 들은 천황은 거액을 지원했다. 미쓰이三井와 미쓰비시三菱도 전폭적으로 지원했다. 1900년 9월 이토 히로부미는 호시 도오루星亨가 이끌던 헌정당을 기초로 입헌정우회를 결성했다. 이토 히로부미는 일찍부터 정당 조직의 필요성을 절감했다. 하지만 그는 종래의 정당에 대해서는 비판적이었다. 이토는 종래의 정당이 국가의 앞날을 걱정하지 않고, 오로지 정부를 공격하는 데만 앞장서고, 당리당략에만 치중하는 점이 유감이라고 생각했다. 그래서 스스로 모범적인 정당을 결성하려고 했다. 이토가 생각하는 바람직한 정당이란 당수의 독재체제를 유지하는 것이었다. 즉 당수가 국가의 방침을 실현하기 위해 정부와 협력하는 정당을 조직하는 것이었다. 정권을 담당했을 경우에 당수가 각료를 인선하고, 각료는 정당원에 한정하지 않는다는 것이었다.

> ### 막후에서 정치를 조종한 원로들
>
> 메이지 말기의 정국을 실질적으로 주도했던 것은 총리대신이 아니었다. 원로들이 실권을 갖고 정치를 움직였다. 그들은 전면에 나서지 않고 배후에서 영향력을 행사했다. 가쓰라 타로가 총리대신이 되어 정치를 담당하면서 메이지 유신 이래의 번벌 출신 원로들이 정치의 일선에서 물러났다. 하지만 원로들이 여전히 정치를 좌지우지했던 것이다. 원로들은 메이지 유신을 성공적으로 마무리한 원훈들이었으며 천황의 최고 정치고문이기도 했다. 원로들은 이토 히로부미·야마가타 아리토모·구로다 기요타가黒田清隆·이노우에 가오루井上馨·마쓰카타 마사요시松方正義·오야마 이와오大山巌·사이고 쓰구미치西郷従道 등이었다. 후에는 가쓰라 타로·사이온지 긴모치가 원로 그룹에 합류했다. 원로들은 후계 총리대신의 결정이나 추천, 중요 정책의 상담 등 내각을 배후에서 조종했다.

2. 관료제도 확립

와이한 내각 다음에 제2차 야마가타 내각이 성립되었다. 야마가타 아리토모는 본래 내각은 의회의 밖에 초연하게 존재해야 한다는 생각을 갖고 있었던 초연주의자였다. 그래서 정당의 역할을 인정하려고 하지 않았다. 그러나 의회의 발언력이 강화되면서 초연주의를 유지하는 것이 불가능했다. 야마가타 내각은 초연주의를 수정해 헌정당과 제휴했다.

　야마가타 아리토모를 비롯한 번벌관료는 정당 세력이 정부기관 내에 진출하는 것을 두려워했다. 그래서 1899년 3월에「문관임용령文官任用令」을 개정했다. 문관고등시험 합격자의 임용 범위를 확대하고, 정실 임용의 범위를 축소했다. 천황이 직접 임용하는 칙임관勅任官 조차도 자격과 실력을 갖춘 자 중에서 선임하는 것을 원칙으로 했다.

　야마가타 아리토모는「문관분한령文官分限令」과「문관징계령文官懲戒令」도 제정했다. 정당 세력이 관료에게 영향력을 행사할 수 없도록 하기 위해서였다.「문관분한령」제정으로 관리의 지위가 보장되었다. 내각이 교체되어도 함부로 관리를 면직시킬 수 없었다.「문관징계령」이 제정되면서 고등관을 대상으로 하는 문관고등징계위원회와 판임관判任官을 대상으로 하는 문관보통징계위원회가 설치되었다. 대신이라도 문관을 마음대로 징계할 수 없게 되었다.

　관료제도가 확립되면서 제국대학, 특히 도쿄대학 법학부의 전신인 법과대학 출신자가 고급관료 중에서 차지하는 비중이 높아졌다. 관료는 출신지나 신분, 그리고 출신 계급에 관계없이 제국대학이라는 통로를 통해 고급관료가 될 수 있었다. 전문적인 지식과 기능을 보유한 관료들은 국가의 정책 결정과 집행에 커다란 힘을 발휘했다. 그들은 귀족원과 추밀원을 배경으로, 정당세력과 대항할 수 있는 정치세력으로 부상했다.

> ## 「Point 강의」 – 문관임용령 개정과 정당의 반응
>
> 1889년 3월 25일 추밀원 본회의에 출석한 야마가타 아리토모 총리대신은 「문관임용령」의 개정과 「문관분한령」·「문관징계령」의 칙령勅令 3안에 대해 자문을 구했다. 이상의 3개 칙령은 다수의 고문관의 찬동을 얻어 가결되었고, 3일 후인 3월 28일 공포되었다. 야마가타 총리대신은 의회의 입법절차를 밟지 않고, 칙령의 형식으로 법안을 제정하자, 정당은 큰 충격에 빠졌다. 헌정본당 기관지 『니혼日本』의 구가 가쓰난陸羯南 주필은 연일 항의의 논진을 폈다. 야마가타 총리대신의 진정한 목적은 관료를 정당의 영향력으로부터 보호함과 동시에 "정당내각의 성립을 방해하고, 정당내각의 지속을 어렵게 하기 위한 것"이라고 갈파했다. 그 영향은 의회정치의 장래에 장애요인이 될 것이라고 단정했다. 구가 가쓰난은 특히 「문관분한령」의 제정으로, 대신이 차관 이하의 관리를 사실상 면직시킬 수 없게 되었고, 그래서 정당 출신 대신은 관리의 방해를 배제하지 못해 정무가 정체될 우려가 있다는 점, 또 장래 정당이 내각을 조직할 때 관리에게 접근하든지 아니면 전직 관리를 영입하지 않을 수 없고, 그러면 정당에 대한 관리의 영향력이 증대된다는 점 등을 문제점으로 지적했다.

3. 대립하면서 협력하는 정치

러일전쟁 이후 일본 정치의 당면과제는 한국을 식민지화하는 것과

민중의 저항을 무마하는 것이었다. 국내모순이 심화되어 민중운동이 격화되면, 사이온지 긴모치西園寺公望를 중심으로 하는 온건주의 내각이 등장해 정국을 수습했다. 정국이 안정되면, 가쓰라 타로桂太郎를 중심으로 하는 군벌관료 내각이 정치를 담당했다. 이렇게 하면서 일관되게 대외팽창 정책을 추진했다. 조슈長州 육군 군벌인 가쓰라 타로와 화족 출신 사이온지 긴모치가 교대로 총리대신이 되어 내각을 조직했기 때문에, 러일전쟁에서 다이쇼大正 초기까지를 게이엔桂園 시대라고 한다.

1901년에 성립된 제1차 가쓰라 타로 내각은 러일전쟁을 성공적으로 마무리했다. 1906년 정월 가쓰라 타로 총리대신이 물러나고 제1차 사이온지 긴모치 내각이 성립되었다. 정부는 재정난에 허덕였지만, 군비를 확장하고 주요 철도망을 국유화하는 등 적극정책을 추진했다. 하지만 제1차 사이온지 내각은 재정난을 해결하지 못하고 총사직했다.

1908년 7월 제2차 가쓰라 내각이 성립되었다. 다시 총리대신이 된 가쓰라 타로는 한일합병을 비롯한 대륙침략 정책을 추진했다. 그러나 경제계는 불황에서 벗어나지 못했고, 대역사건大逆事件이 발생하는 등 정치적으로도 어려움에 직면했다. 가쓰라 총리대신은 사이온지 긴모치가 이끄는 입헌정우회와 타협하면서 정책을 추진했다. 가쓰라 내각은 재정난에 허덕이면서도 군사비 지출을 늘렸다. 1910년과 11년의 군사비 지출은 국가 총예산의 34퍼센트에 달했다. 가쓰라 내각은 해군 증강 6개년 계획도 수립했기 때문에 군사비 규모가 더욱 증가했다. 끝내 재정난을 극복할 수 없었던 가쓰라 타로는 사이온지 긴모치에게 정권을 넘기지 않을 수 없었다.

1911년 성립한 제2차 사이온지 내각은 적극정책을 일시 중단했다. 러일전쟁 후의 재정궁핍을 타개하기 위한 정책은 민중이 열망하는 것이기도 했다. 그러나 군벌은 대륙의 불안한 정세에 대처하기 위해서 2

개 사단을 증설해야 한다고 주장했다. 하지만 사이온지 내각은 그 계획의 실현을 유보했다.

그러자, 1912년 12월 육군대신 우에하라 유사쿠上原勇作가 천황에게 직접 사표를 제출하고 후임 육군대신을 추천하지 않았다. 사이온지 내각을 붕괴시키기 위한 오만한 책략이었다. 육군의 오만함은 민중을 분노하게 했다. 벌족 타파·책임 내각의 실현을 요구하는 헌정옹호운동이 일어났다. 육군은 목적을 달성하지 못했다. 12월 21일에 가쓰라 타로가 총리대신이 되었다. 하지만 제3차 가쓰라 내각은 다이쇼 정변大正政變으로 53일 만에 붕괴되었다.

「Point 강의」 – 민중이 정치를 움직이기 시작하다

사이온지 내각을 붕괴시키고 데라우치 마사타케寺内正毅를 옹립하려고 했던 육군은 헌정옹호운동이 순식간에 확산되자 그 계획을 포기했다. 결국 가쓰라 타로가 제3차 가쓰라 내각을 조직했다. 그러나 가쓰라 타로는 총리대신에 취임하면서 천황의 칙명을 이용했고, 유임을 꺼리는 사이토 마코토斉藤実 해군대신에게도 칙명을 내려서 유임시켰다. 그것은 위헌의 소지가 있었다. 민중은 매우 격앙했다. 1912년 12월 도쿄에서 헌정옹호회가 결성되었다. 헌정옹호회는 헌정옹호·벌족타파의 슬로건을 내걸고 전국적인 운동을 전개했다. 입헌국민당의 이누카이 쓰요시犬養毅와 입헌정우회의 오자키 유키오尾崎行雄가 운동을 이끌었다. 정세를 관망하던 입헌정우회 간부들도 호헌운동에 참가했다. 가쓰라 타로 총리대신은 스스로 입헌동지회를 조직하겠다는 방침을 발표하고, 의회를 해산시켜 호헌운동에 대항하려고 했다. 그러자 의회가 재개되는 날인 1913년 2월 10일 민중이 의회를 포위해 폭동을 일으켰다. 이 사건을 계기로 가쓰라 내각은 53일 만에 총사직하고 말았다. 이 사건을 다이쇼정변이라고 한다. 다이쇼정변은 일본 역사상 민중운동으로 내각을 붕괴시킨 첫 번째 사건이었다.

제43강

제1차 세계대전과 일본제국

1. 대전의 발발과 일본의 참전

제1차 세계대전이 일어났을 때, 일본에서는 제2차 오쿠마 시게노부大隈重信 내각이 집권하고 있었다. 독일은 전통적으로 우호관계를 맺고 있는 일본의 움직임을 주시했다. 당시 베를린에서는 일본이 러시아의 배후를 침략한다는 소문이 돌았다. 그러나 1914년 8월 8일 일본의 가토 다카아키加藤高明 외무대신은 "일본은 일영동맹조약에 따라 중립을 선언하지 않을 것이다."라는 담화를 발표했다. 그러자 일본인을 바라보는 독일인의 시선이 싸늘해졌다. 독일은 일본에 최후통첩을 보냈다.

8월 4일 주일 영국대사는 영국의 식민지 홍콩과 웨이하이웨이威海衛를 일본이 지켜달라고 요청했다. 마침 각의를 개최하던 오쿠마 내각은 하늘이 준 기회라고 환호성을 올렸다. 원로들도 기꺼이 참전에 동의했다. 세계대전은 러일전쟁 후 냉각되었던 영국·미국과의 관계를 호전시킬 수 있는 절호의 기회였다. 여론도 일본의 참전을 지지했다. 신문은 대체로 일영동맹의 의무를 다하고 "동양평화"를 지키기 위해 참전해야 한다는 논조였다.

8월 7일 영국은 중국 연안에서 영국 선박을 공격하는 독일 군함을 감시해 줄 것을 일본에 정식으로 요청했다. 그날 밤 오쿠마 총리대신은 임시각의에서 일본의 참전을 의결했다. 총리대신은 각의 결과를 휴양 중인 다이쇼 천황大正天皇에게 보고하고 결재를 받았다. 8월 8일 밤에 개최된 원로·대신 합동회의에서 참전이 결정되었다. 일본은 중국 산둥 반도에 있는 독일의 이권을 빼앗으려는 계획을 세웠다.

일본의 야망을 간파한 영국은 8월 9일 일본에 의뢰한 모든 내용을 취소한다고 통고했다. 영국은 아시아에서의 권익을 보호하기 위해 일본의 군사력을 이용하려고 했던 것이지 일본이 독일에 대신해 더욱 위험한 세력으로 등장하는 것을 원하지 않았다. 더구나 일본이 태평양 전역에서 무제한으로 활동한다면 오스트레일리아와 뉴질랜드까지 위험해질 수 있다고 판단했다. 중국·미국도 일본의 참전을 원하지 않았다.

하지만 전쟁 상황이 급박해지자, 영국은 점차 일본의 참전을 저지하기보다는 전투지역을 한정하는 쪽으로 생각을 정리했다. 영국이 최종 결정을 내리기도 전인 8월 15일 일본은 독일에 동북아시아에서 물러갈 것, 중국의 조차지를 일본에 양도할 것 등을 내용으로 하는 최후통첩을 보냈다. 회답 기한이 끝난 8월 23일 일본은 독일에 선전을 포고했다.

> 「Point 강의」 - 제1차 세계대전 발발
>
> 19세기 말이 되면서 제국주의 열강은 이해를 같이 하는 국가끼리 동맹을 맺거나 협정을 맺어 세력 균형을 유지했다. 러일전쟁 후에는 독일·오스트리아·이탈리아가 삼국동맹을 맺었다. 이에 대응해 러시아·프랑스는 러불동맹을 맺었다. 영국은 세계 정책을 추진하던 독일에 대항하기 위해 프랑스·러시아와 협정을 맺었다. 그래서 삼국협정이 성립되었다. 독일은 범게르만주의를 내세우며 민족문제가 복잡하게 얽혀있는 발칸 반도에 진출하려고 했다. 이에 대항해 러시아는 범슬라브주의를 앞세우고 남하정책을 추진하려고 했다. 이러한 국제정세 아래 1914년 6월 28일에 오스트리아 태자가 보스니아의 수도 사라예보에서 세르비아인 청년에게 암살당했다. 이 사건이 실마리가 되어 제1차 세계대전이 일어났다. 1914년 7월 28일 오스트리아와 세르비아가 전쟁에 돌입했다. 그것을 신호로 러시아·프랑스·독일이 각각 총동원령을 내렸다. 같은 해 8월 1일 독일은 오스트리아를 지원하는 러시아, 다음 날에는 프랑스에 선전을 포고했다. 4일에는 영국이 독일에 선전을 포고했다. 서양은 순식간에 전쟁의 소용돌이에 휩싸이게 되었다.

2. 일본의 산둥반도 침략과 독일령 남양제도 점령

개전 당시 칭다오青島에는 5,000명이 넘는 독일 병력이 집결해 있었다. 일본은 제18사단을 주력으로 하는 부대를 동원했다. 육군이 약 5

만 명, 해군이 4척의 전함과 다수의 순양함을 투입했다. 일본군은 영국군과 함께 쟈오저우만膠州灣을 공격했다. 중국이 중립을 선언했지만 일본군은 군사행동 지역을 확대해 1914년 9월 2일에 산둥 반도에 상륙했고, 11월 7일에 칭다오를 점령했다.

승리한 일본군은 11월 10일 칭다오에 입성해 군정을 실시했다. 우선 시가지의 명칭을 마이쓰루초舞鶴町, 오무라초大村町, 시즈오카초静岡町 등으로 바꾸었다. 산의 이름이나 지명도 일본식으로 바꾸었다. 군정의 목적은 일본의 지배를 정착시켜서 일본 자본주의가 진출할 수 있는 기반을 구축하는 것이었다.

남태평양에 진출한 일본 함대는 독일의 주력 함대를 수색해 격멸하는 작전을 전개했다. 일본 해군은 9월 29일에 마셜 제도Marshall Islands의 일부를 점령하는 것을 시작으로, 10월 5일 쿠사이 섬Kusaie Island, 이어서 본페이 섬Pohnpei Island, 11일에는 트럭 섬Truk Island, 사이판 섬Saipan island 등을 점령했다. 일본 해군은 10월 14일까지 칼로린 제도Caroline Islands, 마리아나 제도Mariana Islands의 주요 섬들을 점령했다. 이리하여 일본은 남서 해양으로 진출할 수 있는 거점을 확보했다.

육군이 중국에서 독일의 조차지를 점령하고, 해군이 남태평양에서 성공적으로 작전을 수행하고 귀환했을 때, 일본 정부는 전쟁이 사실상 끝났다고 보았다. 더 이상 세계대전에 개입할 뜻이 전혀 없었다. 그러나 제1차 세계대전이 예상보다 장기화되었다. 독일의 잠수함과 무장한 상선의 통상파괴 행위는 연합국에 고통을 안겨주었고, 급기야 미국도 전쟁에 참가하게 되었다. 1917년 정월 영국은 일본에 연합국 선박을 호위하기 위한 함대를 지중해에 파견해 달라고 요청했다. 일본 해군은 지중해에 특무함대를 파견했다. 지중해에 파견된 일본 함대는 영국과 협동작전을 전개하면서 연합국 군함과 수송선을 호위하는 임무를 수행했다.

「Point 강의」 - 일본의 참전 목적

일본이 연합국의 일원으로 전쟁에 참가하기는 했지만, 일본은 연합국의 승리에는 관심이 없었다. 일본의 참전 목적은 우선 독일이 중국에서 조차한 지역과 산둥 반도에서 독일이 누리던 이권을 빼앗는 것이었다. 중국의 산둥 반도의 쟈오저우만 조차지의 중심에는 칭다오가 있었다. 인구 5만5,000명으로 광대한 화북 지방을 배후지로 하는 칭다오는 상하이와 텐진에 이어서 중국에서 세 번째로 큰 무역항이었다. 남태평양 지역에 산재한 독일령 섬을 빼앗는 것도 중요했다. 남태평양 제도는 1899년 전후에 독일이 영토로 편입한 섬들이었다. 남태평양 제도는 이미 타이완을 식민지로 삼은 일본이 경제적 '남진南進'과 군사적 '남진'을 가능하게 하는 영토였다. 일본의 군사행동은 단지 아시아에서 독일 세력을 몰아내고 일본이 그 자리를 차지하는 것이 아니었다. 그것을 발판으로 대제국을 건설한다는 원대한 계획을 세우고 있었다.

3. 전쟁특수 경기

세계 각국으로 일본상품이 수출되면서 조선업과 해운업이 발전했다. 일본우선日本郵船은 제1차 세계대전 중에 파나마를 경유해 세계를 일주하는 항로를 비롯한 13개 원양항로를 개척하고, 오사카와 아오시마靑島를 왕래하는 근해항로를 열었다. 오사카상선大阪商船은 요코하마橫浜에서 영국의 런던을 왕래하는 원양항로를 개척했다.

경공업 부문의 발전이 두드러졌다. 특히 방적업과 제사업이 약진했다. 대전 중에 10인 이상 직공이 일하는 공장 노동자수가 100만 명을 넘었다. 노동자는 1914년에서 1919년까지 1.6배 증가했다. 작업량이 늘어나면서 생산량도 2배 이상 증가했다. 방적기는 1913년에 2백42만 추였으나 1918년에는 3백22만 추로 증가했다. 생사의 미국 수출도 증가했다. 1919년 미국에서 수입하는 생사의 96퍼센트가 일본산이었다.

철강업이 비약적으로 발전했다. 중화학공업의 상징이던 야하타제철소八幡製鉄所가 세계대전 중에 크게 확장되었다. 1913년에 440만 엔의 이윤을 냈으나 1918년에는 5,800만 엔의 이윤을 냈다. 야하타제철소의 자본과 기술은 민간 제철소의 발전에 큰 영향을 미쳤다. 제1차 세계대전 전에 22개였던 민간 제철소가 1918년에는 209개로 급증했다. 그중에서 32개 회사가 5,000톤 이상을 생산했다. 1914년에 약 13만 톤이던 일본의 철 생산량은 1917년에 약 60만 톤에 달했다.

제철업의 성장은 조선업의 발달을 촉진했다. 1913년에 100톤 이상 선박을 건조할 수 있는 조선소는 5개소에 불과했지만, 1918년에는 그런 능력을 갖춘 조선소가 41개소로 급증했다. 조선업이 호황을 누리자 미쓰비시합자三菱合資에서 미쓰비시조선三菱造船이 분리되어 주식회사를 설립했다. 재벌이 조선업에 진출하면서 1913년에 5만 톤에 지나지 않았던 일본의 선박 건조량이 1917년에는 73만 톤으로 급증했다. 일본의 선박 건조량은 미국과 영국에 이어서 세계 3위로 부상했다.

제1차 세계대전은 불모지나 다름없었던 일본의 화학공업이 비약적으로 발전할 수 있는 계기가 되었다. 독일에서 수입이 단절되면서 국내 산업이 독립했다. 일본질소日本窒素는 미나마타공장水俣工場을 설립하고 암모니아를 대량 생산했다. 호도가야소다保谷曹達가 전해법으로 소다를 생산했다. 전량 독일에서 수입하던 합성염료도 일본에서 생산되기 시작했다. 1616년에 일본염료제조회사가 설립되어 각종 고급염료 생산을 개시했다.

공업화의 진전과 아울러 전력사업도 발달했다. 히타치제작소日立製作所가 1만 마력의 발전기 제작에 성공한 것을 비롯해 전력업 · 전기화학공업에 필요한 대용량 기기가 국산화되었다. 각종 전기기기 대부분이 국산화되었다. 1914년에 110만 킬로와트였던 전력생산량이 1919년에는 918만 킬로와트로 증가했다. 세계대전 중에는 전력이 증기력을 앞질렀다.

「Point 강의」 – 통계로 살펴본 전쟁특수 경기

제1차 세계대전이 일어나자 일본의 수출은 호황을 누리기 시작했다. 모든 산업생산이 급속하게 증가했다. 미국의 호황도 수출이 증가하는 요인이 되었다. 전쟁 중인 국가로 수출하는 품목이 증가했다. 특히 아시아 시장은 일본이 독점했다. 일본 상품이 중국은 물론 인도네시아, 인도 등 동남아시아 각국으로 수출되었다. 연합국인 러시아, 영국, 미국 등에서 주문하는 군수물자의 생산도 급증했다. 미쓰이물산三井物産의 거래액과 이윤의 변천을 통해 그 실상을 살펴보면 다음과 같다. 세계대전이 일어난 해인 1914년의 거래액은 약 4억5,000만 엔이었고, 이윤은 약 400만 엔이었다. 그런데 3년 후인 1917년에는 거래액이 약 11억 엔, 1918년에는 16억 엔, 1919에는 약 21억 엔으로 증가했다. 이윤도 1917년에 3,200만 엔, 1918년에 3,600만 엔으로 증가했다. 1919년부터는 이윤이 감소했으나 전쟁 전에 비하면 막대한 금액이었다. 제1차 세계대전 전까지 수입초과국이던 일본이 전쟁특수 경기의 영향으로 수출초과국으로 전환되었다. 1913년에 일본의 수출은 약 6억3,000만 엔, 수입은 약 7억3,000만 엔이었다. 세계대전이 끝난 1918년에는 수출이 약 19억6,000만 엔, 수입이 약 16억7,000만 엔이었다. 무역외 수입도 급증했다. 다량의 금이 일본으로 유입되었다. 1914년에 11억 엔의 채무국이었던 일본이 1920년에는 27억7,000만 엔의 채권국이 되었다. 일본은 영국·프랑스·러시아·중국에 차관을 제공하는 경제 선진국이 되었다.

제44강

정당정치의 발달

1. 쌀소동

제1차 세계대전 중에 일본경제가 크게 발전하면서 물가가 상승했다. 노동자 가계지출의 약 40퍼센트를 차지하는 쌀값이 가장 많이 상승했다. 쌀값은 1917년의 흉년으로 급등했다. 1917년 정월에는 한 가마니 당 14엔 40전이었던 쌀값은 같은 해 12월에는 22엔 74전으로 급등했고, 다음 해인 1918년 7월에는 31엔 29전까지 등귀했다. 8월 2일에 정부가 시베리아 출병을 선언하자 쌀값이 41엔 6전으로 급등했다.

8월 3일 도야마현富山縣 나카니이카와군中新川郡에서 어부의 아내들 약 200명이 미곡상과 자산가를 습격했고, 쌀값 인하를 요구하며 경관과 충돌했다. 이 사건이 발단이 되어 도야마현 각지에서 쌀값 인하를 요구하는 소동이 일어났고, 전국 각지에서도 소동이 발생했다.

교토에서는 부락민 수천 명이 쌀값 인하를 요구하며 폭동을 일으켰다. 다음 날에는 소동이 전시가지로 확대되었고, 대소동은 4일간이나 지속되었다. 소동은 나고야名古屋・오사카大阪・고베神戸・도쿄 등 전국의 대도시로 확산되었다. 도시는 무법천지가 되었다. 군대가 출동해서 진압하지 않으면 안 되었다. 17일 이후에는 소동이 지방 중소도시와 농촌으로 파급되었다. 지방에서도 성난 군중이 미곡상은 물론 부유한 상인의 상점을 파괴하거나 방화했다.

9월 중순까지 계속된 폭동은 전국의 38개 시, 153개 초町, 177개 무라村에서 발생했다. 이 소동에 참가한 자는 전 인구의 4분의 1에 달했다. 정부는 경찰만으로는 소동을 진압할 수 없어서 군대를 투입했다. 소동 중에 검거되어 투옥된 자는 8천명이 넘었다. 소동에 참가한 자들의 대부분이 도시의 빈민층이었다. 특히 에도 시대에 천민으로 차별받았던 부락민部落民이 많았다.

「Point 강의」 - 일본의 시베리아 출병

연합국은 1918년 시베리아에 억류되어 있었던 체코군 포로를 구출한다는 구실로 시베리아에 군대를 파견했다. 일본도 군대를 연해주와 북만주에 파견했다. 영국・프랑스가 5,000명, 미국이 7,000명의 군대를 파견했다. 일본은 1만 2,000명의 군대를 시베리아에 진주시켰다. 일본은 계속해서 군대를 파병해 최대 7만5,000명에 이르렀다. 연합군은 시베리아에 출병해서 반혁명정부를 수립하려고 획책했다. 그러나 소비에트 정부군의 끈질긴 반격으로 실패하고 말았다. 미국을 비롯한 열강은 체코군 포로가 구출되자, 파병의 목적이 달성되었다고 판단했다. 연합군은 1919년부터 다음 해 6월까지 단계적으로 철군했다. 하지만 일본은 거류민을 보호한다는 구실로 1922년까지 계속 주둔했다. 조선과 만주의 배후를 확보하기 위해서였다. 그러나 시베리아에 출병한 일본군은 러시아 민중이 조직한 유격대, 즉 빨치산의 활동으로 큰 피해를 입었다. 일본 영사관원과 일본인 거류민이 빨치산에게 목숨을 잃었다. 소비에트 혁명군의 반격으로 일본의 시베리아 침략 목적도 달성되지 못했다. 더구나 연합국이 일본의 독주를 견제하기 시작했다. 국내 여론도 철군 쪽으로 기울었다. 1922년 6월 12일 일본은 철군을 결정하고 10월 15일까지 철군을 완료했다. 일본은 시베리아 출병으로 10억 엔의 비용과 3,000여 명의 병사를 희생시켰다.

2. 하라 내각 성립

쌀소동을 계기로 민본주의자들이 정부를 공격하기 시작했다. 정당에 대해 거부감을 갖고 있었던 원로들도 민의를 무시할 수 없음을 자각했다. 특히 야마가타 아리토모山縣有朋는 1917년 4월의 총선거에서 제1당이 된 입헌정우회가 반정부의 기치를 내걸고 민중을 선동하면 정치 위기가 도래할 것이라고 생각했다. 그래서 입헌정우회 총재인 하라 다카시原敬를 총리대신으로 추대하는 데 동의했다.

1918년 9월 일본 역사상 처음으로 중의원 의원이 수반이 된 하라 내각이 성립되었다. 하라 다카시는 육군대신·해군대신·외무대신 이외의 각료는 모두 입헌정우회 의원으로 임명했다. 일본 최초의 본격적인 정당내각이 성립된 것이다. 정국의 일신을 희망했던 민중은 '평민재상'이 이끄는 정당내각의 탄생을 환호했다.

하지만, 하라 내각은 데라우치 마사타케 내각의 적극정책을 계승했다. 군비 확대도 데라우치 내각을 상회하는 규모로 추진했다. 1920년 7월에는 가상 적국인 미국의 해군 군비확대에 대항해 전함 8척, 순양함 8척을 1927년까지 완성한다는 소위 88함대안이 결정되었다. 1920년에는 군사비가 일반회계에서 점하는 비율이 48퍼센트, 1921년에는 49퍼센트에 달했다. 시베리아 출병도 강행했다.

동시에 지방 명망가에게 이익이 돌아가는 정책을 추진했다. 전신전화 사업의 확대, 도로의 신설·개축, 항만의 수축, 하천의 정비 등의 사업도 추진했다. 방대한 철도부설계획도 입안했다. 1921년에 제출된 철도부설법개정안은 149선線·6,349마일의 노선을 부설한다는 계획도 포함하고 있었다. 하라 내각이 1921년에 발행한 국채가 40억8,000만 엔에 달했다. 거대한 재정지출을 동반하는 정책은 1920년에 공황이 발생하면서 곤란한 상황에 직면했다.

민중은 하라 다카시가 평민의 권익을 보호할 것으로 기대했었다. 그러나 하라 다카시는 내심 민중의 역량을 과소평가했다. 평민이 요구하는 보통선거를 거부했다. 하라 다카시는 일부 지식인들이 민중을 선동해서 사회운동이 확산되었다고 믿었다. 결코 민중의 사회적·정치적 요구가 반영된 것이라고 생각하지 않았다. 그래서 지식인에 대한 사상탄압을 강화했다. 그러자 하라 다카시에 대한 민중의 분노가 일시에 폭발했다. 1921년 11월 하라 다카시는 도쿄역 앞에서 철도원에게 암살되었다.

「Point 강의」 - 하라 다카시를 위한 변명

일본 민중은 최초의 평민재상이 민중을 위한 정책을 추진해 줄 것이라고 믿었다. 그러나 하라는 오히려 민중의 부담을 늘렸다. 오히려 자본가에게 유리한 정책을 추진했다. 또 보통선거가 시기상조라고 했고, 민중의 자유를 억압하는 정책을 추진했다. 그러자 민중이 분노했다. 그런데 하라 다카시는 정말 민중을 배반했나? 하라 다카시는 해군대신인 가토 도모사부로加藤友三郎가 워싱턴 회의에 출석했을 때 하라 자신이 문관으로서는 처음으로 해군대신을 겸해 업무를 관장했다. 1919년 8월 조선·타이완 총독부 관제를 개정했다. 총독무관 규정을 철폐하고, 총독이 보유하고 있던 병권도 해제했다. 조선에서 헌병경찰제도도 폐지했다. 비록 제한적이기는 했지만 언론·출판·집회의 자유가 용인되었다. 하라 다카시는 귀족원과 군부의 세력을 약화시켰고, 보통선거 운동에 대해서는 선거권의 일부를 확대하는 것으로 호응했다. 그때까지 10엔 이상 납세자에게 주어졌던 선거권을 3엔 이상 납세자에게 부여했다. 선거권자가 대폭 증가했다. 여기에서 잠시 생각해 보자. 만약에 하라 다카시가 처음부터 기득권 세력에 맞섰다면 그 결과는 어떠했을까? 그나마도 민중의 권리를 확보하지 못했을지도 모른다. 그는 정당의 역량을 배경으로 하면서도, 민중 세력의 성장에 위기감을 갖고 있던 번벌관료 세력과 타협하면서 점진적으로 정당의 세력을 확대하려고 생각했을 수도 있다.

3. 제2차 호헌운동

하라 다카시 총리대신이 암살된 후, 다카하시 고레키요高橋是淸가 후계자로 추천되었다. 1921년 11월 다카하시 고레키요는 입헌정우회 총재가 되어 내각을 구성했다. 그러나 다카하시는 하라 다카시와 같은 지도력을 발휘하지 못했다. 내무대신·문부대신·철도대신 등 당의 간부들과 대립했다. 1922년 5월 다카하시 내각이 붕괴되었다.

이어서 가토 도모사부로加藤友三郞가 입헌정우회의 지지를 배경으로 총리대신이 되었다. 그러나 그는 재직 중에 사망했다. 1923년 9월 관동대진재關東大震災가 일어난 다음 날, 야마모토 곤베山本權兵衛 내각이 출범했다. 야마모토 내각은 계엄령과 치안유지령을 발동하고, 기한에 쫓기는 수표나 어음에 대한 지불유예령을 내리는 등 재난극복에 부심했다. 하지만 1923년 12월 도라노몬 사건虎の門事件으로 총사직했다.

1924년 정월 원로인 사이온지 긴모치西園寺公望는 추밀원 의장인 기요우라 게이고淸浦奎吾를 총리대신으로 추천하고, 조각을 귀족원 간부에게 일임했다. 그러자, 육군·해군·외무대신을 제외하고 모든 대신이 귀족원 출신 중에서 선발되었다. 민중은 기요우라 내각을 '귀족내각'이라고 비난했다. 기요우라 내각은 같은 해 5월에 실시할 총선거를 공명선거가 될 수 있도록 노력하겠다고 선언했다. 그러나 기요우라 내각은 정당내각이 성립되는 것을 방해하기 위해 성립된 내각이었다.

의회 내에서 정당 내각을 요구하는 목소리가 비등했다. 비정당 내각이 3대나 계속되었기 때문이었다. 각 정당들은 귀족원 내각의 배격과 정당내각의 실현을 목표로 단결했다. 중의원에서는 입헌정우회·헌정당·혁신클럽의 세 정당이 서로 제휴했다. 입헌정우회 총재인 다카하시 고레키요·헌정회 총재인 가토 다카아키加藤高明·혁신클럽 당수인 이누카이 쓰요시犬養毅 등 소위 호헌3파護憲三派가 '귀족내각' 타도와 보통선거 즉시 실시를 슬로건으로 내걸고 헌정옹호운동을 전개했다.
　제15회 총선에서 호헌3파가 284석을 얻어 압승했다. 여당인 정우본당은 불과 114석을 차지하는데 그쳤다. 6월 10일 제1당인 헌정회 총재 가토 다카아키를 총리대신으로 하는 내각이 성립했다. 육군과 해군대신 이외에는 전각료가 호헌3파의 당원으로 구성되었다. 다카하시 고레키요 입헌정우회 총재는 가토 내각의 농상대신으로 입각했고, 이누카이 쓰요시 혁신클럽 당수는 체신대신으로 입각했다. 이리하여 호헌삼파 내각이 성립되었다. 그 후 1932년 5월에 이누카이 내각이 붕괴하기 전까지, 입헌정우회와 헌정회가 중의원 의석의 다소에 따라서 내각을 조직하는 관행이 정착했다. 정당내각이 8년간 지속되었다.

「Point 강의」 - 민중이 쟁취한 보통선거법

평민재상 하라 다카시는 보통선거가 시기상조라고 생각했지만, 민중은 보통선거 실현을 고대하고 있었다. 호헌3파가 보통선거 즉시 실시를 공약으로 내걸자, 민중은 압도적인 지지를 보냈다. 1925년 호헌3파 내각이 「보통선거법」을 제정했다. 그러나 「보통선거법」은 여성과 식민지인 조선·대만의 주민에게는 적용되지 않는 것이었다. 25세 이상의 일본인 남자에 한해 선거권이 주어졌다. 하지만 남자라도 이동이 심한 계절노동자나 생활이 곤궁한 자, 호주가 아닌 남자, 주소가 불안정한 자는 제외되었다. 제한이 많은 선거법이었던 것이다. 피선거권은 30세 이상의 남자에 주어졌다. 납세 자격은 철폐되었다.

그 결과 유권자 수는 이전의 약 4배인 1,240여만 명으로 증가했다. 하지만 인구비율로 보면 전체인구의 약 20퍼센트에 불과했다. 학생에게도 선거권이 주어졌다. 신관·승려·종교지도자·소학교 교사에게 피선거권이 주어졌다. 그리고 소선거구제를 중선거구제로 변경했다.

제45강

1920년대 후반의 대중국 전략

1. 시데하라의 협조외교

　1920년대 중반 가토 다카아키加藤高明 내각과 와카쓰키 레이지로若槻礼次郎 내각에서 시데하라 기주로幣原喜重郎가 외무대신을 역임했다. 당시 일본은 열강의 견제, 국내의 불황, 중국의 반제국주의 투쟁에 직면해 있었다. 시데하라는 그런 상황을 직시했다. 그는 베르사유조약과 워싱턴조약을 지키면서 미국·영국과 협력관계를 유지하는 데 힘썼다. 시데하라는 중국에 대해서도 무력을 앞세운 내정간섭을 피하고 외교로 일본의 이권을 지켜나가는 정책을 취했다.
　시데하라 외교는 결코 동아시아 평화를 위한 것이 아니었다. 어디까지나 일본의 국익을 지키기 위한 것이었다. 협조외교를 표방하면서도 일본의 국익이 침해된다고 판단하면 거리낌 없이 무력을 행사했다.

1925년 중국에서 제국주의 반대투쟁이 확산되자 시데하라는 군대를 파견해서 무력으로 중국인을 제압했다.

시데하라는 중국 각지에 할거하는 군벌들의 항쟁을 적절히 이용했다. 표면적으로는 중국의 내정에 간섭하지 않는다고 했지만, 실제로는 일본에 우호적인 군벌을 지원하면서 무력행사도 불사한다는 정책을 일관되게 추진했다. 특히 만주·몽고에서 일본의 권익을 지킨다는 입장은 확고했다.

이 무렵 중국의 정치는 변화기를 맞이하고 있었다. 쑨원이 사망한 후, 그 뒤를 이은 장제스蔣介石가 1926년부터 제국주의 열강의 앞잡이 노릇을 하는 화중·화북의 군벌을 타도하기 위해 북벌을 개시했다. 1926년 10월 장제스가 이끄는 국민혁명군이 우한武漢을 점령했다. 1927년 정월 장제스는 우한의 영국 조계지를 강제로 회수했다.

1927년 3월 장제스의 국민혁명군은 노동자의 무장봉기에 호응하면서 상하이와 난징南京을 점령했다. 국민혁명군이 난징을 점령할 때 영국·미국 함대가 난징 시내를 포격해 많은 사상자를 내는 사건이 발생했다. 이때 일본은 영국·미국과 함께 행동하지 않았다. 일본의 국익에 도움이 되지 않는다고 판단했기 때문이다.

한편, 추밀원과 군부는 시데하라의 협조외교에 불만을 품고 있었다. 야당 입헌정우회는 시데하라의 외교가 유약하다고 비난했다. 군부·재벌·정당에 시데하라의 외교에 대한 불만이 팽배해 있었다. 노골적으로 대중국 강경책을 바라는 집단도 있었다. 강경파의 배후에는 중국에 자본을 투자한 재벌이 있었다.

시데하라는 일본의 국력을 냉정하게 인식했다. 하지만 그는 군부와 재벌의 압력을 끝내 외면할 수 없었다. 1927년 4월부터 일본군의 중국 침략이 개시되었다. 중국의 공산주의 운동이 만주·몽고에 파급되기 전에 간섭해야 한다는 육군의 의견이 채택되었던 것이다. 중국에 상륙한 일본군은 영국·미국·프랑스·이탈리아와 함께 난징 사건에 대한 책임자 처벌, 손해배상 등을 중국에 요구했다.

장제스는 일본의 압력에 굴복했다. 장제스는 갑자기 국공합작을 무효화하고 상하이에서 반공쿠데타를 감행했다. 반공선언을 하고 공산당원을 처형했다. 그러자 몸을 사리고 있던 만주의 군벌 장쭤린張作霖도 활동을 재개했다. 일본이 그처럼 바라던 중국 민족의 분열이 현실화되었다.

「Point 강의」 - 1920년대 중반의 중국과 일본자본주의

제1차 세계대전 종료 후, 일본 자본주의가 본격적으로 중국 시장에 진출했다. 면방직·탄광·전력·제철·철도·은행의 투자액이 해마다 증가했다. 중국인의 저임금·장시간 노동을 착취할 수 있는 자본의 대부분이 중국에 투자되었다. 한편, 중국에서는 일본상품 배척운동과 같은 반일투쟁이 전개되었다. 반제국주의 기치를 내건 중국인의 투쟁은 빠른 속도로 확산되었다. 1925년 2월 상하이에서 일본자본에 대항하는 파업투쟁이 일어났다. 일본자본이 경영하는 방적공장에서 일본인 감독이 중국인 여공을 폭행한 사건이 실마리가 되었다. 파업은 일본자본이 경영하는 모든 공장으로 확산되었다. 당시 일본자본은 중국에서 45개 방적공장을 경영하고 있었다. 일본자본이 경영하는 방적공장은 중국 방적업의 50퍼센트 정도를 점유하고 있었고, 그 공장의 50퍼센트 이상이 상하이에 집중되어 있었다. 상하이에서 발생한 파업투쟁은 제국주의 반대투쟁으로 발전하면서 중국 전역으로 확산되었다.

2. 강경외교와 장쭤린 폭살사건

1920년대 말 일본경제는 매우 심각한 상황에 직면해 있었다. 다나카 기이치田中義一 내각은 경제위기를 타개하기 위해서 외교정책의 전환을 모색했다. 1927년 6월 일본은 중국 각지의 일본 외교관, 육·해군 대표, 만철 수뇌를 도쿄로 불러들여 동방회의東方會議를 열었다. 동방회의에서 만주·몽고를 중국에서 분리하는 정책이 채택되었다. 그 목적을 달성하기 위해서라면 언제라도 군대를 파견한다는 방침을 확정했다.

4월 17일 육군대신은 각의에서 산둥성 출병을 주장했다. 각의는 육군대신의 의견을 받아들여 산둥성에 5,000명의 군대를 파견하기로 결정했다. 4월 25일 일본군 제6사단이 지난濟南으로 진격했다. 이것을 제2차 산둥 출병이라고 한다. 한편, 5월 1일 지난으로 진입한 국민혁명군은 아편을 밀매하던 일본인 거류민 13명을 처형했다. 일본군은 중국군이 일본인을 300명 이상 학살했다고 참모본부에 보고했다. 육군성은 이 '사실'을 언론에 발표해 국민을 선동했다. 5월 8일 일본은 1개 사단을 증파하기로 결정했다.

일본은 동방회의에서 정해진 방침에 따라 장쭤린張作霖과 교섭했다. 일본은 장쭤린을 국민혁명군의 공격으로부터 지켜주는 대신에 만주·몽고에서 일본의 권익을 확대해 줄 것을 요구했다. 장쭤린은 일본의 제안을 거부했다. 오히려 국민당과 타협하고 미국·영국에 접근하는 태도를 취했다. 그러자 일본은 장제스와 장쭤린을 이간하고 만주를 직접 지배하려는 계획을 추진했다.

1928년 6월 4일 새벽 5시 베이징北京에서 철수하는 장쭤린의 특별열차가 평톈奉天 부근에서 폭파되었다. 철교에 설치된 200킬로그램의 화약이 일시에 폭발하면서 특별열차가 산산조각이 났다. 치명상을 입은 장쭤린은 곧 사망했다. 이 작전을 지휘한 자는 관동군 고급참모 고모토 다이사쿠河本大作 대좌였다.

관동군은 사전에 계획한대로 범인은 국민혁명군의 스파이라는 성명을 발표했다. 그러나 이미 중국인들 사이에 열차 폭발사건은 일본의 음모라는 소문이 돌았다. 장쭤린의 장남 장쉐량張學良은 장쭤린의 사망사실을 숨기고 중상이라고 발표했다. 그래서 관동군의 책략에 놀아나지 않고 중일 양군의 충돌을 슬기롭게 피했다. 그리고 장쉐량은 국민당 세력을 만주 깊숙이 침투하도록 도왔다. 1928년 12월 29일 오전 7시를 기해 만주 전역에 국민당의 청천백일기가 게양되었다. 관동군의 장쭤린 폭살은 중국인들을 단결시켰고, 국민혁명군이 크게 승리하도록 하는 계기가 되었다.

난처해진 다나카 총리대신은 장쭤린 폭살 사건의 책임자를 처벌하려고 했다. 그러자 육군이 크게 반발했다. 특히 참모본부 작전부장은 여당 의원들을 상대로 사건 진상의 공표를 저지하는 공작을 벌였다. 군부의 공작으로 체신대신·철도대신·농림대신이 사건의 공표에 반대했다. 1929년 6월 28일 다나카 총리대신은 주모자 고모토 대좌를 정직시키고, 관동군사령관을 대기시키고, 관동군 참모장과 독립수비대장은 근신 처분하는 것으로 사건을 마무리했다. 1929년 7월 2일 다나카 기이치 내각은 사건의 책임을 지고 총사직했다.

「Point 강의」 −1920년대 후반의 중국과 일본의 만주·몽고 분리계획

1920년대 후반 다나카 내각은 군부와 협력하면서 중국 침략을 염두에 둔 강경외교노선을 채택했다. 그러나 표면적으로는 제네바회의와 파리부전조약에 참가하면서 협조외교를 유지하는 모양을 취했다. 다나카 총리대신은 외무대신을 겸임하고 있었지만 실질적으로 외무성을 움직이고 있던 인물은 모리쓰토무森恪 정무차관이었다. 당시 중국에서는 장제스의 국민혁명군이 만주의 군벌 장쭤린 세력을 압도하고 있었다. 장쭤린은 만주를 손에 넣은 후 베이징으로 진출해 대원수를 칭했지만, 장제스의 북벌군에 밀려 펑톈으로 물러나는 것을 고려하지 않으면 안 되는 상황이었다. 다나카 총리대신은 중국이 장제스의 지배 아래 들어가는 것이 시간문제라고 보았다. 그래서 중국에서 만주를 분리해서 일본의 세력 아래 두는 계획을 서둘러 실행했다. 일본은 러일전쟁 당시 처형될 위기에 몰린 장쭤린의 생명을 구해준 적이 있었다. 다나카 총리대신은 장쭤린을 일본의 앞잡이로 이용할 수 있다고 믿었다. 1927년 6월 27일 다나카 내각은 동방회의를 열었다. 다나카 총리대신 겸 외무대신은 회의 첫날 인사만 하고 자리를 떴다. 7월 7일 폐회 때까지 회의를 주관한 것은 정무차관 모리 쓰토무였다. 가장 중요한 의제는 중국에서 만주·몽고를 분리하는 방안이었다. 모리 정무차관과 관동군이 만주·몽고 분리를 강력하게 주장했으나 외무성 주류는 이것에 반대했다. 외무성은 중국에 대한 9개조조약을 중시했다. 하지만 동방회의에서 만주·몽고를 중국에서 분리하는 정책이 채택되었다. 그 목적을 실행하기 위해 외교정책과 경제정책을 기본으로 하는 '내과적 방법'과 무력을 사용하는 '외과적 방법'을 동시에 사용한다는 방침이 확정되었다.

3. 위기에 직면한 협조외교

1929년 7월 2일 입헌민정당 총재 하마구치 오사치浜口雄幸가 다나카 기이치의 뒤를 이어서 총리대신이 되었다. 하마구치 총리대신은 이미 협조외교를 추진한 적이 있는 시데하라 기주로를 외무대신으로 기용하고, 일본은행 총재 이노우에 준노스케井上準之助를 오쿠라대신에 임명했다. 시데하라를 외무대신으로 기용한 것은 협조외교를 부활시킨다는 뜻이었다.

1930년 정월 런던에서 해군군축회의가 개최되었다. 이 회의는 제네바회담에서 실패한 보조함의 제한을 목적으로 하는 것이었다. 런던 해군군축회의에서 보조함을 미국의 70퍼센트로 하겠다는 일본과 60퍼센트로 하라고 요구하는 미국·영국이 격론을 벌였다. 이윽고 일본 협상단은 대형순양함 60.23퍼센트, 잠수함 100퍼센트, 경순양함 및 구축함 70.15퍼센트 등으로 하는 타협안을 마련했다. 3월 14일 일본 협상단은 정부에 훈령을 품신했다.

일본 협상단이 마련한 타협안을 놓고 해군성과 군령부가 대책을 협의했다. 해군성은 타협안에 대체적으로 찬성하는 분위기였다. 그러나 군령부는 70퍼센트로 해야 한다고 주장하며 반발했다. 그러나 하마구치 총리대신은 협상단이 마련한 타협안을 승인하기로 결심했다.

1930년 4월 22일 3개국이 런던군축조약에 서명했다. 워싱턴조약에서 정한 주력함 건조 정지 기간을 1936년까지 5년 연장하고, 보유 톤수 비율을 미국·영국이 15, 일본이 9로 개정했다. 일본은 미국·영국에 대해 대형 순양함 60퍼센트, 경순양함·구축함 70퍼센트, 잠수함은 동률로 하는 타협안이 성립되었다.

하마구치 총리대신은 조약이 국제평화와 친선에 공헌하는 정신적인 효과가 매우 클 것이라고 자찬했다. 시데하라 외무대신은 런던 군축회의의 성공은 "평화 및 협력정신의 승리"라고 말했다. 여론도 하마구치 내각의 군축정책에 호의적이었다. 그러나 조약의 결과에 대한 대중국 강경파의 비난과 공격이 잇달았다. 우익단체와 정우회가 맹렬하게 반대했다. 특히 강경파의 아성이라고 할 수 있는 해군·추밀원은 정부가 군부의 반대를 무시하고 조약을 맺은 것은 천황의 통수권을 침범하는 일이라고 공격했다.

통수권은 대일본제국 헌법 제11조에 "천황은 육해군을 통수한다."라고 규정한 것을 말한다. 넓게 해석하면 제12조 "천황은 육해군의 편제 및 상비병액을 정한다."고 규정한 부분까지 통수권에 포함시키는 경우도 있었다. "편제 및 상비병액"은 제국의회에서 심의해 성립되는 예산과 불가분한 관계가 있었다. 하마구치 내각이 국방병력량 결정은 내각의 보필사항이라고 해석했던 것은 지극히 타당한 것이었다.

그런데도 해군은 화력의 결정도 통수권의 범위 내에 있는 것이라고 확대 해석해 정부를 공격했다. 국가주의단체와 야당 정우회도 해군의 입장에 동조했다. 반대파들은 내각이 해군 군령부의 주장을 억압했다고 비판했다. 하지만 하마구치 내각은 강경파의 반대를 무릅쓰고 조약의 비준에 성공했다. 그것은 정당과 자본가가 결합한 세력이 군부의 의견을 누른 결과였다.

런던 해군군축조약을 계기로 군부의 별동대라고 할 수 있는 우익단체 세력이 급속하게 대두했다. 일본의 우익은 중국에 대한 침략을 열렬하게 주장하는 국가주의 단체로 성장했다. 우익단체들에 의한 파쇼적 행동도 격화되었다. 1930년 11월 하마구치 총리대신이 우익 청년에게 저격당하는 사건이 발생했다. 협조외교가 위기를 맞이했다.

「Point 강의」 – 런던 해군군축조약 조인 과정

1929년 10월 7일 영국이 미국·프랑스·이탈리아·일본을 1930년 1월에 런던으로 초빙해 해군군축회의를 개최하고 싶다고 제안했다. 1929년 10월 16일 일본은 군축회의에 참가하겠다는 뜻을 밝혔다. 총리대신을 역임한 와카쓰키 레이지로若槻礼次郎가 런던 군축회의 수석대표로 임명되었다. 11월 26일 일본 각의에서 보조함은 미국의 70퍼센트로 한다는 방침이 결정되었다. 런던회의에서 보조함을 미국의 70퍼센트로 하겠다는 일본과 더 줄이라는 미국·영국이 대립했다. 이윽고 일본 협상단은 대형순양함 60.23퍼센트, 잠수함 100퍼센트, 경순양함 및 구축함 70.15퍼센트 등으로 하는 타협안을 마련했다. 전체적으로 미국의 69.75퍼센트의 비율이었다. 일본 협상단이 마련한 타협안을 놓고 해군성과 군령부가 대책을 협의했다. 해군성은 타협안에 대체적으로 찬성하는 분위기였다. 그러나 군령부는 70퍼센트로 해야 한다고 주장했다. 군령부장은 겨우 10퍼센트 문제로 협상이 결렬된다면 세계는 일본을 동정할 것이고, 나아가 영국과 일본이 친밀하게 될 것이라고 예견했다. 군령부장은 영국과 미국의 특수한 관계를 전혀 인식하지 못했고, 만약 일본이 미국과 전쟁을 할 경우 영국도 적대해야 한다는 냉엄한 현실을 무시했다. 하마구치 총리대신은 런던 군축회의를 결렬의 위험에 빠뜨릴 수 없다고 생각했다. 원로 사이온지 긴모치西園寺公望도 하마구치 총리대신의 입장을 지지했다.

제46강

일본의 우경화와 군부의 대두

1. 우익세력과 청년장교의 동향

1930년이 되자, 세계공황의 여파가 일본을 덮쳤다. 일본 경제는 불황의 늪에 빠졌다. 특히 농촌 경제는 파산 상태였다. 육군의 젊은 장교는 농촌 출신 병사와 접촉하면서 불황에 시달리는 농촌의 비참한 현실을 알게 되었다. 그런데 정치인과 재벌은 민중의 사정을 아랑곳하지 않고 부정부패를 일삼고 있다는 사실에 분개했다. 젊은 장교들은 무력에 의한 국가개조를 심각하게 고민했다. 그들은 우익과 손을 잡고 비상수단으로 난국을 타개하려고 했다.

1930년 육군의 중견 간부는 사쿠라회桜会를 조직해 국가개조를 의논했다. 1931년 3월 사쿠라회 간부, 육군성 군무국장, 참모본부 제1부장, 우익 성향의 민간인, 사회민주당 당원 등이 모여서 쿠데타를 모의했다.

민간인과 사회민주당 당원이 민중을 동원해 의회를 포위하면 혼란을 틈타 육군 간부들이 계엄령을 선포하고 군대를 의회에 난입시킨다는 계획이었다. 쿠데타가 성공하면 육군대신 우가키 가즈시게宇垣一成를 수반으로 하는 군부 내각을 수립하는 것이 목적이었다. 그러나 쿠데타는 우가키의 변심으로 미수에 그쳤다. 이것이 3월사건이었다.

1931년 10월 사쿠라회 장교들과 우익 민간인들이 협심해서 만주사변에 호응하는 형태로 쿠데타를 결행하기로 모의했다. 10월 24일 오전 3시에 병력을 동원해 정부기관을 장악하고, 각 대신, 정부 수뇌, 몇몇 실업가, 원로, 내대신 등을 일시에 살해하고, 아라키 사다오荒木貞夫 중장을 수반으로 하는 군부 내각을 수립하는 계획을 수립했다. 10월 사건 정보가 사전에 유출되었다. 하지만 미나미 지로南次郎 육군대신은 쿠데타 가담자들을 체포하지 않고 관대하게 처분했다.

1932년 2월에는 오쿠라대신大蔵大臣을 역임한 이노우에 준노스케井上準之助, 3월에는 미쓰이 합명회사 이사장 단 다쿠마団琢磨가 극우단체인 혈맹단血盟團의 조직원에게 암살되었다. 소위 혈맹단 사건이었다. 혈맹단원에는 농촌 청년, 소학교 교사, 학생 등도 포함되었다. 그들의 암살 예정자 명부에는 이노우에 준노스케와 단 다쿠마 이외에도 많은 정치가와 재계 인사들의 이름이 올라 있었다.

1932년 5월 15일 해군의 청년장교와 민간 우익이 총리대신 관저를 습격해 이누카이 쓰요시犬養毅 총리대신을 사살하는 사건이 일어났다. 5·15 사건이었다. 이 사건을 주도한 해군 장교들은 부패된 지배층을 타도해 국민의 각성을 촉구하려고 했다고 진술했다.

5·15사건으로 이누카이 내각이 붕괴되었다. 이때 군부는 정당 내각의 존속을 강력하게 반대했다. 그러자 원로 사이온지 긴모치西園寺公望는 차기 총리대신으로 해군대장 출신 사이토 마코토斉藤実를 추천했다. 사이토 마코토는 군부관료·정당·귀족원 등 각계에서 관료를 선

발해 소위 거국일치내각을 조직했다.

　거국일치 내각의 조직으로 8년간 지속되었던 정당 내각이 종언을 고했다. 재벌은 우익들의 눈치를 살피며 사회사업에 기여하는 제스처를 취하지 않을 수 없었다. 정부는 농촌 구제 정책을 실시했다. 1932년 7월에는 사회민중당과 전국노농대중당이 통합해 사회대중당社會大衆黨을 결성하고 군부에 동조하기 시작했다.

「Point 강의」 - 군부 쿠데타와 일본인들의 정서

당시 육군 내부에서는 동기가 순수하면 쿠데타에 가담해도 벌할 수 없다는 분위기가 우세했다. 10월사건 계획에 관한 정보를 입수한 미나미 지로南次郎 육군대신은 쿠데타 가담자들을 체포하지 않았다. 미나미는 청년장교들이 추앙했던 아라키 사다오 중장을 불러 조용히 해결하라고 지시했다. 아라키는 쿠데타 주모자들을 음식점에서 만나 설득했다. 결국 주모자들은 쿠데타 계획을 중지했다. 주모자들은 형식적으로 헌병대에 구속되었으나 헌병대장 관사에서 헌병대장 부인과 딸에게 술과 음식을 대접받고 귀가했다. 5·15사건이 일어났을 때도 정부와 군부는 청년장교들의 범행 동기가 순수하고 애국심에서 일어난 사건이라는 점을 강조했다. 5·15사건 발생 후에 공표된 사법·육군·해군성의 공동성명은 다음과 같다. "근래 우리나라 정세는 정치, 외교, 교육, 사상, 군사 등 모든 방면에서 정돈 상태에 빠지고, 국민정신 또한 퇴폐했다. 현상을 타파하지 않으면 제국이 멸망할까 두려웠다. 그런데 정돈 상태에 빠진 근본 원인은 정당·재벌 및 특권계급이 서로 결탁해 오로지 사리사욕에만 몰두하고, 국방을 경시하고, 국가의 이익과 국민의 복지를 생각하지 않고, 부패하고 타락한 것에 기인한 것이었다. 그 근본 원인을 제거함으로써 국가의 혁신을 달성하고 진정한 일본을 건설해야 할 필요가 있었다." 아라키 사다오 육군대신은 다음과 같은 담화를 발표했다. "순진한 청년들이 그러한 행동으로 나온 심정을 생각하면 눈물을 흘리지 않을 수 없다. 진정으로 이것이 황국皇國을 위한 것이라고 믿고 행한 것이다. 이 사건을 계기로 다시 생각하고 거듭 반성해 피고의 뜻이 헛되지 않기를 간절히 바란다." 사법부도 피고들을 관대하게 처분했다. 범행을 주도한 수괴는 금고 15년, 범행에 가담한 다른 사관후보생들은 금고 4년에 처해졌다. 보통 일본인들은 피고들에게 더욱 동정적이었다. 피고들을 칭송하며 감형을 이끌어 내자는 운동이 전국적인 전개되었다. 피고들은 의사義士로 받들어졌다. 전국에서 피고들을 격려하는 편지와 선물이 쇄도했다. 피고와 결혼하겠다고 나서는 여성도 많았다. 일본이 무엇에 홀린 것 같은 분위기였다.

2. 학문 자유 탄압

1933년 4월에 다키가와 사건이 일어났다. 하토야마 이치로鳩山一郎 문부대신이 교토대학 총장에게 다키가와 교수의 파면을 요구했다. 교토대학 법학부 교수인 다키가와 유키토키滝川幸辰의 저서와 강연의 내용이 마르크스주의 학설로, 일본의 전통적인 도덕에 위배된다는 이유였다. 교토대학 법학부 교수회의에서는 문부성의 요구를 거부하기로 의결했다. 하지만 다키가와 교수는 같은 해 5월에 휴직 처분되었다.

1934년에는 『일본자본주의발달사강좌』 간행의 중심인물이었던 노로 에이타로野呂栄太郎가 경찰에 체포되어 살해되었다. 노로 에이타로는 마르크스주의 경제학을 연구하면서 소위 강좌파 이론을 주도한 학자였다. 그는 일본공산당 당원이기도 했다. 노로 에이타로는 1932년부터 지하활동을 하면서 공산당 중앙부의 재건을 위해 노력하던 중이었다.

1935년에는 미노베 다쓰키치美濃部達吉의 천황기관설이 다시 문제가 되었다. 천황기관설은 통치권은 법인인 국가에 있으며 천황은 그 최고기관으로서 통치권을 행사하는 존재라고 하는 헌법학설이었다. 천황기관설은 천황주권설과 대립했다.

군부와 국가주의 단체는 도쿄대학 법학부 교수인 미노베 다쓰키치를 공격하기 시작했다. 천황기관설이 국가체제에 위반되는 학설이라는 이유였다. 1935년 2월 육군 출신으로 귀족원 의원이었던 기쿠치 다케오菊池武夫가 국회에서 천황기관설이 국체에 반하는 것이라고 규탄했고, 그 발언을 정우회 의원들이 적극적으로 지지했다. 그들의 목적은 오카타 게이스케岡田啓介 내각을 붕괴시키는 것이었다.

육군의 급진파, 정우회의 일부 의원, 민간의 우익단체, 재향군인회 등이 앞장서서 천황기관설 배격운동을 전개했다. 천황기관설을 공격하는 분위기가 고조되자, 정부는 미노베 다쓰키치의 저서 『겐포사쓰요憲法撮要』를 발매 금지하고, 천황은 통치권의 주체라고 하는 국체명징國體明徵에 관한 성명을 발표했다. 정부가 천황기관설을 정식으로 부인한 것이다. 당시 귀족원 의원이었던 미노베 다쓰키치는 의원직을 사임하지 않을 수 없었다.

1937년에는 야나이하라 타다오矢内原忠雄 사건이 일어났다. 도쿄대학

교수 야나이하라 타다오는 일본의 제국주의적 식민정책을 실증적으로 연구했다. 그는 1937년에 군부의 전쟁정책을 비판한 논문을 『주오코론中央公論』에 게재했는데, 도쿄대학 경제학부 내의 국가주의 성향 교수들이 야나이하라의 사직을 요구했다. 그의 사상이 의심스럽다는 것이었다. 문부성도 총장에게 야나이하라 교수를 추방하라는 압력을 가했다. 결국 야나이하라 교수는 사직하고 말았다.

> **「Point 강의」 - 다키가와 사건**
>
> 이 사건은 교토제국대학 법학부의 연구와 자유를 탄압한 사건이다. 교토대 사건이라고도 한다. 1932년 10월 사법관 적화사건赤化事件이 발생되었을 때, 사법관 시험위원이었던 다키가와 유키토키 교수가 우익세력의 공격을 받았다. 또 같은 해 12월에는 다키가와 교수가 중앙대학법학회에서 「톨스토이의 '부활'에 나타난 형벌사상」이라는 테마로 강연을 했는데, 그 내용이 다시 문제가 되었다. 귀족원 의원 기쿠치 다케오가 다키가와 교수를 "교토대학의 빨갱이 교수"라고 공격한 것이다. 그러자 하토야마 이치로 문부대신이 다키가와 교수의 저서인 『게이호토쿠혼刑法讀本』을 발매 금지함과 동시에 파면을 요구하기에 이르렀던 것이다.

3. 군부파시즘 확립

만주사변 후, 군부의 발언권이 강화되자. 육군 내부에서 황도파皇道派와 통제파統制派가 정치적인 주도권을 놓고 치열한 암투를 벌였다. 황도파는 원래 조슈長州 출신의 육군 지배에 대항하기 위해 조슈 출신이 아닌 우에하라 유사쿠上原勇作를 중심으로 형성되었던 파벌이 훗날 전국의 청년장교를 포함한 인맥으로 발전했다. 이 파벌에 속한 대표적인 인물은 아라키 사다오荒木貞夫, 마사키 진자부로眞崎甚三郎 등이었다.

통제파는 육군성과 참모본부의 청년장교를 중심으로 결성된 파벌이었다. 그들은 국가총동원계획의 실현을 가장 중요한 목표로 했다. 이 파벌에 속한 대표적인 인물로는 나가타 데쓰잔永田鉄山·와타나베 조타로渡辺錠太郎·도조 히데키東条英機 등이 있었다.

아라키 사다오가 이누카이 쓰요시 내각과 사이토 마코토 내각에서 육군대신을 역임하면서 황도파가 득세했다. 하지만 1934년에 성립된 오카다 게이스케岡田啓介 내각의 육군대신에 취임한 하야시 센주로林銑十郎 등이 황도파의 월권을 저지하려고 했다. 이때부터 황도파를 견제하는 세력을 통제파라고 불렀다.

황도파는 '천황의 친정'과 '상무정신을 숭앙하는 일본' 등의 관념론을 기초로 하는 정치개혁을 주장했다. 천황기관설 배격의 선봉이 되기도 했다. 황도파의 정신주의는 쿠데타를 통한 국가개조를 꿈꾸던 청년장교들의 지지를 기반으로 했다. 그러나 황도파의 정신주의는 관념에 치우쳐 있었다. 통제파는 황도파의 애매한 정신주의를 비판했다. 통제파는 황도파 청년장교들의 쿠데타 계획을 군의 질서를 어지럽히는 행위라고 공격했다.

하야시 센주로 육군대신은 나가타 데쓰잔을 군무국장으로 등용해 군을 통제했다. 나가타 데쓰잔은 청년장교들의 과격한 행동을 저지하면서 황도파를 탄압했다. 양파의 대립은 1935년에 하야시 센주로 육군대신이 황도파인 마사키 진자부로 교육총감을 경질하면서 격화되었다. 황도파 장교들은 위기감을 느꼈다. 1935년 8월 황도파 장교의 한 사람이었던 아이자와 사부로相沢三郎 중좌가 육군성에 들러 나가타 데쓰잔 군무국장을 살해했다.

1936년 2월 26일 새벽 도쿄에서 황도파 장교가 약 1,400명의 병력을 동원해 봉기했다. 반란군은 총리대신 관저, 육군성, 경시청 등을 점거하고 도쿄의 일부를 점령했다. 총리대신 오카다 게이스케는 기적적으로 난을 피할 수 있었으나 오쿠라대신 다카하시 고레키요高橋是清·내대신 사이토 마코토斉藤実·교육총감 와타나베 조타로渡辺錠太郎가 살해되었다. 시종장 스즈키 간타로鈴木貫太郎, 내대신을 역임한 마키노 노부아키牧野信顕 등은 중상을 입었다. 반란군은 '간신군적奸臣軍賊'을 처단하기 위해 궐기했다고 선언했다.

반란군은 '쇼와유신昭和維新'을 외치며 육군 상층부에 국가개조의 단행을 요구했다. 하지만 해군·정계·재계가 쿠데타를 지지하지 않았다. 천황이 직접 반란의 진압을 명령했다. 29일에는 도쿄 주변 부대에게 동원령을 내려서 반란군을 토벌했다. 반란군 주도자는 자살하거나 체포되었다. 하사관 이하는 귀순했다. 반란을 주도한 장교와 민간인 우익 기타 잇키北一輝·니시다 미쓰구西田税는 사형에 처해졌다. 이 사건으로 황도파 장교들이 일시에 몰락했다.

2·26사건이 있은 후, 육군은 일시적으로 자숙하는 태도를 보였다. 그러나 히로타 고키広田弘毅 내각이 성립되면서 군부독재 체제가 확립되었다. 군부의 정치적인 발언권이 강화되었고, 다이쇼大正 시대 초에 폐지되었던 군부대신 현역무관제가 부활되었다. 육·해군대신에 현역 군인이 임명되었다. 군부는 준전시체제의 확립을 목표로, 광의국방국가廣義國防國家의 건설을 외치며 방대한 군사예산을 요구했다. 히로

타 내각은 육군의 요구를 받아들여서 준전시체제의 구축에 착수했다. 1936년 8월에는 '국책의 기준'을 정해 중국 및 동남아시아 침략 방침을 확정했다. 오쿠라대신 바바 에이이치馬場鍈一는 14억 엔의 육군·해군성 비용을 포함한 30억 엔의 예산을 편성해 항공기·전차·항공모함·대전함 등을 비롯한 병기의 건조에 박차를 가했다. 같은 해 11월에는 일·독방공협정을 체결했고, 12월에는 런던군축회의를 탈퇴했다. 일본은 다른 나라를 침략하기 위한 준비를 모두 마쳤다.

「Point 강의」- 2·26사건과 쇼와 천황

2·26사건이 일어나자, 육군 당국은 계엄령을 폈지만 수습책을 강구하지 못했다. 육군대신은 아무런 조치도 취하지 않았다. 당일 오전 9시 반란군의 궐기문을 천황 앞에서 낭독한 것이 전부였다. 쇼와 천황昭和天皇은 노발대발했다. 반란군을 진압하라고 직접 명령했다. 2월 26일부터 27일에 걸쳐서 수시로 시종무관장을 불러 진압을 재촉했다. 군부의 압력을 받은 시종무관장은 2월 27일 쇼와 천황에게 다음과 같이 상신했다. "행동부대 장교의 행위는 폐하의 군대를 마음대로 움직인 것으로 통수권을 범한 것도 이만저만한 일이 아닙니다. 원래 용서할 수 없는 일입니다. 하지만 그 정신은 폐하의 나라를 생각한 데서 나온 것입니다. 반드시 책망할 일만은 아닙니다." 멋대로 군대를 움직여 반란을 일으킨 것은 잘못된 일이나 그들의 행위가 애국심에서 나온 것이라면 정상을 참작해야 한다는 의견을 피력한 것이다. 쇼와 천황이 말했

다. "짐이 총애하는 신하를 살육했다. 그런 흉포한 장교들을 어찌 용서할 수 있겠는가?" 2월 28일 육군대신이 시종무관장에게 반란군 처리방안을 제시했다. "장교들은 육군대신 관저에서 자결하는 조건으로 죄를 용서하고, 하사관 이하는 원래 부대로 복귀하도록 할 것이다. 그러니 칙사를 보내 장교들이 영광스럽게 죽도록 해 달라." 시종무관장은 천황에게 보고했다. 하지만 천황은 칙사 파견 요청을 단호하게 물리치고 진압을 명령했다. 시종무관장 일기에 다음과 같이 기록되어 있다. "폐하는 매우 불만스러워하셨다. 자결한다면 그냥 두면 되는 것이다. 그런 자들에게 칙사를 보내자고 한다니 당치도 않다고 말씀하셨다. 또 사단장이 적극적으로 나서지 않는다면 직접 책임을 물을 것이라고 말씀하셨다. 아직까지 본 적이 없는 노기를 띤 얼굴로 엄중히 문책하시며 즉시 진압하라고 전하라는 엄명을 내리셨다."

제47강

중국침략

1. 만주국 건국

　장쮀린張作霖이 사망한 후, 그의 아들인 장쉐량張學良이 만주를 지배했다. 장쉐량은 1929년에 장제스와 제휴했다. 그러자 중국 내에서는 일본에게 빼앗긴 만주의 권익을 회복하려는 기운이 조성되었다. 중국이 영국·미국의 원조로 만주에 철도 부설을 계획했다. 일본의 남만주철도에 대항하기 위해서였다. 일중관계는 긴장감을 더했다.
　일본은 중국의 국권회복운동이 만주까지 파급되는 것을 저지하려고 했다. 그러나 일본은 "중국의 주권·독립 및 영토적·행정적 보존의 존중을 보장한다."는 9개조 조약과 "자위 이외의 전쟁을 부인한다."는 부전조약을 체결한 국가였다. 그래서 일본은 형식적으로 이 두 조약에 저촉되지 않으면서 무력으로 만주를 중국에서 분리하려고 했다.

당시 일본은 심각한 불황에 직면해 있었다. 만주침략은 일본의 경제난을 일거에 해결할 수 있는 계기가 될 수 있다는 분위기가 조성되었다. 1931년 9월 18일 밤 관동군은 펑톈奉天 근교의 류탸오후柳條湖에서 남만주철도를 폭파하고, 그것을 중국군의 소행이라고 선전하면서 전쟁의 실마리를 만들었다. 관동군은 군사행동을 개시해 펑톈 부근의 중국군을 공격했다. 일본 정부는 사태 불확대 방침을 정했으나 관동군은 이것을 무시하고 계속 침략을 감행했다. 일본 정부는 결국 만주사변을 승인했다.

만주사변이 발발했을 때, 국제연맹은 일본 정부의 사태 불확대 방침을 신뢰했다. 그런데 일본군은 전쟁을 일으킨 지 6개월 만인 1932년 정월에는 만주의 거의 전 지역을 점령했다. 국제여론은 일본을 불신하기 시작했다. 중국은 일본의 무력 침략의 실상을 국제연맹에 호소했다.

1932년 3월 만주를 점령한 관동군이 청의 마지막 황제였던 푸이溥儀를 북경에서 탈출시켜서 만주국의 건국을 선언하고, 푸이를 집정執政에 앉혔다. 일본은 푸이를 꼭두각시로 내세우고 사실상 만주를 지배했다. 군사·외교는 물론이고 내정의 실권도 관동군과 일본인 관리가 장악했다.

국제연맹은 만주의 실태를 조사하기 위해 조사단을 파견했다. 국제연맹은 1932년 10월에 만주에 관한 조사보고서를 공표했다. 그 내용은 만주에 대한 중국의 주권을 인정하는 것이기는 했지만, 만주에서 일본의 특수권익도 인정한다고 하는 상당히 타협적인 것이었다.

그러나 일본 정부는 국제연맹이 보고서를 공표하기 직전인 9월 5일에 일만의정서日滿議定書를 체결해 만주국을 정식으로 승인했다. 일만의정서는 괴뢰국가 만주국을 전면적으로 원조하기 위한 방침을 내외에 천명하기 위해 일본과 만주국 사이에 체결한 기본조약이었다.

일본의 행동은 국제여론의 비난을 받았다. 1933년 2월 국제연맹 임시총회가 만주를 점령하고 있는 일본군의 철퇴를 요구하는 권고안을 42대1로 가결했다. 반대 1표는 물론 일본이 던진 표였다. 일본은 국제연맹을 탈퇴했다.

「Point 강의」 - 전쟁을 선동하는 언론

만주사변이 일어나자, 일본의 유력한 신문들은 일제히 일본군의 행동을 칭송하는 기사와 사진으로 지면을 덮었다. 대중잡지는 전쟁터에서의 영웅담과 애국심을 고취하는 기사로 지면을 구성했다. 라디오도 전쟁 상황을 신속하게 보도했다. 일본의 언론은 류탸오후 폭파 사건은 중국 측이 꾸민 사건이라고 단정적으로 보도했다. 중국을 비난하고 일본군의 행동을 칭송하는 운동을 전개했다. 언론은 정부에게 강경한 태도로 전쟁에 임하라고 촉구했다. 현지에서 전송되는 사진을 실은 호외가 발행되고, 뉴스영화를 상영해 만주 각지를 계속해 점령하는 일본군의 모습이 생생하게 전해지자 국민은 더욱 열광했다. 정부의 사태 불확대 방침은 전쟁을 부추기는 여론에 밀려 지지를 상실했다. 매스컴의 전쟁협력은 신문뿐만이 아니었다. 방송도 민중을 선동하는 데 앞장섰다. 방송이 연일 전쟁 상황을 보도하고, 애국심을 고취시키는 프로그램을 신설했다. 위문품보내기운동과 국방헌금납부운동을 주도했다. 중국전선에서 싸우는 '황군皇軍'의 무용담을 소개했다. 이미 군복무를 마친 예비군이 다시 입대하는 '미담'도 소개했다.

2. 중일전쟁 개시

1937년 7월 7일 베이징 교외에서 야간연습을 하던 일본군 1개 중대와 중국군 제29군 소속 부대가 충돌했다. 그러자 일본의 스기야마 하지메杉山元 육군대신은 일본 국내의 3개 사단과 조선에 주둔하는 1개 사단, 그리고 만주의 2개 여단을 화북에 파견할 것을 주장했다. 한편, 중국군 간부들은 전투가 확대되는 것을 막기 위해 부심했다. 중국은 "책임자를 처벌하고 반일단체를 단속하라."는 일본의 요구를 수락해 정전협정에 조인했다.

정전협정이 체결되던 7월 11일 고노에 총리대신을 비롯한 각료는 일본군 5개 사단을 중국으로 파견하자는 스기야마 육군대신의 주장을 각의에서 결정했다. 고노에 후미마로近衛文麿 총리대신은 일본이 출병을 결정하고 강경한 전의를 과시하면 중국이 반드시 굴복할 것이라고 믿었다. 즉시 조선과 만주에 주둔하는 군대에 출동명령이 내려졌다. 고노에 총리대신은 침략군 파병에 따른 '중대결의'에 관한 성명을 발표했다. 그리고 정계·재계·언론계의 대표들을 관저로 불러 일본 정부의 입장을 설명하고 협력을 요청했다.

7월 25일 조선에서 파견된 일본군 제20사단이 화북에 도착해서 중국군과 충돌했다. 7월 26일 일본 본토에 주둔하는 제5·제6·제10사단의 파병이 결정되었다. 7월 28일 전열을 가다듬은 일본군은 선전포고도 없이 총공격을 개시했다. 8월 4일에는 베이징과 톈진天津을 점령하고 이어서 상하이上海를 공격했다. 일본군은 순식간에 중국의 심장부를 장악했다.

일본군은 화력·조직력·전투력 모든 면에서 중국군을 압도했다. 8월 13일 해군대신 요나이 미쓰마사米內光政의 요청으로 제3·제11 사단의 상하이 파병이 각의에서 결정되고, 9월 10일에는 제9·제13·제

101 사단이 추가되어 5개 사단이 상하이 전선에 투입되었다. 1937년 9월부터 중국 연안 해역은 일본 해군에 의해 봉쇄되었다. 화북 지방에서 침략을 개시한 일본군은 1937년 말까지 중국의 산시성山西省 북부, 산둥성山東省, 허베이성河北省을 비롯한 광대한 지역의 요충지와 철도망을 장악했다. 일본군이 요충지를 계속 점령하는 상황에서도 일본 정부는 전쟁의 확대를 원치 않는다는 말을 되풀이했다.

중국군은 처절하게 저항했다. 상하이 전투에 일본군 5개 사단이 투입되었어도 중국군의 방어망을 돌파하지 못했다. 11월까지 일본군의 전사자는 9,000여 명, 전상자는 3만여 명에 달했다. 당황한 일본은 11월 5일 제6·제18·제114 사단으로 구성된 제10군단으로 하여금 캉저우만杭州灣 상륙작전을 전개하도록 했다. 일본군은 끝내 중국군의 방어망을 붕괴시켰다.

일본군은 퇴각하는 중국군을 추격해 12월 13일에 난징南京을 점령했다. 일본군은 난징에서 1주일 동안에 중국군 포로의 집단학살, 민간인 살육, 물자의 약탈을 감행했다. 그 과정에서 30여만 명의 중국인이 살해되었다. 하루에 중국인을 누가 많이 죽이는지 내기를 하는 일본군 병사들도 있었다. 중국인을 하루에 120명 이상 살해한 병사들의 "자랑스러운 무용담"이 사진과 함께 무술 잡지에 실리기도 했다.

일본군은 난징을 점령한 후 베이징에 중화민국임시정부라는 괴뢰정권을 세웠다. 일본은 중국에 (1) 중국의 만주국 승인, (2) 중국 북부에 비무장지대 설치, (3) 화북·내몽고·화중에 일본군 주둔 보장, (4) 일본·만주·중국이 함께 자원개발, (5) 일본·만주·중국의 경제협력 등을 요구했다. 중국 북부의 식민지화와 중국 남부의 반식민지화를 노린 휴전 조건이었다. 그러나 장제스는 수도를 난징에서 충칭重慶으로 옮기면서 결사항전 의지를 다졌다.

「Point 강의」 - 고노에 후미마로와 중일전쟁

1937년 6월 4일 고노에 후미마로近衛文麿가 총리대신에 임명되었다. 고노에는 귀족 출신 정치가였다. 천황 가문과도 친밀한 관계를 맺고 있었다. 그는 이전부터 만주사변은 어쩔 수 없는 선택이었다고 평가했다. 그래서 군부는 물론 정당 · 경제계 · 언론계도 고노에 내각에 거는 기대가 컸다. 고노에는 천황의 주변 인물, 정계 · 재계의 인사들과도 폭넓은 인간관계를 맺었고, 황도파 군인 · 우익 인사와도 좋은 관계를 유지했다. 고노에가 군인 출신이 아니라는 것도 장점으로 작용했다. 고노에 내각 앞에는 2 · 26사건 이후 실타래처럼 뒤엉킨 어려운 문제들이 산적해 있었다. 고노에는 군부 · 관계 · 재계 · 정당으로부터 인재를 모았다. 고노에 내각의 당면과제는 전쟁체제를 확립하는 것이었다. 고노에는 군수산업을 발전시키고, 국가에 의한 통제경제를 강화하는 방도를 강구했다. 전쟁을 일으킬 준비를 착착 진행했다. 그리고 고노에가 총리대신에 취임한 지 한 달이 지난 1937년 7월 7일 베이징 교외에서 일본군이 전쟁의 실마리를 만들었고, 고노에는 이미 계획한대로 빈틈없는 수순을 밟으며 전쟁 준비에 집중했다.

3. 국가총동원체제 확립

현대의 전쟁은 군대가 전쟁의 주역이던 옛날의 전쟁과는 달랐다. 정치 · 경제 · 사회 모든 분야에서 국가가 총력을 기울여 전쟁을 수행하지 않으면 안 되었다. 국민이 스스로 전쟁에 협력하려는 의지가 총력전의 승패를 결정하는 최대의 요인이었다. 정부는 중일전쟁을 일으키면서 총력전을 준비했다.

1937년 10월 일본은 엘리트 관료들을 엄선해 기획원企劃院을 설립했다. 기획원은 "국가총동원의 중추기관"으로서 "생산력의 확충, 수요의 조절, 공정한 배급, 국제수지의 균형을 꾀해" 국력을 확충하는 데 기여하는 것을 임무로 하는 기관이었다. 1938년 2월 기획원은 국가총동원법안을 완성해 국회에 제출했다.

국가총동원법안은 노무·물자·시설·사업·물가·출판 등에 대해 실로 광범위한 국가 통제를 규정했다. 총동원법이란 "전시에 국방 목적을 달성하기 위해서 국가의 힘을 가장 유효하게 발휘할 수 있도록 인적·물적 자원을 통제하는 것을 말한다(제1조)"라고 규정하고, 제4조에서 제27조까지 통제의 내용을 열거했다. 예를 들면, "정부는 총동원에 필요하다면 국민을 징용할 수 있다(제4조)" "고용과 임금 등 노동조건에 대해 명령할 수 있다(제6조)" "물자의 생산·수리·배급·처분·사용·소비·소지·이동에 대해 명령할 수 있다(제8조)" "필요한 물자를 사용하거나 수용할 수 있다(제10조)" "가격·운임·보관료·보험이자에 대해 명령할 수 있다(제19조)" "출판물의 게재를 제한·금지·발매 및 반포를 금지할 수 있다(제20조)" "직업능력의 신고를 명령할 수 있다(제21조)" 등의 내용이었다.

1938년 4월에 「국가총동원법」이 제정되었다. 정부는 자본·물자·노동력·금융·생산·물가 등 모든 인적·물적 자원을 전쟁수행을 위해 국가의 통제 아래 둘 수 있게 되었다. 또한 정부는 고도의 국방국가를 건설하기 위해서 의회의 동의 없이 법령으로 인적자원을 포함한 모든 자원을 동원할 수 있게 되었다. 정부에게 모든 권리를 백지위임한 것과 같은 「국가총동원법」의 성립으로 의회의 권한은 부정되었다.

일본의 지배층과 자본가들은 노동자도 전쟁체제에 편입시키려고 했다. 1938년 4월 대기업 대표, 귀족원 의원, 총동맹 산하 노동조합 대표가 모여서 경영자와 노동자가 합심해서 산업보국의 길로 나아가자고 결의했다. 3개월 후에는 산업보국연맹이 결성되었다. 내무성 경보국장과 사회대중당 간부들이 산업보국동맹 이사가 되었다. 1939년 4월까지 전국에 3,874개의 산업보국회가 결성되었다.

고노에 총리대신은 중일전쟁 중에는 「국가총동원법」을 발동하지 않겠다고 공약했다. 그러나 「국가총동원법」은 제정된 지 3개월 만에 발동되기 시작했다. 노동자의 통제, 군수용 원자재 수입에 대한 특혜, 민간수요 섬유제품의 제조·판매 금지, 휘발유의 배급제 실시 등 모든 물자가 국가에 의해 통제되기 시작했다.

4. 전쟁의 장기화와 중국 분열공작

일본은 중일전쟁이 단기간에 끝날 것이라고 확신했다. 난징南京만 점령하면 중국이 반드시 항복할 것이라고 낙관했다. 그러나 중국인의 항일태세는 견고했다. 1937년 8월 21일 중국의 국민정부는 소련과 중소불가침조약을 체결했다. 중국공산당군이 국민혁명군 제8로군第八路軍으로 개편되었다. 9월 23일 장제스는 중국공산당의 지위를 정식으로 승인했다. 광범위한 항일민족통일전선(제2차 국공합작)이 형성되었다.

중국군의 항전 의지는 의연했다. 1938년 4월 중국군은 산둥성에서 일본군 제10사단을 맹렬하게 공격해 일본군의 단기결전 계획을 무산시켰다. 일본군은 궁지에 몰렸다. 4월부터 일본군은 소련군과 대치하는 병력을 중국 전선에 투입하는 비상수단을 취하지 않을 수 없었다. 전쟁은 이미 장기화 조짐을 보이고 있었다.

고노에 총리대신은 사태를 수습할 방도를 찾지 못했다. 고노에 총리대신은 모든 잘못을 육군대신 스기야마 하지메杉山元와 그에 동조한 외무대신 히로타 고키広田弘毅에게 돌렸다. 1938년 5월 고노에 총리대신은 내각을 대폭 개편했다. 스기야마 육군대신의 후임으로 평화교섭파 이타가키 세이지로板垣征四郎, 히로타 외무대신의 후임으로 우가키 가스시게宇垣一成를 임명했다. 그러나 이타가키 육군대신은 부하의 강경론을 대변하는 데 급급한 인물이었다. 우가키 외무대신도 중국의 완강한 태도에 속수무책이었다.

1938년 10월 일본군은 우한武漢과 광둥廣東을 공략했다. 전쟁은 중국 전역으로 확대되었다. 전선이 확대되면서 일본군은 전쟁의 수렁에 빠지고 말았다. 우한과 광둥의 작전에 각각 14개 사단과 3개 사단을 투입했으나 점령지역을 간신히 지킬 수 있었을 뿐 더 이상 진격할 여력이 없었다. 일본은 중국전선에 23개 사단 70만 병력을 투입했으나 중국의 지구전 전략에 말려든 일본군은 진퇴양난의 상황에 처해 있었다.

당황한 고노에 내각은 국민정부를 상대하지 않겠다는 방침을 수정했다. 1938년 11월과 12월 2회에 걸쳐서 일본·만주·중국의 제휴를 골자로 하는 '동아신질서東亞新秩序 건설'과 선린우호·공동방위·경제제휴라는 소위 '고노에 3원칙'을 제안했다. '고노에 3원칙'은 일본의 중국 점령을 전제로 해서 일본을 맹주로 하는 동아신질서를 건설하자는 것이었다. 요컨대 중국이 항일전을 포기하고 일본의 동아신질서 구상에 협력한다면 국민정부를 상대하겠다는 내용이었다.

한편, 참모본부는 국민정부 부주석 지위에 있는 왕자오밍汪兆銘을 이용해 중국인의 분열을 조장하는 공작을 추진했다. 왕자오밍이 고노에 성명에 호응하면서 신정권을 수립하도록 하는 것이었다. 일본은 왕자오밍에게 만주국 승인, 치외법권 철폐, 화북 지방 개발, 일본과 중국의 제휴, 영국·소련에 대한 공동전선 구축 등을 선언하게 할 계획이었다. 1938년 12월 18일 일본의 계획에 따라 충칭重京을 탈출한 왕자오밍은 일본과 제휴해야 한다고 역설했다. 하지만 왕자오밍을 따르는 중국인은 없었다.

　중국인은 국민정부의 장제스를 중심으로 더욱 굳게 단결했다. 장제스는 끝까지 투쟁할 것을 천명했다. 1939년 말 국민정부군이 동계공세를 폈다. 1940년 여름에는 화북 지방의 공산당군이 일본군에 반격을 가했다. 전선은 교착상태에 빠졌다. 군사력으로 전쟁을 끝낼 수 있는 가망성은 점점 멀어졌다. 1939년 정월 중일전쟁을 수습할 수 있는 돌파구를 마련하지 못한 고노에 내각이 총사직했다.

　1940년 3월 일본은 왕자오밍으로 하여금 난징정부南京政府를 수립하게 했다. 11월 30일 일본은 왕자오밍 정권과 일중기본조약을 체결했다. 조약안은 일본 측이 마련한 것으로 일본에 광범위한 군사·정치·경제의 특권을 부여하는 것이었다. 중국의 치안이 회복되면 일본군이 철병한다고 규정되어 있었으나 그 후에도 일본군이 특정 지역에 군대를 계속 주둔할 수 있는 권리를 인정한 것이었다. 중국인이 왕자오밍 괴뢰정부를 지지할 리 없었다. 중국인의 항일태세는 더욱 강화되었다.

「Point 강의」 - 전쟁과 언론

전쟁에 대한 신문의 태도는 군부나 정부보다도 오히려 강경했다. 신문은 연일 중국을 단호하게 응징하라고 선동했다. 일본군이 총공격을 감행하자 전쟁 확대론을 전개했다. 정부와 군 당국이 발표하는 것을 가감 없이 보도했다. 일본의 중국 침략은 어쩔 수 없는 것이었으며 자위권의 발동이라는 논지를 폈다. 일본의 중국 침략 목적은 중국이 일본에 적대행위를 하지 못하도록 함과 동시에 동양평화를 지키기 위해서라는 점을 강조했다. 연일 초라한 중국인의 모습과 용감하게 진격하는 일본군의 모습을 담은 기사와 사진으로 지면을 채웠다. 신문사들은 애국운동을 제창했다. 군용기 헌납 모금, 폐품 수집, 군가 선정 등 다양한 사업을 전개했다. 군부와 정부는 방송을 장악했다. NHK는 사실상 국가의 선전기관이었다. 매스컴이 연일 전쟁 상황을 보도하고 애국심을 고취시키는 프로그램을 신설했다. 그 목적은 민중이 전쟁을 열렬하게 지지하도록 유도하는 데 있었다. 민중은 전쟁에 고무되어 국방헌금을 내고 위문품을 보냈다. 국방헌금납부운동에는 유치원생, 학생, 점원, 부인 등 일반 민중에서 저명한 실업가에 이르기까지 동참했다. 가두에는 언제나 일장기가 펄럭였고 무운장구를 기원하는 현수막이 범람했다.

제48강

태평양전쟁

1. 미국의 일본 견제

일본은 영국·미국과 원만한 관계를 유지했기 때문에 중국을 침략할 수 있었다. 그런데 일본이 동아시아 세계의 맹주를 자임하고 나서자, 영국·미국을 비롯한 열강은 일본을 견제하기 시작했다. 1939년 7월 미국은 일미통상항해조약이 만기가 된 것을 계기로 조약의 파기를 통고했다. 1940년 11월 일본이 왕자오밍汪兆銘을 내세워 남경에 괴뢰정부를 수립하자, 미국·영국은 장제스의 국민정부를 적극적으로 원조하기 시작했다.

1940년 7월에 성립된 제2차 고노에 내각은 독일·이탈리아와 제휴를 강화하는 한편, '대동아공영권' 건설의 기치를 내걸고 남방 진출을 추진했다. 같은 해 9월에 일본은 프랑스령 인도차이나반도 북부에 군대를 주둔시켰다. 중일전쟁의 타개책의 일환으로 원장援蔣 루트, 즉 중국 원조물자 수송로를 차단한다는 구실이었다.

1940년 9월 일본은 독일·이탈리아와 함께 삼국동맹조약을 체결했다. 그 목적은 미국이 제2차 세계대전에 참전하는 것을 저지하기 위해서였다. 그러나 일본의 동남아시아 침략과 삼국동맹 체결은 오히려 미국을 자극했다. 일미관계가 급속하게 냉각되었다. 미국은 전략물자인 철강의 대일 수출을 금지했다.

일본은 장기화되는 중일전쟁을 타개하기 위해서 미국과 국교를 정상화할 필요가 있었다. 미국도 영국과 협력해 독일을 타도하는 것이 시급한 과제였다. 미국이 일본과 타협할 가능성이 있었다. 1940년 11월 일본은 미국 대통령 루스벨트와 친분이 있는 해군대장 노무라 기치사부로野村吉三郎를 주미대사에 임명했다.

한편, 일본은 1941년 4월에 소련과 중립조약을 체결했다. 일본은 삼국동맹과 일소중립조약을 배경으로 미국과의 협상을 유리하게 이끌려는 속셈이 있었다. 그러나 일본의 이중적인 태도는 오히려 미국을 자극했다. 미국을 더욱 긴장시킨 것은 일본의 인도차이나반도 남부의 침략이었다. 일본이 동남아시아를 장악하면, 미국이 지배하고 있던 필리핀의 안전도 보장할 수 없었다.

미국·영국은 국내의 일본자산 동결을 결정했다. 미국은 필리핀에 극동군사령부를 설치하고, 영국·중국과 협력해 일본에 대한 경제제재를 강화했다. 1941년 8월에는 대일 석유수출을 금지했다. 미국·영국·중국·네덜란드가 소위 ABCD포위망을 구축해 대일 경제봉쇄를 강화했다. 미국의 대일 석유 수출 전면금지와 경제봉쇄는 일본에 커다란 충격을 안겨주었다. 미국과의 전쟁이 불가피하다는 여론이 순식간에 고조되었다.

「Point 강의」 - 삼국동맹과 일미관계

일본은 독일·이탈리아·일본의 삼국동맹을 추진했다. 마쓰오카 요스케松岡洋右 외무대신은 제2차 세계대전이 끝나면 세계는 동아시아, 소련, 유럽, 미국으로 나누어질 것으로 예상했다. 그래서 동아시아의 지도 세력 일본과 유럽의 지도 세력 독일·이탈리아가 밀접하게 제휴할 필요가 있다고 주장했다. 마쓰오카의 정책에 육군은 동조했으나 해군은 미국과의 관계가 악화되는 것을 우려했다. 1940년 9월 16일에 열린 어전회의에서 대미관계가 악화되면 중요한 물자를 수급하는 데 문제가 발생할 수 있다는 의견이 제시되었다. 그러나 일본·독일·이탈리아의 삼국동맹안에 전원이 동의했다. 9월 26일 추밀원 회의에서 삼국동맹안이 가결되었고, 다음 날 베를린에서 삼국동맹이 체결되었다. 일본은 유럽에서 독일·이탈리아의 지도적 지위를 승인하고, 독일·이탈리아는 아시아에서 일본의 지도적 지위를 승인했다. 제3국 특히 미국과의 무력충돌이 발생할 경우에 일본·독일·이탈리아는 서로 군사적 지원을 하기로 했다. 삼국동맹의 가장 큰 목적은 미국이 제2차 세계대전에 참전하는 것을 저지하는 것이었다. 고노에 총리대신·마쓰오카 외무대신·군부는 일본이 삼국동맹을 맺고 동남아시아를 침공하면 붕괴 직전인 영국의 저항력이 급속하게 약화될 것이고, 영국과 친밀한 미국은 두려워서 전쟁에 참가하지 않을 것이라고 믿었다. 그러나 그것은 일본의 오산이었다. 일본의 기회주의적 태도는 오히려 미국을 자극했다. 일미관계가 급속하게 냉각되었다.

2. 태평양전쟁 개시

1941년 9월 6일 천황이 참석하는 어전회의에서는 미국이 중일전쟁에 개입하지 않고, 일본이 필요한 물자의 획득에 협조한다면, 일본은 프랑스령 인도차이나반도와 중국 이외의 지역으로 진격하지 않을 뿐만이 아니라, 필리핀의 중립을 보장한다는 것을 미국에 약속하기로 했다. 그리고 10월 상순까지 일본의 요구가 관철될 가망이 없을 경우에는 미국과의 전쟁에 돌입한다는 방침을 정했다.

고노에 내각이 총사직하고 육군대신인 도조 히데키東条英機가 대미 강경파를 중심으로 하는 내각을 구성했다. 도조 내각은 대미 개전에 대해 재검토했다. 11월 1일과 2일 정부와 군부의 수뇌는 10여 시간의 격론 끝에 12월 1일까지 교섭이 성립되지 않으면 12월초에 개전한다는 방침을 결정했다.

대미 개전의 방침이 결정된 다음에도 대미교섭은 계속되었다. 11월 26일 미국이 최종적으로 제시한 내용은 일본군이 중국과 프랑스령 인도지나반도에서 전면 철수할 것, 즉 만주사변 이전의 상태로 복귀할 것, 삼국동맹을 파기할 것 등을 요구하는 강경한 것이었다. 일본은 교섭을 단념했다. 12월 1일의 어전회의에서 천황은 대미·대영 개전을 최종적으로 승인했다.

1941년 12월 8일 새벽 일본군은 미국·영국의 기지에 대한 총공격을 개시했다. 야마모토 이소로쿠山本五十六가 이끄는 일본의 연합함대는 선전포고도 없이 하와이의 진주만을 기습했다. 일본해군은 6척의 항공모함을 공격에 동원했다. 미국의 전함 4척을 침몰시키고, 4척을 격파하고, 항공기 250기를 파괴하는 전과를 올렸다. 일본은 기습공격이 성공한 다음에야 선전을 포고했다. 미국·영국도 일본에 대해 선전을 포고했다. 태평양전쟁이 개시된 것이다.

진주만 공격과 동시에 일본군은 남방작전을 개시했다. 일본군은 항공부대의 지원을 받으며 말레이시아 반도 동부에 상륙했다. 12월 10일에는 해군의 항공부대가 말레이시아 해전에서 영국의 동양함대 주력을 괴멸시켰다. 중국 각지의 영국 조계租界도 일본군이 장악했다. 12월 25일 일분군이 홍콩을 점령했다.

12월 8일에 항공부대의 지원을 받으며 필리핀 공격을 개시한 일본군의 선발대는 10일 루손 섬의 북부에 상륙했다. 1942년 정월에는 마닐라를 점령했고, 2월에는 싱가포르를 점령했다. 같은 해 5월에는 필리핀 전 지역을 장악했다.

일본은 네덜란드에게도 선전을 포고했다. 일본이 동남아시아를 침략한 최대의 목적은 네덜란드령 동인도의 석유를 비롯한 전략물자를 탈취하는 것이었다. 1942년 정월에는 보르네오 · 셀레베스 · 수마트라의 거의 전 지역을 점령했다. 3월 9일에 연합군이 일본군에게 항복했다.

1942년 3월에는 미얀마의 수도 랭군을 점령하고, 5월에는 미얀마의 거의 전 지역을 장악했다. 남태평양의 여러 섬들인 소위 남양군도南洋群島에 대한 공격도 감행했다. 1942년 3월까지 일본군은 전략적 요충지를 거의 점령했다. 모든 것이 개전 초기에 계획했던 대로 순조롭게 진행되었다. 일본은 순식간에 광대한 동남아시아의 풍부한 자원을 확보하게 되었다. 작전에 동원된 육군은 52개 사단 중 12개 사단이었고, 육군 주력의 37개 사단은 여전히 중국 대륙에 집중되어 있었다.

「Point 강의」 – 일미교섭과 고노에 후미마로

1941년 9월 6일 어전회의에서 사실상 태평양전쟁을 개시하기로 결정되었다. 고노에 총리대신은 가능하면 미국과의 전쟁은 피하고 싶었다. 10월 12일 고노에 총리대신 사저에서 육군대신·해군대신·외무대신·기획원 총재가 모여서 회의를 열었다. 고노에는 해군대신에게 대미전쟁에 반대하라는 메모를 비밀리에 보냈다. 그러나 해군대신은 모든 것을 총리대신에게 일임하겠다고 애매하게 회답했다. 총리대신이 확실하게 반대 의견을 표명한다면 동조하겠다는 뜻을 완곡하게 전했던 것이다. 그런데도 고노에는 끝내 대미전쟁 반대 의견을 주장하지 못했다. 10월 15일이 되어도 일미교섭은 진전되지 않았다. 10월 16일 고민에 고민을 거듭한 고노에는 총사직을 결심했다. 고노에는 장문의 사표를 남겼다. 그는 솔직한 심경을 토로했다. "가장 난관이라고 생각하는 철병 문제도 명분을 버리고 실리를 취한다는 생각으로, 형식은 상대에게 양보한다는 태도로 협상에 응한다면 여전히 타협의 가능성은 있다고 믿었다. 일중전쟁이 아직 해결되지 않은 마당에 더욱 앞날이 불투명한 큰 전쟁에 뛰어든다는 것은 중일전쟁이 일어난 이래 중대한 책임을 통감하는 본인이 도저히 견디기 어려운 것이었다." 고노에는 간곡하게 충고했다. "지금이야말로 멀리 뛰기 위해 몸을 움츠리고 국민으로 하여금 와신상담하고 더욱 국가를 위해 매진하도록 하는 것이 긴요하다." 고노에는 천황에게 대미전쟁 반대 의견을 완곡하게 표명했던 것이다.

3. 연합군의 반격

초전에서 승리한 일본군은 2단계 작전계획을 수립하는 과정에서 육군과 해군이 대립했다. 해군은 연합함대로 미국의 주력함대와 태평양에서 결전해 단기간 내에 전쟁을 종결시키려고 했다. 하지만 육군은 소련과의 전쟁에 대비하려고 했다. 육군은 이미 점령한 동남아시아 지역의 자원을 전력화해 장기전 태세를 확립해야 한다는 입장이었다. 결국 육군과 해군의 의견이 절충되어 작전계획이 수립되었다.

2단계 작전부터 전투지역이 확대되었다. 그런 상황은 지구전 역량이 결여되어 있는 일본군에게 치명적이었다. 일본군의 2단계 작전은 전부 실패했다. 특히 1942년 6월 연합함대가 총력을 기울인 미드웨이 작전의 실패는 일본의 패배에 결정적인 요인으로 작용했다. 미드웨이 해전에서 일본은 주력 항공모함 4척을 모두 잃었다. 무엇보다도 우수한 전투기 조종사가 많이 전사했다. 일본군은 제공권은 물론 제해권도 미국에 빼앗겼다.

미국은 본격적인 반격태세를 취했다. 일본이 예상했던 것보다 빨리, 미국은 1942년 8월부터 대규모 반격작전을 개시했다. 일·미 양군은 솔로몬 제도의 과달카날 섬에서 사투를 벌였다. 일본 해군은 1942년 8월 해전에서 항공모함 1척을 잃었다. 3만여 병력을 투입한 일본 육군의 작전도 실패했다. 일본의 수송선이 미국 공군의 공격으로 많이 격침되었다. 굶어 죽는 일본군이 속출했다. 1943년 2월 일본군은 2만여 명의 사망자를 내고 과달카날 섬에서 퇴각했다.

미군을 주력으로 하는 연합군은 1943년부터 서남태평양, 중부태평양, 미얀마 전선에서 동시에 공격을 개시했다. 총반격을 개시한 연합군은 일본이 점령했던 태평양의 여러 섬들을 잇달아 탈환했다. 연합군의 공격으로 태평양의 여러 섬에 고립된 일본군 수비대는 거의 전멸했다.

1943년 9월 일본은 방위영역을 축소했다. 전선의 후방에 절대국방권을 설정했다. 그러나 절대국방권의 방위태세가 갖추어지기도 전에 연합군의 공격이 빠른 속도로 진행되었다. 1944년 정월에 마셜제도, 6월에 마리아나제도가 함락되었다. 마리아나 해전에서 일본 해군은 항공모함 3척과 항공기 조종사 주력을 상실했다. 7월에 함락된 사이판에서는 4만3,000여 명의 일본군 중에 4만여 명이 사망했고, 민간인 사망자도 1만 명에 달했다. 일본군 2개 사단이 주둔한 괌에서는 2만여 명의 일본군이 사망했다. 미얀마 전선에서도 연합군의 반격이 개시되었다. 1943년 12월부터 영국군이 미얀마 북부에 진출하기 시작했다.

「Point 강의」 - 미드웨이 해전

1942년 6월 일본의 연합함대는 거의 모든 항공모함과 전함을 동원해 미드웨이 섬 침공에 나섰다. 반격에 나서는 미군 주력 함대를 격멸해 미국의 전력에 심각한 타격을 입히는 것이 목적이었다. 두 달 전에 일어난 미국 B-25폭격대의 일본 본토 공습도 미드웨이 공략작전에 큰 영향을 미쳤다. 미국의 기습적인 공습으로 체면이 손상된 일본 해군은 미국 기동함대가 다시 공격하지 못하게 하기 위해 일본 본토의 경계망을 더욱 동쪽으로 밀어내려고 했다. 전초기지를 확보하기 위해서도 미드웨이 섬 침공 작전은 반드시 성공할 필요성이 있었다. 일본 해군은 미드웨이 침공 작전에 항공모함 4척을 투입했다. 그런데 일본군의 암호를 해독한 미군은 일본 함대의 진로를 상세히 파악했다. 미군은 3척의 항공모함을 길목에 배치하고 일본군을 기다리고 있었다. 6월 5일 일본군의 미드웨이 섬 공습으로 전투가 개시되었다. 전투는 일본군에게 유리하게 전개되었다. 그런데 미국 해군의 폭격대가 일본의 항공모함을 급습했다. 일본의 항공모함 3척이 순식간에 격침되었다. 남은 일본 항공모함 1척은 미국 항공모함을 공격해 큰 피해를 입혔다. 그러나 일본의 남은 항공모함 1척도 끝내 미군 폭격대의 공격으로 침몰되었다. 진주만 기습작전에서 대승한 일본 해군이었지만, 일본 해군은 정찰능력이 없었고, 암호해독 등 정보전에서도 미국에 뒤졌다. 또 일본의 항공모함은 피폭되었을 때 손해를 복구할 수 있는 장비와 시스템을 갖추지 못하고 있었다. 일본군은 대응능력에서 미군의 상대가 되지 않았다. 미드웨이 해전에서 주력 항공모함을 모두 잃은 일본은 제공권은 물론 제해권도 미국에 빼앗겼다. 미드웨이 해전에서 승리한 미국은 전쟁의 주도권을 완전히 장악했다.

4. 일본군의 결사항전

1944년 9월 서남태평양에서 북상한 미군과 중부태평양에서 서진한 미군이 필리핀에서 합류했다. 10월 10일 미국의 기동함대가 처음으로 오키나와沖繩를 공격했다. 그 후 미국은 타이완과 필리핀의 루손 섬에 공격을 가했다. 규슈와 타이완에 기지를 둔 일본의 항공대는 전력을 다해 반격했다. 일본과 미국의 항공대는 타이완 근해에서 치열한 공중전을 벌였다. 일본군은 미국의 순양함 2척을 격침시켰으나 항공기 300

대 이상을 잃었다. 훈련이 부족한 일본의 전투비행사들은 공중전에서 제대로 기량을 발휘하지 못하고 전사했다.

10월 20일 미군은 필리핀 중부에 있는 레이티 섬에 상륙하기 시작했다. 일본의 연합함대는 레이티 만에서 미국 함대와 전투를 벌였다. 일본군은 항공모함 4척, 전함 3척, 순양함 10척, 구축함 11척, 잠수함 1척 모두 29척의 함선이 격침되는 괴멸에 가까운 타격을 입었다. 이 단계에서 일본의 해상전투력은 거의 소멸되었다. 수세에 몰린 일본군은 극단적인 방법을 동원하기 시작했다. 이 무렵부터 항공기를 몰고 적의 함선으로 돌진하는 특별공격대가 등장하기 시작했다.

일본의 수송선은 이미 80퍼센트가 격침되었다. 일본은 때에 맞추어 일선으로 군수물자와 보급품을 수송할 수 없었다. 필리핀에 주둔한 일본군의 병기·탄약은 이미 바닥을 보이고 있었다. 1945년 정월 연합군이 루손 섬에 상륙하기 시작했고, 2월 23일에는 마닐라를 탈환했다. 일본군의 전력으로는 미군의 공세를 저지할 수 없었다. 필리핀 전선에서 37만 명의 일본군이 전사했다. 병사나 군속으로 강제 동원된 조선인 사망자는 숫자조차 파악되지 않고 있다.

1945년 2월 19일 미군은 오가사와라小笠原 제도의 남단에 있는 이오도硫黃島에 약 6만 명의 군대를 상륙시켰다. 일본군은 결사항전의 자세로 전투에 임했다. 그러나 3월 17일까지 약 2만 명의 일본군 수비대가 전멸했다. 이오도를 손에 넣은 미군의 전투력은 비약적으로 향상되었다. 이오도는 마리아나 기지에서 발진하는 B-29폭격기를 호위하는 전투기 기지와 고장이 나거나 피해를 입은 B-29폭격기의 불시착 기지로 이용되었다.

그 후 B-29폭격기는 일본 본토를 계속 공습했다. 일본군의 대공포는 B-29폭격기까지 도달하지 못했다. 미국 공군은 거의 무방비 상태나 다름없는 일본의 하늘을 왕래하면서 공습했다. 1945년 3월 10일

B-29폭격기 334대가 도쿄 대공습을 감행했다. 시가지 밀집지역에 융단폭격을 했다. 이어서 3월 11일에 나고야名古屋, 3월 13일에 오사카, 3월 16일에 고베神戶, 3월 18일에 다시 나고야를 공습했다.

1945년 3월부터 오키나와沖縄 본도에 대한 연합군의 공습과 함포사격이 본격화되었다. 4월 1일에는 연합군이 본도 일부를 점령했다. 4월 6일 일본이 아끼던 세계 최대의 항공모함 야마토大和 이하 10척의 함선이 편도 연료만 넣고 출진했다. 그러나 다음 날 연합군 항공기의 공격으로 전함 야마토를 비롯한 연합함대는 제대로 싸워보지도 못하고 규슈의 서남방에서 침몰하고 말았다. 6월 23일 절망한 오키나와 주둔 군사령관이 자결했다. 오키나와를 사수하던 약 10만 명의 일본군은 미군의 상상을 초월하는 화력 앞에서 거의 전사했다.

오키나와 전투에서 일본군의 전의는 완전히 상실되었다. 미군이 상륙하기 전부터 현지에서 동원된 병사들 중에서 도망병이 급증했다. 미군이 상륙한 뒤에는 스스로 투항하는 병사가 많았다. 6월 말까지 미군에 투항한 일본군 포로는 7,000명이 넘었다. 민간인이라고 속여 투항한 병사도 있었으므로 그 숫자까지 합하면 포로 수는 더욱 늘어난다.

일본은 오키나와 전투를 본토 결전체제를 정비하는 데 시간을 벌기 위한 작전으로 이용하려고 했다. 오키나와 방위가 전투의 목적이 아니었다. 미군에게 결정적인 타격을 입히는 것이 목적이었다. 그런 다음에 일본은 좀 더 유리한 입장에서 종전 협상의 길을 모색하려고 했다. 일본은 처음부터 민간인 피난 계획과 안전 대책을 세우지 않았다.

오키나와 전투의 특징은 일본군에게 살해된 민간인이 많았고, 또 집단자살이 많았다는 점이다. 일본군은 미군의 스파이라고 판단한 오키나와 주민을 현장에서 살해했다. 뿐만 아니라 일본군은 미군의 폭격이 시작되자 참호 속에 숨어 있는 주민들을 몰아냈다. 일본군의 은신처를 마련하기 위해서였다. 주민들은 미군의 융단폭격에 그대로 노출되었다. 일본군은 미군에 투항하려는 민간인을 사살하거나 주민들에게 수류탄을 나누어 주고 미군에게 발각되면 자폭하라고 강요했다. 여성에게는 미군의 포로가 되면 치욕을 당한다고 강조하면서 집단자살을 권유했다.

궁지에 몰린 일본군은 특별공격대 전술로 연합군과 대결했다. 일본인은 특별공격대를 가미카제특공대神風特攻隊라고 불렀다. 1945년 4월 미군이 오키나와 본도 상륙작전을 전개할 때 일본은 특공대 항공기 약 2,000대를 출격시켰다. 일본이 패색이 짙어지면서 특공대 공격이 더욱 강화되었다. 항공기를 이용한 특공대 이외에 모터보트를 이용한 수상특공대, 인간이 어뢰를 직접 몰고 적의 함선으로 돌진하는 수중특공대가 있었다.

「Point 강의」 - 조선인의 강제동원

1939년 10월 일본은 「국민징용령」을 공포해 식민지 조선인을 강제로 연행했다. 조선인은 국내뿐만 아니라 일본 내의 탄광·군사시설·공사장, 동남아시아 각지의 전쟁터와 건설현장으로 연행되었다. 징용령으로 일본으로 연행된 조선인 수만 113만 명에 이르렀다. 연행된 조선인이 어떠한 노동환경에서 사역되었는지 알 수 있는 대표적인 곳이 나가노현長野縣 마쓰시로松代의 대본영大本營 지하시설 굴착사업이었다. 이 사업에 강제연행 된 조선인 약 7,000

명이 투입되었다. 조선인은 하루 14시간 중노동에 시달렸다. 식사는 밀가루만 뭉쳐서 찐 빵 한 개와 끓인 물 한 컵이 전부였다. 중노동, 영양실조, 감독의 구타 등으로 조선인 사망자가 속출했다. 1941년부터 조선인을 군속으로 징용했다. 군속은 군부軍夫, 공인工員, 용인傭人 등의 이름으로 전쟁에 투입되었다. 조선인 군속은 주로 전쟁터에서 군사기지를 건설하거나 진지를 구축하는 작업에 투입되었다. 포로감시원으로 배치되기도 했다. 군인으로 동원된 조선인은 약 20만 명, 군속으로 동원된 조선인은 약 15만 명이었다. 1943년 말부터 조선인 학생이 학도병으로 동원되기 시작했다. 고이소 구니아키小磯国昭 조선총독은 "한사람도 예외 없이 지원하라."는 성명을 발표하고 지원하지 않는 학생을 '비국민非國民'으로 차별하는 운동을 전개했다. 고이소 조선총독은 학도병으로 지원하지 않는 학생은 전원 탄광으로 강제 연행한다고 협박하기도 했다. 조선인 저명인사·교수·교사들 중에는 조선인 학생에게 학도병 지원을 권유하거나 선동한 자들이 적지 않았다. 전쟁이 막바지로 치닫자 식민지 조선인에 대한 징병제가 본격적으로 실시되었다. 조선총독부는 여러 지역에 청년특별연성소를 설립하고 징병예정자를 소집해 일본어 교육·군사훈련·황민화교육을 실시했다. 1944년 4월 1일 제1차 징병이 실시되어 만주에 거주하는 조선인을 포함해 14만 명 이상의 조선인이 징집되었다. 제2차 징병은 1945년 1월부터 실시되었다. 지원병·학도병·징병으로 연행된 조선인은 병영 내에서 가혹행위의 대상이 되었다. 일본은 젊은 조선인 여성들을 군위안부로 연행했다. 가정이 어려운 여성에게 접근해 좋은 일자리를 알선해 주겠다고 속여서 유인한 후 군위안부로 연행하는 경우도 있었다. 위안부는 보안을 유지하기 위해서 '군수품'으로 분류되거나 암호로 표기되었기 때문에 정확한 숫자를 파악할 수 없다. 하지만 상당히 많은 조선인 여성들이 군위안부로 연행됐을 것으로 추정된다. 일본군은 중국 침략을 개시할 때부터

위안소를 설치하고 운영했다. 위안소의 운영은 주로 민간업자에게 위탁했으나 일본군이 관리했다.

가미카제특공대

특공작전은 1944년 10월에 필리핀에 부임한 제1항공함대사령관 오니시 다키지로大西滝治郎 해군중장이 처음으로 고안한 것이라고 알려져 있다. 오니시가 레이티 만 해전에서 처음으로 특공대 출격을 명령한 것은 사실이었다. 하지만 특공대 작전을 처음 구상한 것은 해군본부였다. 1944년 2월 26일 해군은 해군공창 어뢰실험부에 인간어뢰 제작을 명령했다. 8월 16일 해군은 특공대를 위한 항공기지 건설을 개시했고, 10월 1일에는 제721해군항공대가 창설되었다. 한편, 육군은 1944년 7월경에 두 종류의 특공기를 제작했다. 11월에는 만타대萬朶隊와 부악대富嶽隊가 조직되었다. 만타대는 경폭격기를 개조한 항공기를 사용했고, 부악대는 중폭격기를 개조한 항공기를 사용했다. 일본은 실전의 결과를 검토해서 특공기 성능을 개선했다. 대형폭탄을 탑재하기 위해서 항공기 내부를 개수했고, 2톤 정도의 폭약을 항공기 전면에 장착한 특공기도 개발했다. 오키나와 결전이 임박했을 때 특공대가 매일 규슈의 가고시마鹿児島 최남단 항공기지에서 오키나와로 향했다. 그들이 탈 항공기에는 돌아오는 데 필요한 연료를 넣지 않았다. 기름 한 방울이라도 아껴야 했기 때문이다. 침묵 속에서 전우들의 무거운 환송을 받은 특공대원은 죽음을 향한 마지막 비행을 했다. 당시 신문에서는 특공전술을 "몸을 던져서 국가를 구하는 숭고한 전법"이라고 극찬했다.

현대

제49강

연합국군의 점령통치

1. 일본의 무조건 항복

1945년 5월 7일에는 독일이 무조건 항복했다. 그러나 일본은 결단을 내리지 못했다. 천황이 끝까지 현실을 직시하려고 하지 않았기 때문이다. 원로들이 휴전의 필요성을 진언해도 천황은 그 제안을 거부했다. 천황은 전투에서 "한 번의 확실한 승리를 거둔 후"에 유리한 입장에서 휴전교섭을 하려고 고집했다.

6월 8일 어전회의가 개최되었다. 천황을 포함한 어느 누구도 전쟁의 종결과 관련한 의견을 제시하려고 하지 않았다. 어전회의에서「금후 취해야 할 전쟁지도의 기본요강」이 결정되었다. "충성의 신념을 자원으로, 지리의 이점과 인화로, 끝까지 전쟁을 완수해 국체를 지키고 영토를 보호해서 전쟁의 목적을 달성한다." 일본 본토에서 연합군과 결전한다는 방침이 정해진 것이다.

6월 22일 「전시긴급조치법」이 공포되었다. 6월 23일 「의용병역법」이 공포되었다. 이미 1945년 3월 각의에서 국민의용대 결성이 의결되었는데, 국민의용대는 사실상 군부의 지시를 받으며 방공·피해복구·진지구축·수송·경비 등의 활동을 했다. 「의용병역법」이 제정되면서 15세 이상 60세 이하의 남자, 17세 이상 40세 이하의 여자가 전투원으로 병역에 복무하게 되었다.

7월 17일 포츠담회담이 개최되었다. 미국·영국·중국 3개국 원수는 일본에게 무조건 항복을 권고했다. 항복의 조건으로 군국주의 제거, 연합국군의 일본 점령, 일본 영토 축소, 일본군의 무장해제, 전범의 엄벌, 배상의 지불과 군사산업의 금지 등을 제시했다. 포츠담 선언은 독일의 항복조건 보다는 완화된 것이었다. 천황제 폐지의 요구도 포함되어 있지 않았다. 조기에 일본의 항복을 유도하기 위해서였다. 일본은 포츠담 선언을 묵살했다.

연합국은 일본의 '묵살'을 사실상의 거부로 받아들였다. 8월 6일 8시 15분 B-29폭격기 1대가 히로시마廣島 상공에 나타나 원자폭탄 1개를 투하했다. 원자폭탄은 1,500미터 상공에서 섬광을 발하고 낙하해 580미터 상공에서 폭발했다. 시가지는 뜨거운 광선과 폭풍으로 파괴되었다. 12킬로미터 정도 높이까지 버섯구름이 치솟으면서 화재가 발생했다. 오후에는 '검은 비'가 내렸고, '검은 무지개'가 떴다. 8월 9일 나가사키長崎에서 같은 비극이 되풀이되었다. 원자폭탄을 투하한 이유는 일본의 항복을 실현시키기 위해서였다. 그것은 소련이 남하하기 전에 일본을 단독으로 점령하기 위한 미국의 아시아 전략의 일환이기도 했다.

8월 8일 소련이 만주로 진격하기 시작했다. 원자폭탄이 투하되고 소련이 참전하자 일본에서는 포츠담선언을 수락해야 한다는 여론이 형성되었다. 일본 정부도 포츠담선언을 수락하기로 결심했다. 8월 9일

심야에 개최된 최고전쟁지도회의에서 도고 시게노리東鄕茂德 외무대신은 국체호지 즉 천황의 신변보장을 유일한 조건으로 항복할 것을 주장했다. 군부는 천황의 신변보장 이외에 자주적인 무장해제, 전범재판을 일본이 행할 것 등 4개의 조건을 내세웠다. 양자의 주장은 정리되지 않은 채 어전회의에 넘겨졌다. 하지만 천황은 사실상 도고 외무대신의 안에 따라 자신의 신변만 보장된다면 무조건 항복을 하겠다는 뜻을 굳혔다.

8월 10일 아침 일본은 중립국 스위스와 스웨덴을 통해 미국·소련·영국·중국 4개국에 천황의 신변만 보장된다면 포츠담선언을 수락하겠다는 뜻을 전했다. 연합국은 "일본의 통치형태는 일본인의 자유의사에 따라 결정한다."고 회답했다. 명시하지는 않았지만 천황의 신변은 보장한다는 언질이었다. 천황은 포츠담선언의 수락을 허락했다.

「Point 강의」 - 연합국의 움직임

1943년 11월 27일 루스벨트 미국 대통령, 처칠 영국 수상, 장제스 중화민국 주석이 카이로선언을 했다. 세 나라의 정상은 일본이 무조건 항복할 때까지 함께 싸울 것이고, 그동안 일본이 빼앗은 태평양의 모든 섬을 박탈하고, 만주·타이완을 중국에 돌려줄 것이며, 조선의 독립을 승인한다고 선언했다. 1945년 2월 크리미아 반도의 얄타에서 루스벨트·처칠·스탈린이 회담을 열었다. 회담에서 독일이 항복한 후의 전후처리 문제와 미국·영국·소련의 협조 방향에 대해 논의했다. 이 회담에서 소련도 전쟁에 참가하는 비밀협정을 맺었다. 소련은 러일전쟁으로 상실한 러시아의 권익 회복, 러일전쟁으로 일본에게 빼앗긴 사할린 남부의 반환, 뤼순 조차권의 회복, 동중국·남만주 철도의 우선적 지위 보장, 지시마千島 열도의 양도 등을 요구했다. 미국과 영국은 스탈린의 요구를 모두 양해했다. 제2차 세계대전은 독일이 패망하면서 종말로 치달았다. 1945년 5월 1일 패전이 현실로 다가오자 히틀러는 자살했다. 5월 7일 독일은 무조건 항복했다. 이 무렵 천황이 그렇게 기대했던 오키나와 결전도 일본군의 참패로 끝났다. 일본이 승리할 가능성은 전혀 없는 상황이었다. 7월 16일 미국의 뉴멕시코 사막에서 인류 최초의 원자폭탄의 실험이 성공했다. 그러자 미국은 원자폭탄을 사용해 일본을 항복시키기로 결심했다. 미국은 동아시아에서 소련의 영향력이 확대되는 것을 두려워하고 있었다. 그래서 미국이 주도해서 일본을 항복시키는 방법을 선택했던 것이다. 7월 17일부터 미국의 트루먼·영국의 처칠·소련의 스탈린이 베를린 교외의 포츠담에 모여서 회담했다. 7월 26일 일본과 전쟁을 하는 미국·영국·중국 3개국 원수의 이름으로 일본에 무조건 항복을 권고했다. 그러나 일본은 포츠담 선언을 묵살했다. 미국은 8월 6일에 히로시마, 8월 9일 나가사키에 원자폭탄을 투하했다. 8월 8일에는 소련이 만주로 진격하기 시작했다.

2. GHQ의 점령정책

1945년 8월 14일 쇼와 천황昭和天皇은 어전회의에서 자신의 신변보장을 내세운 외무성의 안을 지지하는 "성스러운 결단"을 내렸다. 포츠담선언을 수락하는 형태로 항복한 것이다. 8월 15일 정오 천황은 라디오를 통해 일본의 무조건 항복 사실을 국민에게 알렸다. 소위 '옥음방송'이었다. 스즈키 간타로鈴木貫太郎 내각은 무조건 항복을 실현하고 총사직했다.

제2차 세계대전이 끝났다. 일본의 영토는 러일전쟁 이전의 상태로 한정되었다. 타이완은 중국의 지배하에 들어갔다. 지시마千島 열도와 사할린은 소련이 지배하게 되었다. 일본이 점령했던 남양제도는 미국이 위임통치하게 되었다. 오키나와沖繩는 미국을 시정권자로 해서 국제연합이 신탁통치하기로 했다. 한반도는 분할되었다. 38도선 이북은 소련이 점령하고 이남은 미국이 점령했다. 일본은 연합국이 점령하는 모양을 갖췄으나 실제적으로 미국이 단독으로 점령했다.

1945년 8월 28일 미국군 선발대가 일본에 도착했다. 8월 30일에는 서남태평양방면 연합군총사령관 맥아더D. Macarthur 원수가 일본에 도착했다. 동시에 미군은 일본 본토 점령을 개시했다. 9월 2일에는 맥아더가 지켜보는 가운데 일본 측 대표 시게미쓰 마모루重光葵가 정식으로 항복문서에 조인했다.

같은 해 10월에는 도쿄에 연합국군최고사령관총사령부GHQ가 설치되고, 최고사령관SCAP으로 맥아더가 취임했다. 맥아더는 연합국군최고사령관이면서 미국태평양육군총사령관이기도 했다. 미국태평양육군총사령관 산하에 미8군이 있고, 미8군 산하 지방군정부가 일본 각 지역에 주둔했다. 지방군정부는 일본 정부와 각 지방자치단체를 통제하는 역할을 했다.

일본에서 점령정책 실시 책임자는 연합국군최고사령관 맥아더였다. 미국 대통령이 정책의 방향을 제시했지만 현지에 있는 맥아더가 강력한 발언권을 갖고 있었다. 그리고 워싱턴의 명령과 합동참모본부의 지시를 현실에 적용하는 과정에서 GHQ에 상당한 재량권이 부여되었다. 신헌법 제정, 내무성 해체, 농지개혁, 사회보장제도 개혁, 천황을 전범에서 제외하는 문제 등은 GHQ가 독자적으로 결정한 것이었다.

일본의 통치권을 장악한 연합국군최고사령관 맥아더는 간접지배 방식으로 일본을 통치했다. 미국은 천황의 권위와 일본 정부를 이용하는 것이 효율적이라고 판단했다. 일본 정부는 맥아더 사령관의 명령을 받아서 업무를 수행했다. 맥아더 사령관의 명령은 긴급칙령으로 시행되었다.

GHQ는 일본 정부에 정치, 사회, 종교 등 모든 면에서 민중을 억압하는 규제를 제거할 것을 명령했다. 그 내용은 첫째 사상·종교·집회·언론의 자유를 제한하는 모든 법령을 철폐할 것, 둘째 10월 10일까지 모든 정치범을 석방할 것, 셋째 내무대신, 경보국장警保局長, 경시총감警視總監, 전국의 경찰부장, 그리고 특별고등경찰 관계자 전원을 파면할 것, 넷째 10월 15일까지 특별고등경찰을 폐지할 것 등이었다.

「Point 강의」 -GHQ의 간접통치와
히가시쿠니노미야 내각

1945년 8월 17일 히가시쿠니노미야東久邇宮 내각이 성립되었다. 외무대신에는 요시다 시게루吉田茂가 임명되었다. 천황이 황족을 총리대신으로 임명한 것은 황실의 권위를 이용해서 군대의 동요와 민중의 소요를 미연에 방지하기 위한 것이었다. 혼란을 방지하기 위해서는 천황제가 필요하다는 것을 연합국 측에 인식시키기 위한 목적도 있었다. 히가시쿠니노미야 내각은 전쟁의 책임을 지배층에 전가하지 말고 일본인 전부가 책임감을 나누어 갖자고 국민을 설득했다. 천황의 자비심으로 전쟁이 종결되었다고 선전했다. 히가시쿠니노미야 내각의 방침은 전시체제를 평시체제로 전환하는 것이었다. 즉「치안유지법」체제를 전제로 하는 1920년대로 복귀하는 것이었다. 실제로 히가시쿠니노미야 내각은「치안유지법」을 그대로 유지했다. 특별고등경찰은 여전히 요주의 인물을 감시했다.「치안유지법」위반혐의로 투옥된 정치범을 석방해야 한다는 생각조차 하지 않고 있었다. 특히 항일운동으로 수감된 한국인은 미군이 진주하고 나서도 여전히 감옥에 수감되어 있었다. 히가시쿠니노미야 총리대신은 천황제의 존속을 기대하면서 점령통치가 원활하게 시행될 수 있도록 최대한 노력했다. 그는 아무런 혼란 없이 점령군을 맞이하는 것이 천황제의 필요성을 미국에게 인식시키는 유일한 방책이라고 믿었다. 히가시쿠니노미야 내각은 일본군 병사와 전쟁에 협력한 자들을 위로하는 한편, 전 국민에게 천황제 수호를 호소했다. 그러나 점령군은 히가시쿠니노미야 내각이 생각한 것처럼 그렇게 호락호락하지 않았다. 미국은 이미 맥아더에게 일본의 근본적인 개혁을 지시했다. 거기에는 일본군의 무장해제, 일본의 군국주의 요소 제거, 전쟁범죄자의 처벌, 개인의 자유 및 민주주의의 장려, 경제의 비군사화 등 상당한 개혁의 태풍을 예견하는 내용이 포함되어 있었다. 천황제 수호를 정책의 근본으로 생각하고 있었던 히가시쿠니노미야 내각은 큰 충격을 받았다. 히가시쿠니노미야 내각은 성립된 지 2개월 만에 총사직하고 말았다.

3. 극동국제군사재판

GHQ는 점령정책의 기본방침에 따라서 먼저 일본군을 해체했다. 그리고 1945년 9월부터 12월에 걸쳐서 도조 히데키東条英機를 비롯한 전범들을 차례로 체포했다. 그중 28명이 A급 전범 용의자로 분류되어 기소되었다. 1946년 5월 3일부터 극동국제군사재판소에서 재판이 시작되었다. 도쿄재판이라고도 하는 극동국제군사재판에서는 침략전쟁을 자행하고 평화와 인도주의에 대해 범죄를 저지른 자들을 심판했다.

극동국제군사재판에서는 주로 만주사변 이후의 범죄를 추궁했다. 재판 결과, 전직 총리대신 도조 히데키・히로타 고키広田弘毅를 비롯한 7명을 교수형에 처하고, 도조 내각 성립에 결정적으로 기여했던 전직 내대신 기도 고이치木戸幸一를 비롯한 16명을 종신형에 처했다.

하급자들도 심판했다. 한국인 148명도 B・C급 전범으로 분류되어 재판을 받았다. 한국인 중 23명이 교수형 또는 총살형에 처해졌고, 나머지는 종신형 또는 유기징역에 처해졌다. 한국인 중 129명이 전쟁 중에 포로를 감시한 군속이었다. 그들은 포로를 학대한 '일본인'이라는 이유로 가혹하게 처벌되었다.

천황 및 천황제를 어떻게 처리할 것인가 하는 문제는 점령정책의 난제였다. 천황은 국군통수권자였다. 더구나 쇼와 천황은 전쟁에 적극적으로 개입했다. 도쿄에서 전범 용의자가 잇달아 체포될 무렵, 외국은 물론 일본에서도 천황의 전쟁책임을 둘러싼 논쟁이 뜨거웠다. 당시 국제 여론은 천황의 전쟁책임도 물어야 한다는 의견이 압도적이었다.

그러나 맥아더 사령관과 GHQ는 천황이 퇴위하는 방식으로 전쟁에 대한 책임을 지는 것에 반대했다. 미국은 점점 세력을 확대하는 소련이 두려웠다. 일본에 공산주의 세력이 미치면 미국의 세계전략에 차질이 빚어질 수 있었다. 맥아더는 천황을 그대로 두고 점령정책을 추진하는 것이 효과적이라고 판단했다. 일본인은 여전히 천황을 존경하고 그의 명령에 복종했다. 더구나 천황을 추종하는 세력은 공산주의를 극도로 미워했다. 공산주의가 일본에 뿌리를 내리지 못하게 하기 위해서도 천황을 살려둘 필요가 있었다. 극동국제군사재판소는 천황을 법정에 세우지 않았다.

> ### 「Point 강의」 – 천황의 전쟁책임
>
> 천황은 가장 중요한 전범이었다. 그런데 미국은 천황을 끝내 전범 재판에서 제외했다. 미국은 천황은 "군림하나 통치하지 않는 전통"에 따라 정치에 직접 나서지 않았다는 논리를 제시했다. 그러나 쇼와 천황은 국내 정치뿐만 아니라, 침략전쟁의 전 과정에 걸쳐서 매우 세세한 부분까지 개입하고 간섭했다. 천황의 말 한마디로 정책이 변경되었다. 천황의 말 한마디에 수많은 동아시아 민중이 전쟁터에서 죽어갔다. 독일이 항복한 후 일본이 승산이 없는 싸움에 매달린 것도 천황이 전투에서 "한 번의 확실한 승리"를 하고 싶다고 고집했기 때문이다. 천황의 고집으로 연합국의 수많은 젊은이들이 전사했다. 일본인들도 두려움에 떨었다. 천황의 전쟁책임은 명확했다. 오스트레일리아, 뉴질랜드, 영국, 중국, 소련 등과 같은 연합국 국민들의 대부분이 천황을 체포해서 재판에 회부해야 한다고 생각했다. 실제로 소련 · 영국 · 오스트레일리아가 극동국제재판소에 제출한 전쟁범죄자 목록의 맨 앞에는 천황이 기재되어 있었다. 미국의 여론조사에서도 천황을 처형하거나 추방해야 한다는 의

견이 70퍼센트에 달했다. 국무성의 관리들 중에서도 천황을 전범으로 처벌해야 한다고 주장하는 사람들이 많았다. 일본에서도 전쟁을 주도한 쇼와 천황이 퇴위해야 한다는 여론이 힘을 얻고 있었다. 실제로 천황 주변 인물들이 여러 차례 천황을 퇴위시키려고 했다. 천황의 최측근 기도 고이치조차도 천황에게 전쟁책임이 있으니 퇴위하는 것이 옳다고 생각하고 있었다. 천황도 강화조약을 체결할 때 스스로 조상과 국민에게 사죄하고 퇴위하는 것을 고려하고 있었다. 천황의 퇴위를 조건으로 천황제의 존속을 GHQ에 상신하는 구체적인 방안까지 제시되었다. 그러나 미국은 천황의 정치적인 권한을 박탈하는 선에서 천황제를 존속시키는 방법을 선택했다.

4. 일본제국 해체

점령의 가장 큰 목적은 일본의 무장해제였다. 일본이 다시는 다른 나라를 위협하는 일이 없도록 하는 것이었다. 가장 먼저 일본군의 무장을 해제하는 작업이 실시되었다. 외국에 주둔하다가 일본으로 돌아온 병사까지 포함해서 750만 명 정도의 일본군이 무장해제 대상이 되었다. 강제로 군수공장이나 탄광으로 징용된 한국인이 해방되었고, 해외에 거주하는 일본인 150만 명의 귀환도 추진되었다.

1946년 정월 4일 GHQ는 초국가주의 단체를 해산하고 군국주의자를 공직에서 추방하라는 명령을 내렸다. 일본 정부는 군국주의를 상징하는 기관이나 부서를 폐지했다. 화족제도華族制度와 추밀원樞密院도 폐지되었다. 대정익찬회의 후신 대일본정치회와 같은 단체도 해산되었다. 특별고등경찰도 폐지되었다.

GHQ는 공직에서 추방되어야 마땅한 자들의 기준을 제시했다. 그것은 전쟁범죄자, 군인, 국가주의 단체, 대정익찬회의 간부, 점령지에서 관리를 역임한 자 등이었다. GHQ의 공직추방 명령으로 정치권이 요동쳤다. 진보당 의원 274명 중 260명, 자유당 의원 43명 중 30명, 사회당 의원 17명 중 11명이 추방되었다. 1946년 4월 총선거에서 당선된 국회의원의 80퍼센트 이상이 새로 정계에 입문한 정치인이었다. 언론계·경제계에서도 군국주의 성향이 있다고 의심되는 인물 20만 명 이상이 추방되었다.

태평양전쟁 전에 일본 정부와 군부는 천황을 신격화하고 일본인에게 민족적 우월감을 심어주기 위해 신도神道를 이용했다. 1945년 12월 GHQ는 「국교분리령」을 공포해서 국가가 신사·신도를 보호·지원·감독·홍보하는 것을 금지했다. 1946년 초 신사를 관리하는 국가기관인 신기원神祇院이 폐지되었다. 신사는 종교법인이 되었다. 이세신궁伊勢神宮과 야스쿠니신사靖国神社도 국가와 무관하게 되었다.

학교교육은 군국주의 체제를 완성하는 산실이었다. GHQ는 군국주의·초국가주의 교육을 금지하라는 명령을 내렸다. 미국은 이미 1942년부터 일본의 교육제도에 대해 연구하고 있었다. 1944년에 참모본부 소속 전략국이 작성한 「일본의 행정과 문부성」이라는 보고서의 방침에 따라 군국주의 정신을 기르는 일본의 교육제도가 폐지되었다. GHQ는 일본 정부에 교육칙어教育勅語를 폐지하고 국정교과서에서 전쟁을 부추기는 내용을 삭제하라고 명령했다. 학교교육에서 수신修身·일본사·지리 수업이 폐지되었다. 이 과목들은 학생에게 초국가주의를 체계적으로 주입하는데 특히 중요한 역할을 했었다. 폐지된 교과서는 일본 정부가 회수해 파기했다.

일본 정부는 교직원 조사기관을 설치해서 군국주의자·초국가주의자를 학교에서 추방했다. 1945년 11월 도쿄대학에서는 시국에 편승한 군국주의자·초국가주의자 교수를 교직에서 추방하고, 전쟁 중에 대학에서 추방되었던 야나이하라 타다오矢内原忠雄를 비롯한 7명의 학자를 복직시켰다. 1946년 2월 전쟁 중에 교토대학에서 추방되었던 다키가와 유키토기滝川幸辰가 대학으로 복귀했다. 다른 대학에서도 파쇼정권이 추방했던 학자들이 속속 교단으로 복귀했다.

「Point 강의」 - 천황의 인간선언

1946년 정월 1일 천황은 조서를 냈다. 이 조서는 천황과 국민은 "상호 신뢰와 경애"로 맺어지는 것이며, "단지 신화와 전설"에 의한 것이 아님을 강조했다. 그리고 "천황을 살아있는 신으로 받들고, 또 일본인을 다른 민족보다 우월한 민족"이라고 생각하는 것은 "가공의 관념"이라고 말했다. 이것이 소위 천황의 '인간선언'이었다. 천황의 '인간선언'은 시데하라 기주로 총리대신이 먼저 영문으로 써서 맥아더에게 보여주고, 그것을 다시 일본어로 번역해서 천황에게 보여준 다음 천황의 이름으로 공포한 것이다. 맥아더는 이 조서를 공포함으로써 일본의 초국가주의 사상의 근원인 천황의 신격화 사상을 무력화했다. 맥아더는 "천황이 일본 국민의 민주화에 지도적 역할을 수행하려고 했다."는 성명을 발표했다. 맥아더는 연합국 및 미국의 천황제 폐지론 여론에 선제공격을 가했던 것이다. '인간선언'으로 신비의 베일을 벗어버린 천황은 비로소 국민 앞에 그 모습을 드러냈다. 1946년 2월 19일 천황은 가나가와현神奈川縣을 시찰하는 것을 시작으로 오키나와를 제외한 전국 각지를 9년에 걸쳐서 순회했다. 이러한 천황의 행보는 오히려 천황의 존재감을 대내외에 유감없이 각인시켰다.

제50강

민주화 정책

1. 제도의 개혁

　GHQ는 시데하라 내각에 5대 민주화 개혁을 지시했다. 그 내용은 (1) 선거권을 부여하는 방법으로 여성을 해방하고, (2) 노동조합의 결성을 장려하고, (3) 교육을 자유화하고, (4) 압제적인 제도를 폐지하고, (5) 경제기구를 민주화하는 것 등이었다. 일본의 민주화는 이러한 5대 원칙에 의해 추진되었다.

　중일전쟁과 태평양전쟁 중에 해체된 여러 정당이 부활했다. 모든 권리는 남녀에게 동등하게 부여되었다. 여성에게도 남성과 동등하게 참정권이 부여되었다. 선거권은 20세 이상으로 하고, 피선거권은 25세 이상의 남녀에게 주어지는 개정선거법이 공포되었다. 지사와 교육위원도 선거를 통해 선출되었다.

미국식 교육제도가 도입되었다. 1946년 일본의 교육 실태를 조사한 미국의 교육사절단이 일본 정부에 소학교 6년·중학교 3년의 의무교육을 권고했다. 권고에 따라 의무교육이 6년에서 9년으로 연장되었다. 1946년 4월부터 미국의 학제를 모방한 6·3·3·4제의 새로운 학제가 도입되었다. 학제는 남녀공학을 원칙으로 했다. 학제의 변화에 따라 중학교, 고등학교, 대학이 설립되었다.

1947년 3월에 「교육기본법」·「학교교육법」이 공포되었다. 신헌법의 이념에 따라 성립된 「교육기본법」은 일본 교육의 기본방향을 정한 것이었다. 새로운 학제는 학교의 평등화를 지향했다. 새로운 제도에 의한 고등학교는 태평양전쟁 이전의 중학교와 같은 수준이었다. 새로운 제도는 직업학교와 보통학교를 통합하고 학구제를 도입해서 고등학교 간의 격차를 없앴다.

국정교과서 제도가 폐지되고 검정제도가 도입되었다. 교과서 검정제도는 교육민주화의 일환으로 성립된 것이었다. 교육행정도 민주화되었다. 전국의 자치단체에 교육위원회가 설치되었다. 교육위원은 주민의 직접선거로 선출되었다. 문부성 중심의 집권적 교육행정이 타파된 것이다. 교육쇄신위원회가 활동하기 시작하면서 새로운 학교 조직·교육행정 조직이 정비되었다. 교육행정 담당자들은 주민의 의사를 교육에 반영시키려고 노력했다.

지방자치제도가 개혁되었다. 개혁의 목표는 국민의 의사를 정치에 반영시키는 것이었다. 선거를 통해 지방자치단체장을 선출하고 국민소환제를 도입했다. 경찰제도도 개혁되었다. 자치단체 경찰이 중심이 되고 국가 경찰이 보조하는 새로운 제도가 도입되었다. 「국가공무원법」이 시행되었다. 태평양전쟁 전에는 천황을 위해 일하면서 국민 위에 군림했던 공무원이 명실상부한 국민의 공복이 되었다.

> **「Point 강의」 - 정당의 부활과 여성의 정치참여**
>
> GHQ의 민주화 개혁으로 중앙과 지방의 정치계에서 중일전쟁과 태평양전쟁 중에 요직에 있었던 자들이 추방되었다. 그리고 전전戰前에 해체된 여러 정당이 부활했다. 예전의 무산정당 관계자들이 모여서 일본사회당日本社會黨을 결성했다. 보수 성향의 일본자유당日本自由黨, 일본진보당日本進步黨, 국민협동당國民協同黨 등이 새롭게 결성되었다. 일본공산당日本共産黨도 활동을 재개했다. 1946년 4월 제22회 총선거가 실시되었다. 이 선거에서 공산당이 6명의 국회의원을 배출하고, 39명의 여성 국회의원이 탄생했다.

2. 경제구조 개혁

일본 농촌의 지주제는 일본사회의 봉건성과 군국주의의 온상이었다. 일본의 재벌은 전쟁을 부추기는 최대의 원동력이었다. GHQ는 철저한 개혁으로 일본의 경제구조를 민주화하려고 노력했다. 농지개혁과 재벌의 해체를 단행했다.

일본의 농촌은 여전히 봉건시대 체질에서 탈피하지 못하고 있었다. 농촌에는 다수의 기생지주·부재지주와 그들에게 무거운 소작료를 내는 영세한 소작농이 공존했다. 소작농은 여전히 지주에 예속되어 있었다. 일본 정부는 건실한 자작농을 육성하고 소작농을 보호하기 위해 농지개혁을 단행했다. 정부는 지주에게서 농지를 강제로 매입해서 그것을 소작농에게 매매했다. 소작농은 지주에게 소작료를 납부하지 않고 모든 생산물을 자신이 직접 처분할 수 있게 되었다.

1945년 12월 제1차 「농지개혁안」이 국회에서 의결되었다. 「농지개혁안」은 기생지주·부재지주가 소유한 경작지 중에서 5정보까지 지주가 직접 소유할 수 있도록 하고, 그 이상의 경작지는 소작농에게 양도하도록 하는 것이었다. 국회의원들은 「농지개혁안」이 너무 과격하다는 이유로 반대했다. 그러나 GHQ의 압력으로 「농지개혁안」이 국회를 통과했다. 1946년 2월부터 제1차 농지개혁이 실시되었다. 그러나 개혁은 철저하게 관철되지 못했다.

1945년 11월 GHQ는 재벌의 해체를 단행했다. GHQ는 일본 정부에 미쓰이三井, 미쓰비시三菱, 스미토모住友, 야스다安田 등 소위 4대 재벌을 포함한 15대 재벌에 대한 자산동결을 명령했다. 1946년 정부는 지주회사정리위원회를 발족시켜서 재벌이 자본을 지배하는 기반인 지주회사와 재벌 가족이 소유한 주식·증권을 처분하고, 재벌 가족·재벌 본사·지주회사의 거대한 경제력을 박탈했다. 재계 인사의 추방도 병행되었다. 1947년에는 「독점금지법」과 「과도경제력집중배제법」을 잇달아 제정해서 주식회사의 설립, 회사 임원의 겸임, 주식의 매점, 상품의 독점판매 등 독점행위를 금지했다.

재벌해체 정책은 어느 정도 성과를 거두었다. 하지만 독점적인 대기업은 여전히 생명력을 유지했다. 더구나 GHQ는 재벌의 중심축인 재벌계 대형 은행에 끝까지 손을 대지 못했다. 재벌해체 정책이 철저하게 추진되지 못했던 것이다. 일본의 거대자본은 재벌 가족을 정점으로 하는 낡은 구조에서 탈피해 금융자본과 은행자본을 중핵으로 하는 콘체른 형태의 새로운 구조로 전환했다.

1945년 10월 GHQ는 노동자의 단결권을 인정하고 보호하는 명령을 내렸다. 1945년 12월 「노동조합법」이 공포되었고, 다음 해 3월부터 시행되었다. 이 법은 노동자의 단결권과 단체교섭권을 보장하는 것이었다. 1946년 9월 「노동관계조정법」이 공포되었고, 같은 해 10월부터 시행되다. 이 법은 노동쟁의 조정과 쟁의행위 억제에 관한 것이었다. 1947년 4월 「노동기본법」이 공포되었고, 같은 해 9월부터 시행되었다. 이 법은 노동자의 노동권과 생활권을 보호하는 것이었다.

「Point 강의」 - 대일이사회와 농지개혁

대일이사회는 일본 정부에 농지개혁을 철저하게 시행하라고 명령했다. 제2차 농지개혁은 1946년 10월에 실시되기 시작해서 1949년 3월에 일단 종료되었다. 제2차 농지개혁의 내용은 다음과 같았다. (1) 농촌에 거주하는 지주의 소작지 보유량을 1정보 이하로 제한하고, 그 이상의 농지는 정부가 매입해서 소작인에게 저가에 매매하도록 한다. (2) 소작료는 전 수확량의 25퍼센트 이하로 정하고 금납으로 납부하도록 한다. (3) 집행기관인 농지위원회에 소작인 대표가 참여하고, 그 비율은 소작인·지주·자작농이 각각 5:3:2로 정한다. 농지개혁법의 시행으로 소작지의 80퍼센트가 자작농의 소유로 전환되었다. 소작인이 급감했다. 그러나 농지의 임대차관계가 잔존하는 한 기생지주 부활의 가능성이 여전히 남아있었다.

3. 헌법과 법률 제정

일본의 민주화를 추진하기 위해서는 「대일본제국헌법」을 전폭적으로 개정할 필요가 있었다. 1945년 10월 GHQ는 「대일본제국헌법」의 개정을 시사했다. 시데하라 내각은 헌법조사위원회를 설치해서 1946년 정월에 시안을 발표했다. 정당과 민간단체도 시안을 연이어서 발표했다. 그러나 그것들의 대부분이 제국헌법의 내용을 부분적으로 수정한 것에 지나지 않았다.

GHQ는 시데하라 내각이 작성한 헌법개정안을 거부하고 스스로 작성한 신헌법 초안을 제시했다. 신헌법의 기초에 즈음해 맥아더 사령관은 입헌군주제로서의 천황제 승인·전쟁의 포기 및 무장의 금지·봉건제도의 폐지라는 헌법개정 3원칙으로 제시했다. 일본 정부는 GHQ가 작성한 신헌법 초안을 심의·수정해서 초안을 완성했다. 초안은 주권재민·인권보장·남녀평등의 정신에 기반을 둔 것이었다. 이 초안은 의회에서 심의되어 1946년 11월 3일 「일본국헌법」으로 공포되었고, 다음 해 5월 3일부터 발효되었다.

「일본국헌법」은 전문과 11장 103조의 본문으로 구성되었다. 본문은 제1장 「천황」, 제2장 「전쟁의 포기」, 제3장 「국민의 권리와 의무」, 제4장 「국회」, 제5장 「내각」, 제6장 「사법」, 제7장 「재정」, 제8장 「지방자치」, 제9장 「헌법개정」, 제10장 「최고법규」, 제11장 「보칙」으로 구성되었다.

「일본국헌법」의 주된 내용은 국민주권주의를 채용하고 천황을 실권이 없는 상징적인 존재로 규정했다는 점, 원칙적으로 간접민주제를 채택하고 선거로 선출되는 양원제 형식을 취했다는 점, 기본적인 인권을 불가침한 것으로 규정했다는 점, 전쟁과 군비의 포기를 명확히 했다는 점, 계엄 및 비상사태에 관한 제도를 모두 폐지했다는 점, 헌법 개정에 중의원·참의원 의원 3분의 2의 의결에 더해 국민투표라는 직접민주주의 제도를 도입했다는 점 등이었다. 그러나 '상징', '공공의 복지' 등 애매한 용어가 많아 해석하기에 따라서 여러 방향으로 운용할 수 있는 가능성이 있었다.

「일본국헌법」은 노동자의 단결권과 파업권의 보장, 국민의 최저생활권 보장 등 인권사상의 내용을 반영하면서도 전쟁포기 규정이 포함되어 있는 세계적으로 유례가 없는 평화헌법이었다. 국가의 최고기관은 국회였다. 내각 총리대신은 국회의 지명으로 선출하고 천황이 임명하도록 했다. 헌법 개정과 최고재판소 재판관의 임명은 국민투표에 붙여졌다. 재판소에는 위헌입법심사권이 주어졌다.

종래의 가족제도는 가부장제로 호주가 절대적인 권한을 갖고 있었다. 호주는 가족이 혼인 등으로 호적의 변동 사유가 발생했을 경우, 동의권, 가독상속·유산상속·재산증여 등에 대한 독단적인 지정권·동의권이 보장되었다. 그 결과 가족 개인의 인격이 무시되는 경향이 있었다. 가독은 장남이 상속하는 것이 원칙이었다. 따라서 장남이 존중되었다. 남존여비의 경향이 강했다.

「일본국헌법」이 제정되면서 남녀평등·부부평등의 관점에서 호주제도와 가독제도가 폐지되었다. 유산은 처를 비롯해 모든 자손이 평등하게 상속하도록 했다. 결혼도 당사자의 의견을 존중하게 했다. 「형사소송법」이 전면 개정되었다. 간통죄도 폐지되었다.

「Point 강의」 – 일본국 헌법에 명시된 천황의 성격 및 전쟁 포기 규정

제1장은 천황에 관한 것이다. 제1조 「천황의 지위 · 국민주권」 천황은 일본국의 상징이며 일본 국민통합의 상징이니 그 지위는 주권이 있는 일본국민의 총의에 근거한다. 제3조 「천황의 국사 행위에 관한 내각의 조언과 승인」 천황의 국사에 관한 모든 행위에는 내각의 조언과 승인을 필요로 하며 내각이 그 책임을 진다. 제4조 「천황의 권능의 한계 천황의 국사행위의 위임」 (1) 천황은 이 헌법이 정한 국사에 관한 행위만을 행하고 국정에 관한 권능은 가지지 않는다. (2) 천황은 법률이 정한 바에 의해 그 국사에 관한 행위를 위임할 수 있다. 제2장 제9조는 「전쟁의 포기 군비 및 교전권의 부인」에 관한 내용이다. (1) 일본 국민은 정의와 질서를 기조로 하는 국제평화를 성실히 희구하며, 국권의 발동에 의한 전쟁과 무력에 의한 위협 또는 무력의 행사는, 국제분쟁을 해결하는 수단으로서는, 영구히 이를 포기한다. (2) 전항의 목적을 달성하기 위해 육해공군 기타의 전력은 이것을 보유하지 않는다. 나라의 교전권은 이것을 인정하지 않는다.

제51강

고도경제성장 시대

1. 한국동란과 새로운 일미관계

1950년 6월 한반도에서 전쟁이 발발했다. 한국동란이 발발한 직후 맥아더 사령관은 요시다 시게루吉田茂 총리대신에게 서한을 보내 7만 5,000명 규모의 경찰예비대警察豫備隊 창설과 해상보안청海上保安廳 인원을 약 8,000명 증원할 것을 지시했다. 경찰예비대는 재일 미군이 한반도로 출동했을 때 공백을 메우기 위한 것이었다. 1951년 8월에는 제1회 경찰예비대 대원 모집이 개시되었다. 일본의 재무장이 시작되었던 것이다. 1952년 10월 경찰예비대는 해상경비대와 통합되어 보안대保安隊로 개칭되었다.

GHQ가 공직에서 추방한 구 일본군 관계자가 경찰예비대의 간부로 복귀했다. 그리고 정·관계에도 태평양전쟁 당시의 지도자가 복귀했다. 요시다 총리대신은 일찍부터 경찰력의 부족을 우려했다. 어떤 형태로든지 경찰력을 확충해야 한다고 생각하고 있었다. 그런데 뜻밖에 GHQ가 경찰예비대 창설을 지시하자 환호성을 올렸다. 한편, GHQ는 관공서와 중요산업 분야에서 공산당원과 조합의 지도자를 추방했다.

미국은 일본에 극동방위 임무를 분담시킬 필요가 있다고 판단했다. 그래서 일본의 재무장을 추진했다. 일본을 국제사회에 복귀시키기 위한 대일강화조약의 체결도 서둘렀다. 미국의 의도는 1951년 2월에 일본을 방문한 댈러스 특사의 언행에서 이미 감지되었다. 미국은 일본을 반공의 방벽으로 삼고, 미국의 방위체제에 편입하는 계획을 추진했다.

1951년 9월 요시다 시게루 총리대신이 직접 샌프란시스코 강화회의에 참석했다. 이 회의에서 미국을 비롯한 48개국과 평화조약을 조인했다. 요시다 총리대신은 미국과 미군의 일본 주둔을 인정하는 일미안전보장조약을 체결했다. 다음 해에는 일미행정협정을 체결했다. 1952년 4월부터 일미안전보장조약이 발효되었다. 일본은 48개국의 자유주의 국가들로부터 독립국으로 인정을 받게 되었다. 같은 해 8월 14일 국제통화기금(IMF)과 세계은행(IBRD)에 가맹했다. 1955년 9월 GATT에 정식으로 가맹했다. 일본의 국제사회 복귀가 거의 완료되었다.

미국은 일미안전보장조약과 일미행정협정에 근거해 미군을 일본에 계속 주둔시켰다. 미군은 오키나와沖繩와 오가사와라小笠原 제도를 주요 기지로 하면서 일본 각지에 군사시설을 보유했다. 특히 오키나와는 미군의 유구군琉球軍 사령관이 직접통치하는 지역이 되었다. 오키나와에서는 일본의 헌법과 법률이 적용되지 않았다. 미군의 포고에 의한 정치가 실시되었다.

「Point 강의」 - 한국동란과 일본의 군비 강화

일본이 주권을 회복하면서 군비가 강화되었다. 1952년 10월에 보안대保安隊가 설치되었다. 1954년 3월 정부는 일미상호방위원조협정을 체결했다. 이 협정은 미국의 군사원조 중심의 대외원조 법률인 MSA(Mutual Security Act)에 근거한 것이었다. MSA는 원조를 받는 국가에 방위력을 증강하는 의무를 지웠다. 미국이 함정을 지원하고 일본이 방위력를 증강했다. 1954년 7월 방위청防衛廳을 설치했다. 방위청이 설치되면서 보안대와 해상경비대를 통합하고, 항공부대를 신설해 자위대自衛隊를 창설했다. 방위청은 자위대의 육군·해군·공군을 관리하고 운영하는 중앙관청이었다. 자위대는 육상·해상·항공대로 구성되었다. 자위대는 일본에 대한 직접·간접 침략에 대한 방위와 공공의 질서를 유지하는 것을 임무로 했다. 자위대는 급속도로 증강되었다. 1955년에는 육상 자위대 16만, 해상 자위대 2만, 항공기 450대를 보유하게 되었다. 미국으로부터 미사일과 전투기를 구입하면서 일본의 군사력은 구 일본군의 전력을 능가하게 되었다. 1954년에 이미 국방비 예산이 1조 엔円을 돌파했다. 자위대가 급속도로 증강되면서 점령정책의 결과라고 할 수 있는 「일본국헌법」을 개정해야 한다는 주장이 제기되었다. 헌법개정론의 초점은 「일본국헌법」 제9조 「전쟁책임의 포기, 군비 및 교전권의 부인」에 맞춰져 있었다. 개헌 논의는 자위대의 위상과 밀접하게 연관되어 있었다.

2. 한국동란과 일본경제

　한국동란이 발발하자, 일본은 미군을 비롯한 연합군의 군수물자와 서비스를 제공하는 보급기지가 되었다. 일본의 산업은 전쟁 수행에 동원되었다. 소위 전쟁 특수경기가 되살아났다. 일본은 1950년에서 1955년까지 7년간 약 40억 달러를 벌어들였다.
　전쟁 특수는 국내산업 전반으로 파급되었다. 광공업 생산은 이미 전전의 수준을 상회했다. 미군의 군수물자 조달과 병기수리를 일본이 전담하면서 달러 수입이 급증했다. 군용 트럭도 일본에서 생산되어 공급되었다. 병기·철조망·드럼통·마대·모포 등의 군수물자도 연합군에 납품되었다. 1949년까지 적자를 기록하던 무역수지가 1950년에는 흑자로 전환되었다.
　한국동란이 일어나면서, 일본의 대외수출은 1950년에 8억2,000만 달러, 1951년에 13억6,000만 달러로 급증했다. 그 위에 전쟁 특수 수입이 눈덩이처럼 불어났다. 특수 수입은 1950년에 1억5,000만 달러, 51년에 5억9,000만 달러, 52년과 53년에는 8억 달러에 달했다. 특수 수입은 미군의 군수품 구입, 정비 수선비, 재일 미군 및 그 가족들이 사용하는 경비, 한국에서 휴가 나온 미군들이 사용한 달러 등이었다. 미군 및 그 가족들이 사용하는 달러는 군수품 매매 및 장비수선비 계약고를 웃돌았다.
　한국동란 특수경기로 일본의 공업생산력이 괄목할만하게 성장했다. 그 결과, 민간기업의 설비투자가 활발해졌다. 일본의 산업구조는 한국동란을 기점으로 면방직·종이·비료 등의 소비재 산업에서 서서히 자동차·병기산업으로 그 비중이 옮아가면서 중화학공업이 발달했다. 전쟁 특수는 섬유산업 중심이었던 민간설비투자를 중화학공업으로 확산되게 하는 역할을 했던 것이다. 섬유공업의 비중이 저하되고, 기계공업·화학공업이 발전했다. 광공업에서는 기술설비 근대화를 위한 투자가 시작되었다. 자동차 산업에서는 생산라인이 확장되었고, 새로운 기술이 도입되었다.

한국동란이 정점에 달했을 때, 일본경제는 이미 불황에서 벗어나고 있었다. 실질 GNP, 1인당 국민소득, 민간소비 등 주요 경제지표가 거의 전전 수준을 회복했다. 『경제백서經濟白書』가 '이미 전후가 아니다.'라고 선언할 만큼 일본의 경기는 최고조에 달해 있었다.

3. 20년간의 고도경제성장

한국동란이 종결되자, 일본경제는 일시적으로 불황을 겪었다. 하지만 1954년경부터는 공업 분야에서 기술 혁신이 이루어지면서 투자가 증가하기 시작했다. 1955년에 접어들면서 경기가 극적으로 전환되었다. 조선·철강·전기·기계·석유화학 등 중화학공업을 중심으로 대규모 설비투자가 개시되었다. 수출산업을 중심으로 호황을 누리기 시작했다.

1955년부터 시작된 경기상승의 규모와 속도는 『경제백서』가 예상했던 것보다 훨씬 앞질러서 진행되었다. 예상을 뛰어넘는 대형 경기의 도래를 당시의 일본인들은 '진무경기神武景氣'라고 불렀다. '진무경기'는 잠시 동안 조정기간을 거친 다음에 다시 급격한 상승세를 탔다. 상품이 동남아시아 시장으로 수출되고, 정부의 공공기업 지원과 재정융자에 힘입어 경기 상승이 재개되었다. 이런 호황을 일본인들은 '이와토경기岩戸景氣'라고 불렀다. '이와토경기'는 '진무경기'를 웃도는 호경기였다. 설비투자 붐이 재개되었다. 특히 자동차산업이 급성장했다. 국철인 신칸센新幹線과 메이신名神 고속도로로 상징되는 국가자본에 의한 건설공사가 경기를 선도했다.

이와토 경기 다음에는 올림픽 경기가 도래했다. 1964년에 개최된 도쿄올림픽을 기회로 일본의 경기는 다시 상승했다. 올림픽 경기는 1960년대 후반의 대형 호경기인 '이자나기いざなぎ' 경기로 이어졌다. 누구도 예상하지 못했던 호경기는 1973년 제1차 석유쇼크 때까지 20년 가까이 지속되었다.

고도경제성장에 따라서 일본의 산업구조가 근본적으로 변혁되었다. 공업 부문에서는 기계공업·화학공업·금속공업이 눈부시게 발전했다. 1955년경 요코하마橫浜의 가와사키川崎를 중심으로 하는 경빈京浜 공업지대에 철강·조선·전기·화학·기계기구·자동차 등 크고 작은 중화학 관련 기업이 밀집되었다. 동경만東京灣의 북쪽 해안을 따라서 형성된 경엽京葉 공업지대에도 선철공장, 도쿄전력의 화력발전소 등이 건설되었다. 화력발전소가 건설된 후 에너지원은 석탄에서 석유로 전환되었다.

1965년경에는 경빈·경엽 공업지대가 거의 완성되었다. 가와사키 지역에 니혼석유화학日本石油化學을 중심으로 하는 석유화학단지가 조성되었다. 1963년부터 니혼강관日本鋼管을 비롯한 철강원료단지가 건설되었다. 미쓰비시중공三菱重工은 요코하마에 조선소를 건설했다. 미쓰비시중공 주변에 도쿄전력·닛토화학日東化學·니혼석유정제日本石油精製·도시바東芝·쇼와전공昭和電工 등의 대기업이 공장을 건설했다.

경엽 공업지대도 미쓰이조신三井造船·고가전공古河電工·쇼와전공昭和電工·후지전기富士電気 등이 진출했고, 마루젠석유丸善石油·미쓰이석유화학三井石油化學을 비롯한 석유화학단지가 조성되었다. 임해 지역뿐만이 아니라 내륙 지역에서도 공장이 빠른 속도로 들어섰다. 1965년을 전후해 가나가와神奈川 내륙 지역에 세워진 공장 수만도 1,100여 개소에 달했다. 지바千葉의 내륙 지역에도 금속·기계·식품과 관련된 대기업이 진출했다.

　1975년에는 동경만을 포함한 공업지대에 철강·석유정제·석유화학·전기·공작기계·자동차 등의 대기업과 그 하청업체가 밀집했다. 생산규모와 생산액이 급속하게 확대되었다. 일본은 세계적인 중화학공업국이 되었다. 특히 조선업은 1956년에 이미 세계 1위의 수주량을 달성한 후에도 지속적으로 성장했다. 자동차 산업도 1967년에 세계 2위로 도약한 이래 발전을 거듭했다.

「Point 강의」 - '진무경기'·'이와토경기'
'이자나기경기'

　진무神武는 일본인이 초대 천황으로 받드는 전설적인 존재였다. 그러니까 '진무경기'는 일본이 건국한 이래 최대의 호황이라는 의미였다. '진무경기'는 33개월 연속 초고도 경제성장을 기록했다. '진무경기' 다음에는 일본 역사상 가장 호경기라고 할 수 있는 '이와토경기'가 도래했다. '이와토경기'는 '진무경기'를 훨씬 웃도는 호경기였다. '이와토'는 일본 천황의 조상신인 아마테라스오미카미天照大神가 동굴 속에 몸을 숨겼다는 신화를 의미한다. 즉 '이와토' 신화는 진무보다 더 오래된 이야기였다. 그러니까 일본인들은 '이와토경기'라는 용어를 '진무경기'보다 더 오랜만에 온 호경기라는 의미로 사용했다. '이와토경기'는 42개월 연속 초고도 경제성장을 기록했다. 이때 중화학공업에 투자가 집중되었다. '이자나기경기'라는 용어는 '이와토경기'보다 더욱 호경기라는 의미로 사용되었다. '이자나기'는 천황의 조상신 아마테라스오미카미를 낳은 신이었다. 아마테라스오키카미보다 더 오래된 신이었다. 그러니까 '이자나기경기'는 '이와토경기'보다 더 호경기라는 의미였다. 1950년대 중반부터 1970년대 중반까지 20년간 다른 선진국들은 명목 성장률이 평균 6~9퍼센트였으나 일본의 경우는 평균 15퍼센트 이상이었다. 1955년에서 1973년까지 일본의 경제규모는 5.8배로 확대되었고, 1969년에는 GNP가 서양의 선진국들을 제치고 세계 2위로 부상했다.

제52강

신국가주의 대두와 군사대국 일본

1. 1970년대의 정치

1972년 7월 자유민주당 임시대회 결선투표에서 다나카 가쿠에이田中角榮가 후쿠다 다케오福田赳夫를 물리치고 총재로 선출되었다. 다나카 내각이 성립되었다. 다나카 총리대신은 1972년 9월에 중국을 방문했다. 일본의 다나카 총리대신과 중국의 주은래周恩來 수상이 일중공동성명을 발표했다. 일본은 중화인민공화국을 중국을 대표하는 유일한 국가로 승인했다. 일본과 중화민국(타이완) 사이에 맺었던 일화평화조약日華平和條約은 폐기되었다.

다나카 가쿠에이는 고도경제성장 정책을 더욱 강도 높게 추진했다. 미국에 내수 진흥·수입 확대·수출 감소를 추진한다는 메시지를 보냈다. 또 초고도경제성장 노선을 지향하는 일본열도개조론日本列島改

造論을 제창했다. 하지만 1971년 8월의 통화위기 이후 외화의 유입이 급증했다. 여유자금이 토지·주식·상품투기로 집중되었다. 지가는 1972년 한 해에만 31퍼센트나 급등했다.

1974년 12월 미키 다케오三木武夫 내각이 출범했다. 1975년 12월 미키 총리대신은 기업의 헌금을 규제하고, 정치자금 공개를 의무화하는 「정치자금법」 개정을 공포했다. 1976년 각의에서 방위비를 해당년도 국민총생산액의 1퍼센트 이내로 한다는 원칙을 정했다. 독점기업을 규제하는 법안 마련에도 착수했다. 그러나 대자본과 유착된 자유민주당 의원들의 조직적인 방해로 「독점금지법」 개정이 무산되었다.

1976년 12월 후쿠다 다케오 내각이 성립되었다. 후쿠다 내각은 경제정책을 중시했다. 엔고円高 경향을 이용해 불황을 극복하고, 1978년 8월에는 일중평화우호조약을 체결했다. 이 무렵 일본상품이 세계시장으로 물밀듯이 수출되었다. 일본의 국제수지가 계속 흑자를 기록하자, 세계 각국으로부터 공격을 받았다. 후쿠다 총리대신은 무역마찰을 해소하기 위해 노력했다. 그러나 후쿠다 총리대신은 1978년 12월에 열린 자유민주당 사상 최초의 총재후보 결정선거에서 다나카파의 지지를 등에 업은 오히라 마사요시大平正芳 간사장에게 패배해 총리대신과 총재직에서 물러났다.

자유민주당은 오히라 마사요시를 총리대신으로 하는 내각을 출범시켰다. 오히라 내각은 아프카니스탄 문제가 발생했을 때 미국을 지지했다. 일소관계가 잠시 악화되었다. 1980년 6월 총선거 중에 오히라 마사요시 총리대신이 사망했다. 그러자 사유민주당 내부에서 파벌대립이 격화되는 양상을 보였다. 그러자 자유민주당은 파벌 대립을 피하고자 중립적인 인물인 스즈키 젠코鈴木善幸를 총재로 추대했다. 1980년 7월 스즈키 내각이 출범했다. 스즈키 내각은 행정개혁에 주력했다. 그러나 스즈키 내각은 미국의 병력증강 요구에 굴복했다. 때마침 무역

마찰이 격화되었고, 재정 재건에도 실패하면서 지지기반이 무너졌다. 1982년 11월 스즈키 내각이 총사직했다.

「Point 강의」 - 오일 쇼크와 일본경제

1973년 10월 발생한 제4차 중동전쟁이 한창이었을 때, 석유수출국기구(OPEC)와 아랍석유수출국기구(OAPEC)는 원유가격을 대폭으로 인상하고 공급을 제한하기로 결정했다. 아랍의 산유국들은 이스라엘을 제재하기 위해 석유를 무기로 사용하려고 했던 것이다. 그 여파로 소위 오일 쇼크가 전 세계를 덮쳤다. 그때는 마침 베트남전쟁이 종료된 시점이기도 했고, 미국의 압력으로 엔화 가치가 17퍼센트 가까이 절상된 직후이기도 했다. 오일 쇼크는 석유 의존도가 높은 일본경제를 강타했다. 오일 쇼크는 극심한 인플레이션 현상을 초래했다. 등유·프로판 가스·장화·합성세제 등 석유관련 제품은 물론 화장지·휴지 등 생활용품에 이르기까지 물가가 급등했다. 정부는 긴급 석유대책추진본부를 설치했다. 관공서에서는 석유와 전력을 절약하는 데 앞장섰고, 백화점과 슈퍼마켓은 영업시간을 단축했다. 심야 텔레비전 방송도 자율적으로 규제했고, 상가의 네온사인도 규제했다. 건물의 엘리베이터 사용도 통제했고, 자가용의 운행도 자제하는 등 석유를 절약하는 운동을 전개했다. 오일 쇼크로 일본경제는 구조적인 변화를 경험했다. 오일 쇼크를 기점으로 원유의 수입가격이 4배로 상승했다. 수입총액에서 원유와 석유제품이 차지하는 비율이 19퍼센트에서 34퍼센트로 증가했다. 금액으로는 4.7배가 증

> 가했다. 원유가격 상승은 가격체계와 가격구조에 커다란 변화를 초래했다. 특히 에너지 소비가 많은 기업이 어려움을 겪었다. 하지만 일본은 대기업을 중심으로 자금을 억제하고, 감량경영을 실시해서 자본과 상품의 국제경쟁력을 강화했다. 1979년에 제2차 오일 쇼크가 있었다. 하지만 이미 안정성장의 궤도에 오른 일본경제는 단기간 내에 위기를 극복했다.

2. 군사대국화와 신국가주의 대두

1982년 11월 나카소네 야스히로中曾根康弘 내각이 성립되었다. 일찍부터 개헌의 필요성을 주장해 온 나카소네는 국가주의의 복권과 군비확충 노선을 확립하기 위해 '전후정치의 총결산'을 제창했다. 1983년 정월 나카소네는 미국의 레이건 대통령과 회담했다. 나카소네는 일본과 미국은 운명공동체이며, 일본 열도는 '침몰하지 않는 항공모함'이라고 선언했다. 일미관계는 '공동운명체'이며 방위력을 강화한다는 방침을 분명하게 내세웠던 것이다.

이미 1978년 6월부터 일본은 전시에 대비한 육군·해군·공군 자위대의 통합적인 작전행동에 관한 방위연구防衛研究와 전시에 국민을 통제하고 동원하는 유사법제연구有事法制研究가 진행되고 있었다. 그 연장선에서 국가기밀법안이 준비되었다. 자위대의 장비도 보강되었다.

나카소네 내각은 중기방위력정비계획에 따라 군사비돌출형예산軍事費突出型豫算을 편성했다. 1985년 9월 각의에서 결정된 중기방위력정비

계획(1986~1990)에는 대잠수함초계기 100대, 이지스함 도입, 초지평선(OTH) 레이더 배치 등이 포함되어 있었다.

항공자위대는 이미 1978년부터, 해상자위대는 1980년부터 일미공동연습을 실시했다. 1986년 10월에는 일본과 미국의 육·해·공군 공동종합연습이 일본의 홋카이도에서 실시되었다. 1987년도 예산안 편성에 즈음해서, 1976년도에 미키 내각이 결정했던 '군사비는 국민총생산GNP의 1퍼센트를 넘지 못한다'는 원칙을 파기하고, 국민총생산액의 1퍼센트가 넘는 군사비를 책정했다. 그 후 일본의 군사비는 매년 급증했다.

일본의 군사대국화는 당연히 전쟁을 포기하는 것으로 되어 있는「일본국헌법」과 그와 관련한 법규와 상충하는 면이 있었다. 그래서 일본 정부는 신국가주의를 국민에게 침투시키고, 천황과 일본적 가치를 이용하려고 했다. 1985년 9월 문부성文部省은 전국 교육위원회에 국기 게양과 국가 제창을 철저하게 시행하도록 지시했다. 애국심을 고취해야 한다는 구실로, 국가주의 사관이 주입된 교과서를 만들려는 움직임도 활성화되었다.

1985년 8월 15일 나카소네는 총리대신으로서는 처음으로 야스쿠니 신사靖国神社에 공식으로 참배했다. 대한민국과 중국은 전범이 합사되어 있는 야스쿠니 신사에 총리대신이 공식으로 참배하는 것은 전쟁 때 피해를 입은 아시아 민중을 모독하고, 전쟁을 미화하는 것이라고 강력하게 반발했다. 일본 국내에서도 정교분리의 원칙을 위배하고, 침략전쟁을 합리화하는 것이라는 비판이 있었다. 일본의 법제국法制局 조차도 '공식참배는 위헌의 소지가 있다.'는 입장을 발표했다. 그러나 나카소네 총리대신은 "나라를 위해서 목숨을 바친 사람을 기리는 것을 왜 안 된다고 하는가?"라고 말하며 공식참배 입장을 굽히지 않았다.

「Point 강의」 – 천황 · 국가 · 야스쿠니

1979년 6월 『원호법元號法』이 성립되었다. 이 법은 천황의 재위기간을 의미하는 원호를 일본인의 역사구분 의식과 연계하려고 의도한 법률이었다. 또 일본 정부는 천황의 존재감을 부각시키는 작업을 단계적으로 진행했다. 일본의 건국기념일은 2월 11일이다. 이날은 패전 전에는 기원절紀元節로 불렸다. 기원절은 일본인이 초대 천황으로 받드는 진무神武가 오사카 평원으로 진출해 처음으로 나라를 세웠다고 전해지는 날이다. 1978년부터 총리부가 건국기념일 행사를 후원했고, 1981년에는 문부성이 후원했으며, 1985년부터 건국기념일 식전에 총리대신이 참석하게 되었다.

일본인들이 국가로 알고 있는 기미가요君が代는 천황의 치세가 영원히 지속되기를 기원하는 내용이다. 즉 천황의 찬가가 사실상 일본의 국가로 불리고 있는 것이다.

1869년 내전으로 사망한 병사들을 제사지내기 위해 도쿄의 구단시타九段下에 초혼사招魂社가 창건되었다. 초혼사는 1879년에 야스쿠니 신사로 개칭되고 특별 관폐사官弊社로 지정되었다. 야스쿠니 신사에 약 240만 위의 영령이 봉안되었다. 야스쿠니 신사는 패전 전까지 일본군 소관의 특별한 신사였으며, 천황을 숭배하고 군국주의를 보급하는 역할을 담당했다. 임시 제사 때 천황이 직접 참배했다. 천황의 이름으로 전쟁에 동원되어 전사한 영령들에게 최고의 영예가 주어졌다. 그러나 야스쿠니 신사는 일본이 제2차 세계대전 패전 후에 국가에서 분리되어 종교 법인이 되었다. 그런데 1950년대부터 야스쿠니 신사를 다시 국가가 관리하려는 움직임이 있었다. 나카소네 총리대신의 공식참배도 그런 움직임과 깊은 관련이 있었다.

3. 헤이세이 시대 개막

1988년 9월 오랫동안 췌장암으로 투병생활을 하던 쇼와 천황昭和天皇이 중태에 빠졌다. 매스컴은 연일 천황의 용태를 긴급 뉴스로 전했다. 의료진은 수십 명의 자원자 중에서 선발된 청년들의 혈액 중에서 혈소판만 추출해 수혈했다. 관공서에는 천황의 쾌유를 기원하는 기장소記帳所가 설치되었고, 각종 축제·연주회·운동회·망년회가 취소되거나 축소되었다. 가까스로 해를 넘긴 천황은 1989년 정월 7일에 사망했다.
당일에 태자인 아키히토 친왕明仁親王의 거소로 천황의 권위를 상징하는 '신기神器'가 옮겨졌다. 예식은 침묵 속에 거행되었다. 그날 오후에 헤이세이平成라는 원호元號가 발표되었다. 쇼와 시대에서 헤이세이 시대로 바뀌었다. 새로운 천황은 '모두 함께 헌법을 지키겠다.'는 선서를 했다. 그날부터 매스컴은 일제히 쇼와 천황의 일대기를 방영하기 시작했다.
다케시타 노보루竹下登 내각은 국민의 반대를 무릅쓰고, 국회에서 3퍼센트의 소비세消費稅를 도입하는 안을 가결시켰다. 소비세 제도는 1990년 4월부터 실시되었다. 그 무렵 리쿠르트 사건이 터졌다. 이것은 리쿠르트사의 미공개 주식이 비밀리에 정치가·고급관료에게 양도된 것이 발각된 사건이었다. 이 사건은 거대한 뇌물사건으로 비화되어 체포되는 사람들이 늘었고, 다케시타 총리대신도 의혹의 중심에 있었다. 다케시타 총리대신은 직접 구속되는 것은 면했지만, 이 사건으로 일본 국민들은 정치를 극도로 불신하게 되었다. 결국 다케시타 내각은 1989년 6월에 총사직했다. 그 뒤를 이어 성립된 우노 소스케宇野宗佑 내각은 2개월 만에 붕괴되었다. 그 해 7월에 실시된 참의원 의원 선거에서 자유민주당이 참패했다.
1989년 8월 중의원은 자유민주당 총재인 가이후 도시키海部俊樹, 참

의원은 사회당 위원장인 도이 다카코土井たか子를 각각 총리대신으로 지명했다. 하지만 중의원 우위의 원칙에 따라서 가이후 내각이 성립되었다. 가이후 총리대신은 얼마 지나지 않아서 중의원을 해산했다. 1990년 2월의 총선거에서 자민당이 안정적인 의석을 확보했다.

1991년 11월에 미야자와 기이치宮沢喜一 내각이 성립되었다. 일본 국민은 미야자와 내각에 국제공헌의 방식을 분명하게 할 것과 정치권의 부패를 근절해 줄 것을 요구했다. 1992년 6월 정부는 국제연합 평화유지활동(PKO) 협력법을 성립시켰고, 동년 9월에는 자위대를 캄보디아에 파견했다. 자위대의 해외 파병은 해석하기에 따라서는 위헌이 될 수도 있는 민감한 사안이었기 때문에 일본 국내에서도 의론이 분분했다. 대한민국·중국을 비롯한 아시아 각국에서도 일본의 군사대국화에 대한 우려의 목소리가 커지기 시작했다.

정치개혁은 지지부진했다. 때마침 대형 건설회사 부정사건·사가와 큐빈佐川急便 사건·가네마루 신金丸信 자유민주당 부총재 정치자금 수수 사건 등 정계·재계·관계의 부패의 실상이 잇따라 드러났다. 자민당 장기집권에 대한 불신이 깊어졌다.

그러자, 자유민주당의 일부 의원들이 탈당하기 시작했다. 정계개편의 시작되었다. 1992년 5월에는 호소카와 모리히로細川護熙를 비롯한 의원들이 일본신당日本新黨을 결성했다. 1993년 6월 사회·공명·민사 3당이 중의원에 내각 불신임안을 제출했을 때, 자민당의 일부 의원들이 찬성표를 던져서 불신임안이 가결되는 사건이 일어났다. 미야자와 총리대신이 중의원을 해산하자, 다케무라 마사요시武村正義를 대표로 하는 신당사키가케新党さきがけ와 하타 쓰토무羽田孜를 당수로 하는 신생당新生黨이 성립되었다.

1993년 7월에 실시된 총선거에서 자민당이 과반수를 확보하지 못했고, 사회당도 의석을 많이 잃었다. 그에 비해 신생당·신당사키가케·

일본신당의 3개 정당이 의석을 많이 확보했다. 일본 국민은 자민당이 싫어졌지만, 그렇다고 사회당에도 표를 주지 않았고, 대신에 자민당에 뿌리를 두고 있으면서도 새로운 변화를 모색하는 인물들에게 표를 몰아주었던 것이다. 그 결과, 새로운 8개의 당파가 연합해 1993년 8월 호소카와 모리히로 내각을 출범시켰다. 이리하여 1955년부터 38년 동안 자민당 단독으로 정권을 이어오던 전통이 무너지게 되었다. 한편, 중의원에서는 일본 역사상 처음으로 여성인 도이 다카코가 중의원 의장에 선출되었다.

4. 극우파 득세와 자유민주당

1994년 4월에 성립된 하타 쓰토무羽田孜 내각은 자유민주당이 내각 불신임안을 제출해서 붕괴되었다. 1994년 6월에 자민・사회・신당사키가케의 3당이 연합해서 연립내각을 구성했다. 사회당의 무라야마 도미이치村山富市가 총리대신에 취임했다. 1947년 6월에 성립된 가타야마 테쓰片山哲 내각 이래 47년 만에 사회당 출신을 총리대신으로 하는 정권이 탄생했던 것이다. 그러나 무라야마 내각의 주도권은 의석을 다수 확보한 자유민주당이 장악했다.

원래 사회당과 자유민주당은 상이한 정책을 표방했다. 특히 사회당은 성립 초기부터 비동맹과 자위대위헌론을 주장했다. 그런 관점에서 보았을 때, 일미안보조약은 폐기되고 자위대는 해산되어야 마땅했다. 그런데 무라야마 총리대신은 일미안보조약을 유지할 것이며, 자위대는 합헌이라는 입장을 공식적으로 표명했다. 사회당도 무라야마 총리의 입장을 지지해 당의 기본방침을 변경했다. 일본 국민의 다수가 일미안

보조약과 자위대합헌론을 주장하고 있는 현실을 도외시 할 수 없었던 것이다. 사회당이 정책을 전환함으로써 극히 미미한 지지율을 기반으로 하는 공산당을 제외하고는 일본에서 혁신정당이 사실상 자취를 감추게 되었다. 일본이 정치의 총체적인 보수화라는 상황을 맞이하게 된 것이다. 정책상 차이점이 거의 없는 신생당·공명당·일본신당·민사당의 4당은 1994년 12월에 자유민주당을 탈당한 의원들과 함께 가이후 도시키를 당수로 하는 신진당新進黨을 결성했다.

1996년 정월 무라야마 도미이치 총리대신은 퇴진을 표명했고, 그 뒤를 이어서 자유민주당 총재인 하시모토 류타로橋本龍太郎가 총리대신이 되었다. 하시모토 내각은 경제의 재건·장수사회의 건설·자립적 외교·행정 및 재정의 개혁 등을 내세웠다.

한편, 일본사회당은 당명을 사회민주당社會民主黨으로 변경했다. 당명의 변경은 무라야마 내각에서 사회당이 50년간 지켜온 기본방침을 포기했을 때 이미 예견된 것이었다. 혁신정당의 이미지를 내세워서는 국민의 지지를 얻지 못한다는 것이 이미 총선에서 증명되었고, 이러한 위기감이 기본방침의 변경과 당명의 변경으로 이어졌던 것이다.

1996년 9월에는 하토야마 유키오鳩山由紀夫를 대표로 하는 민주당民主黨이 결성되었다. 구성원은 신당사키가케·사회당 우파·일본신당 등에 몸담았던 의원들이었다. 같은 해 10월의 총선거에서는 자유민주당이 과반수를 점유하지는 못했으나 세력을 회복했고, 신진당은 후퇴, 민주당은 현상유지, 사민당과 신당사카가케는 참패했다. 유일한 혁신정당인 공산당은 오히려 세력을 넓혔다. 자유민주당과 연합해 정체성을 상실한 사민당과 신당사키가케의 참패는 매우 상징적이었다.

같은 해 11월 제2차 하시모토 류타로 내각이 성립되었다. 자유민주당 단독정권이었다. 세력을 회복한 자유민주당은 무소속 의원 및 다른 당의 의원을 영입했다. 1997년 9월에는 자유민주당이 중의원 의석 과반수를 확보했다.

한편, 오자와 이치로小沢一郎가 이끄는 신진당이 분열되었다. 1996년 12월에 하타 쓰토무 전 총리대신을 비롯한 일부 의원들이 탈당해 태양당太陽黨을 결성했다. 1997년 12월에는 자유당·신당우애新黨友愛·신당평화新黨平和 등 6개의 소정당小政黨으로 분열되었다. 1998년 정월에는 태양당에서 분리된 소수의 의원들이 민정당民政黨을 결성했다. 소정당이 난립하는 모양이 되자, 이번에는 소정당들이 다시 통합하는 움직임이 일어났다. 1998년 4월에 민주당·신당우애·민정당 등이 다시 합류해 새로운 민주당을 결성했다. 민주당은 자유민주당 다음으로 큰 세력을 형성했다. 같은 해 10월에는 신당사키가케가 당의 해체를 선언했고, 이어서 11월에는 공명당公明黨이 우익성향을 강화하면서 부활했다. 공명당은 자유민주당과 민주당에 이어서 제3당이 되었다.

하시모토 내각은 자립적인 외교를 표방했지만, 보수·우익의 영향력에서 자유로울 수 없었다. 하시모토 총리대신의 자립적인 외교는 사실상 폐기되었다. 1996년 4월 하시모토 일본 총리대신과 클린턴 미국 대통령이 일미협력을 위한 지침을 수정하기로 합의했다. 1997년 9월에 일미협력을 위한 새로운 지침이 결정되었다. 그 내용에는 일본 '주변'의 유사시에 일본의 자위대는 미군을 후방에서 지원하고, 민간의 공항·항만을 미군에게 제공한다는 내용이 포함되었다. 일미협력을 위한 지침은 미국의 세계전략과 깊이 관련되었다. 미국은 냉전 후에 발생할 수 있는 지역 분쟁을 염두에 두고, 일본의 군사적 역할을 확대하는 계획을 구체화했던 것이다. 일본 '주변'이 구체적으로 어디인지 적시하지 않았다는 점에 주목할 필요가 있다. '주변'은 해석하기에 따라서 세계 전지역이 될 수도 있는 것이다.

1998년 7월의 참의원 선거에서 자유민주당이 참패하고 민주당이 약진했다. 공산당도 세력을 확장했다. 하시모토 총리대신은 선거 패배의 책임을 지고 사임했다. 하시모토 총리대신의 뒤를 이어서 오부치 게이조小淵惠三 자유민주당 총재가 내각을 구성했다. 1999년이 되면서 자민·자유·공명 3당 연합이 성립되었다. 이리하여 연립 3당이 중의원 500의석 중에서 350의석을 확보했다. 참의원 의석도 연립 3당이 과반수를 확보했다.

오부치 내각은 압도적인 세력을 배경으로 그동안 과제로 남겨두었던 여러 법안을 차례로 가결시켰다. 일미협력을 위한 지침과 관련한 법을 성립시켰다. 자위대가 미군을 지원할 때, 지방자치단체는 물론 국민도 의무적으로 지원하도록 했다. 「국기국가법國旗國歌法」을 제정했다. 각종 행사시에는 일장기 게양과 기미가요君が代 제창을 의무화했다. 도청법으로 일컬어지는 「통신방수법通信傍受法」도 제정했다. 국가가 필요하다고 판단했을 경우에 감청을 허용하도록 했다. 「국민기본대장법國民基本臺帳法」을 개정했다. 국민에게 개인번호를 부여해 국가가 관리할 수 있도록 했다. 헌법조사회 설치를 위한 국회법도 개정했다. 헌법개정을 위한 사전 준비작업의 일환이었다.

2000년 4월에 모리 요시로森喜郎가 총리대신에 취임했다. 그러나 그는 능력에 문제가 있다는 비난을 이기지 못하고 1년 만에 물러났다. 2001년 4월에 고이즈미 준이치로小泉純一郎가 총리대신에 취임했다. 고이즈미 준이치로는 철저하게 미국과 보조를 맞추는 정책을 추진했다. 그러면서 야스쿠니 신사를 공식적으로 참배하는 등 주변 국가인 대한민국과 중국을 배려하지 않는 태도로 일관했다. 21세기에 들어서 세력을 형성하기 시작한 편협한 신국가주의를 배경으로 하는 정치를 주도했다.

2006년 9월에는 고이즈미 준이치로의 뒤를 이어서 비교적 젊은 아베 신조安倍晋三가 총리대신에 취임했다. 아베 신조는 고이즈미 준이치로의 정책을 계승하면서도 주변 세계와 대화를 시도하는 등 유화적인 태도를 취했다. 하지만 그의 정치 또한 근본적으로 강경한 보수우익을 배경으로 하고 있었다. 아베 내각이 출범하면서 극우파가 득세했다.

참고문헌

한국

강동진, 『일본근대사』, 한길사, 1984

구태훈, 『일본고중세사』, 재팬리서치21, 2016

구태훈, 『일본근세사』, 재팬리서치21, 2016

구태훈, 『일본근대사』, 재팬리서치21, 2017

구태훈, 『일본사 키워드30』, 재팬리서치21, 2012

구태훈, 『일본사 이야기』, 재팬리서치21, 2012

구태훈, 『일본문화사』, 재팬리서치21, 2011

구태훈, 『일본문화 이야기』, 재팬리서치21, 2012

구태훈, 『사무라이와 무사도』, (주)히스토리메이커, 2017

김용덕, 『일본근대사를 보는 눈』, 지식산업사, 1991

김현구, 『임나일본부연구』, 일조각, 1993

박영재 외, 『19세기 일본의 근대화』, 서울대출판부, 1997

박종근 지음, 박영재 옮김, 『청일전쟁과 조선』, 일조각, 1989

박진우, 『근대 일본 형성기의 국가와 민중』, 제이앤씨, 2004

방광석, 『근대 일본의 국가체제 확립과정』, 혜안, 2008

연민수, 『고대한일교류사』, 혜안, 2003

이계황, 『일본근세사』, 혜안, 2015

이영·이재석, 『일본고중세사』, 방송대학교출판부, 2007

이에나가 사부로 지음, 이영 옮김, 『일본문화사』, 까치, 1999

정효운, 『고대한일정치교섭사연구』, 학연문화사, 1995

정하미, 『일본의 서양문화 수용사』, 살림, 2005

최석완·최혜주, 『근현대한일관계와 국제사회』, 한국방송통신대출판부, 2001

피터 두으스 저, 양필승 역, 『일본의 봉건제』, 신서원, 1991

한상일, 『일본의 국가주의』, 까치, 1988

한상일, 『일본 지식인과 한국』, 오름, 2000

한상일, 『이토 히로부미와 대한제국』, 까치, 2015

함동주, 『천황제국가의 탄생』, 창작과비평사, 2009

일본

I 원시

稲田孝司, 『遊動する旧石器人』, 岩波書店, 2001

岡村道雄, 『日本列島の石器時代』, 青木書店, 2000

佐原 真編, 『古代を考える 稲·金属·戦争-弥生』, 吉川弘文館, 2002

春成秀爾·今村峯雄, 『弥生時代の実年代』, 学生社, 2004

柳田康雄, 『九州弥生文化の研究』, 学生社, 2002

II 고대

荒木敏夫, 『日本古代王権の研究』, 吉川弘文館, 2006

石井正敏, 『日本渤海關係史の研究』, 吉川弘文館, 2001

石上英一, 『律令国家と社会構造』, 名著刊行会, 1996

梅村喬, 『日本古代社会経済史論考』, 塙書房, 2006

江上波夫, 『騎馬民族国家』, 中公新書, 1967

大津透, 『古代の天皇制』, 岩波書店, 1999

勝山清次, 『中世年貢制成立史の研究』, 塙書房, 2006

鎌田元一, 『律令公民制の研究』, 塙書房, 2001

川尻秋生, 『古代東国史の基礎的研究』, 塙書房, 2003

鬼頭清明, 『古代木簡と都城の研究』, 塙書房, 2000

熊田亮介, 『古代国家と東北』, 吉川弘文館, 2003

倉本一宏, 『摂関政治と王朝貴族』, 吉川弘文館, 2000

小林昌二, 『日本古代の村落と農民支配』, 塙書房, 2000

酒寄雅志, 『渤海と古代の日本』, 校倉書房, 2001

佐藤信, 『出土史料の古代史』, 東京大學出版會, 2002

佐藤泰弘, 『日本中世の黎明』, 京都堂学術出版, 2001

高島英之, 『古代出土文字資料の研究』, 東京堂出版, 2000

武光誠, 『律令太政官制の研究(増訂)』, 吉川弘文館, 2007

玉井力, 『平安時代の貴族と天皇』, 岩波書店, 2000

寺崎保廣, 『古代日本の都城と木簡』, 吉川弘文館, 2006

永田英明, 『古代駅伝馬制度の研究』, 吉川弘文館, 2004

仁藤敦史, 『古代王権と都城』, 吉川弘文館, 1998

仁藤敦史, 『女帝の世紀 - 皇位継承と政争』, 角川選書, 2006

早川庄八, 『天皇と古代国家』, 講談社, 2000

平川南, 『古代地方木簡の研究』, 吉川弘文館, 2003

北条秀樹, 『日本古代国家の地方支配』, 吉川弘文館, 2000

村井康彦, 『王朝風土記』, 角川書店, 2000

森 公章, 『古代郡司制度の研究』, 吉川弘文館, 2000

森 公章, 『長屋王家木簡の基礎的研究』, 吉川弘文館, 2000

山中 章, 『長岡京研究序説』, 塙書房, 2001

山本信吉, 『摂関政治史論考』, 吉川弘文館, 2003

吉田 孝, 『歴史の中の天皇』, 岩波書店, 2006

吉村武彦, 『日本古代の社会と国家』, 岩波書店, 1996

吉村武彦, 『古代天皇の誕生』, 角川書店, 1998

米田雄介, 『藤原摂関家の誕生 - 平安時代史の扉』, 吉川弘文館, 2002

米田雄介, 『摂関制の成立と展開』, 吉川弘文館, 2006

Ⅲ 중세

池上英子, 『名誉と順応』, NTT出版株式会社, 2000

石井 進, 『中世武士の実像 - 合戦と暮しのおきて』, 平凡社, 1987

磯貝富士男, 『日本中世奴隷制論』, 校倉書房, 2007

伊藤幸司, 『日本中世の外交と禅宗』, 吉川弘文館, 2002

今谷明, 『室町時代政治史論』, 塙書房, 2000

入間田宣夫, 『北日本中世社会史論』, 吉川弘文館, 2005

榎本 渉, 『東アジア海域と日中交流 － 9~14世紀』, 吉川弘文館, 2007

榎本雅治, 『日本中世地域社会の構造』, 校倉書房, 2000

大石直正, 『奥州藤原氏の時代』, 吉川弘文館, 2001

川合 康, 『鎌倉幕府成立の研究』, 校倉書房, 2004

川端 新, 『荘園制成立史の研究』, 思文閣出版, 2000

岸田裕之, 『大名領国の経済構造』, 岩波書店, 2001

河内祥輔, 『保元の乱 平治の乱』, 吉川弘文館, 2002

河内祥輔, 『日本中世の朝廷・幕府体制』, 吉川弘文館, 2007

五味文彦, 『吾妻鏡の方法(増補)』, 吉川弘文館, 2000

関周一, 『中世日朝海域史の研究』, 吉川弘文館, 2002

高橋一樹, 『中世荘園制と鎌倉幕府』, 塙書房, 2004

玉井 力, 『平安時代の貴族と天皇』, 岩波書店, 2000

鄭樑生, 『明・日関係史の研究』, 雄山閣, 1985

永原慶二, 『戦国期の政治経済構造』, 岩波書店, 1997

永原慶二, 『荘園』, 吉川弘文館, 1998

永村 眞, 『中世寺院史料論』, 吉川弘文館, 2000

原田正俊, 『日本中世の禅宗と社会』, 吉川弘文館, 1998

藤木久志, 『豊臣平和令と戦国社会』, 東京大学出版会, 1985

細川重男, 『鎌倉政権得宗専制論』, 吉川弘文館, 2000

村井章介, 『アジアのなかの中世日本』, 校倉書房, 1988

村井章介, 『中世の国家と在地社会』, 校倉書房, 2005

山田邦明, 『鎌倉府と関東－中世の政治秩序と在地社会』, 校倉書房, 1995

IV 근세

青木美智男,『百姓一揆の時代』, 校倉書房, 1999

飯島天秋,『江戸幕府財政の研究』, 吉川弘文館, 2004

池上裕子,『織豊政権と江戸幕府』, 講談社, 2002

池　　享,『戦国織豊期の武家と天皇』, 校倉書房, 2003

今尾哲也,『歌舞伎の歴史』, 岩波書店, 2000

岩下哲典,『江戸の海外情報ネットワーク』, 吉川弘文館, 2006

岩田浩太郎,『近世都市騒擾の研究』, 吉川弘文館, 2004

宇佐美英機,『近世京都の金銀出入と社会慣習』, 淸文堂出版, 2008

大月明,『近世日本の儒学と洋学』, 思文閣出版, 1998

大平祐一,『目安箱の研究』, 創文社, 2003

神津朝夫,『千利久の侘びとはなにか』, 角川選書, 2006

北原絲子,『日本災害史』, 吉川弘文館, 2006

木下鉄矢,『朱子学の位置』, 知泉書店, 2007

栗野俊之,『織豊政権と東国大名』, 吉川弘文館, 2001

熊倉功夫,『寛永文化の研究』, 吉川弘文館, 1988

熊倉功夫 編,『茶道文化論』(茶道学大系1), 淡交社, 2000

佐久間正,『徳川日本の思想形成と儒教』, ぺりかん社, 2007

柴田　純,『江戸武士の日常生活』, 講談社, 2000

高木昭作,『将軍権力と天皇』, 青木書店, 2003

高埜利彦,『江戸幕府と朝廷』, 山川出版社, 2001

立花京子,『信長政権と朝廷』, 岩田書院, 2000

田中圭一,『百姓の江戸時代』, 筑摩書房, 2000

塚田　孝,『近世大坂と非人』,山川出版社, 2001

德永和喜,『薩摩藩対外交渉史の研究』,九州大学出版会, 2005

豊見山和行,『琉球王国の外交と王権』,吉川弘文館, 2004

中川すがね,『大坂両替商の金融と社会』,清文堂出版, 2003

中野　等,『秀吉の軍令と大陸侵攻』,吉川弘文館, 2006

中野　等,『文禄慶長の役』,吉川弘文館, 2008

中村　質,『近世対外交渉史論』,吉川弘文館, 2000

根岸茂夫,『近世武家社会形成と構造』,吉川弘文館, 2000

橋本政宣,『近世公家社会の研究』,吉川弘文館, 2002

藤井讓治,『幕藩領主の権力構造』,岩波書店, 2002

藤井讓治,『徳川将軍家領地宛行制の研究』,思文閣出版, 2008

藤木久志,『天下統一と朝鮮侵略』,講談社学術文庫, 2005

藤木久志,『天下統一と朝鮮侵略』,講談社学術文庫, 2005

藤木久志,『刀狩り』,岩波書店, 2005

藤田 覚 編,『17世紀の日本と東アジア』,山川出版社, 2000

藤田 覚,『近世の三代改革』,山川出版社, 2002

藤田達生,『日本近世国家成立史の研究』,校倉書房, 2001

保坂 智,『百姓一揆とその作法』,吉川弘文館, 2002

保坂 智,『百姓一揆と義民の研究』,吉川弘文館, 2006

本多隆成,『初期徳川氏の農村支配』,吉川弘文館, 2006

宮城公子,『幕末期の思想と習俗』,ぺりかん社, 2004

宮城公子,『大塩平八郎』,ぺりかん社, 2005

山本博文,『徳川将軍と天皇』,中公文庫, 2004

山脇悌二郎,『絹と木綿の江戸時代』,吉川弘文館, 2002

吉田伸之,『成熟する江戸』,講談社, 2001

若尾政希,『安藤昌益から見える日本近世』,東京大学出版会, 2004

渡辺尚志,『百姓の力』,柏書房, 2008

渡辺尚志,『村から見た近世』,校倉書房, 2010

V 근현대

家近良樹,『西郷隆盛と幕末維新の政局』,ミネルヴァ書房, 2011

石井寛治,『日本の産業革命』,朝日新聞社, 1997

伊藤之雄,『大正デモクラシーと政党政治』,山川出版社, 1987

井上壽一,『戦前日本の「グローバリズム」』,新潮社, 2011

大沼保昭,『東京裁判から戦後責任の思想へ』第4版,東信堂, 1997

倉田喜弘,『芝居小屋と寄席の近代』,岩波書店, 2006

酒井哲哉,『大正デモクラシー体制の崩壊』,東京大学出版会, 1992

坂野潤治,『日本憲政史』,東京大学出版会, 2008

坂野潤治・大野健一,『明治維新』,講談社現代新書, 2010

坂野潤治,『近代日本の出発』,新人物文庫, 2010

佐々木 克,『大久保利通と明治維新』,吉川弘文館, 1998

佐々木 克,『幕末政治と薩摩藩』,吉川弘文館, 2004

田中 彰,『明治維新』,吉川弘文館, 1994

田中節雄,『近代公教育』,社会評論社, 1996

田保橋潔,『近代日鮮関係の研究』復刊版,原書房, 1966

長尾竜一, 『日本憲法思想史』, 講談社学術文庫, 1996

中村政則 編, 『占領と戦後改革』, 吉川弘文館, 1994

中村政則 外, 『世界史のなかの1945年』(戦後日本占領と戦後改革1), 岩波書店, 1995

中村政則, 『戦後史』, 岩波新書, 1994

西成田 豊, 『在日朝鮮人の「世界」と「帝国」国家』, 東京大学出版会, 1997

長谷川正安, 『日本の憲法』第3版, 岩波書店, 1994

浜口裕子, 『日本統治と東アジア社会』, 勁草書房, 1996

古屋哲夫, 『日露戦争』, 中公新書, 1966

松本武祝, 『植民地権力と朝鮮農民』, 社会評論社, 1998

室山義正, 『松方財政研究』, ミネルヴァ書房, 2004

安田 浩, 『天皇の政治史』, 青木書店, 1998

山本四郎, 『評伝 原敬』, 東京創元社, 1997

吉田 裕, 『昭和天皇の終戦史』, 岩波新書, 1992

吉見義明 編, 『従軍慰安婦資料集』, 大月書店, 1992

歴史科学協議会 編, 『日本現代史』, 青木書店, 2000

색인

숫자
2·26사건 445, 446, 453
3월사건 439
5·15사건 439, 440
5개조서문 340, 341
5방의게시 340

로마자
ABCD포위망 460
GHQ 478, 479, 480, 482, 484, 485, 488, 490, 491, 493, 496, 497

ㄱ
가마쿠라 막부 101, 106, 151, 156, 158, 160, 162, 165, 166, 169, 170, 171, 173, 180, 181, 183, 184, 185, 186, 191, 192, 194, 196, 197
가마쿠라부 195
가미카제 175, 176, 470, 472
가미카제특공대 470, 472
가부나카마 296, 306
가부키모노 273, 274
가쓰라 타로 405, 407, 410, 411
가이토쿠도 317
가타나가리 241

가토 기요마사 243, 244, 247
가토 다카아키 413, 426, 427, 429
가토 도모사부로 425, 426
간노의 요란 197
간레이 194, 199, 200, 212, 215
간무 천황 101, 103, 104, 107, 108, 109, 116, 118, 128
간무헤이시 128, 130
간세이 개혁 295, 297, 300
간진 112, 113, 116
간파쿠 109, 122, 123, 124, 138, 140, 142, 186, 208, 240
갑신정변 384
강화도조약 362
강화도 침략 361, 363
게이오기주쿠 348
겐뇨 237
겐메이 천황 79, 80
겐무시키모쿠 192, 193
겐치 224, 240, 242
겐카료세이바이 222, 277
겐페이갓센 152, 158
견당사 95, 98, 99, 100, 112, 113, 118
견수사 55, 92, 96
경인년적 73, 74
경제백서 500

526 일본사강의

고니시 유키나가 243, 248, 265
고다이고 천황 183, 186, 187, 190
고메이 천황 328
고산케 257, 288
고세바이시키모쿠 166, 192, 193
고시라카와 상황 140, 143
고이즈미 준이치로 515
고카몬 257
고토바 천황 155, 180
공무합체운동 328
과달카날 섬 465
광개토대왕 33, 88
교육칙어 379, 380, 381, 485
교키 115
교토쇼시다이 253
교호 개혁 286, 289, 290, 294
구니노미야쓰코 38, 39, 64
구라이리치 243
구로다 기요타카 362, 371, 376
구로다 나가마사 243
구몬조 160
구분전 76, 77, 85, 109
구카이 116, 117, 118
국가총동원법 454, 455
국기국가법 515
국회기성동맹 371
군인칙유 376
극동국제군사재판 482, 483
극우파 512, 516
금교정책 263, 265
기도 다카요시 329, 330, 331, 336, 341, 353, 356, 363

기라 요시나카 276, 277, 278
기마민족정복왕조설 43, 44
기원절 340, 509
기타바타케 지카후사 189

ㄴ

나가사노 전투 231
나가타 데쓰잔 444, 445
나노국 29
나카소네 야스히로 507
난징정부 457
남도6종 112, 113
남만사 234
노기 마레스케 390
노동기본법 492
노동조합법 491
노로 에이타로 442
농지개혁안 491
니혼쇼키 30, 34, 43, 48, 54, 57, 59, 61, 72, 89, 91, 188
닌토쿠 36, 41, 45
닌토쿠릉 41, 45
닛타 요시사다 184, 187, 189

ㄷ

다나카 가쿠에이 504
다나카 기이치 432, 433, 435
다누마 오쿠쓰구 289
다이라노 기요모리 142, 144, 145, 146, 151, 153, 154, 156
다이라노 마사카도 130, 131, 132
다이라노 타다쓰네 131, 136

색인 527

다이쇼정변 412
다이쇼 천황 414
다이조칸 73, 75, 109
다이카 개신 61, 63, 97, 98, 120
다치바나노 모로에 82, 83
다카모치오 128, 130, 132
다카스기 신사쿠 329, 330
다카쿠라 천황 145, 151
다케다 신겐 220, 223, 237
단노우라 158
대일본제국헌법 376, 493
대정위임론 320
데라우치 마사다케 401
데지마 267, 268
덴무 천황 70, 73, 74, 82, 92, 111
덴지 왕 67, 120
덴포 개혁 306, 307
뎃포 229, 230, 231, 235, 260
도고 시게노리 477
도다이지 93, 94, 112, 113, 114, 115, 116, 117, 155
도래인 26, 37, 38, 39, 40, 51, 52, 53, 54, 97, 113, 115
도시샤 348
도요토미 히데요리 248, 250, 251, 252
도요토미 히데요시 217, 234, 237, 242, 247, 248, 261
도조 히테키 444
도쿠가와 쓰나요시 275, 279
도쿠가와 요시노부 335, 336, 338
도쿠가와 요시무네 286, 288

도쿠가와 이에나리 295, 298, 299
도쿠가와 이에노부 279, 281
도쿠가와 이에미쓰 252, 263
도쿠가와 이에쓰나 268, 273
도쿠가와 이에야스 231, 237, 240, 247, 249, 251, 257, 259, 262, 263, 264, 286
도쿠가와 히데타다 249, 259, 263
도쿠세이령 176, 177
도쿠소 165, 178, 179
동아신질서 456

ㄹ

라이 산요 319
락스만 309, 310
러일전쟁 390, 394, 403, 409, 410, 414, 434, 478, 479
런던군축조약 435
레자노프 310
로닌 273, 276, 277, 278, 280, 310
로쿠하라탄다이 181, 183, 184
뢰슬러 376, 377
루스벨트 390, 460, 477
루이스 프로이스 233

ㅁ

마비키 292, 293
마쓰다이라 사다노부 295, 297, 298, 299, 301
막번체제 272, 281, 316, 324
만주국 448, 449, 452, 457
만주사변 439, 444, 449, 462, 482

맥아더 479, 480, 486, 493, 496
메이지대학 348
메이지 천황 335, 340, 354
모노노베씨 52, 53, 56, 57
모치히토오 151, 153
몬추조 160, 165, 170, 193, 194
무가제법도 258, 259, 261, 275
문관임용령 408, 409
미나모토노 사네토모 163, 166
미나모토노 요리노부 131, 136
미나모토노 요리요시 133, 134
미나모토노 요리이에 162, 164
미나모토노 요리토모 144, 152, 154, 156, 158, 161, 162, 164, 166, 169
미나모토노 요시쓰네 158
미노베 다쓰키치 442
미드웨이 작전 465
미쓰비시 373, 406, 418, 491, 501
미쓰이 406, 419, 439, 491, 501
미야쇼군 169
미야케 38, 39, 62, 63
미우라 고로 387, 388
미키 다케오 505
미토학 319
민선의원설립건백서 368, 370
민 왕후 361, 386, 387

ㅂ
반전수수법 62, 76, 85
백촌강 65, 66, 88
번교 297

번벌정부 345, 371, 379
병농분리 221, 225, 241
보신전쟁 338, 339
보안대 496, 498
보통선거 424, 425, 427
분국법 221
비스마르크 356, 357

ㅅ
사가 천황 108, 109, 110, 119, 129, 168, 185, 328
사무라이 129, 160, 170, 194, 198
사무라이도코로 160, 163, 170, 194, 198
사성 107, 128, 129
사성제도 107, 129
사이고 다카모리 329, 331, 336, 338, 353, 359, 360, 367
사이고 쓰구미치 359, 407
사이온지 긴모치 406, 407, 410, 426, 437, 439
사이초 116, 117, 118
사카노우에노 다무라마로 105, 106, 108
사카모토 료마 329, 331
사쿠라회 438, 439
사쿠마 쇼잔 317
사토 노부히로 317
산조 사네토미 345, 353
삼세일신법 85
섭관정치 119, 121, 122, 124, 125, 126, 140

세와겐지 128
세와 천황 110, 120, 121, 128
세이난전쟁 367
세이다이쇼군 105, 106, 109, 130,
　　　　　156, 159, 160, 168, 186,
　　　　　187, 193, 200, 248
세키가하라 247, 252, 258, 261
센고쿠다이묘 218, 220, 221, 222,
　　　　　225, 231, 235, 236
셋쇼 109, 120, 121, 122, 123,
　　　124, 138, 140, 142, 186
소가씨 51, 53, 55, 59, 60, 120
소료제 177, 190
쇄국정책 313, 314
쇄국체제 267, 268
쇼무 천황 82, 83, 84, 94, 95, 113,
　　　　114, 121
쇼소인 93, 94
쇼와 천황 446, 478, 482, 483,
　　　　484, 510
쇼토쿠 천황 83, 112
쇼토쿠 태자 51, 53, 55, 57, 92
슈고 159, 162, 173, 177, 183,
　　　191, 194, 200, 203, 205,
　　　206, 210, 216, 218, 220
슈고다이묘 201, 204, 210, 216,
　　　　218, 220
슈고영국제 205
스가와라노 미치자네 99, 100
스즈키 젠코 505
시데하라 기주로 429, 435, 486
시라카와 천황 139, 141, 142
시마바라의 난 265, 267
시베리아 출병 421, 422, 423, 424
싯켄 162, 165, 168, 173, 175,
　　　178, 182, 197
쌀소동 421, 423
쓰네모토오 128

ㅇ

아라이 하쿠세키 279, 280, 281
아라키 사다오 439, 440, 441, 444
아마테라스오미카미 48, 49, 50,
　　　　　140, 380, 381, 502, 503
아베 신조 515
아사노 나가노리 276, 277, 278
아시카가 다카우지 184, 186, 188,
　　　　　192, 194, 196, 198, 199,
　　　　　204
아시카가 요시노리 209, 211
아시카가 요시마사 210
아시카가 요시미쓰 194, 200, 202,
　　　　　205, 206, 208, 210
아시카가 요시아키 196, 237
아시카가 타다요시 187, 196, 198
안도 쇼에키 316, 317, 318
안중근 401
안토쿠 천황 151, 155, 157, 158
야마가타 반토 317
야마가타 아리토모 372, 389, 405,
　　　　　407, 408, 409, 423
야마나 모치토요 212, 213
야마모토 이소로쿠 462
야마타이국 29, 30, 31

야스쿠니신사 485
야요이 문화 26
야쿠시지 80, 111, 112, 116
오가사와라제도 364
오닌의 난 212, 214, 215, 217
오다 노부나가 230, 231, 232, 234, 236, 239, 240
오시오의 난 303, 304
오시오 헤이하치로 304, 305
오우치 요시타카 233
오자와 이치로 514
오진 36, 44, 45, 87
오케하자마 236, 238, 239
오쿠마 시게노부 348, 371, 373, 405, 413
오쿠보 도시미치 329, 330, 336, 341, 353, 355, 356, 359, 360, 363, 368, 369
오키나와현 364
오토모 왕자 67, 68, 69
오히라 마사요시 505
와세다대학 348
왕자오밍 456, 457, 459
왕정복고 335, 336, 340
왜의 5왕 35, 36, 37, 38, 96
왜인전 29
요시다 쇼인 327
우가키 가즈시게 439
우에스기 겐신 219, 237
우지데라 57
웅번 320, 321
원정 64, 104, 105, 122, 138, 140, 151, 172, 174, 176, 180, 185
을사보호조약 395, 396, 397
의민 신앙 294
이노우에 가오루 372, 386, 407
이누카이 쓰요시 411, 426, 427, 439, 444
이세신궁 175, 337, 485
이시야마혼간지 237
이와주쿠 23
이와쿠라 도모미 336, 345, 353, 371, 372
이와쿠라사절단 353, 355
이완용 394, 395, 398
이타가키 다이스케 353, 363, 368, 369, 370, 373, 405
이토 히로부미 283, 353, 371, 375, 377, 384, 389, 394, 397, 400, 405, 407
일미수호통상조약 326, 327
일본국헌법 493, 494, 498, 508
일본열도개조론 504
일송무역 137, 144, 145, 146
일화평화조약 504
임나일본부설 33, 34
임오군란 383
입지사 369
입헌개진당 373
잇코잇키 237, 240

ㅈ

자유당 372, 374, 485, 490, 514

장쉐량 433, 448
장제스 430, 431, 432, 434, 448,
　　　452, 455, 457, 459, 477
장쭤린 431, 433, 448
전9년의 전쟁 133, 134
전방후원분 42, 43, 45
정한론 353, 359, 363, 367
조몬 문화 24
조선총독부 400, 402, 403, 471
조큐의 난 181, 182, 183
존왕양이운동 328
존왕척패론 318
종명사건 250
중일전쟁 451, 453, 455, 457, 460,
　　　462, 464, 488, 490
지토 144, 159, 161, 168, 176,
　　　181, 183, 186, 195, 205,
　　　211
지토 천황 73, 74, 112
진기칸 75
진신의 난 67, 68, 69, 70
진주만 462, 463, 467
징병령 346, 347, 374

ㅊ

참모본부 346, 432, 433, 438, 444,
　　　456, 479, 485
천진조약 384
천황기관설 442, 444
청일전쟁 365, 383, 384, 385, 386,
　　　388, 389, 391
초연주의 404, 405, 407

추밀원 376, 377, 408, 409, 426,
　　　430, 436, 461, 484

ㅌ

타이완 침략 359, 360
태평양전쟁 459, 462, 464, 485,
　　　488, 489, 490, 496
토막파 329, 335, 336, 339
통신사 260, 268
통제파 444

ㅍ

판적봉환 342, 343, 344
페리 324, 325
페이튼호 312, 313
폐번치현 343, 344, 363
포츠담선언 476, 477, 479
푸이 449
프란시스코 자비엘 233

ㅎ

하니와 45
하라 다카시 423, 424, 426, 427
하마구치 오사치 435
하시모토 사나이 327
하야시 곤스케 394
한국동란 496, 498, 499, 500
한제이령 204
해리스 325, 326, 327
햐쿠쇼잇키 292, 293, 294, 302
헌법 17조 54, 55
헤이안쿄 80, 102, 104, 105, 107

헤이제이 천황 108
헤이조쿄 79, 80, 81, 83, 101, 102, 103, 115, 121
혈맹단 사건 439
협조외교 429, 430, 434, 435
호소카와 가쓰모토 212, 213
호조 도키마사 152, 157, 163, 166
호조 도키무네 173, 175, 178
호조 마사코 152, 156, 163, 181
호조 야스토키 165, 167, 181, 182
호코지 56, 57, 250
혼다 도시아키 317
홋카이도개척사 371
화족령 375
황도파 444, 445, 453
황성신문 395
후3년의 전쟁 133, 135
후미에 263
후지와라노 후유쓰구 109, 119
후지와라노 후히토 82, 119, 121
후지와라쿄 73, 74, 75, 79, 81
후쿠다 다케오 504, 505
후쿠자와 유키치 341, 348, 371
히로타 고키 445, 456, 482
히미코 29, 30, 31

구태훈

구태훈은 성균관대학교 문과대학 사학과를 졸업하였다. 일본 쓰쿠바 대학 대학원에서 일본사를 전공하고 문학 석사·박사학위를 받았다. 현재 성균관대학교 문과대학 사학과 교수로 재직하고 있다. 그동안 성균관대 동아시아역사연구소장, 『일본학보』 편집위원장, 한국일본학회 회장, 수선사학회 회장 등을 역임하였다. 저서로는 『일본역사탐구』(태학사, 2002), 『일본사 파노라마』(재팬리서치21, 2009), 『일본사 키워드30』(재팬리서치21, 2012), 『일본근세사』(재팬리서치21, 2016), 『일본고중세사』(재팬리서치21, 2016), 『일본근대사』(재팬리서치21, 2017), 『사무라이와 무사도』(히스토리메이커, 2017) 등이 있다.

일본사강의

저 자 구태훈

발행인 구자선
펴낸날 2017년 9월 5일
발행처 주식회사 휴먼메이커
주 소 서울특별시 서초구 강남대로 224 지하층 A-18호
　　　 전화 : 02-2277-1055 팩스 02-556-6143
이메일 h-maker@naver.com
등 록 제2017-00006호

디자인 유 라
인 쇄 P&M123

ISBN 979-11-961612-0-0 93910
정 가 27,000원